河南教育发展研究

2023

河南省教育科学规划与评估院　编著

郑州大学出版社

图书在版编目(CIP)数据

河南教育发展研究. 2023 / 河南省教育科学规划与评估院编著. —郑州:郑州大学出版社, 2024. 3
ISBN 978-7-5773-0446-5

Ⅰ. G527.61
中国国家版本馆 CIP 数据核字第 2024VR4850 号

河南教育发展研究2023
HENAN JIAOYU FAZHAN YANJIU 2023

策划编辑	孙保营	封面设计	苏永生
责任编辑	成振珂	版式设计	凌　青
责任校对	樊建伟	责任监制	李瑞卿

出版发行	郑州大学出版社	地　　址	郑州市大学路 40 号(450052)
出 版 人	孙保营	网　　址	http://www.zzup.cn
经　　销	全国新华书店	发行电话	0371-66966070
印　　刷	河南大美印刷有限公司		
开　　本	787 mm×1 092 mm　1 / 16		
印　　张	20.25	字　　数	547 千字
版　　次	2024 年 3 月第 1 版	印　　次	2024 年 3 月第 1 次印刷

书　　号	ISBN 978-7-5773-0446-5	定　　价	86.00元

编委会

编委会主任　成光琳

编委会副主任　周宝荣

主　　编　徐宏升　刘　丽

副 主 编　王惠娟　王运召　李　旭

撰 稿 人　(按内文呈现顺序)

宋争辉　毛　杰　何安明　徐艳伟

杨光钦　罗志敏　马建琴　马锦华

丁兴琴　杨风娟　朱　珂　杨　露

宋　晔　田虎伟　刘　莹

前 言

近年来，在习近平新时代中国特色社会主义思想指导下，河南省委、省政府坚持把教育摆在优先发展的战略位置，把“创新驱动、科教兴省、人才强省”战略列为“十大战略”之首，加强党对教育工作的全面领导，全面贯彻党的教育方针，落实立德树人根本任务，保证教育优先发展战略地位，深化教育领域综合改革，各级各类教育快速发展，教育质量持续提升，已处于从教育大省迈向教育强省的历史新阶段。为了更好地服务教育行政决策，发挥教育科研思想库、智囊团作用，河南省教育科学规划与评估院紧紧围绕建设教育强省的重大战略性和政策性问题，积极开展教育重大战略决策咨询研究和重大前瞻性政策研究。为了更好地总结近年来河南省教育事业改革和发展的成就和经验，服务决策，为教育改革和发展提供智力支持，河南省教育科学规划与评估院在教育厅的大力支持下，编研出版了《河南教育发展研究 2023》。

《河南教育发展研究 2023》由河南省教育科学规划与评估院教育发展研究室负责组织编研。为推进教育科学研究成果能够尽快地转化为政府的教育改革方案、教育决策行为和教育政策意见，在编研过程中，教育发展研究室在广泛征询专家意见的基础上，秉持学术性、综合性、原创性的原则，围绕教育发展的重点、难点和热点等问题，对河南省教育发展的深层次问题进行梳理和分析，以找寻问题、总结经验、提出对策。

《河南教育发展研究 2023》属团队研究成果，内容主要选自于近年结项的郑州大学、河南大学、河南师范大学、河南科技大学、信阳师范大学、洛阳师范学院、周口师范学院和教育厅等单位专家学者承担的委托课题和河南省教育科学规划重大招标课题。《高质量教育体系视域下河南教育强省策略研究》由宋争辉撰写（课题编号：〔2019〕-JKGHWT-02），《坚持和加强党对教育工作全面领导为加快建设教育强省提供根本保证的战略研究》由河南省教育厅毛杰撰写，《中小学党组织领导的校长负责制落实机制研究》由信阳师范大学何安明撰写，《自媒体时代大学生思想政治工作研究》由周口师范学院徐艳伟撰写，《河南省高校学科学院调整优化对策研究》由郑州大学杨光钦撰写，《河南省本科院校"院办校"改革研究》由郑州大学罗志敏撰写,《河南省高等教育高水平学科建设研究》由华北水利水电大学马建琴撰写(课题编号:〔2020〕-JKGHZDZB-01),《河南省专业学位研究生教育改革发展研究》由洛阳师范学院马锦华、丁兴琴撰写,《河南省教育经费投入产出效率研究》由河南大学杨凤娟撰写(课题编号:〔2021〕-JKZB -04),《教育数字化转型与学习型社会建设研究》由河南师范大学朱珂撰写,《河南省校外教育培训机构现状调查和有效治理研究》由安阳师范学院杨露撰写(〔2019〕-JKGHZDZB-11),《河南省推进大中小学劳动教育课程一体化建设研究》由河南师范大学宋晔撰写,《新时代大学生成长评价指标体系构建与实施研究》由河南科技大学田虎伟撰写,《农村贫困女性教育问题研究》由郑州大学刘莹 2021JKZD01 撰写(课题编号:〔2021〕-JKZD-01)。

在编研出版过程中,河南省教育厅领导高度重视,教育厅相关处室、相关高校和单位给予了大力支持,河南省教育科学规划与评估院成光琳院长、周宝荣副院长在学术层面和具体工作方面给予了多方面的指导和支持,郑州大学出版社成振珂编辑也给予了极大的帮助,在此一并表示感谢。

在编研过程中,我们力求科学、规范、系统、严谨,但由于能力所限,疏漏和不足在所难免,恳请读者批评指正。

目录

专题一　高质量教育体系视域下河南教育强省策略研究 …… 1

一、河南教育强省内涵研究 …… 1

二、河南教育强省建设现状研究 …… 7

三、河南教育强省建设比较研究 …… 11

四、河南教育强省建设战略 …… 17

专题二　坚持和加强党对教育工作全面领导为加快建设教育强省提供根本保证的战略研究 …… 40

一、基本情况及主要成效 …… 40

二、主要工作经验 …… 43

三、存在的主要问题、原因分析及面临的新形势新挑战 …… 45

四、各省(自治区、直辖市)党委教育领导机构和派出机构的设置情况与运行机制 …… 48

五、总体思路及处理好"五大关系" …… 50

六、对策建议 …… 52

专题三　中小学党组织领导的校长负责制落实机制研究 …… 56

一、背景、意义和内涵 …… 56

二、现状、问题和对策建议 …… 59

专题四　自媒体时代大学生思想政治工作研究 …… 71

一、研究方法 …… 71

二、自媒体时代大学生思想政治工作现状与问题分析 …… 72

三、政策建议 …… 78

专题五　河南省高校学科学院调整优化对策研究 …… 86

一、河南省高校学科学院调整优化的现状 …… 86

二、河南省高校学科学院调整优化存在的问题及成因 …… 91

三、河南省高校学科学院调整优化的政策建议 …… 94

专题六　河南省本科院校“院办校”改革研究 …… 108
一、“学院办大学”改革的现实动因 …… 108
二、“学院办大学”改革的政策驱动与导向 …… 109
三、国内“学院办大学”的典型模式 …… 112
四、河南省内公办本科大学“院办校”改革进展 …… 116
五、河南省内公办本科大学“院办校”改革存在问题 …… 121
六、原因分析 …… 122
七、政策建议 …… 124
专题七　河南省高等教育高水平学科建设研究 …… 128
一、背景 …… 128
二、国内外高水平学科建设经验分析 …… 131
三、河南省高水平学科建设的探索与实践 …… 135
四、河南省高水平学科建设的对策建议 …… 144
专题八　河南省专业学位研究生教育改革发展研究 …… 150
一、专业学位研究生教育改革的意义 …… 150
二、河南专业学位研究生招生现状 …… 151
三、河南省专业学位研究生教育存在的问题 …… 152
四、河南省专业学位研究生教育改革策略 …… 158
专题九　河南省教育经费投入产出效率研究 …… 163
一、研究背景 …… 163
二、河南省教育经费来源和支出状况分析 …… 163
三、河南省高等教育资源配置效率研究 …… 174
四、河南省基础教育投入产出效率研究 …… 185
专题十　教育数字化转型与学习型社会建设研究 …… 206
一、教育数字化转型政策导向 …… 206
二、数智时代教育数字化转型的旨意与挑战 …… 210
三、教育数字化转型过程中学习型社会建设的困境 …… 214
四、教育数字化转型与学习型社会建设的对策 …… 218
专题十一　河南省校外教育培训机构现状调查和有效治理研究 …… 227
一、研究背景 …… 227
二、河南省校外教育培训机构现状调查分析 …… 228
三、河南省校外教育培训机构有效治理建议 …… 239
专题十二　河南省推进大中小学劳动教育课程一体化建设研究 …… 246
一、河南省大中小学劳动教育课程一体化建设有益探索 …… 246

二、河南省大中小学劳动教育课程一体化建设现状检视 …… 249
三、河南省大中小学劳动教育课程一体化建设问题与不足 …… 255
四、河南省大中小学劳动教育课程一体化建设优化策略 …… 257
专题十三　新时代大学生成长评价指标体系构建与实施研究 …… 263
一、问题的提出 …… 263
二、理论框架 …… 266
三、大学生成长评价指标体系的确立 …… 268
四、大学生成长评价的组织实施 …… 271
五、大学生成长评价的机制保障 …… 273
专题十四　农村贫困女性教育问题研究 …… 275
一、引言 …… 275
二、研究设计 …… 276
三、实证研究结果 …… 283
四、研究结论与提升策略 …… 295
参考文献 …… 297

专题一　高质量教育体系视域下河南教育强省策略研究

2019年12月,河南发布的《河南教育现代化2035》《加快推进河南教育现代化实施方案(2019—2022年)》明确提出,到2035年,总体实现教育现代化,建成教育强省、人力资源强省和人才强省,成为中西部地区教育领先省份,进入全国教育现代化发展水平上游行列。其中,到2022年的目标是加快教育现代化步伐,推动河南省由教育大省向教育强省转变,为河南省决胜全面建成小康社会和实现2035年教育发展目标奠定坚实基础。这是河南首次在正式文件中提出建设和建成教育强省目标。2022年1月发布的《河南省"十四五"教育事业发展规划》进一步提出加快推进教育现代化,建设教育强省,办好人民满意的教育,服务支撑"十大战略"实施,确保高质量建设现代化河南、确保高水平实现现代化河南。《河南省"十四五"教育事业发展规划》既是具体落实《河南教育现代化2035》的阶段性五年规划,又是承接《加快推进河南教育现代化实施方案(2019—2022年)》建设教育强省的实施步骤。

当今世界正经历百年未有之大变局,国内外环境已发生深刻变化。随着"双循环"战略的启动,科技创新成为构建新发展格局中的战略基点。国家将高等教育作为科技第一生产力和人才第一资源的重要结合点,明确优先发展教育事业,推进教育强国建设。当前,河南正围绕高质量建设现代化河南、高水平实现现代化河南的宏观目标,把实施创新驱动、科教兴省、人才强省战略作为"十大战略"之首。

本专题以河南省建设教育现代化和建成教育强省为目标,系统研究教育强省的基本内涵,认真研判教育强省的发展基础,合理开展教育强省的比较分析,科学论证促进实现教育强省目标的基本构想和战略对策。

一、河南教育强省内涵研究

随着教育研究的深入开展,学术界开始从不同的侧面对教育强省进行理论解读,产生了不少研究成果,这是我们建设教育强省的逻辑基础和重要前提。

(一)教育强省的基本内涵

本专题主要探讨的不是一般意义上的宏观教育,而是省域教育。所谓省域教育,主要指的是省级行政单位管辖范围内的区域化教育。省域教育是近年来我国高等教育的发展趋势之一,伴随着我国行业经济向区域经济转变和以省为主、中央和省(市)两级管理模式的建立而逐步发展起来的，具有地域性、特色性和行业性等特点。

什么是教育强省？目前学术界关于教育强省的内涵界定较多，但是并没有一个统一的界定，国家和各个省份对教育强省的解读也不尽一致，这在一定程度上反映了教育强省内涵与外延的模糊性和不确定性，将对教育强省的政策实施产生不良的影响。因此，科学界定教育强省的内涵就显得十分重要。一般来说，我们对教育强省的理解主要围绕“强”字展开，到底是作为动词使用还是形容词使用。作为形容词使用的时候，一般侧重的是教育的强，将教育强省理解为教育自身的办学质量和水平，在规模、结构、质量和效益等方面相较于过去的教育质量和水平有较大的提升，相较于其他区域的教育有较大的比较优势。有的学者将作为形容词使用的教育强省解读为本质内涵说。① 作为动词使用的时候，侧重的是教育的影响力，将教育强省理解为教育对该省经济、政治、社会、文化、科技创新、人力资源开发等具有的推动作用。有的学者将作为动词使用的教育强省解读为功能内涵说。② 一般理论学术界对教育强省内部因素的理解较多，就教育而论教育，只有教育本身强大了，跟教育相关的问题自然而然就能解决。而政策决策者一般更多的是从教育的外部影响来解读，将教育强省作为政策术语甚至政治口号，十分注重教育在区域经济社会发展中的支撑和促进作用。对于这两种解读，各有优缺点，只是介绍了教育强省的一个侧面，都具有片面性，没有作为一个整体完整地理解。前者侧重的是内部因素，而后者侧重的是外部影响。只有将它们有机结合起来，才能完整科学地概况教育强省的全貌。

我们认为，教育强省这个概念与教育强国对应，目前还没有统一和权威的解释。一般来说，所谓教育强省指的是一个省的教育具有较强的整体实力和较高的发展水平，具有比较优势，在全国处于较为靠前的位置，成了区域教育中心。其中，“标志着教育数量（主要是按人口计的均量）和质量（水平）的主要指标处于全国前列，达到公认的先进标准。”③具体评价指标如办学规模、经费投入、师资力量、一流大学与一流学科、科研水平、教育质量、管理水平、国际化程度和办学效益等，既有一定的教育规模，又有教育质量和水平，是“量大”和“质优”的有机结合。④

教育强省主要指的是一个多样化、现代化的高质量教育体系，教育强省应该与高质量教育体系直接挂钩。具体表现为省域教育发展实力和办学水平达到一个较高的水平，内部建立了较为完善的结构体系，对外能够有效支撑起国家战略发展需要和区域经济社会发展需求。可以从高质量的教育体系的角度来理解更能概况教育强省的基本内涵。因为这不仅符合组织生态学的理论特点，也适应了政策改革方向。从理论的角度看，现代教育体系具有更丰富的内涵，是一个包含着内部体系和外部体系的生态系统，具有自组织功能，同时与外部因素之间时刻进行着物质流、能量流、信息流等资源的交换，保持着动态的发展状态。从实践的角度看，河南教育事业发展“十四五”规划就明确提出，在“十四五”期间河南要构建更加完备、结构更加优化、保障更加全面、服务更加高

① 朱旭东.新时代教育强国的新内涵建构［J］.重庆高教研究，2018（8）：3-8.

② 邵泽斌.教育强省核心指标设计研究［J］.教育理论与实践，2011（11）：27-31.

③ 卢铁城：关于建设高等教育强省内涵的探讨［J］中国高教研究，2008（5）：1-4.

④ 宋争辉.河南现代高等教育体系改革与创新研究［M］.郑州：河南人民出版社，2019：56.

效的高质量教育体系，具体表现为：基本建成以立德树人为根本任务的教育评价体系、优质均衡的基本公共教育服务体系、支撑技能社会建设的职业教育体系、开放多元的高等教育体系、服务全民终身学习的继续教育体系以及面向现代化的教育治理体系。

本专题在借鉴相关研究成果的基础上，立足于河南教育发展实际，认为高质量的教育体系既包括高质量的基础教育体系、高等教育体系，也包括职业教育体系、教师教育体系等，这是本专题开展教育强省策略研究的基本框架。

（二）教育强省的价值理念

深刻认识建设河南教育强省的价值理念是建设高质量教育体系的基本前提，对于我们准确把握“十四五”时期乃至更长时期河南教育发展面临的形势，更好地实施创新驱动、科教兴省、人才强省战略，全面深化教育领域综合改革，推进河南教育现代化具有重要意义。质量是企业发展的永恒主题，更是教育发展的灵魂和生命线。当前，西方发达国家为提高国家竞争力，普遍制定了以质量为核心的教育发展战略，纷纷开展了以卓越教育、质量保障等为内容的现代教育体系改革。我们提出建设教育强省是一个能遵循教育发展规律、体现时代发展特征、重视教育统筹协调和促进人的全面发展的现代教育体系，能在新的历史时期，肩负着新的时代使命和价值追求。这个高质量教育体系既要面向世界，顺应世界教育发展趋势，又要扎根中国大地，坚持中国特色社会主义教育发展道路，办有中国特色的教育体系；既要充分体现新时代、新发展阶段对教育的新要求，又要立足中原大地，服务河南重大战略和经济社会发展；既要重视宏观的教育布局结构调整优化，又要关注具体的民生福祉和人的全面发展。

河南省第十一次党代会提出，发展是解决一切问题的基础和关键，高质量发展决定河南未来。从本质上说，理念是行动的先导，高质量发展更需要新的理念来引领，教育强省和高质量教育体系建设的基本理念其实就是教育发展所要遵循的价值导向以及满足人民群众需要的程度。坚持人民至上，办好人民满意的教育，既是人民对于美好幸福生活的期盼，又是新时代教育改革发展的目标。我们要坚持把群众是否满意作为评判教育强省建设的根本标准，作为深化教育综合改革的出发点和落脚点。从宏观上说，河南教育强省和高质量教育体系建设的价值理念可以从如下几个方面理解。

1.办学规模更大

保持足够大的办学规模是建设教育强省的基础。我们这里所指的办学规模并不是一个绝对概念或必须条件，并不是说办学规模越大越好，越大就是越强，而是教育强省需要拥有比较大的总体规模和数量，很难想象一个人口和学校总体数量偏少的省份能称之为教育强省。河南要拥有相当可观的办学规模，这是建设教育强省的基础。根据第七次全国人口普查结果，河南是名副其实的人口大省，常住人口将近一个亿，仅次于广东和山东，位居全国第三。全省现有各级各类学校 5.11 万所，教育人口 2 888 万人，在校生 2 695 万人，同时河南也是高考大省，据统计，2022 年河南省的高考报名人数为 125 万人，2021 年河南省的高考报名人数 104.6 万，人数连续多年达到百万以上，位居全国首位。从教育发展规模看，河南省是名副其实的教育大省，但并不是教育强省，“穷省办大教育”的局面一直存在。推动河南由教育大省向教育强省转变,实现跨越式发展,是新时期河南深化教育改革的主要目标。

2.公平发展更好

教育公平是社会公平的重要基础,也是推动社会公平正义的重要动力。我国自古就有重视教育公平的优良传统,"有教无类"是中国人对于教育公平的理想追求。教育公平几乎关系到社会中每个人的切身利益,在机会公平前提下,教育公平是最大的公平。党和政府历来高度重视教育公平,把促进公平作为国家基本教育政策。习近平总书记在十九大报告中指出,努力让每个孩子都能享有公平而有质量的教育。河南省第十一次党代会也提出,让改革发展成果更多更公平惠及全省人民,走好共同富裕之路。建设教育强省和高质量教育体应以教育公平为价值引领,坚持教育公益性原则,促进全体学生的全面发展。追求更高质量、更有成效的教育公平是建设河南高质量教育体系的出发点和落脚点。没有更高质量的教育公平,缺乏明显成效的教育公平,都不能称之为真正意义上的教育强省。教育公平主要体现为:一是从制度上统筹教育资源配置,推进义务教育城乡一体化发展,教育资源分配进一步向农村地区和贫困地区倾斜,逐步缩小城乡、区域、校际差距。这是确保教育公平的制度保障。二是关注特殊困难群体,完善家庭经济困难学生资助政策体系,确保每一个孩子都不因贫失学、辍学。这是确保教育公平的主要目标。三是加大对贫困地区"特岗教师"支持力度,为乡村学校及教学点培养优秀教师,同时改善农村教师工资待遇和生活条件,吸引更多优秀人才扎根农村长期从教。从而确保教育公平的师资保障。①

3.布局结构更优

结构是功能的基础,教育结构决定着教育功能和战略目标的实现程度。学校布局结构是教育体系的重要组成部分,通过教育结构调整,推动教育资源在各个领域得到合理配置,是促进教育公平的重要环节,也是激发教育发展活力,提升教育治理能力和治理水平的必然要求。河南省第十一次党代会把优化中小学布局,深化高校布局、学科学院、专业设置优化调整工作作为发展更加优质更加均衡的教育内容来推动落实,建设河南高质量教育体系迫切需要更加优化的学校布局结构进行支撑。这种更加优化的学校布局结构,不能简单地理解为学校地理位置的调整变化,也不是简单地对高等院校进行增设、缩减或重组合并,而是站在建设教育强省的高度,着力增强改革的系统性、整体性、协同性和适应性,把布局结构调整与层次结构、学科专业结构、类型结构与管理体制结构调整有机结合起来,最大程度地展现教育结构之间的合力作用,发挥教育的溢出效应和扩散效应,以保持教育体系的生态平衡,促进教育内部结构与外部环境更加优质均衡发展。一方面,推动河南教育体系内部规模、结构、质量和效益实现协调发展,另一方面,推动高质量教育体系为河南经济社会发展增势赋能。

4.服务能力更强

教育是国家创新体系中的重要一环和推动力量,高等教育是科技第一生产力和人才

① 宋争辉.坚持人民至上 努力办好人民满意的教育[N].河南日报,2021-12-10(8).

第一资源的重要结合点，承担着重要的服务职能和义不容辞的社会责任。优质教育资源具有集聚效应，培养和集聚高层次人才的能力较强，对科技创新发展起着支撑引领作用。从历史上看，世界高等教育中心的转移与世界科技活动中心转移之间存在正相关关系。当今世界科技强国，均依托优质教育资源，形成人才集聚高地和高等教育中心，进而发展成为区域和国家创新高地。真正的高质量发展应是创新驱动发展，协同创新的水平更高、服务贡献的能力更强。真正的高质量教育体系应是服务经济社会发展的创新人才培养和科技创新体系，将创新作为第一动力，将服务作为重要使命，将贡献作为衡量标准。统筹布局全省优质高端教育资源，加强产教融合和校企合作，以一流人才和一流成果有效支撑高质量教育体系建设，形成一流创新生态，建设国家创新高地，助推高水平实现现代化河南。

5.保障基础更牢

要实现教育现代化，提升服务高质量发展的能力，还需要更加牢固的发展基础和保障条件，这是建设高质量教育体系的有力支撑。习近平总书记强调，要围绕建设高质量教育体系，以教育评价改革为牵引，统筹推进育人方式、办学模式、管理体制、保障机制改革。建设河南高质量教育体系就是要以此为基本遵循，筑牢教育体系的保障基础，推动综合改革全面深化、经费投入持续加大、队伍建设显著增强、治理体系日趋完善。以新时代教育评价改革为重点，聚焦重点领域和关键环节，切实扭转制约高质量教育体系建设的评价导向，着力构建政府、学校、社会等多元参与的评价体系；以经费投入使用管理改革为重点，持续加大教育投入，调整优化支出结构，提高资源配置效率，为高质量教育体系建设提供经费保障；以提升教师教书育人能力为重点，建立高水平现代教师教育体系，打造高素质专业化教师队伍，奠定建设高质量教育体系的师资基础；以现代学校制度建设为重点，推进教育治理体系和治理能力现代化，为高质量教育体系建设提供体制机制保证。

（三）教育强省的重要意义

建设高质量教育体系是党的十九届五中全会提出的重大战略部署，为新时代教育事业改革发展提供了总纲领、总遵循、总指引。河南是经济大省、人口大省、农业大省、劳动力大省，也是教育大省，加快推进教育强省和高质量高等教育体系建设，是“十四五”乃至今后更长一个时期教育事业改革发展的主题主线，是推动我省教育高质量发展、满足人民群众对教育美好需求的迫切需要，对于高质量建设、高水平实现现代化河南具有重大意义。

1.建设教育强省和高质量教育体系是融入“两个大局”的伟大时代使命

省委书记楼阳生在省第十一次党代会上强调，要胸怀中华民族伟大复兴的战略全局和世界百年未有之大变局“两个大局”，勇敢担起建设现代化河南的历史使命。教育是今天的事业，明天的希望，是事关国家发展和民族未来的千秋基业，建设教育强国是中华民族伟大复兴的基础工程。要实现“两个一百年”奋斗目标、实现中华民族伟大复兴的中国梦，必须更加重视教育，践行初心使命，锐意改革创新，为党育人、为国育才，培养出更多德智体美劳全面发展的社会主义建设者和接班人。当今世界,百年未有之大变局加速演进,全球治理体系和国际秩序格局正在发生深刻变化,全球疫情和世界经济形势严峻复杂,人才和科技竞争更为激烈。新一轮科技革命和产业变革蓬勃兴起,学习者的能力素养要求发生深刻变化,教育国际竞争日益激烈,教育在文明交流互鉴、中外民心相通中的基础作用进一步彰显。

建设教育强省和高质量教育体系,是融入“两个大局”时代使命的必然选择。站在“两个一百年”历史交汇点上,统筹中华民族伟大复兴战略全局和世界百年未有之大变局,迎接挑战,抓住机遇,必须构建社会主义现代化建设需要的高质量教育体系,不断使教育同党和国家事业发展要求相适应,同我国综合国力和国际地位相匹配,以教育现代化支撑河南省现代化建设。

2.建设教育强省和高质量教育体系是落实“两个确保”的重大战略举措

确保高质量建设现代化河南、确保高水平实现现代化河南,是贯彻党的十九大关于第二个百年奋斗目标两个阶段战略安排的河南实践,是贯彻习近平总书记视察河南重要讲话重要指示的具体行动。“十四五”时期,河南进入高质量发展阶段,开启现代化建设新征程,到了由大到强、实现更大发展的重要关口,到了可以大有作为、为全国大局作出更大贡献的重要阶段。面临新时代推动中部地区高质量发展的政策机遇、黄河流域生态保护和高质量发展的历史机遇,2021 年 9 月省委工作会议明确提出,要锚定“两个确保”,全面实施创新驱动、科教兴省、人才强省等“十大战略”,明确了今后五年工作的总体要求、主要目标、重大战略、主要任务、重要举措,描绘了全面建设现代化河南的宏伟蓝图,也对河南省教育事业发展提出了新的更高要求。

当前,河南进入高质量发展阶段,开启现代化建设新征程,发展处于由大到强实现更大发展的重要关口,处于可以大有作为、为全国大局作出更大贡献的重要阶段。落实“两个确保”、实施“十大战略”,需要强有力的人才支撑和智力支持。建成经济强省、文化强省、生态强省、开放强省,建设国家创新高地,打造幸福美好家园,需要河南省教育高端突破、补齐短板、整体提升、内涵发展,推动中原大地起高峰。无论是加快发展现代产业体系,推动经济体系优化升级,还是建设现代农业强省,全面推进乡村振兴,教育都应更好地发挥服务引领作用。坚持优先发展教育,把构建新发展格局作为教育发展逻辑起点,自觉成为新发展格局的内生变量和优先要素。优化同新发展格局相适应的教育结构、学科专业结构、人才培养结构,源源不断输送高质量人才资源,实现教育体系与科技体系、产业体系、社会体系有机衔接,推动教育链、人才链与产业链、创新链融合发展。深化教育供给侧结构性改革,优化高等教育资源布局,加快培养高素质创新型人才,为“两个确保”战略目标实现提供强大人才支持。

3.建设教育强省和高质量教育体系是坚持以人民为中心的必然要求

习近平总书记指出,人民对美好生活的向往,就是我们的奋斗目标。教育是民生之首,承载着千家万户的希望。当前,经济社会发展进入新阶段,社会主要矛盾发生新变化,在受教育机会得到充分保障、解决了“有没有”的问题之后,人民群众对公平优质教育的需求日益强烈,对教育“好不好”的关注更加迫切,“期盼有更好的教育”越来越广泛地成为人民对美好生活向往的重要内容。同时更要清醒地认识到，作为全国教育人口大省，河南城乡、区域教育发展仍有一定差距，教育资源配置仍不均衡，教育质量仍有待提高，弱势群体平等受教育权利仍有待保障，优质教育资源供给仍难以满足人民群众的迫切需求。

建设教育强省和高质量教育体系是坚持以人民为中心的具体体现。以人民为中心就是把实现好、维护好、发展好最广大人民根本利益作为发展的出发点和落脚点。高质量教育体系就是为了能够更好地满足人民群众日益增长的更高质量、更加公平、更加多样化需求、更可持续发展、更为安全可靠的教育体系，实现从“有学上”到“上好学”、从“学有所教”到“学有优教”的转变。建设高质量教育体系为新时代教育改革发展描绘了蓝图，为迈向教育发展新征程指明了方向，对于加快教育现代化、建设教育强省、办好人民满意的教育具有重大意义。

4.建设教育强省和高质量教育体系是服务引领经济社会发展的客观需要

“十四五”时期，我国将加快构建以国内大循环为主体、国内国际双循环相互促进的新发展格局，对教育事业提出了多方面需求。无论是加快发展现代产业体系，推动经济体系优化升级，还是建设现代农业强省，全面推进乡村振兴，教育都应该更好地发挥服务引领作用。把构建新发展格局作为逻辑起点，自觉成为新发展格局的内生变量和优先要素。优化同新发展格局相适应的教育结构、学科专业结构、人才培养结构，源源不断输送高质量人力资源，坚持不懈提供高质量的研究开发支持。实现教育体系与科技体系、产业体系、社会体系有机衔接，推动教育链、人才链与产业链、创新链融合发展，扩大教育对外开放，实现教育自身国内循环和国际循环相结合。

教育对经济社会发展具有基础性、先导性和全局性作用，建成教育强省，是服务引领经济社会发展的客观需要。立足新发展阶段，贯彻新发展理念，服务新发展格局，建成“四个强省、一个高地、一个家园”的社会主义现代化河南，必须坚持优先发展教育，构建高质量教育体系。从全省经济社会发展大局出发谋划教育发展，深化教育领域供给侧结构性改革，优化教育资源布局，加快培养高素质创新人才，紧密围绕现代化河南建设需要更好发挥支撑引领作用。

二、河南教育强省建设现状研究

（一）河南教育改革发展取得新的显著成就

近年来，河南教育领域发生了令人鼓舞的深刻变化，取得了具有标志性意义的重大成就，实现了综合实力的重大跨越，为当前河南省建设教育强省和高质量教育体系奠定了坚实基础。①

① 部分材料和数据参考了《河南省“十四五”教育事业发展规划》。

1.教育普及程度达到新水平

河南通过实施第三期学前教育行动计划,增加普惠性学位等措施,初步建立起了“广覆盖、保基本、有质量”的学前教育公共服务体系,“入园难、入园贵”问题逐步得到解决。义务教育普及成果进一步巩固提升,城镇中小学“大班额”“超大班额”比例连续下降,“择校热”和“上学难”问题得到有效缓解。学前教育毛入园率、义务教育巩固率、高中阶段毛入学率均高于全国平均水平。中职学校布局持续优化,学校数由 875 所整合至 414 所,校均规模由1 502人提高至3 472人。普通高等学校从 129 所增加至 156 所,高等教育毛入学率由36.49%提高至51.86%,进入普及化发展阶段。其中公办本科院校 38 所、民办本科院校及独立学院 19 所,公办高职高专院校 72 所、民办高职高专院校 26 所等。截至 2020 年年底,全省高校普通本专科在校生249.22万人(本科125.07万,高职高专124.15万),教职工17.21万人,专任教师13.34万人,生师比18.71∶1。全省博士学位授权高校 9 所,硕士学位授权高校 19 所,在学研究生6.94万人(其中博士研究生4 017人)。

2.教育质量得到新加强

基础教育教学质量显著提升。学前融合教育试点园覆盖河南省所有县(市、区),建立了“强园带弱园”的帮扶机制。开展义务教育学校标准化建设和示范校、特色校创建活动,成为全国较早开展生涯教育试点的省份。启动实施中小学“英才计划”,注重基础教育与高等教育的衔接培养。体育美育工作效果明显,劳动教育持续加强。职业教育的类型教育定位基本形成。通过深化产教融合校企合作,在全国率先出台了《职业教育校企合作促进办法(试行)》、率先推行了省属公办职业院校以学生人数和办学质量确定财政拨款的办法,成为全国部省共建、整省推进职业教育创新发展高地建设的 7 个省份之一。1+X 证书制度试点院校数量和考生规模均居全国前列。6 所学校入选“中国特色高水平高职学校和专业建设计划”。高等教育实现历史性突破。郑州大学、河南大学全面完成“双一流”一期建设任务,全省特色骨干大学和特色骨干学科建设计划、示范性应用技术类型本科院校建设计划、高水平高职学校和专业建设计划深入实施,高校分类发展的格局更加清晰、体系更加完备。全省省部共建高校达 11 所,位居全国前列;22 所“鲲鹏产业学院”顺利落地实施;13 所高校 38 个学科进入 ESI 前 1.00%,262 个本科专业获批国家级一流本科专业建设点,优质高等教育资源逐步增加。

3.教育综合改革迈上新台阶

通过制定《新时代河南教育综合改革方案》,积极推动基础教育综合改革、高考综合改革、教师队伍管理体制改革、教育督导体制改革、高等院校内部治理机制改革、科技成果转移转化改革等重点改革项目深入推进。取消了 7 类 26 项高考加分项目,本科二批、三批合并录取;推出了职业教育集团化办学、高校书院制等一批改革试点。下放高校职称评审权,在中小学设置正高级职称,中小学县管校聘改革和校长职级制改革启动实施,教育“管办评分离”和教育“放管服”改革成效显著。扩大教育交流合作,推进中外合作办学项目部省联合审批试点,多渠道引进国外优质教育资源。

4.教育公平步入新阶段

义务教育均衡发展和城乡一体化工作成效显著,河南省所有县(市、区)全部顺利通过国家义务教育基本均衡发展评估验收,基础教育普及普惠水平进一步提升。教育脱贫攻坚圆满收官,控辍保学实现了动态清零。营养改善计划覆盖全省38个国家级贫困县和2个省级试点县,受益学生310.7万人。校内课后服务和校外培训机构治理工作协调推进,切实减轻中小学生课外负担,人民群众的教育获得感和满意度不断提升。构建了“一视同仁、公平公正”的招生入学机制,首次实现公办、民办义务教育学校全面同步招生;农村留守儿童教育管理进一步加强,保障进城务工人员随迁子女平等接受义务教育,进城务工人员随迁子女入学率达99.00%。建立起覆盖学前教育至研究生教育的学生资助政策体系,从制度上保障不让一个学生因家庭经济困难而失学。

5.教育保障能力取得新成效

通过加大教育投入力度,建立健康可持续的教育投入机制。全省基础教育生均公用经费基准定额得到全面落实;高职院校生均经费增长到1.2万元,按期实现国家规定的目标。教师队伍建设成效显著,实行乡村教师生活补助“提标扩面”和“一补两贴”政策,农村教师年平均工资增长1万元左右;建成乡村教师周转房8455套,缓解乡村教师住房困难问题。以小学教育全科教师为试点,启动实施了省级免费师范生培养计划。大力发展“互联网+教育”,中小学校网络实现全接入、百兆全覆盖。

6.教育服务能力达到新水平

高等院校在理论研究和技术攻关领域不断取得新突破,成为河南省科技创新的主力军。高校国家自然科学基金和社会科学基金项目年均占比均在全省总数的90.00%以上;国家杰出青年基金总数达13项、国家优秀青年基金总数达11项;国家科学技术三大奖16项,占河南省总数的28.00%。初步构建起了国家、省、校三级高校协同创新中心建设体系,共协同国内外著名高校、科研院所、大中型企业274家单位,承担国家级重大、重点项目1 348项。郑州大学获批建设国家超级计算中心,新增国家级创新平台30个,汇聚国内外院士44名,海外专家79名。一大批原创性科技成果得到应用和推广转化。

(二)建设教育强省和高质量教育体系存在的主要问题

从国际上看,当前新一轮科技革命异军突起,大数据、人工智能等正在加速演进,对经济结构和产业发展产生了深远影响,创新驱动发展逐步成了世界各国增强国际竞争力的主要途径。从国内看,我国进入新发展阶段,正大力实施创新驱动发展战略,向创新型国家转变,教育尤其是高水平大学在经济社会发展中的引领性和支撑性作用越来越凸显。从河南省内看,河南省第十一次党代会提出“两个确保”的奋斗目标,做出全面实施“十大战略”的系统部署,把创新摆在发展的逻辑起点、现代化建设的核心位置,把创新驱动、科教兴省、人才强省战略放在“十大战略”之首。这都对教育事业发展提出了新的更高要求。

面对国际国内形势新变化、全省经济社会发展新需求、教育发展新趋势,必须清醒地认识到,河南省在加快推进教育现代化和教育强省建设过程中,还面临着教育发展不平衡、不充分、不协调、不适应的主要问题。

1.不平衡

主要表现在教育的区域、城乡、校际差距明显，基本公共教育服务均等化水平有待提升。义务教育学校布局结构调整速度总体落后于城镇化发展速度，“入园难”“入园贵”“大班额”“择校热”等问题仍未根本解决。城乡幼儿园分布不均，城镇公办园在园幼儿仅占31.00%，低于全国平均水平12个百分点，公办园资源供给短缺，农村在园幼儿规模小于100人的幼儿园占比达到37.00%，小规模、空心园现象突出。教育资源供需匹配度不高，教育发展还不能很好适应经济社会发展和人民群众日益增长的对优质教育的需求。

2.不充分

主要表现在教育保障能力与建设教育强省、实现教育现代化的要求还存在一定差距。虽然河南省财政投入中教育经费占比明显高于全国平均水平，但是教育经费投入缺口依然较大。河南省幼儿园、小学、初中、普通高中、普通高等学校的生均预算内教育事业费均排第31位，中等职业学校排在第30位，其中，幼儿园生均事业费仅为全国平均水平的44.00%，其他各学段教育均不足全国平均水平的70.00%。各级各类学校的生（师）均主要办学条件指标与全国平均水平存在较大差距，尤其是教师队伍建设尚不能满足教育现代化需要，教育综合实力和整体竞争力还不强，教育事业发展存在明显短板，发展质量和效益不高。

3.不协调

主要表现在教育整体发展水平与经济社会发展需求契合度不够高。尤其是河南省高等教育总体实力仍然偏弱，人才培养规模、结构以及创新能力等还不能很好地适应经济社会发展需要。全省每千万人口拥有高校13所（比全国平均水平少6所），高等教育毛入学率与全国平均水平还有2个百分点的差距，持续扩大高校设置数量特别是本科高校数量与高等教育规模扩大的双重压力依然存在；高水平大学建设任重道远，全省冠名“大学”的普通高校占7.80%，低于全国平均16.30%的水平，“双一流”建设高校中共有4个“一流学科”，不足全国465个“一流学科”的1%；高层次人才培养能力明显不足，具有硕士学位授权单位数量和硕士招生计划规模分别排全国各省属高校的第10位和第6位，研究生招生计划仅占全国2.54%，其中博士生计划仅占全国0.95%，无法满足经济社会发展对高层次人才的需求；高校科学研究支撑能力不强，全国开放运行的254个国家重点实验室中，河南省仅有河南大学1个，高水平重点科研平台的短缺使得高层次科技人才引进难、培养难、留住难，承担国家大项目能力弱、基础研究能力不足，不能有效支撑河南省创新高地建设。

4.不适应

主要表现在教育管理体制机制改革相对滞后，教育创新发展潜力尚未充分释放。制约河南省教育高质量发展的体制机制障碍仍比较多，教育领域“放管服”改革尚不到位，教育行政部门和学校之间的权责关系尚未完全理顺。现代学校制度建设尚未深入推进，学校办学自主权尚未全面得到落实，教育治理体系和治理能力现代化建设水平有待提升。

建设教育强省和高质量教育体系，加快教育现代化进程，是当前河南教育事业发展的一项重大任务。必须抢抓机遇、超前布局，以更宽广的国际视野、更高远的目标要求、更有力的战略举措推动我省教育现代化建设，为确保高质量建设现代化河南和确保高水平实现现代化河南提供智力支撑和人才保障。

三、河南教育强省建设比较研究

从 20 世纪 90 年代起，我国一些省份纷纷提出教育强省的口号。目前，全国已有 20 多个省份提出了教育强省目标，对教育强省建设做了积极的理论和实践探索，积累了丰富的经验。本专题将简要介绍广东、江苏、浙江等省教育强省建设情况，简要总结其他省份建设教育强省的基本经验，以期为河南建设教育强省和高质量教育体系建设提供思路和参考。

（一）广东省教育强省建设情况

1.建设教育强省的历程

广东省在 1994 召开的教育工作会议上，颁布了《关于教育改革和发展的决定》，提出了把广东省建设成为教育强省为奋斗的口号，这是我国最早提出教育强省目标的省份。目标提出到 2000 年前，广东要普及九年义务教育，大城市普及高中阶段教育，高等教育入学率为 1.26%；到 2010 年基本普及高中阶段教育，高等教育入学率达到 3.2%。尤其是要形成与经济社会发展相适应教育规模、结构和层次，建立起结构合理、体制灵活、开放多元的教育体系，使广东建设成为教育强省。2001 年广东发布第十个五年计划，提出在未来的五年，广东要率先进入教育强省行列。目标提出进一步巩固和提高九年义务教育普及，高中阶段教育普及率达到 65%，高等教育入学率增加到 16%，重点是要建设一两所高水平大学和一批重点学科，进一步完善与现代企业制度、现代管理制度和经济社会发展相匹配的教育体系。从 2005 年以后，广东省基本实现了预定的教育强省目标，并逐步进入到了一个新的发展阶段。出台了《广东省教育现代化建设纲要（2004—2020）》，提出到 2020 年基本实现现代化的目标，教育现代化与教育强省较为相似，但是却标志着教育强省在外延上的拓展、质量上的提升。

2.建设教育强省的措施

尽管前期教育基础薄弱，但是自 1994 年提出教育强省目标以后，广东省十分重视教育事业发展，将教育强省和现代化作为富民强省的主要途径，并采取一系列重要举措，实现了广东教育的跨越式发展，走在了我国教育强省建设的前列。

一是将建立教育体系作为教育强省建设的目标。广东省在建设教育强省过程中始终本着整体发展的思路，采取稳妥渐进的步骤，将建立完善基础教育体系、高等教育体系、职业教育体系、终身教育体系等作为发展目标，要建设成为具有广东特色的教育体系。

二是将重点突破作为教育强省建设的途径。长期以来,广东省在确立整体发展思路的同时,还将重点突破作为战略。在基础教育阶段,重点实现三点目标:首先,普及英语教育和信息技术教育以及普通话;其次,建立起符合广东实际的现代课程体系;再次,普及高中阶段教育。在高等教育阶段,大力发展大学城,致力于建设成为全国一流,成为带动高水平大学和一流学科建设的重要载体。为此,广东不断创新办学体制和运行机制,在坚持政府主导下,引入市场机制,不断激活了大学城的管理体制,而且还拓宽了办学经费的融资渠道。[①]

三是将评估督导作为教育强省建设的手段。为了顺利推进教育强省目标的实现,广东省创造性地建立了一系列的督导验收机制,不但在珠三角地区引起强烈反响,而且也成了全国教育强省建设过程的典型案例。早在 2001 年的时候,广东省就出台了教育强省督导验收方案,采取化整为零、从局部到整体的评估策略,从省级、市级、县级和乡镇级层面逐步推进教育强省建设,督导验收工作统一在省政府的领导下进行,避免出现标准不统一的现象。[②] 随后,每隔几年,广东省都要对教育强市、教育强县、教育强乡的指标体系和验收方案进行修订。下面以 2017 年新修订的《广东省教育创强督导验收办法》为例,简要介绍一下各个层级的主要申报标准。

教育强市的申报标准:市属学校及所辖县(市、区)按照省标准配足幼儿园、中小学、中等职业技术学校和特殊教育学校教师;市属学校及所辖县(市、区)中小学教师工资福利待遇保持“两相当”;按照规定设立市属标准化特殊教育学校。

教育强县的申报标准:所辖县均通过县域义务教育发展基本均衡县省级督导评估或达到省级督导评估标准;辖区内义务教育阶段普通中小学校中公办标准化学校覆盖率达 100%,民办标准化学校覆盖率达 60%以上(强市复评时达 100%);教育强县覆盖率达到 100%或教育强覆盖率达 80%以上并承诺 2 年内达到 100%。

申报教育强乡的申报标准:辖区内中小学布局规划科学合理,布局调整按时完成,义务教育阶段普通中小学校中公办标准化学校覆盖率达 100%,民办标准化学校覆盖率达 60%以上。

3.建设教育强省的现状

经过多年建设,教育强省目标已经早已实现,并从上到下实现了教育强市、教育强县和教育强乡目标。首先,建立了均衡化的基础教育体系。2016 年,广东 121 个县全部通过国家义务教育发展基本均衡县督导评估认定,成为全国第六个实现义务教育发展基本均衡县全覆盖的省份。2019 年,教育现代化先进县覆盖率达 100%。其次,构建内涵发展、争创一流的高等教育体系。目前,广东全省高校达到 160 所,实现全部地级市全覆盖。全省“双一流”大学发展迅速,达到 8 所,新增 3 所。国家一流专业和一流课程分别达到 609 个和 258 门,均居全国前列。再次,建立了高质量的职业教育体系。广东历来高度重视职业教育发展,实施了职业院校办学条件达标工程,构建了开放性、多元性的职业教育体系,职业教育办学规模连续 10 年位居全国第一,为区域经济社会发展培养了大批

---

① 湖南省咨询业协会.湖南建设教育强省研究[M].北京:人民出版社,2010:524.

② 陈伟.省域教育现代战略的政策分析:以 1978—2008 年的广东为例[J].复旦教育论坛,2008(2):30-33.

技能性人才。[①]

(二)江苏省教育强省建设情况

1.建设教育强省的历程

江苏省虽然不是最早提出建设教育强省口号的省份,但却是最早提出建设教育现代化、制定教育现代化指标体系和实施教育现代化监测评估的省份。早在20世纪90年代初,江苏省就率先提出要实施科教兴省战略,建设教育现代化,以适应经济社会发展需要。1993年12月,江苏省印发了《关于在苏南地区组织实施教育现代化工程试点的意见》,探索在苏南600多所学校开展教育现代化实施试点。1994年,全省教育工作会正式将"科技兴省"战略升格为"科教兴省"战略,继续保持江苏教育在全国的领先地位,基本实现高中阶段教育普及化、高等教育大众化和教育现代化。1996年,江苏提出要在2010年前在全国率先基本实现教育现代化,并由此确立了"整体规划、分步实施、区域推进、滚动发展"的方针。[②] 2001年,江苏发布的《江苏省教育事业发展"十五"计划》提出到2005年,江苏初步实现由教育大省向教育强省转变,部分地区率先基本实现教育现代化,素质教育的总体水平位居全国前列,各级各类教育事业的发展水平位居全国一流。到2010年,江苏要基本实现由教育大省向教育强省转变,城市和苏南地区基本实现教育现代化。这是江苏省首次在正式文件中提出实现教育强省的目标。2005年,江苏召开的全省教育工作会议上,出台了《关于加快建设教育强省率先基本实现教育现代化的决定》,进一步明确了教育强省的战略在经济社会发展中的地位和作用,要率先基本实现现代化,教育实力要达到中等发达国家水平。2007年5月,江苏省教育厅印发了《江苏省县(市、区)教育现代化建设主要指标》,正式启动县区教育现代化评估,提出了16项二级指标体系,被称为具有一定影响的"省标十六条",江苏也因此成为我国首个实施县区教育强省和教育现代化建设评估的省份。2013年1月,江苏颁布实施《关于推进教育现代化建设的实施意见》,率先在全国实施教育现代化评估监测。随后经过三年的实践,2016年对2007年实施的《江苏教育现代化监测指标》进行了修订,进一步完善了监测指标体系,为顺利实施江苏教育强省战略和实现教育现代化打下了坚实的基础。

2.建设教育强省的措施

江苏建设教育强省和教育现代化起步较早,积累了丰富的实践经验,在很多领域都创造了全国第一,率先走到了全国教育强省建设的前列。

一是高度重视教育的优先战略地位。江苏省作为我国经济发达的省份,较早认识到教育和科技对经济社会发展的支撑和引领作用,率先提出"一流的经济必须用一流的教育来支撑"的口号。在20世纪80年代中后期的时候,江苏在总结全省经济发展经验教训的过程中,就感觉到进行经济发展战略转移以及科学技术的重要性,于是在1989年提出科技兴省战略。1994年,江苏将教育与科技结合起来,将科技兴省战略转变为了科教

---

① 朱孔军.建设广东特色高质量教育体系[N].中国教育报,2022-07-29(2).

② 孙其华.人的现代化之路[N].江苏教育报,2018-12-29(1).

兴省战略。2000年的时候，又进一步提出教育强省战略，突出教育的基础性、引导性的作用。

二是实施教育强省建设分步走的发展路径。从总体看，江苏实施教育强省战略是与教育现代化建设连在一起的，并不是一下子提出来整体实施的，而是采取循序渐进的方式，大致可分为探索阶段、区域推进阶段和整体提升阶段。从20世纪90年代初实施教育现代化以来到1996年，江苏省主要在苏南地区的部分学校进行试点改革，探索教育强省和教育现代化的发展模式。从1996年到2010年，是区域推进阶段。教育强省作为教育政策上升为省委省政府的战略，逐步扩大了试点范围，从苏南地区乡镇学校扩大到整个江苏城市地区的学校。从2010年到现在江苏教育强省和教育现代化建设进入整体提升阶段，实施范围也由城市范围的学校普及到全省所有地区的学校。

三是建立了完善的教育监测评估指标体系。江苏为了推动教育强省建设，制定了教育现代化指标体系和实施了教育现代化监测评估，这在全国是首创，到现在也是个标杆性的举措。自从2005年江苏提出加快建设教育强省率先基本实现教育现代化以后，就开始酝酿思考具体的推进策略。在2007年5月出台实施了《江苏省县（市、区）教育现代化建设主要指标》，首次提出十六条指标体系，如九年义务教育巩固率达99%以上、初中毕业生升学率达95%以上、高等教育入学率达50%以上等。2013年颁布实施了《关于推进教育现代化建设的实施意见》，将2007年的教育现代化监测评估指标体系进行了完善和细化，并在2014年正式开始监测评估。2013年的教育现代化监测评估指标体系由三级指标构成：一级指标包括教育普及度、教育公平度、教育质量度、教育开放度、教育保障度、教育统筹度、教育贡献度、教育满意度等8项，二级指标共16项，三级检测点共46个。接着，江苏发布了《江苏教育现代化指标体系》，并出台了《江苏教育现代化监测指标》，对指标体系进行了修正，共由8个一级指标、16个二级指标、49个检测点组成。在监测对象上也分为三个层面，分别为省、市和县区。省级监测是面向全省的，也包括高等院校，采取的是集中填报的方式，不针对某一学校开展监测。市级和县区级监测则根据各地区的实际情况制定自身的监测指标体系灵活确定监测指标和监测目标。

3.建设教育强省的现状

经过三十年的发展，江苏省早已实现了教育强省和教育现代化建设的预定，目前正向高水平和高质量的教育体系建设迈进。当前，在教育规模上，高中阶段及以下的教育阶段毛入学率达95%以上，高等教育毛入学率达65%以上，指标均高于全国平均水平7.2个百分点，也高于世界中高收入国家水平。职业教育相关主要指标如入学人数、学校数量和专业数量均居全国前列。高等教育无论规模还是内涵建设都实现了跨越式发展。高校数量达168所，位居全国第一；博士硕士授权单位和授权点数量位居全国第二；第二轮国家“双一流”建设学科48个，位居全国第二。[①] 在重点学科方面，江苏省32所高校的196个学科进入ESI前1%，高校数量和学科数量均位居全国第一；14所高校的25个学科进入ESI前1‰，高校数量和学科数量均位居全国第二。[②]

---

① 高标准建设教育强省的非凡十年[N].新华日报，2022-10-14(15).

② 四方面发力高标准建设“教育强省”[N].南京晨报，2021-11-26(A3).

(三)浙江省教育强省建设情况

1.建设教育强省的历程

浙江省文化底蕴丰厚,自古就有重教兴文的传统。改革开放以后,浙江省迎来了经济快速发展的东风,非常重视科教在促进浙江省经济发展中的重要作用。在 1992 年浙江首次提出科教兴省战略,到 1997 年浙江省基本普及了九年义务教育,基本扫除了青壮年文盲,成为继江苏省、广东省之后第三个实现此目标的省份。1998 年浙江第十次党代会进一步提出建设经济强省、文化大省、科教强省的发展目标,随后在 1999 年开始启动创建教育强县活动,取得了良好的效果,在社会上产生了强烈的反响。2002 年,浙江省召开第十一次党代会,完善了第十次党代会的目标,提出经济强省、科技强省、教育强省和文化强省等"四省"建设,这是该省份第一次明确提出教育强省目标。2007 年,浙江省委、省政府出台了《关于建设教育强省的决定》,提出到 2017 年,浙江省基本建成教育强省,基本实现教育现代化,教育综合实力进入全国先进行列,基本形成完备的现代国民教育体系和终身教育体系。浙江省教育事业发展"十三五"规划提出,到 2020 年要建成教育强省,在全国率先实现教育现代化,教育主要发展指标达到发达国家平均水平。2018 年,浙江省出台实施浙江省委、省政府关于《全面实施高等教育强省战略的意见》,提出到 2022 年建成高等教育强省,高等教育现代化体系全面建立,能有效促进经济社会发展,具备较强的国际影响力和竞争力等。

2.建设教育强省的措施

同广东省和江苏省类似,浙江省提出建设教育强省也是起步较早,采取了一些具有前瞻性的战略举措。

一是采取循序渐进的推进方式。浙江省从 20 世纪 80 年代末就认识到教育发展和科学技术在经济社会发展中的促进作用,较早提出科教兴省战略。随后根据经济社会发展和教育发展的演化,逐步明确为教育强省战略。2000 年以后,浙江省教育强省建设与教育现代化结合起来,从建设教育强省、基本建成教育强省和全面建成教育强省,以一种循序渐进的方式逐步推进。

二是将教育强县作为教育强省建设的重要突破口。早在 1999 年,浙江省在提出教育强省战略以后,就立即启动教育强县创建工作。随后在 2011 年进一步提出了教育现代化县区的评估评定工作,明确了评估创建的程序,制定了评估创建的操作标准。该操作标准几经修订,从 2015 年版到 2017 年版,主要包括优先发展、育人为本、促进公平、教育质量、社会认可在内的 5 项一级指标、11 项二级指标和 47 项三级指标。[①] 浙江省的教育强县创建工作取得了良好的实践效果,有效促进了县区基础教育发展水平,获得了全省乃至教育部的普遍认可,也为浙江教育强省和教育现代化目标的实现奠定了坚实的基础。

---

① 季诚钧,张墨涵,解山娟,等.浙江为县域教育现代化发展水平打分[N].中国教育报,2018-09-18(81).

3.建设教育强省的现状

经过几十年的建设,目前浙江省教育改革发展进展迅速,取得了重要的发展成就,已经实现了教育强省的预定战略目标,总体实现了教育现代化的现实基础。全省各级各类教育整体教育发展水平和主要发展指标不但走在了全国教育发展的前列,而且达到了高收入国家平均水平。在基础教育方面,均衡发展成效显著,总体发展水平位居全国前列;职业教育整体发展实力进入全国第一方阵;尽管高水平大学数量和实力不如江苏省,但浙江省的整体高等教育发展水平一直在显著提升,高等教育强省战略目标正稳步实现。

(四)建设教育强省的基本经验

通过简要分析广东省、江苏省和浙江省建设教育强省的历程、举措和成果,我们可以总结出几条建设经验,可以为河南省建设教育强省提供参考和借鉴。

1.目标渐进

这主要指的是在教育强省的目标设定方面,采取的是分步推进的方式。这三个省份开始的时候都没有直接提出建设教育强省,而是结合经济社会发展实际,提出了科教兴省战略。在提出教育强省目标后也没有直接提出要建成教育强省和教育现代化,而是采取分步渐进的方式设定目标,依次为建设教育强省、基本建成教育强省和建成教育强省等,这反映了设定教育强省和教育现代化目标的严谨性和现实可操作性。

2.试点探索

三个省份在推进教育强省和教育现代化的过程中并不是齐头并进、全面铺开的,而是采取试点探索的方式,先在某些地区和某些领域开展试点探索改革,等待试点经验成熟后再全面推行,确保了教育改革的有序推进。如广东省设定了重点改革目标,在基础教育领域和高等教育领域分别有阶段性的重点改革任务;江苏省先是在苏南地区开始教育现代化试点改革,随后在城市地区开展,最后才全面推行;而浙江省主要将基础教育现代化作为重点,在探索试点经验后,逐步延伸到职业教育和高等教育领域。

3.体系建构

由于省情特点、政府决策等方面的原因,三个省份对教育强省建设的理解和路径不尽一致,都在一些领域树立了典型和样板,如江苏模式、浙江样板等。然而,多数省份在确立教育强省和教育现代化目标的时候,一般是将建构现代教育体系作为建设目标。在内容上包括基础教育体系、职业教育体系、高等教育体系、教师教育体系、终身教育体系、教育管理体系等,在特点上一般具备规模大、结构优、质量高、效益好等。

4.重视评估

我们选择的这三个省份都将督导验收和评估作为建设教育强省的重要途径。如广东省建立了化整为零、从局部到整体的评估机制,先从省级,再逐步到乡镇级开展评估验收,分别制定督导验收方案和指标体系。江苏省更是建立了完善的教育监测评估指标体系,从 8 个一级指标、16 个二级指标、49 个检测点等方面对全省教育强省和教育现代化开展评估验收。广东省也在基础教育阶段,开展了教育强县的创建活动,并建立了一整套的评估指标体系，实践效果在全国产生了一定的影响，能为河南省开展教育强省建设评估工作提供相应参考和基本经验。

四、河南教育强省建设战略

建设河南教育强省和教育现代化既是一个学术性很强的理论问题，又是一个操作性很强的实践问题。正如上文所分析的，无论从教育强省的内涵分析，还是教育强省的比较视角，目前教育界基本都是将构建现代教育体系，实现教育现代化作为教育强省建设战略目标的，离开具体的教育体系而谈论建设教育强省，将缺乏有效的战略支撑。一般来说，教育体系是由学前教育体系、基础教育体系、高等教育体系、职业教育体系、终身教育体系、教育治理体系、教育评价体系等组成的，不同的省份由于发展思路、具体省情等不同，在推进教育强省建设的过程中可能各有侧重，但基础教育体系、高等教育体系作为核心的发展内容都是建设的重点。本专题将立足于河南教育发展的实际和各教育阶段发展的特点，将教育体系理解为基础教育体系、高等教育体系、职业教育体系和教师教育体系，将建设高质量教育体系即建设优质均衡的基础教育体系、结构合理的高等教育体系、支撑产业的职业教育体系和多元开放的教师教育体系等作为教育强省的战略目标。

深刻认识河南省高质量教育体系的战略目标，对于我们准确把握"十四五"时期河南教育发展面临的形势，推进教育强省战略和河南省教育现代化具有重要意义。目标是行动的先导，高质量发展更需要新的战略目标来引领。建设河南高质量教育体系就是要遵循教育发展规律、体现时代发展特征、重视教育统筹协调和促进人的全面发展的现代教育体系，在新的历史时期，肩负着新的时代使命和价值追求。河南教育强省和高质量教育体系建设既要面向世界，顺应世界教育发展趋势，又要面向未来，引领经济社会发展；既要扎根中国大地，办有中国特色的教育体系，又要充分体现时代要求和河南省实际，立足中原大地，服务河南重大战略和经济社会发展；既要重视宏观的教育布局结构调整优化，又要关注具体的民生福祉和人的全面发展。从教育强省的发展目标上来说，要在未来五年甚至更长的一段时间，形成教育公平更加彰显、布局结构更加优化、保障条件更加牢固、治理制度更加完备、人才培养水平和服务贡献能力显著增强的河南高质量教育体系，使教育综合实力、现代化水平全面提升，更加有力支撑国家创新高地建设。

（一）建设优质均衡的基础教育体系

基础教育是面向全体学生开展的素质教育，是相对于大学阶段的专业教育而言的，是为学生进入大学阶段和进入社会打基础的教育。一般来说，基础教育阶段可分为学前教育、义务教育（小学教育和初中教育）和高中教育等。基础教育体系是教育体系的重要组成部分，在教育发展中处于基础性的地位，对教育强省和教育现代化建设将起着重要作用。

正如前文所介绍的，近年来，河南省基础教育快速发展，在办学规模、办学结构、办学质量等方面均取得了较好成就。截至2022年年底，河南省拥有4.77万所幼儿园和中小学，在校生人数达到2 130万余人，是基础教育人口第一大省，占全国在校生人数的十分之一。高中教育阶段毛入学率、义务教育阶段毛入学率和学前教育阶段毛入学率分别达到92%、96%和 90%，均超过全国平均水平。同时，通过一系列的改革举措，大幅增加了教育经费投入，全面改善了基础教育办学条件，提升了义务教育和高中教育的水平，人才培养质量全国公认，成了高校优质生源省份。尤其是在 2020 年国家开展的义务教育基本均衡评估验收中，全省 158 个县通过验收，这是河南省基础教育发展的重要成就，也反映了河南省基本实现了教育基本均衡发展，今后的工作重点和建设任务正在向优质均衡发展转移。然而，由于多方面的原因，河南省基础教育质量与教育强省比较，还存在一定的差距，制约高质量基础教育体系建设的因素还有很多，发展不平衡、不充分、不协调等优质均衡问题仍然较为突出。

在一定程度上来说，优质均衡发展作为一种新的发展理念和战略目标，是教育公平在基础教育阶段的具体体现，也是我国部分教育强省和发达国家教育的基本建设经验。一直以来，我国非常重视基础教育阶段的教育公平，大致经历了一个基本普及到均衡发展再到优质均衡的政策制定过程。如党的十八大报告指出，要大力促进教育公平，继续加强薄弱环节和关键领域，进一步缩小城乡、区域教育发展差距，通过合理配置教育资源，重点向农村、边远、贫困、民族地区倾斜。党的十九大报告提出，推动城乡义务教育一体化发展，高度重视农村义务教育，办好学前教育、特殊教育和网络教育，普及高中阶段教育，努力让每个孩子都能享有公平而有质量的教育。党的二十大报告也明确提出，坚持以人民为中心发展教育，加快建设高质量教育体系，发展素质教育，促进教育公平。加快义务教育优质均衡发展和城乡一体化，优化区域教育资源配置，强化学前教育、特殊教育普惠发展，坚持高中阶段学校多样化发展。这些关于基础教育公平和义务教育优质均衡的政策为河南建设教育强省提供了基本遵循。

从关系上来说，优质均衡是基本均衡的提升和发展，基本均衡是优质均衡的起点和前提。基本均衡指的是教育起点上的公平，侧重中小学生入学条件，如入学权利机会的平等和入学条件的基本达标，即实现“有学上”的需求。而优质均衡侧重于教育过程和结果的公平，侧重于在满足入学基本条件的基础上，获得更优质的教育资源、权利机会和更高教育质量的公平，即实现“上好学”的需求。当然，优质均衡并不是要追求教育的绝对公平和平等，而是确保所有学生都能享受更优质的教育机会和教育资源，确保每个学生都能有机会按照自己的个性实现自身的全面发展和特色发展。在标准上来说，相较于基本均衡，优质均衡在规模上更加普及、在结构上更加均衡、在质量上达成更高水平。其中，规模上更加普及、结构上更加均衡和质量上更高水平是一个有机的组成部分，彼此之间存在着密切的关联。规模普及是基本前提，结构均衡是关键内容，而更高质量则是建设目标。2019 年 8 月国务院出台了《县域义务教育优质均衡发展国家督导评估认定工作规程》，就义务教育阶段优质均衡的评估认定办法，提出了三个基本原则，即坚持重硬件，更重软件；坚持重指标合格，更重群众满意；坚持重数量，更重质量。其实，这三方面也在很大程度上呼应了国家对优质均衡的督导考核原则。同时，这三个方面成了高质量基础教育体系的重要构成内容和分析要素。

因此，本专题着重围绕学前教育阶段、义务教育阶段和高中教育阶段，从规模普及、结构均衡和更高质量等三个方面分析河南省建设优质均衡、高质量教育体系的发展策略。

1.加强更高水平普及

普及教育是指一个国家对全体适龄儿童开展的普通教育，普及程度根据国家发展的水平而有所不同。作为一种公益性的教育理念，普及教育最早是由捷克的教育家夸美纽斯提出来的，在他看开，实施6年初等教育就是普及教育。在夸美纽斯思想的影响下，一些较早进入工业化的国家如英国、美国、法国和德国纷纷开展程度不同的普及教育。我国开展普及教育时间较晚，最早在1982年颁布实施的《中华人民共和国宪法》中提出“普及初等义务教育”，这是在新中国成立以后首次以法律规范的形式对普及教育提出明确要求。随后在1985年我国正式颁布实施了《中华人民共和国义务教育法》，这也是我国首次对普及九年义务教育做出明确规范，也为今后我国加快基础教育发展提供了法律保障。截至2021年年底，我国小学净入学率达到99.9%以上，初中阶段毛入学率保持在100%，取得了普及九年义务教育的伟大成就。与全国基础教育发展类似，河南省也已经实现了全面普及九年义务教育，普及率甚至略高于全国平均水平。然而，义务教育只是基础教育的重要组成部分，毕竟还不是全部，学前教育阶段和高中教育阶段的毛入学率只是实现了基本普及，还没有达到全面普及的程度，离高水平、高质量普及仍然存在较大的差距。普及水平是教育公平的重要特征，高水平、高质量的普及教育更是优质均衡基础教育体系的主要标志。要构建高质量的基础教育体系，首要的任务就是要在更高水平、高质量地加强普及教育，确保在巩固九年义务教育的基础上，进一步向上下两端延伸，即加强学前教育阶段的普惠扩容和高中教育阶段的普及攻坚。

(1)加强学前教育普惠扩容

所谓普惠扩容实际上是两个概念组合在一起的，扩容其实就是增加幼儿园数量和办学规模，主要指的是教育的普及。而普惠一般指的是幼儿园具有公益属性，主要侧重的是教育普及的质量和水平。普惠性幼儿园是一个最近几年才兴起的概念，很快就为政府部门采纳，成为国家在制定学前教育政策的时候所重点推进的一项工作。对于什么是普惠性幼儿园，无论学术界还是政策制定者并没有一个非常确定和精准的界定，不过大致有一个包含范围和基本特征。从包含范围上来说，一是国家政府部门举办的公办幼儿园；二是有关集体和事业单位举办的具有公办性质的幼儿园；三是提供普惠性服务、具有公益性质的民办幼儿园。从基本特征上来说，一是在幼儿园建设标准应达到基本要求；二是应面向大众招生，具有公益性质；三是在收费标准上应接受政府指导。为此，为了更好地加快学前教育普惠扩容力度，河南省应充分认识到学前教育普惠发展在教育普及中的重要作用，积极借鉴其他省份的有益经验，采取一些积极措施。首先，应发挥各级政府的引领和指导作用。省级和市级政府应通过制定有关政策、完善评估机制、优化拨款机制等方式，强化统筹协调力度；市县区政府应通过直接建设和评估等，充分发挥建设幼儿园的主体责任。其次，大力发展公办幼儿园，强化优质资源供给，着重在内涵建设和质量提升等方面，尽可能让适龄儿童享有受教育的机会。再次，政府应完善教育政策，通过评估考核、政府购买等方式，加强对民办幼儿园的有效监管，积极引导更多的民办幼儿园加入普惠扩容的行列，努力提升民办幼儿园的普惠水平，切实解决广大民众备受困扰的入园难、入园贵的问题。

(2)提高义务教育巩固率

正如上文所述,与全国义务教育发展类似,河南省小学、初中毛入学率近100%,取得了全面普及九年义务教育的伟大成就。然而,由于教育观念、经济条件、地理位置等方面的原因,河南教育人口庞大,仍然存在一定的辍学率,巩固和提高义务教育阶段普及水平的任务十分艰巨。近年来,河南省在"控辍保学",提高义务教育巩固水平方面也采取了许多积极措施,如2018年2月,河南省人民政府办公厅印发实施了《关于进一步加强"控辍保学"提高义务教育巩固水平的实施意见》,提出通过教育扶贫、精准脱贫等方式,着力解决因厌学、家庭贫困等原因造成的适龄儿童辍学问题,确保在2020年义务教育阶段的巩固率达96%。当然,"控辍保学"工作是一个牵一发而动全身的系统问题,不仅仅是一个简单的教育问题,而且是一个复杂的社会问题,需要政府、学校和家庭齐抓共管,采取多种方式,建立"控辍保学"的制度体系和体制机制。一是要精准施策,科学识别造成学生失学辍学的根本原因,是个人厌学、恋爱、结婚,是家庭观念、经济困难,还是学校和社会的原因,对每一个学生登记造册,采取有针对性、个性化的帮扶办法,确保学生不因家庭困难因素而失学。二是建立健全"辍学保学"督导问责机制。政府应发挥主导作用,将义务教育阶段的入学率尤其是失学辍学率作为年度绩效考核的重要内容,切实保障学生公平的受教育权利,有效提升义务教育的巩固率和普及化程度。

(3)加强高中教育普及攻坚

高中教育是义务教育的延伸,是面向全体学生开展的基础教育,是我国基础教育体系的重要组成部分。然而,对河南省等广大中西部省份来说,高中教育又是基础教育的短板,存在着较为严重的学生失学辍学以及生源流失问题,所谓的"县中困境"或"县中塌陷"是影响高质量基础教育体系的重要因素。为了有效解决这个问题,所要采取的攻坚措施有很多,其中促进高中教育类型的多样化是一个有效的途径。应从制度层面建立起高中生失学辍学机制,尽可能让现有的在校生不因家庭困难等因素而中途退学。同时,应大力发展中等职业教育,探索各类形式的成人高中教育、半工半读教育,使大量因未能进入高中阶段就读的初中毕业生也能接受与高中阶段类似的基础教育。

2.促进结构均衡发展

首先需要明确的是,我们提出建设基础教育优质均衡发展主要指的是义务教育阶段的均衡发展,目前我国由于经济条件各方面的原因,学前教育和高中教育还没有被纳入免费义务教育范畴,还没有到实现教育均衡发展的阶段,更不要说优质均衡了。我国在颁布实施的《中国教育现代化2035》中分别对学前教育阶段、义务教育阶段和高中教育阶段的发展目标任务进行了区分,普及有质量的学前教育、实现优质均衡的义务教育、全面普及高中阶段教育。从内涵上来说,基础教育均衡发展是教育公平的重要实现方式,对于实现教育现代化和建设教育强省具有重要作用。我们探讨的均衡发展主要是指优质均衡发展是优质和均衡的有机统一,是相对而言的,并不是绝对的教育平等和教育平均,是在教育发展过程中不断实现高质量和高水平的教育均等化。当前,河南基础教育尽管取得了巨大的发展成就,但是仍然存在着不少的问题,尤其是不均衡、不协调的问题较为突出,教育公平在实践中没有得到真正落实,主要表现为基础教育的地区间的差距、城乡间的差距较大。农村办学条件、办学师资和办学质量较弱，而城市中小学办学规模过大，大班额和拥挤现象严重等。在这个现实背景下，河南省义务教育均衡发展主要表现在三个方面：一是区域之间的均衡发展，要在城乡之间、各地区之间、各县城之间、各乡镇之间实现均等化，城乡之间的均衡发展是促进教育公平的核心；二是学校之间的均衡发展，各个学校在办学条件方面实现均等化，这是促进教育公平的基础；三是学生个体之间的均衡发展，确保全体学生得到更为公平的全面发展，这是促进教育公平的落脚点。为此，应全面提升河南省基础教育尤其是义务教育优质均衡发展质量和均等化水平，着力开展中小学标准化建设，逐步缩小城乡之间、地区之间和学校之间的办学差距，让更多的改革发展成果和优质教育资源惠及更多的学生。

(1)加强学校标准化建设

学校标准化建设是落实教育均衡发展的重要举措，只有标准统一了，教育公平才能有制度上的保障。要按照国家关于中小学设置和办学的基本标准，在学校建设、学校办学条件、师资队伍等方面加强标准化建设。应合理规划学校设置，在学校位置、用地面积、学校人数、班级人数等方面充分考虑区域人口的分布情况，避免出现教育资源过度集中和超大班额现象。同时，在消除危房等不合格的办学用房、教学用具，解决好学校办学条件基本达标的同时，还应在互联网、信息技术等方面加大投入，强化中小学的信息化和互联互通，使学生能享受优质网络教育资源。

(2)促进城乡教育一体化

长期以来，由于历史发展和社会条件等原因，河南省城乡教育之间存在差距是一个不争的事实，成了制约教育均衡发展，建设教育强省，实现教育现代化的主要因素。促进城乡教育一体化是一个系统工程，它是城乡一体化的一个重要组成部分，需要多方面的力量和因素综合施策，不仅仅是教育的问题，而是一个复杂的社会问题。除了需要继续加强乡村振兴，巩固乡村脱贫攻坚成果外，关键还得靠教育自身改革来解决这个问题。城乡教育一体化包含的内容有很多，如除了我们上面提到的学校标准一体化，还有师资队伍的一体化、办学经费的一体化等。应大力推动乡村教育振兴，使广大农村基础教育发展和中小学建设与乡村振兴战略融为一体。乡村教育振兴的关键在于师资，可是引进难、留不住等难题长期困扰着农村中小学。应建立健全农村教师的补充机制，加大教师教育的支持力度，要通过公费师范生、特岗计划、国培计划等工程项目，为河南偏远地区和农村地区源源不断地补充优秀师资。还应建立常态化的中小学轮岗制度，让更多城市优质中小学和幼儿园的校长和教师向乡村和偏远地区的中小学流动。应进一步强化政府的统筹管理，扩大优质资源的流动范围，从县区内部流动逐步向县区之间流动过渡。

(3)加强教育帮扶政策

造成农村基础教育薄弱局面的原因有很多，有历史、地理和政策的原因等，政府尤其是省级政府主管部门应该承担起统筹协调的主体责任，本着公平原则和补偿原则，对农村基础教育进行政策倾斜和对口帮扶。在这方面，河南省采取了一系列有效的举措，切实促进了农村义务教育的均衡发展。首先，应建立健全城乡一体化的教育经费投入机制。经过多年努力，国家在生均公用经费标准方面实现了城乡统一标准，小学为650元、初中为850元。在此基础上，应该适当加大农村中小学的经费资助力度，提高补助标准。

其次,应建立城乡一体化的对口帮扶机制。在全省、全市、全县范围内分别开展相应对口帮扶活动,让辖区内每一所优质中小学幼儿园与办学条件薄弱的中小学结对子,以一带三或多所学校的方式,注重优质师资、器材、课程资源的共享;再次,对困难学生实施精准帮扶。完善对经济困难家庭学生的资助体系,从制度上确保不会让任何一个学生因经济困难而失学。改进经费资助方式,从一次性、前端性的资助逐步过渡为过程性、发展性资助、激励性资助,切实让资助政策成为帮助学生发展成才的一个有效途径;最后,建立健全对口帮扶考核问责机制。应积极改进政府的管理方式,将优质均衡发展和城乡教育一体化作为政府年度绩效考核的重要指标,既要督政,又要督学,真正发挥考核问责在促进基础教育优质均衡和建设高质量基础教育体系中的指挥棒作用。

3.全面提升育人质量

全面提升中小学人才培养质量是建设优质均衡基础教育体系的重要组成部分,也是建设教育强省和实现教育现代化的根本目标所在。通过落实立德树人根本任务,不断加强质量标准建设、持续深化教育教学改革、不断加强教师队伍建设,旨在让每个学生都能公平地享受高质量的教育,着力培养出德智体美劳全面发展的人才。

(1)加强质量标准建设

质量问题是教育改革发展的生命线,而质量标准又是质量问题的重要内容,是指导中小学有关政策制定、课程设置和教学改革的指导性规范,是衡量质量的基本尺度,具有指标性意义。抓住基础教育质量标准建设这个关键点就是扭住了人才培养质量的牛鼻子。质量标准是一个比较复杂的构成体系,是由许多部分组成的,既包括外部质量标准,又包括内部质量标准。就基础教育来说,质量标准涵盖了幼儿园到高中教育的全学段,对中小学的素质尤其是核心素养提出了具体要求。河南省加强基础教育质量标准建设首先要遵循国家有关质量标准,要保持质量体系的上下衔接。如2022年教育部出台实施的《义务教育课程方案和课程标准(2022年版)》就对义务教育课程方案和语文等16个课程标准作出了详细规定。在上下衔接上,强调九年一体化设计,注重幼儿园和小学、小学和初中之间的衔接。在课程内容上,注重知识的内在联系和学科内部之间和学科之间的关联。其次,应该结合核心素养,制定各学段的课程内容,优化学前教育阶段保教质量标准,在健康、语言、社会、科学、艺术等方面提出具体要求。进一步优化小学、初中和高中的课程质量标准和学业标准,在让学生掌握基本知识和基本技能的同时,倡导启发式教学和研究性学习,鼓励学生独立思考,培养创新精神和创新能力。

(2)持续深化教学改革

长期以来,我国中小学生课业负担严重,学生、教师和家长都面临着沉重的教学压力,制约了学生的身心健康发展,给基础教育教学改革带来了很大的阻力。因此,应以“双减”作为深化基础教育教学改革的突破口。首先,应提高中小学课堂教学质量,严格按照国家规定的学业质量标准,开足课时、开好课时,不得随意地提高教学和考试难度。应加强对作业的监管,注重学业的质量和效率。应在满足国家课程标准的同时,结合中原文化和地方特色,完善并丰富地方课程和校本课程,让劳动教育、文化教育等成为学生成长发展的优质资源。其次,深化初中和高中招生制度改革,完善学业水平考试,将考试成绩与综合素质评价结合起来,根据不同课程的内容特点,改革考试方式。再次,深化课堂教学改革,创新素质教育的实现方式,根据不同学段和不同科目,分类制定实践教学标准,通过实践式教学,全面激发学生的学习兴趣。最后,积极改进质量评价体系,禁止片面地以升学率和考试成绩作为衡量教师和学生的唯一标准,将巩固"双减"成果作为考核各级政府的重要指标,发挥诊断、改进、激励等功能,引导基础教育高质量发展。[①]

(3)不断加强教师队伍建设

数量充足、素质过硬的师资队伍是建设优质均衡的基础教育体系的关键。当前,河南省教师队伍结构不合理,乡村教师队伍质量整体不高,缺乏吸引力,无法充分集聚高素质的教师队伍,这让乡村基础教育发展陷入了薄弱的恶性循环。应该说,经费投入不足和中小学教师整体待遇不高,是造成教师职业缺乏足够吸引力,严重制约乡村教育质量提高的关键因素。河南省人均财力低,生均教育经费居全国后列,教育人口占全省人口的1/4,用占全国5%的教育经费承担了全国9.9%的教育人口。为了更好地优化乡村教师队伍结构,我们认为应该从战略高度和国家层面看待和解决此问题:一是应拓宽经费投入渠道,健全以政府投入为主,多渠道筹集教育经费的体制,鼓励更多社会捐赠和民间资本投资基础教育。二是出台教育补偿政策,制定针对乡村教师工资待遇、住房购置等方面的优惠政策,切实解决教师待遇不高的问题。三是出台教育公务员制度,从法律上保障教师的地位待遇。目前世界上很多国家如德国、法国、韩国和日本等,已经将教师作为教育公务员或特殊公务员。建立教育公务员制度,将公办中小学教师列入国家公务员体系,确立公办中小学教师作为国家公职人员特殊的法律地位,是解决当前中小学教师队伍整体素质不高、流动性差等问题的重要途径。

(二)建设结构合理的高等教育体系

教育是国之大计、党之大计。在实现第二个百年奋斗目标、全面建设社会主义现代化国家的新征程中,教育的先导性、基础性、全局性地位和作用更加凸显,肩负的使命更为重大。高等教育是一个国家发展水平和发展潜力的重要标志,优质高等教育是支撑创新驱动,助推经济社会发展的主要引擎。贯彻新发展理念、构建新发展格局、加快构筑新时代河南高质量高等教育体系,推动高等教育高质量发展,助推教育强省建设、实现教育现代化,是今后高等教育的重要使命担当。

1.高等教育是促进经济社会发展的重要引擎

党的十八大以来,以习近平同志为核心的党中央全面加强党对高等教育的领导,提出了一系列新理念新思想新观点,系统回答了高等教育工作的方向性、根本性、全局性、战略性问题,为做好新时代高等教育工作提供了根本遵循和行动指南。党的十九大报告提出,"建设教育强国是中华民族伟大复兴的基础性工程","加快一流大学和一流学科建设,实现高等教育内涵式发展"。2020年9月22日,习近平总书记在教育文化卫生体育领域专家代表座谈会上讲道:"提升自主创新能力,尽快突破关键核心技术,是构建新发展格局的一个关键问题。我国高校要勇挑重担,释放高校基础研究、科技创新潜力,聚焦

---

① 吕玉刚.深化综合改革加快建设高质量基础教育体系[N].中国教育报,2020-12-02.

国家战略需要，瞄准关键核心技术特别是‘卡脖子’问题，加快技术攻关。要支持‘双一流’建设高校加强科技创新工作，依托高水平大学布局建设一批研究设施，推进产学研一体化。”2021年4月19日习近平总书记在清华大学考察时强调：“百年大计，教育为本。今年是中国共产党成立100周年，我国开启了全面建设社会主义现代化国家新征程。党和国家事业发展对高等教育的需要，对科学知识和优秀人才的需要，比以往任何时候都更为迫切。我国高等教育要立足中华民族伟大复兴战略全局和世界百年未有之大变局，心怀‘国之大者’，把握大势，敢于担当，善于作为，为服务国家富强、民族复兴、人民幸福贡献力量。”

党的十九届六中全会明确提出，全党要坚持唯物史观和正确党史观，从党的百年奋斗中看清楚过去我们为什么能够成功、弄明白未来我们怎样才能继续成功，从而更加坚定、更加自觉地践行初心使命，在新时代更好坚持和发展中国特色社会主义。中国共产党河南省第十一次代表大会旗帜鲜明地提出要确保高质量建设现代化河南、确保高水平实现现代化河南，这是贯彻党的十九大报告精神的河南实践，是贯彻习近平总书记视察河南重要讲话重要指示的具体行动。河南省委提出以前瞻30年的眼光想问题、作决策、抓发展，下非常之功，用恒久之力，创造出无愧于历史、无愧于时代、无愧于人民新的更大的业绩。

我国高等教育著名学者潘懋元教授认为，农业经济时代，大学游离于经济社会之外；工业经济时代，大学处于经济社会的边缘；而知识经济时代的到来，大学将被推向经济社会的中心，进入经济运行过程，直接参与经济活动，从而实现大学的变革。大学作为一个复杂的社会组织，历史源远流长，最早兴起于西方中世纪时期，被誉为西方社会中仅次于基督教堂的第二古老机构。据统计，1520年以前建立的欧洲机构中，大概有85所机构直到现在仍保持其当初的形式和功能，其中大学就占了70所。经过千年的风雨洗礼，现代大学早已不是传统意义上偏居一隅的象牙塔，已经逐步走向了经济社会发展的中心，成为了国家科技创新体系的重要组成部分。

基础研究是科技创新的源头，而大学尤其是研究型大学则是基础研究的主力军和主阵地。一般来说，一个国家和地区的经济发展水平和区域内研究型大学创新能力之间往往存在着正相关关系。当今世界科技强国，均围绕研究型大学，形成高等教育中心，进而发展成为科技创新中心。如闻名于世的剑桥、牛津科技园主要是以英国金三角名校为核心建立起来的；美国著名的“128公路”创新廊道位于查尔斯河畔以麻省理工、哈佛大学等研究型大学为核心的高校群落区；美国重要电子工业基地硅谷则集中了斯坦福大学、加州大学伯克利分校和加利福尼亚大学等世界知名大学。我国的京津地区、珠三角地区、长三角地区之所以能成为我国三个主要科技创新高地，众多研究型大学的集聚无疑起着重要的支撑引领作用。

人类科技发展史告诉我们，大学理念结构的重要变迁和功能扩展都带来了区域国家高等教育的迅速发展，也带动了世界科技中心的转移。日本科学史学家汤浅光朝在1962年的《科学技术编年表1501—1950》中提出了著名的“汤浅定律”，如果一个国家和一定时段内的科学成果数量超过全世界科学成果数量的25%，那么这个国家就可以成为这个时期的世界科技中心。每个世界科技中心，平均维持时间为80年左右。世界科技中心的转移与高等教育中心的转移关系密切。历史上，世界科技中心的顺序是意大利、英国、法国、德国、美国，而高等教育的中心也是按照类似的顺序转移的。

2.河南省高等教育发展的现实基础

河南省高等教育发展起步较早。1902 年创办的河南大学堂，是河南省第一所新式大学，开启了河南省现代高等教育的先河。随后，1909 年创办了全国第一所矿业高等学校——焦作路矿学堂，1912 年又创办了当时全国三大留学培训基地之一——河南留学欧美预备学校，即现在河南大学的前身。在新中国成立以前的一段时期内，河南高校在全国高校布局中占有一席之地。如二十世纪三四十年代，全国 76 所本科以上高校中，河南 2 所，湖北和湖南 2 所，吉林和安徽 1 所。在全国拥有 3 个以上学院的高校 40 所，拥有 5 个以上学院的院校 7 所，国立河南大学位列其中。新中国成立初期，我国开展了大规模的院系调整，河南大学则由一所综合性大学被拆解为以文科为主的师范学院。虽然在 1956 年河南建立了郑州大学，但因其综合实力不强，并没有进入从 1954 年到 1978 年我国先后几批建设的全国重点大学行列，而与河南相邻的陕西 7 所，湖北 7 所，山东 3 所，安徽 2 所。改革开放后，尤其是进入新世纪以来，河南高等教育进入了快速发展阶段。1996 年，郑州大学正式列入国家“211 工程”行列。2000 年，原郑州大学、郑州工业大学、河南医科大学合并组建为新郑州大学。2017 年，郑州大学和河南大学双双进入“双一流”建设高校行列，实现了历史性突破。

近年来，在省委省政府和教育部的正确领导下，在全省高校的共同努力下，河南省高等教育事业发展取得了显著成绩，为培养造就大批高素质人才、促进经济社会发展作出了重要贡献。截至 2021 年，全省共有高等学校 166 所，其中，普通本科学校 56 所；本科层次职业学校 1 所；高职（专科）学校 99 所；成人高等学校 10 所。全省拥有博士学位授权普通本科学校 10 所，硕士学位授权普通本科学校 19 所；博士一级学科授权点 97 个，硕士一级学科授权点 368 个。全省高等教育毛入学率53.13%。

但是我们也清醒地认识到，由于历史等多种因素，高等教育依然是河南省教育事业发展的洼地，还存在一些问题和短板。主要表现在以下五方面。

一是扩大规模任务仍然艰巨。河南作为人口大省，高等教育资源比较短缺，2021 年河南省高等教育毛入学率53.13%，低于全国4.67个百分点。根据《中国教育现代化2035》确定的 2035 年高等教育毛入学率达到 65%的目标测算，在学总规模预计将达到 486 万人。按照河南省高校现有校均规模测算（本科高校均规模2.51万人，比全国平均水平多1.05万人；高职高专校均规模9043人，比全国平均水平多2381人），预计新增高校 60 所左右。

二是高等教育结构布局不尽合理。区域布局还不够均衡，还有 5 个省辖市没有布局本科高校，支撑区域经济社会发展的能力不强。没有教育部直属高校，冠名大学的本科高校 11 所，占高校总数的7.28%，低于全国平均水平9.03个百分点；本科高校占全省高校总数的37.74%，比全国平均水平低8.68个百分点。“十三五”期间，国家仅批准河南新增本科高校 2 所，远远不能满足需求。学科专业结构不够优化，管理、艺术、法学等专业发展较多，师范教育有所弱化，医学教育不足，目前临床医学、口腔医学、儿科学、中医学等各类临床医学类本科专业仅 35 个，其中，医学影像学本科专业仅 3 个、麻醉学本科专业仅

2个，医学人才培养规模不足。

三是高等教育内涵发展层次亟待提升。高校总体规模大但实力不强，全国有2 756所高校，其中147所为“双一流”高校，占比5.33%。博士学位授权高校仅有9所，与周边省份相比，河南省每千万人口具有博士学位授权点的高校数量只有0.83，是陕西省的23%，是湖北省的30%，是安徽省的58%；没有研究生层次的中外合作办学机构。高层次人才培养规模较小，在学研究生仅占全国在校生总数的2.21%；2020年，博士研究生招生计划1 079人，仅占全国招生总数的0.95%，远不及某些高校一个学校的招生数量。

四是高校服务经济社会发展能力亟待提高。河南省高校国家重大科技基础设施布局较少、国家级重大创新平台缺乏，全国近510个国家重点实验室，河南省高校仅有6个，国家级创新平台数量仅相当于湖北的三分之一、安徽的二分之一。高校科技创新力量缺乏有效整合，承担国家重大项目较少，科研人员研究领域比较分散，高水平原创研究成果偏少。2020年国家自然科学基金重大项目全国45个、河南省为零，重点项目全国737项、河南省仅2项。标志性和引领性的重大成果较少，支撑经济社会发展能力整体不强。

五是高层次人才短缺问题比较突出。由于创新平台缺乏以及人才待遇等方面因素，河南省高校学科领军人才和高水平科研创新团队引进困难、本土优秀人才流出压力较大。全国“两院”院士1 755人，河南省高校仅8人；教育部“长江学者”全国4 000多人，河南省高校仅15人，仅占全国的3.75‰，占中部地区总数的4.57%，占上海高校总数的3.01%；国家“杰青”全国3 800多人，河南省高校仅13人。

3.构建高质量高等教育体系的战略路径

结构、管理、质量和效益是教育的核心要素，是我们分析高等教育体系的关键因素。对河南省高等教育发展来说，构建现代化、高质量的高等教育体系，应立足省情及高等教育发展实际，围绕结构、管理、质量和效益要素，着重建设好高质量的布局结构体系、分类管理体系、质量保障体系和社会服务体系。①

(1)构建高质量的高等教育布局结构体系

一是优化高等教育地区结构。实行分区规划和指导，着力构建“一体两翼多点全覆盖”的高等教育布局结构：将郑州建设成为河南省高等教育发展的中心，将洛阳、开封、信阳、商丘等区域节点城市建设成为区域性高等教育中心，重点在信阳、商丘等地各布局一所办学历史较长、基础扎实、特色鲜明的综合性大学。

首先，“一体”就是以郑州作为河南省高等教育发展的中心。郑州是河南的省会城市，是全省的政治、经济、科技和文化中心，是国家中心城市，未来重点建设的国家创新中心和人才高地。在这个过程中，作为区域智力高地和文化高地，郑州高等教育承担着重要的社会责任。可是，通过横向比较，郑州高等教育的发展不但无法与西安、南京、武汉等高等教育中心城市相比较，也无法与成都、重庆、济南等高等教育较为发达的城市相比较，与北京、上海等高等教育强市相比更是相差甚远。因此，“我们必须明确定位，努力将郑州建设成高等教育的战略重镇，这是提升中原城市群核心竞争力所采取的必要措

① 本部分内容主要参考了宋争辉的著作《河南现代高等教育体系改革与创新研究》(河南人民出版社，2019).

施”。① 目前郑州的高等院校总数相对于总人口来讲已经趋于饱和。要发展郑州高等教育，数量不再是发展重点，关键是要进一步优化高等教育结构，整合区域内高等教育资源，提高高等教育质量，增强其对区域经济社会的贡献率。

其次，“两翼”就是以洛阳和开封作为河南高等教育发展的重要支点。洛阳是河南省重要的工业和先进制造业城市。深入推进郑汴洛一体化，提升三地产业和人口集聚水平，打造核心发展区域，实现在郑州这个核心带动下，洛阳和开封作为两翼的轴带发展。目前两地的高校无论在数量上还是在质量上，都与郑州存在着较大差距，也与两地在中原崛起中扮演的角色和承担的责任不相符，如高等教育机构数量不足，规模效应不够，人才和科技资源没能充分集聚，高层次院校和一流学科缺乏，没有深度融入河南经济社会发展，高等教育对区域经济社会发展的辐射效应和贡献率没有充分展现。因此，应着眼于郑汴洛一体化，坚持中原经济区和中原城市群建设的服务面向，立足于两地各自的产业特点，大力发展洛阳和开封高等教育，增加高等院校数量，扩大高等教育办学规模，以每个地市增加2所左右本科层次行业院校、3所以上高职高专院校为宜。在此基础上，优化区域高等教育资源配置，推动办学模式相近或者雷同的高校，采取抱团发展的方式，避免同类高校无序竞争，提高规模效益。

再次，“多点”就是以新乡、信阳、商丘等地市作为高等教育骨干节点。在未来河南城市发展战略规划中，在强化郑州、洛阳、开封市的重要支撑作用的同时，将依托东北西南向、东南西北向运输通道，培育新的发展轴，形成“米”字形重点开发地带。逐步扩大轴带节点城市规模，完善城市功能，推进错位发展，形成大中小城市合理布局、城乡一体化发展的新格局。新乡、信阳和商丘分别位于河南的北部、南部和东部，属于区域布局的节点城市，地理位置优越，对推动河南城乡发展一体化，实现均衡发展至关重要。因此，应站在全局发展和长远发展的高度，采取跨越式发展的思路，着力加强新乡、信阳、商丘这三个节点城市的高等教育发展，构建高等教育发展骨干节点，尽快摆脱目前高等教育发展相对滞后的局面，加强骨干节点高等教育基础能力建设，逐步形成各具特色的区域性高等教育中心，发挥其示范引领和带动扩散作用，由“据点式”逐步发展成为“网络式”，以点带面，提升辐射能力，提高区域内的整体高等教育水平，满足地方经济社会发展需要。

最后，“全覆盖”就是指其他省辖市的高等教育得到合理布局和均衡发展。目前，河南省还有个别地市没有布点本科高等院校，严重制约了地方经济社会发展，造成了实质上的教育不公平。因此，应认真研判高等教育发展规律和经济发展规律，根据各地市产业、人口和城市化等因素，合理调整高等教育布局结构，确保每个地市都布点至少一所本科高校和高职高专院校，对基础条件好、有基础教育支撑、经济基础较为雄厚的个别县级市，也可以考虑布点一所高等院校，以促进河南省高等教育协调发展。

对河南省高等教育布局结构体系进行优化，应该采取内外有别的调整思路。从全国的角度来看，中央政府应坚持公平优先、兼顾效率的发展思路，实行高等教育均衡发展和协调发展，对由于历史等原因造成的高等教育发展滞后的河南，给予适当弥补；从河南省内部来讲，应考虑效率优先，兼顾公平。在保障教育公平的前提下，实行高等教育非均衡

① 宋伟，韩梦洁.教育公平视野下河南高等教育发展对策研究[J].河南大学学报·社会科学版，2009(1)：121-135.

发展,坚持差异化的发展思路,引导高等院校开展合理竞争,保持适度的高等教育发展落差,形成区域间高等教育梯度发展格局。

(2)构建高质量的高等教育分类管理体系

2015年,河南省出台了《关于促进普通高等学校分类发展的指导意见》,明确了河南省高校分类发展的指导思想和总体方向,从分类明确高校办学定位、推进人才分类培养改革、分类调整学科专业结构、创新科研分类管理模式、开展教师分类管理、探索高校分类拨款机制、建立质量分类评价体系等7个方面确定了河南高校分类发展的总体思路,提出了着重建设2~3所高水平综合性大学、5所特色骨干大学、10所左右示范性应用技术类型本科院校、30所左右品牌示范高等职业学校。然而,与国内外尤其是省外一些发展较快、已经取得一定试点经验的地区相比,河南省出台的这个高校分类发展指导意见还比较原则,制度化的分类框架还没有建立起来,缺少相应的理论基础,可操作性不强。因此,需进一步细化河南省高校分类发展方案,出台更具体的实施办法。

首先,制定河南省高校分类标准。研究制定高等学校分类标准是构建河南省高等学校分类管理体系的关键,也是实施高校分类管理的基本依据。不过重点是对河南省高等教育进行横向分类,而不是纵向分层,这也符合国家政策导向。我们立足于河南省现有的高等教育分类现状,在上海高等学校分类体系中的具体的分类维度和分类标准的基础上,初步提出河南省高等教育的分类标准。具体来说,建议将人才培养、科学研究类型和主干学科(专业)的覆盖面即学科集中度2个维度作为分类标准。从横向分类看,大学是由类型和类别两部分组成的,其中,维度1即人才培养、科学研究类型可以看作"类型",维度2即学科集中度可以看作"类别"。这两个维度主要基于高等学校的主体功能即人才培养定位的不同进行划分的,明确人才培养类型的不同,合理控制学科门类的数量,避免将人才层次、学科数量作为衡量大学的依据。按照维度1的标准,可以依据人才培养类型将河南高等学校分为学术型和应用型,再结合科学研究的类型的不同,进一步将高等学校细化为学术研究型、应用研究型、应用技术型和应用技能型4种类型。按照维度2的标准,可以将河南省高等学校分为综合性、多科性和单科性3种类别。在这种二维分类框架内,高水平综合性大学、特色骨干大学、应用技术类型本科院校、高等职业学校就可以分别归入相应的类型和类别,同时也便于相互比较。从类型上来说,高水平综合性大学属于学术研究型;特色骨干大学属于应用研究型;应用技术类型本科院校属于应用技术型;高等职业学校属于应用技能型。从类别上来说,高水平综合性大学属于综合性;特色骨干大学、应用技术类型本科院校属于多科性;高等职业学校属于单科性。

其次,构建高校分类评估体系。分类评估是实现分类管理的基本前提。为了更好地引导各个高校科学定位,突出发展特色,在确定高校分类发展体系和分类标准以后,就有必要根据不同类型、不同梯度的高校,探索构建多元化的高校分类评估体系。具体来说,一是确定多元评估主体。很长一段时间以来,我国政府在高等教育管理、评价当中占据主要地位,就业市场、社会中介等其他主体并没有充分参与高等教育评价,使得很多教育政策的出台缺乏透明度和民主监督,实施效果也不够理想。随着河南高等教育的快速发展,高等学校逐步走向了市场,与社会的联系日益紧密,传统一元化的单一评价主体无法适应形势发展的需要,急需推动高等教育评价主体从一元到多元转变。因此,应充分调动政府、市场、社会和高校等各方的积极性，完善教育信息技术服务和共享平台，着力构建以教育行政部门为主导，以高校自身为主体，社会中介机构、企业行业组织、专家学者、用人单位、高校师生、学生家长等多方充分参与的评估机制。二是确立多元评估标准。采用单一的评估标准和指标体系无疑会助长高等教育同质化的倾向，也不符合现代教育评估的科学性和合理性要求。因此，应该在河南高校分类标准的基础上，进一步细化高校分类评估标准，针对学术研究型、应用研究型、应用技术型和应用技能型 4 种类型和综合性、多科性和单科性 3 种类别的高校，即高水平综合性大学、特色骨干大学、应用技术类型本科院校、高等职业学校就应该分门别类，设计出不同的分类评估体系。

再次，构建高校分类拨款体系。改革开放以来，河南省高等学校财政拨款模式先后历经“基数+增长”和“综合定额+专项补助”两个阶段。2000 年以前，以“基数+增长”拨款模式为主，该模式立足于上一年的拨款基数，根据本年度的发展情况，提供一个拨款的额度。2000 年以后，以“综合定额+专项补助”拨款模式为主。随着高等教育的快速发展，当前相对固定、“大锅饭”式的拨款模式日益不适应高校发展的要求。在坚持教育公平的基础上，对拨款模式进行改革，构建以办学绩效为核心的高校分类拨款体系已经迫在眉睫，同时这也是国内外高等教育发展的趋势。美国、英国、德国、法国、日本等发达国家都进行过积极探索，积累了丰富的经验。“以美国为例，从 20 世纪 70 年代末，田纳西州首创绩效拨款模式以来，目前有 22 个州在实施绩效拨款。从绩效拨款所占拨款总额的比例来看，也是逐步提高的，田纳西州甚至达到了 100%。丹麦的教学拨款实行 100%的绩效公式拨款，将拨款与通过考试的学生人数直接挂钩，对于不及格或是缺考的学生，高校得不到教学拨款。”[①]山东省在 2014 年出台了《关于改革拨款定额鼓励本科高校特色发展的意见》，按照“分类管理、鼓励特色、由易到难、逐步推开”的发展思路，实施“一校一策”，着力改革高校定额拨款制度，将高校的经费拨款与发展绩效紧密结合，优化资源配置，并选择 10 所省属高校开展拨款定额改革试点，根据学校发展特色和办学质量，将学校的学科专业分为 A、B、C 三类。为此，应探索符合河南省经济社会发展实际的高等学校分类拨款机制，科学核定各类高校生均经费基本标准、生均财政拨款基本标准，在保证生均拨款逐步增长的基础上，根据不同类型、类别高校的人才培养、科学研究和社会服务等情况，确立符合各自类型特点的经费使用绩效评价指标体系，以此引导优质教育资源向办学水平高、发展有特色、毕业生就业好的高等学校倾斜。

(3)构建高质量的高等教育质量保障体系

从世界范围看，增强质量意识已经上升为多数国家发展战略，提升高等教育质量成为一个国家增强国际竞争力的核心要素。在这个背景下，对河南高等教育来说，应以国际化的视野，积极借鉴世界发达国家开展高等教育质量保障活动的有益经验，顺应世界高等教育发展趋势，着力探索具有普遍意义的高等教育发展规律。当然，为更好地适应高等教育发展新形势，满足区域经济社会发展的需要，还应从省域实际出发，在国家教育评估政策的指导下，根据省域经济和高等教育发展实际，立足于高校自身发展，着力构建具有省域特点的高等教育质量保障体系。

---

① 陈彬.高校生均经费投入：僵局欲破，标准何为[N].中国科学报，2014-10-09.

一是省级高等教育质量保障组织体系。构建符合省情特点的高等教育质量保障体系,旨在为区域经济社会发展服务,为培养高素质、高质量的人才保驾护航,关键在于理顺政府、高校与社会之间的关系,构建政府宏观引导、高校自主评估、中介公正服务、社会积极监督的高等教育发展的保障机制。

首先,政府宏观引导。亟须建立省级高等教育质量保障机构,对于全省高等教育进行全面的质量监控和质量管理。该机构可命名为"河南省高等教育质量保障委员会"或者"河南省高等教育质量保障机构",在性质上属于专业性、区域性的综合协调部门,具有更大的管理权限和较大的管理幅度。在行政上隶属于省政府直接管理,在业务上接受全国高等教育质量保障机构的领导。当然,国家层面的高等教育质量保障机构与我国之前成立的高等教育教学评估中心在评估范围、权力限度方面有着根本的区别。应出台地方性高等教育质量保障方面的法律法规,建立健全省级高等教育质量监控制度、省级高等教育质量评价制度和省级高等教育质量反馈制度,形成河南高等教育全方位、全过程的质量保障体系。应以评估活动专业化建设为目标,在全省范围内着力培育一批全职和兼职相结合的质量保障队伍,加强对省级高等教育质量保障体系的系统研究,探索符合省情的高等教育质量保障活动的规律。充分发挥信息技术工具和手段在高等教育质量评估中的重要作用,大力推进国家、省级和学校三级教学基本状态数据库建设,实行重要数据网上公开制度,探索实施网上评估,以进一步提升质量评估效能。

其次,高校自主评估。高等学校是高等教育的办学主体,是人才培养、科学研究和社会服务的根本所在,对全面深化河南高等教育综合改革,全面提高高等教育质量,有效服务区域经济社会发展至关重要。高等教育质量的提升是一项系统工程,涉及人才培养模式调整、学科专业结构优化、教师队伍建设等关键因素,这就需要系统外部、系统内部和系统内外之间共同建设,但作为系统内因,高等学校对高等教育教学质量最有发言权。通过政府宏观调控和政策引导,由外促内,使高等学校最终形成自我管理、自我约束、自我评估的内部质量保障体系。一个完善的现代高等学校内部质量保障体系,可以充分发挥省级高等教育评估和监控活动中的质量改进功能,为高等学校自身明确办学定位、发展使命等提供框架结构和决策依据。

再次,中介积极监督。加快发展和规范独立性、中介性、专业性和自律性的教育中介组织,并由其逐步承担政府的评估职能,是河南现代高等教育质量保障体系建设的方向。这首先需要政府改变当前单一主体评估的局面,赋予社会组织和市场力量更多地参与高等学校管理的权力,给予其独立或者参与制定质量标准、评估程序、评估规则等重要事项的权力,真正促进管办评分离;要进一步明确河南省教育评估中心的职能定位,处理好它与政府、高等学校之间的关系,更好地发挥其在全省高等院校中的质量评估、评估指导、政策咨询、社会监督、质量改进等核心功能;要进一步健全法律法规,加强对教育评估中心等中介组织的监管,规范其评估行为,使其能遵守高等教育发展规律,坚持非营利性、独立性、公正性的本质属性,防止出现利益交换等商业化行为;要在各个地市大力培育建立一批教育评估中心等相关中介组织,配合河南省教育评估中心开展对市属本科高校、高职高专院校的评估工作,形成评估中介组织全覆盖。

二是省级高等教育质量标准体系。构建符合省情发展特点、顺应现代高等教育发展规律、具有多元化的质量标准体系，是河南现代高等教育质量保障体系建设的重点。

构建省级高等教育质量标准体系应坚持的原则：一是应符合国家标准。高等教育质量国家标准体现了国家意志和大政方针，是国家对全国各级各类高等院校人才培养、科学研究和社会服务质量的宏观要求，也是全国各个省份制定高等教育政策、实施高等教育质量管理的最低要求和基本标准，这是河南制定高等教育省级质量标准首先要遵循的。二是应体现省情特点。国家质量标准只是底线要求，无法满足全国各地对于高等教育质量标准多元化的需求，须体现省域特点。由于特殊的历史、社会、政策等因素，使得河南的经济发展状况、文化历史传统、地理环境、高等教育发展实际等与全国其他省份有着很大的不同，那么相应的，对高等教育的诉求和教育质量标准也必然存在着很大的差异。应建立既满足国家标准又符合河南省情的质量标准体系，把对区域经济社会发展的支撑度、对人力资源强省和高等教育强省的贡献度、社会和人民群众的满意度作为衡量河南高等教育质量的重要标准。三是应强化分类管理。近年来，河南高等教育发展进入一个新的阶段，高等院校规模日益扩大，高等教育结构日益复杂，高等教育服务社会发展的能力日益提升，这必然会形成多样化的高等教育质量形态。而传统单一的教育质量标准已经无法衡量当前这种多样化的高等教育质量形态，亟须建立分类管理体系，制定多样化的高等教育质量标准，促进分类管理，实现分类发展。四是应坚持校本特色。构建现代高等教育质量保障体系，制定高等教育质量省级标准，归根到底是为了构建高等学校内部质量保障体系，提高高校自身的办学质量。在建设高等教育质量省级保障体系的过程中，应将高校外部质量标准体系与高校内部质量标准体系结合起来，立足于学校自身发展定位，着力调动高校内部在质量控制和质量改进方面的积极性和主动性。

(4)构建高质量的高等教育社会服务体系

河南省在推动经济转型升级、实施创新驱动发展以及从教育大省迈向教育强省的过程中，必须重视和强化高等教育的社会服务功能，积极构建河南现代高等教育社会服务体系，促进高等教育与区域经济社会的良性互动。

一是提升高校基础研究能力。基础研究是科技创新的源头，而大学尤其是研究型大学则是基础研究的主力军和主阵地。应充分发挥高校平台、人才优势，根据河南战略性目标，聚焦前沿性的科学问题，在种业创新、黄河流域生态保护以及未来产业布局等领域，开展学科交叉研究。深化高校综合改革，推动高校优化资源配置和共享机制，突破学科、专业和院系壁垒，形成引领高水平基础研究的战略科技力量。加强基础学科重点领域的前瞻布局和创新能力建设，争取国家应用数学中心实现突破，支持建设数学、物理、化学、生物学等基础学科研究中心。

二是完善高校科研激励政策。健全有效的科研创新激励政策，能够充分调动高校科研队伍的创新热情，提高他们的组织归属感、主动性和创造力。应充分利用“国家杰出青年科学基金”“河南省科技创新杰出人才、杰出青年”“河南省高校科技创新团队和人才支持计划”等专项基金与计划，结合高校自身的科研成果奖励措施，对科研人员申报重要的科研项目及科研成果的转化应用，在人、财、物上给予大力支持，要积极探索高新技术成果的作价入股政策和知识产权保护政策，进一步拓宽高校科研成果的转化应用渠道。要创造条件促进青年教师和学科带头人的成长，对作出突出贡献的科研人员应给予重奖并晋升工资，建立学科带头人津贴制度。应积极推荐科研人员参加两院院士、百千万人才工程、中原学者的评选，同时结合高校实际制定优秀科研人才评选政策，增强高校科研人员的归属感和荣誉感。制定鼓励人才合理流动和科研人员晋升政策，支持优秀青年学术骨干进入各级学术领导岗位任职，让他们在确立科研选题、研究方向及经济分配上拥有较大的自主权，为科研人员的成长发展建立渠道和拓展空间。

三是改进高校科研绩效评价。导向引导行为，正确的评价导向有利于高校科研人员形成正确的科研观，促进高校科研事业的健康发展。改进高校科研绩效评价，首先必须改革重物轻人、重管理轻发展的倾向，确立以人为本、激励创新的评价导向。要把尊重科研人员、促进科研人员的发展作为科研绩效评价活动的出发点，不单纯以物评人，改变重科研成果考核轻科研人员发展的倾向。引导高校正确运用评价导向，加强学校科研工作的薄弱环节，促进学校科研队伍整体创新水平的提升，推动全省高等教育科研事业的健康发展。

四是大力促进科研成果转化。科研成果的转化是指科研成果在生产和生活中得到推广、应用，产生出一定社会效益和经济效益的智力转移过程。任何一项新技术、新发明，只有当它成功应用于社会生产和生活，并对经济社会发展产生效益时，它的价值和生命力才能得到最大的体现。科研成果的转化是一个系统工程，需要政府、企业和高校通力合作，共同发挥作用。首先，政府应为高校科研成果转化提供政策支持和法律保障。政府应在用地、税收、融资、培育中介服务体系等方面进行政策扶持。其次，企业应该重视与高校在成果转化上的合作，特别是中小企业应将高校作为发展的技术后盾，主动与高校建立联系，探讨双方合作的有效方式。企业在生产实际中遇到的产品开发、技术升级等问题能够引导高校的科研更加贴近生产和市场的需要，有利于促进高校科研成果的转化。突出“高精尖缺”导向，推动高校与企业、科研院所等组建产业技术创新战略联盟。扶持高校进行高层次的工程研究中心、重点实验室和创新创业园建设。对接战略性新兴产业，大力开展科技创新研究。最后，高校是促进自身科研成果转化的主要力量。高校的特色优势学科、研究基地、国家重点实验室等是实现科研成果转化的基础。根据校情和成果的具体特点，探索建立灵活多样的成果转化模式，进一步推进大学科技园区建设，探索和完善大学科技园区的成果转化功能，以直接孵化高新技术企业或寻找合作企业转让技术，或以科研成果资本化的形式实现风险共担、利益共享。

（三）建设支撑产业的职业教育体系

职业教育是教育体系的一个重要组成部分，高等职业教育是又一种特殊类型的高等教育，既在教育层次上属于高等教育，又在教育类型上属于职业教育。占据了高等教育的半壁江山。当前，河南省正贯彻落实新修订的《中华人民共和国职业教育法》和全省职业教育大会精神，大力实施创新驱动、科教兴省、人才强省战略，应大力发展职业教育，加快构建起满足区域需求、适应现代产业体系、具有省域特色、体现终身教育理念的现代职业教育体系，着力打造国家职业教育创新发展高地，为建设教育强省和教育现代化奠定基础。

近年来，河南省职业教育发展速度较快，办学规模持续扩大，学校数量和在校生人数位居全国前列。根据《2021 年河南省教育事业发展统计公报》，全省共有职业院校 571

所,在校生近290万人。高等职业院校100所,其中本科层次职业学校1所、高职(专科)学校99所。职业学校占比达60.24%。2021年全省高职院校在校生人数达到100.55万人,首次突破百万、实现既定扩招目标,总规模位居全国第二。近十年来,河南职业院校已累计培养技能人才近900万人。[①] 长期以来,人们对高等职业教育的概念和定位多有争论,不知道该如何定位。实际上,高等职业教育属于高层次的职业教育,换句话说,高等职业教育在层次上属于高等教育,在类型上属于职业教育。可以用三句话概况:它是高等教育;它是职业技术教育;它是职业教育的高等阶段。立足实际,我国在不断总结高等工程专科教育、成人高等教育、高职高专教育经验的基础上,提出高等职业教育应以培养高等技术应用型专门人才为根本任务,并对原有高等职业学校、高等专科学校和成人高等学校实行"三教统筹"。[②] 对河南来说,尽管高等职业教育为区域经济社会发展培育了一大批应用型、技能型人才,但由于人们的固有观念,高等职业教育发展现状与经济发展需求仍不相适应。再加上高等职业院校多数属于专科层次,很多人就将高等职业教育混同于专科教育,在高等教育类型结构中逐步失去了自身办学特色和发展地位。目前河南省正大力推动"人人持证、技能河南"建设。在这个过程中势必需要大量技能型实用人才,高等职业教育将大有作为。

同时,我们也清醒地看到,河南职业教育还存在着一些问题,如定位不清,缺乏办学特色;结构不合理,发展不均衡;学科专业设置雷同,不能有效支撑区域经济发展,现代化的职业教育体系没有建立起来,离教育强省所要求的职业教育强省还有一定的差距。为此,应立足布局结构、特色建设、专业模式、层次体系等方面,大力发展职业教育,健全现代职业教育体系,推动技能型社会建设。[③]

1.优化职业教育布局结构

经过几年发展,河南省基本上实现了每个地市至少布局1所高职院校的发展格局。可是目前河南高等职业教育布局结构还不够合理,突出表现为城乡布局不合理,高职院校多集中于中心城市,尤其是郑州市,其他地市平均布局2所左右,县(市)举办的院校较少。就中等职业教育来说,《河南省统计年鉴2022》显示,截至2020年河南共有中职学校544所、技工学校95所,其中,常住人口占比12.69%的郑州市拥有中职学校110所、技工学校19所,占比均突破20%;而常住人口占比9.07%的周口市拥有中职学校29所、技工学校2所,占比分别为5.33%和2.11%。在全省超过三分之一的地市,中职学校和技工学校占比均低于常住人口占比。[④] 这样的布局结构,对于河南这样一个农业大省来说,不但严重影响了职业教育的可持续发展,也对落后地区的经济社会发展带来消极影响。因此,在今后一段时间内,应将优化河南职业教育布局结构,尤其是城乡布局结构作为发展的重点,推动县(市)职业教育中心成为区域学历教育、技术推广、扶贫开发、劳动力转移培训和社会生活教育的开放平台,鼓励一批符合条件的县(市),尤其是省直管县举办1~

① 河南省社会科学院河南社会发展报告(2023)[M].北京:社会科学文献出版社,2023:65.
② 刘晖.从大众化到普及化:北京高等教育发展研究[M].北京:人民出版社,2009:191.
③ 本部分内容参考了宋争辉的著作《河南现代高等教育体系改革与创新研究》(河南人民出版社,2019)。
④ 河南省社会科学院河南社会发展报告(2023)[M].北京:社会科学文献出版社,2023:65.

2 所高等职业院校，有序引导农村剩余劳动力向城镇和非农产业有序转移。以培养新型职业农民为重点，大力发展现代农业职业教育。依托农业高等学校、职业院校组建农业教育集团，办一批农业职业院校，培养多层次农业技术人才，积极参与农业技术推广。

2.加强职业教育特色建设

特色建设是职业教育生产和发展的生命线。高等职业院校要想求得更大的发展空间，需进一步明确发展定位，牢记以质量求生存、以特色求发展的办学方向。应主动适应区域经济社会发展需要，坚持以服务为宗旨、以就业为导向，走产学研相结合的发展道路。应大力开展优质学校建设，支持国家高职“双高计划”学校加快推进中国特色高水平高职学校建设，重点打造 100 所左右省级高水平职业学校和 150 个左右高水平专业群，带动全省职业学校提档升级，重点建设，树立品牌意识，发挥示范引领作用。鼓励大型企业、科研机构和行业协会举办或参与举办一批特色学院，着力开展教学实训，使人才培养和职工培训融为一体，产教、科教融合发展。促进校企合作，产教深度融合，体现地域特色、行业特色、应用特色，推动河南高等职业教育向规模化、集团化、特色化、品牌化方向发展。职业教育是高等教育的半壁江山。美国的社区学院承担了这一社会职能，大部分是二年制或三年制。德国的“双元制”，鼓励企业办职业教育，建立了完备的职业教育体系。新中国成立初期，企业有技校，解决了这些高技能人才问题。但后来我们盲目学习西方，丢掉了这一传统，职业教育也学术化了，主要进行课堂教育，造成了社会缺乏技能型人才。目前，河南省虽有众多高职高专院校，但大多特色不突出，追求专业大而全，有学术和基础研究的情结，都想升本，发展研究生教育。职业院校应注重特色发展，一个学校重点培育 2~3 个特色，做到最精，提到这类人才就想起这所学校。比如信阳刚成立不久的信阳航空职业学院就专注航空，正着力打造办学特色。

3.完善职业教育专业模式

合理的专业模式是高职院校健康发展的一个重要环节，也是促进一个地区经济社会发展的关键因素。当前河南高职院校设置的专业整体质量并不高，低水平重复建设较为严重。因此，应建立健全高等职业院校的专业设置和调整机制，促使其既要保持自身办学的发展优势，又要结合区域经济发展需求，注重与市场、行业、产业、企业的结合，立足于专业结构与产业结构的对接，加强职业教育的办学特色，重点建设一批国家级和省级特色专业（集群），培养一批与河南各地市经济发展和产业结构密切相关的应用型、技能型人才，努力提高应用型人才培养质量，提高核心竞争力，增强服务经济社会发展的能力。一是要深化产教融合校企合作。实施“职业教育产教融合发展行动计划”，完善产教融合办学体制，创新校企合作办学机制。整合组建 20 个省级骨干职教集团，探索推进职教集团独立法人实体化运作。支持上市公司、行业龙头企业举办职业教育，建设一批混合所有制产业学院。二是要推进“人人持证、技能河南”建设。强化职业院校技能培训主阵地作用，主动对接河南省战略支柱产业和新兴产业集群，开展定向培训 5 万人以上。健全证书培训工作推进机制，推动各职业学校年培训人次达到在校生规模的 2 倍以上，确保每年培训 110 万人、取证 75 万人的任务。三是要提升职业教育内涵质量。建立健全职业教育质量保障体系，强化教学督导评估。实施“职业院校教师素质提高计划",加快建设一支梯队发展、结构合理的高水平"双师型"教师队伍。建立工学结合、理实一体的教学模式,推动"岗课赛证"综合育人。引导和支持职业院校面向生产一线开展技术创新,重点强化技术开发和创新成果本地转化能力。①

4.完善职业教育层次体系

现阶段我国的高等职业教育基本上以专科层次的院校为主,被统称为高职高专院校。主要问题是培养重心较低,缺少高水平职业院校,培养层次结构不合理。应努力完善层次体系,构建定位清晰、科学合理、类型多样的高等职业教育层次结构。从实践出发,应结合河南省人民政府发布的《关于推动现代职业教育高质量发展的实施意见》,重点发展专科层次的高等职业教育,增设一批专科层次的高等职业院校,扩大办学规模,强化内涵提升,注重特色建设,密切产学研合作,搭建产学研结合的技术推广服务平台,以岗位需求和产业需求为导向,培养服务区域发展的技术技能型人才;稳定发展本科层次职业教育,建立 10 所左右本科层次的职业院校。高标准建设职业本科学校和专业,保持职业教育办学方向不变、培养模式不变、特色发展不变。支持优质专科高职学校围绕高端产业和产业高端需求举办本科层次职业教育,鼓励应用型本科学校开展职业本科教育。努力培养本科层次应用型、技能型人才;探索发展 2~3 所研究生培养层次的职业院校,建立以职业需求为导向、以实践能力培养为重点、以产学研结合为途径的专业学位研究生培养模式。

(四)建设多元开放的教师教育体系

百年大计,教育为本;教育大计,教师为本。教师教育是我国高等教育体系的重要组成部分,在建设教育强国和教育现代化的过程中承担着重要力量。近年来,国家高度重视教师队伍建设,出台了一系列支持师范教育发展的政策措施,力争从源头上培养高素质专业化的教师,满足人民群众从"有学上"到"上好学"的教育需求。《中共中央国务院关于全面深化新时代教师队伍建设改革的意见》《教师教育振兴行动计划(2018—2022年)》《教育部关于实施卓越教师培养计划2.0的意见》《普通高等学校师范类专业认证实施办法(暂行)》等相关文件,均聚焦教师教育改革,并着重提出开展师范类专业认证,推进教师教育振兴发展。尤其是在 2022 年 4 月,教育部等八部门联合印发的《新时代基础教育强师计划》着重提出,要改革师范院校课程教学内容,改进教学方法手段,强化教育实践环节,提高师范生培养质量。作为中小学教师队伍的主要来源渠道,建设高质量的教师教育体系已成为国际社会的普遍共识。近年来,为适应经济社会发展和基础教育对高素质、专业化教师队伍的迫切需要,中国、美国等国纷纷建立健全教师教育体系,强化教师准入制度,改进教师教育质量,提升教师职业的吸引力,从源头上保障中小学教师队伍的专业素质和整体水平。

对河南来说,在当前教师教育开放化的背景下和日趋激烈的高等教育的竞争中,如何构建多元开放的教师教育体系,吸引更多优秀的人才从事基础教育,培养造就党和人

① 本部分内容主要参考了宋争辉在全省职业教育大会上的发言材料,2022 年 2 月 24 日。

民满意的高素质教师，更好地推动教育高质量发展，加强教育现代化和教育强省建设，值得我们认真思考和研究。

1.河南教师教育体系的发展基础

由于我国包括教师教育质量认证在内的教师教育保障体系还处于起步阶段，国内还没有权威机构发布对高校设置师范专业要达到的基本标准，也没有权威机构和专业组织对高校质量进行监测和质量认证，从而导致了师范高校质量良莠不齐，出现了不同程度的“去师范化”的现象。主要表现在以下三个方面。

（1）教育教师培养质量参差不齐

2018 年 1 月，中共中央、国务院印发的《关于全面深化新时代教师队伍建设改革的意见》作出了“师范教育体系有所削弱，对师范院校支持力度不够”的重要判断。从全国看，共有普通高等学校2 631所，其中举办本专科师范教育的普通高校共有 638 所，其中师范院校 181 所。[①] 这些师范院校中，部属师范大学有 6 所，省属师范大学有 40 所，师范学院有 70 所，师范专科学校有 65 所。“举办师范教育的非师范院校 457 所，其中，综合性大学 71 所，综合性学院 243 所，高职高专院校 92 所。从数量看，非师范院校是师范院校的 2.5倍。”[②]就师范生数量而言，2015 年，“全国本专科师范生招生人数为51.95万人，其中，非师范院校招收师范生人数为24.2万人，占全国师范生总数的近一半，达到 46.6%。”[③]从河南看，据统计，河南共有本科师范院校 8 所，占全国师范院校的 6%，师范大学占全国的 2%。举办教师教育的非师范院校 46 所，占全国的 10%。[④]

近年来，由于缺乏严格的师范类专业准入机制和考核激励机制，我国教师教育培养院校飞速发展，但培养质量参差不齐，基础教育对高质量教师的需求与高层次师范生培养数量的不足存在着矛盾。一是高水平师范大学数量不多，且分布不均。作为人口大省的河南，只有河南师范大学一所省属师范类大学，无法满足优质教师资源需求。二是非师范类的高水平大学尤其是排名靠前的一流大学参与师范教育的积极性不高，主要以研究为主，基本上不参与教师培养。三是大量低水平的非师范院校加入教师教育的行列，拉低了我国教师教育的培养层次。造成师范专业建设整体水平不高，师范特色不鲜明，美誉度流失等问题。

（2）师范院校师范类专业结构不合理

一是师范类专业比例下降。由于受到教师教育开放化、师范院校综合化等因素的影响，我国多数教师教育培养院校尤其是师范院校不断压缩师范类专业设置，师范生数量逐年减少。目前，我国 2 所“985”院校和 6 所“211”院校的师范本科毕业生数量已基本上不足 40%，如北京师范大学 20%，南京师范大学占比 25%，华南师范大学和湖南师范大学占比 40%。地方师范院校师范生数量差不多在 30%~40%，有不少院校已经不足三成，如

---

① 2017 年全国教育事业发展统计公报[EB/OL].(2018-07-19)[2019-02-18]http://www.moe.gov.cn/jyb_sjzl/sjzl_fztjgb/201807/t20180719_343508.html.

② 赵明仁.新时代中国特色师范教育体系的内涵解读[J].华东师范大学学报(教育科学版),2018(4):32-35.

③ 王薇.国际教师教育质量保障体系的构建及其启示[J].教师教育研究,2017(3):114-120.

④ 2017 年河南省教育事业发展统计公报[EB/OL].(2018-04-02)[2019-02-19].http://www.haedu.gov.cn/2018/04/02/1523265555694.html.

曲阜师范大学 30%，福建师范大学占比 25%，江西师范大学26.58%。[①]

二是结构性就业矛盾突出。当前，高师院校毕业生的数量已经超过基础教育的实际需求，就业压力较大。据统计，"全国每年有 60 万左右师范生毕业"，而全国中小学师资的需求只有 25 万左右，教师市场供给大于需求，每年过剩近 40 万。而且由于新的教师资格证政策的出台，在就业市场中，每年大约 15 万高水平大学非师范专业的学生通过教师资格证考试，获得教师职业资格，高师院校的师范类专业毕业生则不具有竞争优势。全国每年新录用的中小学教师中，有 25%以上来自非师范院校的毕业生。而河南每年新录用中小学教师 3 万人左右，其中师范类毕业生已不到 50%。[②]

(3)教师职业吸引力不强

当前，我国师范院校的生源质量不高，无法吸引优秀生源报考师范类专业，是一个不争的事实，好像只有成绩不太好的学生才进师范院校。师范院校之所以生源质量不高，归根到底与对教师教育的投入不够，教师教育的地位和教师的待遇不高密切相关。我国《教育法》明确规定，"教师的平均工资水平应当不低于当地公务员的平均工资水平"。然而，2018 年 7 月，国务院通过督查发现，全国有 21 个省份的教师工资低于公务员，12 个省份的差距在 1 万元以上。中小学教师尤其是乡村教师的整体待遇不高和教师城乡结构仍然不合理，是造成教师职业缺乏足够吸引力，严重制约师范教育质量提高的关键因素。

2.河南高质量教师教育体系的构建策略

通过分析中美两国教师教育的发展历史和质量保障措施，感觉到尽管中国和美国国情不同，然而都遵循着较为相似的发展规律，都面临着完善教师教育质量保障体系，提升教师教育质量，培养造就高质量中小学教师队伍的重大问题。为此，应从加大支持力度、健全准入制度、提升培养质量和提高教师待遇等方面入手，完善教师教育体系，深化教师教育领域综合改革，促进河南教师教育体系建设和师范院校高质量发展。

(1)着力加大对师范教育支持力度

一是提高生均拨款标准。目前，全国已有许多省份如山东、重庆、甘肃、新疆等地率先提高师范专业的拨款标准，如福建省提出师范专业生均拨款标准比非师范专业上浮 50%，师范生均拨款最高可达每人每年1.95万元；山东省计划用 3 年时间让师范类专业生均拨款定额标准达到普通专业标准的1.5倍；重庆也提出师范专业生均拨款标准不低于其他专业生均拨款标准的1.3倍。应进一步加强省级政府对高师院校教育经费的统筹力度，加大对师范院校的经费投入力度，着力提高师范生生均标准和师范生专业奖学金标准。

二是健全对师范院校的分类管理机制。应出台支持师范院校的实施办法，优化师范教育类型结构。坚持教师教育要以师范院校为主体，师范院校要以培养中小学教师为根

---

① 师范大学师范专业设置逐年减少，师范生占比缩减[EB/OL].(2017-04-26)[2019-02-18].http://edu.sina.com.cn/gaokao/2017-04-26/doc-ifyepsec1265856.shtml.

② 张楠.未来 5 年教师教育将有大变化，河南打算这样干[EB/OL](2018-09-01)[2019-02-18].https://news.dahe.cn/2018/09/01/368499.html.

本的发展原则,着力引导师范院校明确办学定位,避免陷入综合性过度的误区。应对师范院校适当倾斜,大力提高师范院校的培养层次,实施部分师范院校和教师教育学科重点突破战略,着重扩大优质教师教育资源规模,在更名大学、博士学位授权点等方面,给予某些优惠政策,更好地满足基础教育对高质量、高层次教师的需求。

(2)着力健全教师准入制度

应深化师范类专业的招生制度改革,完善教师准入制度,给予师范院校更多优惠政策,鼓励最优秀的学生进入师范学校,切实提高师范生的生源质量。

一是扩大实施公费教育政策范围。我国少数重点师范大学免费师范生政策已经实施多年,有成绩也有争议,目前已改为公费教育政策。目前,全国已有不少省份在探索公费师范生政策试点改革。如广东省颁布实施的《广东"新师范"建设实施方案》就提出了要实施公费定向师范生培养计划;江苏省印发实施的《江苏省教师教育创新行动计划》也提出,通过完善师范生定向培养工作,通过有编有岗、公费培养吸引优秀生源;福建省也提出采取公费培养、到岗退费、定向培养、提高专业奖学金标准、推荐免试攻读教育硕士等方式,吸引优秀生源。应积极推动教育政策改革,使广大有实力的地方高师院校也能享受到公费教育政策。

二是实行提前批次录取。目前,国家只对部属师范大学的师范类专业实行提前批次录取。应允许条件具备的所有师范院校的本专科师范类专业实行提前批次录取。应探索实施基于高考成绩的综合评价录取模式,这是确保教师教育培养质量的根本前提,也是世界上发达国家的普遍做法,不能为吸引考生报考而降低标准。应对考生的高中学业水平考试提出良好以上的基本要求,确保考生的高考成绩也不低于所在省份第一批次录取分数线。

三是增加面试环节。应借鉴发达国家的一些成功做法,如美国、德国的教师职业能力倾向资格测试制度,在高考后和录取前,或者在入校后,增加面试环节,加大二次选拔力度,着力考查考生的综合素养、职业倾向和从教潜质,将一些有志于教育事业的优质生源选入师范类专业学习。

(3)着力提升教师专业化水平

早在1966年联合国教科文组织发表的《关于教员地位的建议》就曾指出,"教育工作应被视为专门职业"。但在教育实践中,对于教师是不是一种专业,是否需要经过长时间的专业知识和技能培训,包括我国在内的世界上许多国家一直存在着争议。认为教师不需要专业化的培养,只需要接受学术性的学科教育就能胜任。可以说,美国教师教育的发展历程就是一个专业化和去专业化不断对立和调和的过程。20世纪80年代,在全国范围内出现了影响较大的教师"专业派"和"解制派"(去专业化)两大阵营。当前,美国教师教育正逐步回摆,加强教师专业标准建设,注重对教学过程的监测,重视教育实习对师范生实践技能的培养。

为此,应提升师范院校教师专业化水平,从源头上解决中小学教师地位不高的问题。一是应明确办学定位。积极引导师范类院校和教师教育专业主动适应教师教育开放化、一体化的发展趋势,坚持"有所为、有所不为",高举师范教育大旗,坚持服务基础教育的办学方向,自觉担当起培养高水平师资的神圣使命。二是加强质量标准建设。质量标准是衡量质量的尺度，决定着质量评价的科学性和有效性，是教师教育发展的根本依据，对教师专业化的形成、发展具有十分重要的作用。世界许多国家已经将教师教育机构标准和专业标准建设作为质量管理的一项核心工作。我国目前还缺乏针对师范院校和师范专业的质量标准、质量评估和质量认证。构建符合师范特色、顺应教育发展规律、具有多元化的教师教育体系，将是未来师范院校发展的重点。应建立健全师范院校建设标准和师范类专业办学标准，从输入质量标准、过程质量标准和输出质量标准等环节入手，加大质量保障力度，建立健全招生标准、课程和教学质量标准、专业认证标准、教师资格标准、教师专业标准，面向基础教育的实际需求，提高师范生的教师职业技能，促进教师专业化发展。

总的来说，在当前大力实施国家战略规划的实践中，全面构建起一个现代化、特色化、高质量的教育体系，建成教育强省，增强河南教育的综合实力和核心竞争力，对于实施创新驱动、科教兴省、人才强省战略，破解河南创新发展难题，有效提升河南教育在全国教育体系中的地位，打造国家创新高地和重要人才中心，都具有重要的带动和支撑作用。

（本专题研究团队成员：宋争辉、王勇、单刚、王晓辉、韩勇）

专题二　坚持和加强党对教育工作全面领导为加快建设教育强省提供根本保证的战略研究

加强党对教育事业的全面领导，是加快建设教育强省的根本保证。到 2035 年实现教育强省战略目标是河南各级党委政府和全社会的共同政治责任，必须坚持把党的全面领导贯穿到教育强省建设全过程各领域各环节。本专题从河南省教育系统党的领导和党的建设的基本情况及主要成效、主要工作经验、主要问题与原因分析和面临的新形势新挑战、各省（自治区、直辖市）党委教育领导机构和派出机构的设置情况与运行机制、总体思路及处理好“五大关系”、主要方法路径及对策建议六个方面进行研究，致力于更好地服务和保证党对教育工作的全面领导，加快推动教育强省建设。

一、基本情况及主要成效

河南省是全国教育人口大省，现有各级各类学校4.99万所，教育人口2 878.59万人，在校生2 682.31万人、教职工196.28万人，均占全国人口的十分之一左右，全省教育人口占全省常住人口29.16%，位居全国第二。河南省各级各类学校共有中共党员51.78万人，其中，在校生中共党员14.70万人，教职工中共党员37.08万人。省委、省政府始终坚持和加强党对教育工作的全面领导，把“创新驱动、科教兴省、人才强省”战略列为“十大战略”之首，党对教育工作的全面领导持续加强，教育优先发展战略地位更加凸显，各级各类教育质量持续提升，教育改革开放不断深化，教育民生进一步改善，教育保障坚强有力，服务发展成效显著，取得了全方位、开创性的成就。

（一）党对教育工作领导的体制机制不断完善

1.党对教育的全面领导进一步加强

省委高度重视教育工作，省委书记楼阳生亲自担任省委教育工作领导小组组长，省委组织部部长、宣传部长、秘书长三位省委常委担任副组长。省市县三级党委教育工作领导小组及其办事机构的体制机制更加完善，省市县三级协同、各成员单位齐抓共管的教育工作格局更加稳固。各地党委教育工作领导小组在本地区党委政府主要负责同志的关心支持下，充分发挥了把方向、谋全局、管政策、抓协调的重要职责作用。积极推动省委高校工委更名为省委教育工委，全省 12 个省辖市设置有教育工委。

2.汇聚教育改革发展资源更加顺畅有力

不断完善党委统一领导、党政齐抓共管、部门各负其责的领导体制，注重加大对教育领域的人财物投入,教育资源配置进一步得到优化。教育经费投入力度逐年加大,2018年,全省教育经费总投入为2 429.35亿元,国家财政性教育经费1 902.19亿元;2021年,全省教育经费总投入为2 767.48亿元,较2018年增长13.92%,国家财政性教育经费2 083.18亿元,较2018年增长9.51%。2021年以来,通过调剂、补充、压减、引进等方式,周转和新增编制7.6万个。全省教育领域共有"两院"院士11人,长江学者35人,国家杰出青年基金获得者23人,国家优秀青年科学基金获得者18人,国家教学名师28人,国家青年拔尖人才14人,中原学者42人。

3.落实重大决策部署更加精准高效

各级党委政府和各级各类学校提高政治站位、强化党的领导、加强顶层设计,围绕大局、攻坚克难、守正创新、务求实效。2022年以来,省委、省政府先后出台21项对全省教育影响深远的战略性文件,强力推动我省教育事业高质量发展。统筹推进实施新时代教育评价改革、教育督导体制、招生考试制度改革、"双减"和规范民办义务教育发展工作等重大改革事项和任务落地见效。不断完善覆盖全学段学生资助体系,教育资助体系实现从学前教育到研究生教育全覆盖,确保不让一个学生因家庭经济困难而失学。推动解决了一批上级关心、群众关切、社会关注的教育热点难点问题。

(二)教育系统基层党建水平不断提升

1.高校领导体制机制得到了进一步健全

认真落实全国高校党的建设工作会议精神,进一步完善党委领导下的校长负责制,明确"党委领导、校长负责、教授治学、民主管理"的责权范围、实现形式,强化党委把方向、管大局、作决策、抓班子、带队伍、保落实的领导核心作用。出台《关于进一步加强新时代高校党建和思想政治工作的若干措施》,纵深推进高校党建示范创建和质量创优,组织开展省级"示范高校""标杆院系""样板支部"三级联创活动,打造基层党建工作品牌,全省教育系统共获评全国党建工作示范高校2个、标杆院系9个、样板支部110个。以教师党支部书记工作室建设为抓手,建立健全"双带头人"培养选拔、考核评价、人才储备长效机制,推动高校党的基层组织建设水平迈上新台阶。

2.中小学党建工作得到了新加强

抓好中小学校党组织领导的校长负责制的贯彻落实,出台《中小学校党建工作指导员工作职责》,开展第四批"中小学校党建工作示范校"、首批中小学校"一校一品"党建文化品牌创建活动。2022年,印发了《河南省中小学校党组织领导的校长负责制试点工作实施方案》,对全省中小学校建立党组织领导的校长负责制作出具体安排部署。公办中小学校党组织"每校必建"达到全覆盖,民办中小学校党组织"应建必建"覆盖率达到94%。

3.民办学校党建工作更加标准规范

根据省委"五星"支部创建精神,全省高校深入开展党建工作"三级联创""双带头人"教师党支部书记工作室创建等系列活动,完善党委、院系、支部和党员"四位一体"党建工作格局。配合省委组织部向43所民办高校选派党委书记,持续开展公办、民办高校

"一对一"党建工作帮扶，两批共选派30名公办高校优秀处级干部担任民办专科高校党建指导员兼党委副书记，民办高校党建工作进一步强化。

（三）教育系统党风廉政建设持续深入

1.扎实开展"能力作风建设年"活动

2021年，全面认真梳理947项任务清单和1 139个问题清单，建立台账，整改一项，销号一项，推进能力作风建设常态、长效。在春节、五一劳动节、端午节等重要时间节点进行廉政提醒，警示广大党员干部筑牢思想防线。围绕师德失范、乱收费、体罚学生等问题，持续开展专项整治，全省教育系统党风、政风、行风、学风持续向好。

2.持续保持惩治腐败高压态势

牢牢把握持续"从严"要求，紧盯重大工程、重点领域、关键岗位，保持惩治腐败高压态势。深入落实中央八项规定及实施细则精神，从讲政治的高度坚决整治形式主义、官僚主义、享乐主义和奢靡之风。2018年8月至2023年8月，35所省管高校共立案374件，处分377人，党纪处分334人次，政务处分111人次。

3.营造风清气正的教育良好生态

持续抓好中央巡视和省委第五轮巡视整改落实工作，紧盯问题持续用力，做好巡视"后半篇文章"。持之以恒坚持严的基调，抓好高校重点领域廉政风险防控，巩固深化以案促改，构建一体推进"三不"同向发力的有效机制，压实管党治校政治责任。深入整治教育领域群众身边腐败和不正之风，着力解决群众急难愁盼问题。探索对厅直属单位（学校）巡察工作，深入推进以案促改，加强警示教育，一体推进不敢腐、不能腐、不想腐，努力营造风清气正的发展环境。

（四）贯彻落实党的教育方针不断扎实有效开展

1.立德树人扎实推进

推动党的创新理论和党的二十大精神进教材、进课堂、进头脑，在全省高校全面开设习近平新时代中国特色社会主义思想概论课，广大师生听党话、跟党走的磅礴力量进一步汇聚。坚持"五育并举"，深入推进"三全育人"综合改革，投入4 600万元建设一批思政平台、精品项目和"金课"。

2.各级各类教育质量持续提升

普及普惠的学前教育公共服务体系初步建立，城镇义务教育学校"大班额""超大班额"比例持续下降，"入园难""择校热"等问题得到有效缓解，广大群众教育获得感幸福感持续提升。158个县（市、区）全部通过国家义务教育基本均衡发展评估验收，义务教育进入优质均衡发展新阶段。职业教育内涵发展水平进一步提升，河南省成为部省共建国家职业教育创新发展高地试点省份。高等教育取得里程碑式的突破，郑州大学、河南大学进入了国家第二轮"双一流"建设行列并顺利完成一期建设任务。

3.教育改革不断深化

河南省委、省政府出台了《深化新时代教育评价改革实施方案》，积极破除制约教育事业改革发展的顽瘴痼疾，用好“教育评价”指挥棒，加强教育综合改革顶层设计，高等院校分类发展、招生考试制度改革、教师管理体制改革、教育督导体制改革等一批重大改革项目扎实推进，呈现出全面发力、多点突破、纵深推进的良好局面。

二、主要工作经验

省委始终坚持将党的领导作为教育强省的价值引领、道路遵循和坚强力量，总揽全局、协调各方。全省教育系统以高站位的思想认识、高质量的工作措施、高标准的督查评估保证了党中央关于教育工作的重大部署在河南走深走实，形成了全省教育系统党的领导和党的建设“五个必须坚持”的河南经验。

（一）必须坚持党委总揽全局、协调各方的核心地位

1.党委牵头抓总责任不断强化

省委成立教育工作领导小组，健全和夯实党委统一领导、党政齐抓共管、部门各负其责的教育工作领导体制。省委积极推动建立市县乡村四级书记抓教育体制机制，开展中央重大教育决策部署落实机制建设情况调研，为完善教育领导体制提供基于实证的政策依据。各级党委切实履行把方向、谋全局、管政策、抓协调的职责，把教育放在优先发展的战略地位，落实主体责任。

2.党委统筹协调机制更加顺畅

不断完善党委教育工作领导小组牵头、部门协同、多方参与的教育工作组织实施机制。各相关部门分工明确、各司其职、通力协作，通过召开联席会议、专题会议，分析研判、统筹协调，制定相关配套政策措施，不断增强工作合力。如信阳市教育工作领导小组将领导小组成员单位由19个增至29个，在全省乃至全国率先构建党的领导横到边、纵到底、全覆盖的工作格局，并在中央教育工作领导小组培训班上作典型发言介绍其经验做法。

（二）必须坚持思想引领与制度保证的有机结合

1.持续强化思想引领

坚持不懈用习近平新时代中国特色社会主义思想凝心铸魂，坚持教育发展的正确方向。健全常态长效的学习宣传机制，推动各级领导干部深入领会党的教育方针。围绕习近平总书记关于教育的重要论述，开展多形式分层次全覆盖的专题教育，全面推动党的教育方针落实落细，促进全省教育系统增强“四个意识”，坚定“四个自信”，实现教育战线思想上的高度统一。

2.坚持制度治党依规治党

全面理顺教育系统党组织和党员关系，建立健全基层组织建设民主生活会、“三会一课”、党组织书记抓党建述职评议考核等制度，使教育系统各级党的领导干部严格遵守党内法规，确保教育系统党建工作有规可依，有章可循。如在许昌市，各部门述职必述教育，把支持、帮助教育情况纳入年度目标考核体系，而且进一步强化对教育重点工作的督察力度，前期督思想认识，中期督工作方案，后期督经费落实。

（三）必须坚持严密党的教育系统组织体系

1.以组织体系建设为重点，增强党组织政治功能和组织功能

聚焦强化政治功能和提升组织力，保证了党在教育工作方面的路线方针政策及上级党组织的决定不折不扣得到贯彻执行。各级党委教育领导部门加强统筹协调，积极争取各方支持，做到眼前和长远相统筹、全局和局部相配套、渐进和突破相衔接，充分发挥主观能动性，不断完善各级各类学校党的领导组织体系，形成共建教育强省的强大合力。

2.全面加强各级党的教育工作领导机构和基层组织建设

充分发挥省级领导小组办事机构示范引领作用，督促市、县建立健全党委教育工作领导机构和办事机构，指导市、县领导小组及秘书组厘清职责定位、压实各方责任、健全协作机制，推动党建和业务工作深度融合、相互促进、形成合力。推进基层党支部规范化、标准化建设，充分发挥党组织的战斗堡垒作用和师生党员的先锋模范作用。坚持基层党组织在学术自治中的领导地位，进一步理顺党组织与教育社团和学术自治组织之间的关系，避免党的领导陷入空转。

（四）必须坚持以严明的纪律造就忠诚干净担当的干部队伍

1.推动落实全面从严治党责任制，深化“两个责任”，落实“一岗双责”

坚持忠诚干净担当的用人导向，落实好干部标准。探索完善干部激励约束机制，加强日常监督，严把考核评价，加大问责力度。组织召开全省教育系统全面从严治党工作会议，促进全面从严治党持续深化，通过能力作风建设和主题教育切实增强教育系统干部队伍的政治责任和遵规守纪的底线意识。

2.深化教育系统党政廉风建设，积极推进清廉河南清廉学校创建行动

开展实施党风清正、政风清明、校风清朗、教风清淳、学风清新“五大工程”，切实推进党建工作重心下移、资源下沉。紧盯“关键少数”，围绕廉政高风险部位，查找管理漏洞和廉政风险点，严厉查处教育违规违纪行为和腐败案件。坚持以“改”为关键，以“实”为重点，以“问题”为导向，以“见效”为目的，通过整改落实，净化教育生态。

（五）必须坚持党政主要领导熟悉教育、关心教育、研究教育的机制，着力解决教育重大问题

1.省委、省政府主要领导亲自部署教育工作

省委书记楼阳生2022年1月至2023年7月19日，就教育工作作出批示达104次，多次深入学校调研，就打造郑州大学、河南大学并驾齐驱的“双航母”，培育“双一流”第二梯队，推动“三个调整优化”，职业教育和产业结构相匹配，把握“双减”与“双提”“双改”“双考”“双评”的逻辑关联，对整个教育进行系统性研究和全面部署。河南省委副书记、省长王凯作出批示达84次，并多次召开会议，就高考综合改革、高校科技创新、大学生就业等重要工作进行专题研究安排。

2.各级党委主要领导躬身解决教育问题

各级党委主要领导根据区域实际和工作需要，切实履行抓教育的职责，定期组织力量深入基层和学校一线开展调查研究，加强对本地区教育发展战略、中长期战略、教育重大政策和体制改革方案的科学论证、风险评估、讨论审议，推动解决党委关心、师生关切、社会关注的教育问题和重大项目推进。如洛阳市委书记江凌与县（区）委书记签订教育高质量发展目标责任书，并要求洛阳市主要领导到县区调研必到学校，研究全面工作必谈教育，推动教育改革发展大项目落实和难问题解决。

三、存在的主要问题、原因分析及面临的新形势新挑战

（一）存在的主要问题

1.教育系统党的领导体制机制有待进一步深化完善

一是部分市县教育工作领导小组及其办事机构运行机制未能理顺。部分市县领导小组议事协调机制与教育领域其他议事协调机制、相关专项教育工作联席会议机制等，在功能职责上存在交叉、重叠，导致实际工作中出现多头管理、重复参与、职责不清的情况。个别市级教育部门将领导小组办事机构简单地视为本级教育行政部门内设业务机构，向其分派了非“三定”职责范围的任务，使其聚焦主责主业不够，在一定程度上影响了办事机构职能的发挥。

二是办事机构队伍建设仍需加强。目前河南省尚未出台各级教育工作领导小组办事机构的编制设置、人员配置、业务经费等规范性文件。虽然绝大部分县级党委建立了教育工作领导小组，但未能单列领导小组秘书组及其办事机构，日常工作多数由教育局办公室承担，个别县（市、区）由人事科、党群科等承担，不能独立开展工作。

2.教育系统党的建设前瞻性、系统性、针对性有待进一步加强

一是党建工作的前瞻性有待进一步提升。主要表现在系统内部分党建工作未能根据新形势新要求及时调整完善，个别过时的、不切实际的工作内容还有待于进一步清

理，一些成熟经验未能及时转化为相应机制。

二是系统性规划统筹有待进一步完善。虽然中央层面具有科学完备的顶层设计，但是具体到教育系统个别部门党建工作中，在一定程度上缺乏系统性，有的党组织对党的制度建设缺少长远考虑，头痛医头、脚痛医脚。

三是制度执行的针对性有待进一步精准。把握目标导向、问题导向、守正创新原则的针对性还不够。个别教育部门党建工作与实际情况结合不够紧密，针对性、实效性有待进一步加强。

3.教育系统党的基层组织建设和党员队伍建设还存在薄弱环节

一是个别基层党组织的领导核心地位有待加强。在基层党组织和基层行政领导之间，党组织本应居于领导地位。但实际工作中，往往是行政领导占主导地位，很多本应基层党支部研究决定的问题，只是由单位行政领导统一意见，事后再在支委会上通报情况。个别基层党组织的职能还没有得到充分发挥，“民主集中制”的运用“集中”有余，而“民主”不足。

二是基层党组织的战斗堡垒作用有待充分发挥。个别基层党组织存在对党员疏于管理教育，思想政治工作内容空洞、方法老套，教育缺乏有效性和针对性等问题，在工作实施中存在“上热中温下冷”等情况。

三是党员先锋模范意识有待提高。教育系统一些党员对自己党员身份的荣誉感、自豪感、责任感有所下降，履行党员义务、发挥先锋模范作用的意识欠缺。

4.教育系统全面从严治党有待持续加强

一是个别地方的党组织和党员领导干部对从严治党的认识不够到位、行动不够迅速、措施不够到位，从严治党的责任划分不够科学、责任落实和责任追究不够及时，导致党的组织不同程度上存在精神涣散，党员干部的政治意识、责任意识、大局意识、核心意识不强，进而影响了教育系统党的建设科学化的进程。

二是考核评价责任体系有待完善。存在着考核比重偏“轻”、考核内容偏“虚”、考核方式偏“单”等情况。

三是敢管严管力度有待加大。缺乏敢抓的底气、严抓的党性、常抓的韧劲和细抓的定力。从严治党的思想没有得到真正贯彻落实。

(二)原因分析

1.从思想认识上分析

一是对为何教育优先发展认识不足。建设教育强省，是全面建成社会主义现代化强国的战略先导。建设教育强省，绝不是单纯为了建设而建设，而是要跳出教育事业发展看教育、立足中国式现代化全局看教育、放眼全世界范围看教育，科学审视其背后深层次作用发挥。对为何教育优先发展认识不足，就无法立足于全面建成社会主义现代化强国这一大格局进行规划，就缺少主动超前布局、应对变局、奋力开阔新局的信心、勇气和能力。

二是对教育系统党的领导体制机制认识不足。部分党组织和党员干部对党的领导体制机制建设的重要性认识不够,制度思维和制度意识不强,能力不足,不愿在制度建设上多下功夫,不想抓、不敢抓、不会抓。

三是对教育发展规律认识不足。教育系统中管理人员多为非教育专业人员,对教育发展规律缺少全面性、系统性、理论性的深入学习,因而在教育制度制定、实施、监督检查和反馈过程中不能很好地尊重教育发展规律,客观存在外行领导内行的情况。

2.从制度保障上分析

从制度保障的总体上看,一些市县教育系统治理理念和领导方式系统集成的制度体系缺失。

一是落实教育优先发展战略需进一步增强。党的十八大以来,为全面落实教育优先发展战略,我国创造性地提出“三个优先”战略,即在经济社会发展规划上优先安排教育、在财政资金投入上优先保障教育、在公共资源配置上优先满足教育和人力资源开发需要。然而由于缺少专门机构与人员研究、谋划教育发展的“三个优先”保障实施机制,一些地方的教育领导小组在布局、组织协调相关决策时缺乏行之有效的决策方案选择,导致“三个优先”难以落地落实。

二是人才支撑还不够有力。学科领军人才匮乏,高层次人才引进和培养数量有限,高校科研成果转化率不高。9 所高校学科领军人才匮乏,青年骨干和潜力人才不足。个别重要指标体量较小,河南省“双一流”建设学科不足全国的 1%,15 个一流建设和创建学科在第五轮学科评估中没有实现 A 类学科突破。

3.从执行能力上分析

一是在党的创新理论武装方面,知行合一不足。在党员队伍建设中,部分党员自身还缺乏把学习当责任的自觉思想,缺乏挤和钻的刻苦精神,缺乏深学苦读的恒心韧劲。在实际工作中,还存在不能充分运用创新理论指导工作、完成任务,实践经验不足,实践经历不丰富,实践积累不全面等情况。

二是在践行服务宗旨方面,真抓实干不足。“争”和“创”的意识不强,“干”和“闯”的冲劲不足,对难点、堵点问题,敢担责、敢破解的勇气不够,担当精神和进取意识仍要进一步加强。

三是制度执行的能力动力不足。部分党组织缺少自我革命意识,改革的动力不足、决心不大、能力不够,无法把加强党对教育工作的全面领导落到实处、落到细处。

(三)教育系统党的领导和党的建设面临的新形势新挑战

一是面临百年未有之大变局的新形势。党的二十大报告指出,当前世界百年未有之大变局加速演进,新一轮科技革命和产业变革深入发展,国际力量对比深刻调整,我国发展面临新的战略机遇。而河南省地处中原,人口基数大,经济欠发达,在区域竞争中面临着一定的挑战。在新形势下,教育系统面临如何加强党的领导,完善教育对外开放战略策略,统筹做好“引进来”和“走出去”两篇大文章,有效利用一流教育资源和创新要素,变人口红利为人才红利,不断提升教育影响力,建设教育强省的新形势。

二是推进教育、科技、人才一体化发展的新挑战。建设教育强省、科技强省、人才强省具有内在一致性和相互支撑性。当前河南省面临关键核心技术攻关人才急缺，拔尖创新人才自主培养能力较弱，高等教育学科设置不完善，产教融合、科教融汇力度需加大，由“中国制造”向“中国创造”转型紧迫等问题。这对将教育、科技、人才三者有机结合、一体统筹推进，形成推动教育高质量发展的倍增效应提出新挑战。

三是党建保证机制与教育强省推进机制相辅相成的新要求。建设教育强省是河南各级党委政府和全社会的共同任务，就需要坚持和加强党对教育工作的全面领导，不断完善教育领导体制机制。新时代新征程教育系统加强和坚持党的领导和党的建设，这就要求各级党委要做到党管教育、党管人才、党管改革发展，把教育摆在优先发展的战略地位，构建家校社多方合力协同育人机制，为加快建设教育强省提供根本保证。

四、各省（自治区、直辖市）党委教育领导机构和派出机构的设置情况与运行机制

（一）各省（自治区、直辖市）党委教育工作领导机构的设置情况

党委办事机构是协助党委办理某一方面重要事务的机构，一般是指党委为加强跨领域、跨部门重要工作的领导和组织协调而设立的议事协调机构的常设办事机构，承担议事协调机构的综合性服务工作，可以根据有关规定履行特定管理职责。2018 年 3 月，中共中央印发《深化党和国家机构改革方案》，文件指出，为加强党中央对教育工作的集中统一领导，全面贯彻党的教育方针，加强教育领域党的建设，做好学校思想政治工作，落实立德树人根本任务，深化教育改革，加快教育现代化，办好人民满意的教育，组建中央教育工作领导小组，作为党中央决策议事协调机构。其主要职责是，研究提出并组织实施在教育领域坚持党的领导、加强党的建设方针政策，研究部署教育领域思想政治、意识形态工作，审议国家教育发展战略、中长期规划、教育重大政策和体制改革方案，协调解决教育工作重大问题。

目前，中央教育工作领导小组组长是丁薛祥同志，副组长为石泰峰、李干杰、李书磊。领导小组下设秘书组，设在教育部，组长是教育部部长；在教育部设立秘书局，不作为教育部内设司局，机构单列，编制另增。全国 31 个省（自治区、直辖市）均已经成立党委教育工作领导小组和党委教育工作领导小组秘书组（办公室）。

1.31个省（自治区、直辖市）党委教育工作领导机构设置情况

通过对全国 31 个省（自治区、直辖市）党委教育工作领导小组领导设置情况进行梳理总结（不含新疆生产建设兵团，新疆建设兵团党委教育工作领导小组组长为党委副书记），其中，5 个省份的党委教育工作领导小组的组长由省（直辖市）委书记兼任，分别是北京、天津、福建、江西、河南；1 个省份的党委教育工作领导小组的组长由省长兼任，即辽宁省；10 个省份的党委教育工作领导小组的组长由省（自治区、直辖市）委副书记兼任，分别是内蒙古、黑龙江、上海、浙江、安徽、重庆、云南、西藏、陕西、新疆；8 个省份的党委教育工作领导小组的组长由省（自治区）委常委、宣传部长兼任，分别是江苏、山东、广

东、海南、四川、贵州、青海、宁夏；7个省(自治区)暂缺党委教育工作领导小组组长，分别是河北、山西、吉林、湖北、湖南、广西、甘肃。

2.河南省党委教育工作领导机构运行机制

中共河南省委教育工作领导小组成立于2019年2月。作为河南省委议事协调机构，主要职责是，加强省委对全省教育工作的集中统一领导，组织研究教育领域坚持党的领导、加强党的建设的政策，研究部署教育领域思想政治、意识形态工作，审议教育发展战略、中长期规划、教育重大政策和体制改革方案，协调解决教育工作重大问题。目前，河南省委书记楼阳生亲自担任组长，副组长为省委组织部部长、河南省委宣传部部长、省委秘书长。省委教育工作领导小组成员单位20家，包括省委组织部、省委宣传部、省委统战部、省委政法委、省委网信办、省委编办、团省委、省发改委、省教育厅、省科技厅、省工信厅、省公安厅、省司法厅、省财政厅、省人社厅、省卫健委、省体育局、省科学院、省社科院、省军区政治工作局。

中共河南省委教育工作领导小组秘书组成立于2019年3月，作为领导小组的办事机构，接受领导小组的直接领导，承担领导小组的具体工作。秘书组设在省教育厅，组长由省教育厅党组书记、厅长兼任。设在有关部门的省委议事协调机构办事机构，与所在部门对外是两个机构，可以以相应的名义开展工作，承担相应责任，发挥各自作用。所在部门的内设机构根据需要承担办事机构相关工作，接受办事机构的统筹协调。主要任务是，组织研究教育领域党的建设和思想政治建设政策、教育发展战略规划、重大改革方案，协调督促落实中共河南省委教育工作领导小组决定事项、工作部署和要求等。省教育厅内设机构根据工作需要承担秘书组相关工作，接受秘书组的统筹协调。秘书组下设秘书处，不作为教育厅内设处室，机构单列。

(二)各省(自治区、直辖市)党委派出机构的建设情况和河南省设置情况

党委派出机关是党委为加强对特定领域、行业、系统领导而派出的工作机关，根据有关规定代表党委领导该领域、行业、系统的工作。

1.31个省(自治区、直辖市)党委教育工作派出机构设置情况

目前，全国31个省(自治区、直辖市)中，设置党委教育工委的有28个，未设置工委的有3个省(自治区)(海南、青海、西藏，其中海南设置教育厅党委)。其中，有15个省(自治区、直辖市)的教育工委书记由省级领导兼任，分别是北京、天津、辽宁、吉林、黑龙江、上海、浙江、江西、山东、河南、湖北、湖南、贵州、云南、新疆；有13个省(自治区、直辖市)的教育工委书记由正厅级领导干部担任，其中，9个省(自治区、直辖市)教育工委书记由教育厅党组书记、厅长担任，分别是河北、山西、内蒙古、江苏、福建、广东、广西、重庆、甘肃；4个省(自治区、直辖市)教育工委书记和厅长分设，分别是安徽、四川、陕西、宁夏。

2.河南省省级党委教育工作派出机构运行机制

河南省于1990年8月成立省委高校工委，作为省委领导高校工作的派出机构，与省教育厅合署办公，1994年12月，省委高校工委、省教委合署办公。2021年12月，河南省

委高校工委更名为省委教育工作委员会,省委教育工委书记由省委组织部部长担任。河南省委教育工委的主要职责是,负责统筹全省教育系统党的建设工作,指导全省教育系统意识形态、思想政治、宣传、统战工作等,具体工作由省教育厅相关内设机构承担。

3.河南省地市党委教育工作派出机构设置情况

河南省18个省辖市、济源示范区中,设置党委教育工委的有12个,分别是郑州、平顶山、安阳、焦作、濮阳、许昌、漯河、南阳、商丘、信阳、周口、济源;设立高校工委的有1个,三门峡;未设置党委教育工委的有5个,分别是开封、洛阳、鹤壁、新乡、驻马店。

五、总体思路及处理好“五大关系”

加强党对教育系统的全面领导是加强教育系统党的建设的根本目的和主要任务,也是推进教育强省建设的根本途径和基本保证。在工作推进过程中,需要把握好总体思路,处理好“五大关系”。

(一)总体工作思路

以习近平新时代中国特色社会主义思想为指导,以建成教育强省为总抓手,以党的全面领导为根本保证,以立德树人为根本任务,以为党育人、为国育才为根本目的,以服务经济社会发展为重要使命,以教育理念、体系、制度、内容、方法、治理现代化为基本路径,以支撑引领中国式现代化河南实践为核心功能,最终办好人民满意的教育,为高质量建设现代化河南、确保高水平实现现代化河南提供人才保障和智力支撑。

1.始终坚持党领导教育内容的全面性

在政治领导上要保证学校正确的办学方向,在思想领导上要掌握学校思想政治工作主导权,在组织领导上要发挥教育基层党组织的战斗堡垒作用和党员的先锋模范作用。

2.始终坚持党领导范围的全覆盖

党的领导要全面覆盖各层次、各类别、各形式的教育,保证所有教育都应承担立德树人的根本任务。

3.始终坚持党领导体系的全方位

党对教育事业的全面领导要体现在办学治校各领域、教育教学各环节、人才培养各方面。

(二)正确认识和处理好“五大关系”

1.正确认识和处理好教育系统党的领导和党的建设的关系

党的领导和党的建设是辩证统一、相辅相成的有机统一体。党的领导在教育系统能不能有效实现,取决于教育系统党的组织体系健不健全,党的建设抓得好不好。各级各类学校党组织要把抓好学校党建工作作为办学治校的基本功,把党的教育方针全面贯彻到学校工作各方面。一方面,要着眼于加强党对教育系统的全面领导,全面加强教育系统党的建设,坚持以党的政治建设为统领,全面推进党的政治建设、思想建设、组织建设、作风建设、纪律建设,把制度建设贯穿其中,深入推进反腐败斗争,全面提高教育系统党的建设科学化水平;另一方面,要从有利于全面加强教育系统党的建设角度出发,健全完善党委统一领导、党政齐抓共管、部门各负其责的教育领导体制,如健全完善河南省和教育部联席会商机制、各市县教育工作领导小组及其办事机构的工作机制、各类学校党组织领导的校长负责制落实机制等。

2.正确认识和处理好制定实施教育强省建设规划纲要与《河南教育现代化 2035》的关系

教育现代化是新时代中国特色社会主义现代化建设的重要保障,是教育强省的手段和路径,是实现中原崛起、河南振兴的基础工程。教育强省是支撑和目的。《河南教育现代化2035》,则是在党的十九大、河南省第十次党代会和"十三五"规划等政策背景下制定的,是对实现河南教育现代化的宏观规划和目标设定,也是做好教育工作、由教育大省向教育强省的路径指引。与此同时,正在编制的教育强省规划纲要,则是在党的二十大、河南省第十一次党代会和"十四五"规划等政策指引下,形成教育强省建设规划的项目化、工程化、方案化、图谱化,目标比《河南教育现代化2035》更加明确、路径更加清晰、措施更加具体。对此,加快建设教育强省,对于加快推进教育现代化,助力谱写新时代中原更加出彩的绚丽篇章具有重要意义。

3.正确认识和处理好实施教育优先发展战略与服务经济社会协调发展的关系

习近平总书记指出,以教育之力厚植人民幸福之本,以教育之强夯实国家富强之基。实施教育优先发展战略与服务经济社会协调发展,两者相互促进、相辅相成。习近平总书记始终强调将教育摆在经济社会发展的优先位置,聚焦关键环节、筑牢强师之基,推动教育更好服务经济社会发展,为民族复兴注入了强劲动力。经济社会发展的关键在人才,人才培养的基础在教育。河南省第十一次党代会提出锚定"两个确保",全面实施"十大战略",把实施创新驱动、科教兴省、人才强省战略摆在首位。实施教育优先发展战略,有利于深化人才培养供给侧结构性改革,以产业发展和社会需求为重,加快推进新工科、新医科、新农科和新文科建设,增强学科专业设置快速响应能力,加快培养重点领域急需紧缺人才,为经济社会高质量发展提供有力人才支撑和智力支持。教育、科技、人才是全面建设社会主义现代化国家的基础性、战略性支撑,教育优先发展战略的实施,为面向世界科技前沿、面向经济主战场、面向国家重大需求、面向人民生命健康的经济社会发展提供了新动能,为经济社会发展提供有力科技支撑、增强创新发展内驱动力,更好地服务和推动经济社会协调发展。

4.正确认识和处理好实施党的教育方针政策与教育依法治理的关系

党的方针政策是国家法律的先导和指引,法治是政策的转化与固化。在坚持和加强党对教育工作全面领导进程中,要学会充分运用法律和规章制度来贯彻和实现党的教育方针政策、善于运用法治思维和法治方式领导教育工作。贯彻新时代党的教育方针,要坚持马克思主义指导地位,贯彻习近平新时代中国特色社会主义思想,坚持社会主义办学方向,落实立德树人的根本任务,坚持教育为人民服务、为中国共产党治国理政服务、为巩固和发展中国特色社会主义制度服务、为改革开放和社会主义现代化建设服务,扎根中国大地办教育,同生产劳动和社会实践相结合,加快推进教育现代化、建设教育强国、办好人民满意的教育,努力培养担当民族复兴大任的时代新人,培养德智体美劳全面发展的社会主义建设者和接班人。教育依法治理是深入贯彻实施党的教育方针政策、有效推进教育治理体系和治理能力现代化的应有之义和重要抓手。

5.正确认识和处理好党管教育的领导体制机制与学校、家庭、社会协同育人体制机制的关系

习近平总书记指出,办好教育事业,家庭、学校、政府、社会都有责任,谁都不是旁观者,谁都不能置身事外。强化党管教育的全面领导是加快建设教育强省、办好人民满意教育的主导力量,发挥学校、家庭、社会协同育人是办好教育的重要主体。教育的根本问题在于解决好培养什么人、怎样培养人、为谁培养人的问题。党的领导是贯彻党的教育方针,解决好这个问题的法宝。加强党的全面领导,坚持党管教育的领导体制机制,是新时代完善学校、家庭、社会协同育人机制的根本保证。党管教育的领导体制机制与学校、家庭、社会协同育人体制机制,是在党委统一领导下对教育工作统筹规划,学校、家庭、社会在各自分工负责基础上,协同抓好教育的关系,即在党对教育工作全面领导下,学校、家庭、社会三者各司其职又相互配合、协同育人。鼓励地方和中小学校探索家庭教育的家长学分制。唯有坚持党对教育工作的全面领导,打造以党的全面领导为统领、以学生为中心、以协同教育理念为价值引领、以学校家庭社会资源整合为抓手的学生成长共同体,才能有助于完善学校家庭社会协同育人机制,才能坚持教育为人民服务,才能培养德智体美劳全面发展的社会主义建设者和接班人。

六、对策建议

河南省从教育大省到教育强省迈进,是一个质的跨越和升华,具有长期性、艰巨性和复杂性,必须坚持和加强党对教育工作的全面领导,从政治保证、思想保证、组织保证、纪律保证、制度保证上加强党对教育工作的全面领导和党的建设,加快推进教育强省建设步伐。

(一)从党的政治保证上,坚持和加强党对教育工作的政治领导,是保证教育强省建设的正确路线方向

党的十九大明确提出党的政治建设这个重大命题,强调党的政治建设是党的根本性建设,要把党的政治建设摆在首位,以党的政治建设为统领,这清晰阐明了新时代党对教育工作的政治领导的重要性。

1.深刻理解党对教育工作领导的特征优势

党的领导是中国特色社会主义最本质的特征,是中国特色社会主义制度的最大优

势，建设教育强省，必须以习近平新时代中国特色社会主义思想为指导，全面贯彻党的教育方针，坚持马克思主义指导地位，坚持中国特色社会主义教育发展道路，坚持社会主义办学方向。

2.深刻理解党对教育工作领导的核心地位

加强党的集中统一领导，维护党的领导核心，保持全党思想上的统一、政治上的团结、行动上的一致，始终是我们党坚持的一个重大政治原则和显著优势，是教育事业不断发展壮大的关键所在。切实把教育放在锚定“两个确保”、实施“十大战略”中来定位，增强加快建设教育强省的责任感、使命感、紧迫感。

3.深刻理解党对教育工作领导的基本方略

必须始终坚持党总揽全局、协调各方的领导核心地位，推动党政分工、各负其责。各级各类学校党组织要认真履行把方向、管大局、作决策、抓班子、带队伍、保落实的职责，统筹整合资源力量，为推进新时代教育强省提供坚强保障。

（二）从党的思想保证上，坚持和加强党对教育工作的思想领导，是保证教育强省建设的正确价值引领

习近平新时代中国特色社会主义思想是推进教育强省的根本遵循，加快推进教育强省建设，就必须以习近平新时代中国特色社会主义思想为行动指南。

1.牢牢把握党对意识形态工作的领导权

学校党组织要落实好意识形态工作责任制，把思想政治工作贯穿教育教学和管理全过程，使教育领域成为坚持党的领导的坚强阵地。

2.牢牢把握落实立德树人的根本任务

要坚持社会主义办学方向，围绕解决好培养什么人、怎样培养人、为谁培养人这个根本问题，立足培养社会主义建设者和接班人这个使命责任，教育引导学生树立正确的世界观、人生观、价值观，扣好人生的第一粒扣子。

3.牢牢把握办好人民满意教育的根本宗旨

要以教育优先发展为战略，加快建设高质量教育体系，以高质量发展作为教育强省建设生命线，努力适应确保高质量建设现代化河南、确保高水平实现现代化河南对教育优先发展的新要求，不断满足人民群众对优质教育的需要。

（三）从党的组织保证上，坚持和加强党对教育工作的组织领导，是保证教育强省建设的坚强力量

习近平总书记多次强调，党的力量来自组织，组织领导的核心体现在发挥党组织的战斗堡垒作用和党员先锋模范作用。

1.坚决推进党对教育工作的组织建设贯通各个层级

习近平总书记强调中央和国家机关是“最初一公里”、地方党委是“中间段”、基层党组织是“最后一公里”，推动省级党委充分发挥把方向、管大局、作决策、抓落实的重要作

用。各级党组织要成为实现党的领导和党的建设的坚强前哨,不断完善市、县(市、区)两级党委教育工作领导机构组织体系,充分发挥市县乡村四级党组织作用,配足配齐教育工作领导小组成员,强化编制配备和教育投入。

2.坚决推进党对教育工作的组织建设覆盖各个领域

进一步完善高校党建体制机制,构建"四位一体"的党建工作格局。全面推进中小学党组织领导的校长负责制,推动党建工作与教育工作深度融合。推进民办高校党委书记选派全覆盖。

3.坚决推进党对教育工作的组织建设落实在各个环节

各级党组织要优化完善党组织议事规则、决策程序和监督机制,使各级党组织运行更加科学、务实、高效。要打造高素质熟悉教育的党员干部队伍,党员干部要时刻用党章、用共产党员标准要求自己,努力走在前列、干在实处、当好表率。

(四)从党的纪律保证上,坚持和加强党对教育工作的纪律和作风建设,是保证教育强省建设的坚强后盾

习近平总书记强调,要把纪律建设摆在更加突出位置,党的纪律建设是加强党对教育工作领导的重要保障。

1.坚决维护党对教育工作的集中统一领导

在党的纪律中,政治纪律排在首位,严肃政治纪律,最重要的是加强和维护党中央的权威和集中统一领导,坚决维护习近平总书记在党中央和全党的核心地位,更好地担负起党和人民赋予的职责,把党的二十大和省委提出的各项目标任务落到实处。

2.坚决筑牢党对教育工作领导的理想信念

党的纪律是教育党员不忘初心、牢记使命和端正党风、增强党性的有力武器。只有抓好纪律教育,才能立根固本,坚持理想信念宗旨"高线",筑牢思想道德"防线",守住法规纪律"底线"。

3.坚持和改进党对教育工作领导的廉政建设和作风建设

只有持之以恒正风肃纪,继续整治"四风"问题,坚决反对特权思想和特权现象,才能不断厚植党执政的群众基础。要坚决执行《加强和维护党中央集中统一领导的若干规定》,贯彻落实中央八项规定的实施细则,严肃党内政治生活、严明政治纪律和政治规矩。要紧盯"关键少数",围绕廉政高风险部位,查找管理漏洞和廉政风险点,着力营造风清气正的良好生态。持续改学风转作风,让党的作风全面好起来。

(五)从党的制度保证上,坚持和加强党对教育工作的制度建设,是保证教育强省建设的坚实基础

习近平总书记强调,制度是关系党和国家事业发展的根本性、全局性、稳定性、长期性问题。

1.持续改进党对教育工作领导的机制建设

各级党委要把教育改革发展纳入议事日程,要健全完善六大机制,即党委定期研究

教育的机制(实行党委书记抓教育责任制),党政齐抓共管机制,四大班子成员联系学校机制,人大、政协监督保障机制,考核述职机制,市县领导教育素养提升机制,真正使制度成为硬约束。根据党和国家机构改革的统一部署,鉴于市级教育改革发展和推进建设教育强省的艰巨性、复杂性和长期性,需要进一步加强省辖市教育工作领导机构和办事机构建设。

2.持续改进党对教育工作领导的法治建设

坚持系统观念,依法治教引领教育改革,要对教育工作的制度设计通盘考虑、全局规划、科学设定,要同教育强省建设的政策和措施有机结合起来,做到同步设计、同步制定、同步实施,推进各级教育部门依法行政,推动放、管、服改革,确保依法行政、依法治校。

3.持续改进党对教育工作领导的制度落实

要坚持有责必问、问责必严,把监督检查、目标考核、责任追究有机结合起来,使对制度执行的外在监督转化为推动制度执行的内生动力。

(本专题研究团队成员:毛杰、宋辉、成光琳、博晓凯、周宝荣、王文成、杨光钦、罗志敏、王振存、罗红艳、苗学杰、田虎伟、范如永、刘艺、刘宇)

专题三　中小学党组织领导的校长负责制落实机制研究

2022 年 1 月，中共中央办公厅印发的《关于建立中小学校党组织领导的校长负责制的意见（试行）》（以下简称《意见》）明确提出："加强党对教育工作的全面领导，是办好教育的根本保证。要在中小学校建立党组织领导的校长负责制"。这是新时代中小学校领导和管理体制的一次重要改革，是加强党对教育工作全面领导的内在需要，是办好人民满意教育的根本保证，是培养担当民族复兴大任时代新人的必然要求，其价值追求和终极目标是更好地落实党的教育方针，促进中小学校的高质量发展。

一、背景、意义和内涵

《意见》出台的历史背景是什么？有何重大意义？党组织领导的校长负责制其时代内涵又是什么？厘清这些问题，是有效推进《意见》贯彻落实的前提和基础。

（一）《意见》出台的历史背景

新中国成立以来，为适应不同时期经济社会发展的需要，我国中小学先后经历了不同领导体制，在不同时期都对我国基础教育发展起到了重大推动作用。具体来说主要经历了七个阶段。

1. 校务委员会制（1949—1951 年）

学校以师生中的先进分子为骨干，组成校务委员会，全面领导和管理学校各方面工作。这种体制有利于团结一切进步力量民主治校；但容易过度民主、工作责任不明。

2. 校长责任制（1952—1956 年）

当时的中小学暂行规程规定中小学实行校长责任制，由校长领导学校工作。这种体制有利于落实办学治校具体责任、促进学校发展；但容易滋长个人专断、官僚主义。

3. 党支部领导下的校长负责制（1957—1962 年）

根据中共中央、国务院颁布的《关于教育工作的指示》（1958），我国中小学开始建立党支部领导下的校长负责制，强调党支部的"一元化"领导。这种体制符合当时的客观实际，有助于纠正个人专断和官僚主义；但容易出现党支部包揽行政工作，书记指挥一切，党政不分、以党代政的问题。

4. 上级党委和主管教育行政部门领导下的校长负责制（1963—1966 年）

教育部制定的《全日制小学暂行工作条例（草案）》和《全日制中学暂行工作条例（草

案)》(1963),明确规定校长在当地党委和主管教育行政部门领导下负责领导全校的工作,学校党组织保证和监督行政工作。这种体制明确了校长对学校的领导管理职责,保障了教育教学秩序;但容易出现上级越权干涉、学校党政边界不清的问题。

5.革命委员会制(1967—1976年)

"文化大革命"中长期实行革命委员会制度。这种管理体制破坏了学校长期形成的管理体系和制度,使正常教育教学秩序受到干扰、教育质量下降。

6.党支部领导下的校长分工负责制(1977—1984年)

教育部颁布的《全日制小学暂行工作条例(试行草案)》与《全日制中学暂行工作条例(试行草案)》(1978),要求建立党支部领导下的校长分工负责制,规定党支部讨论决定学校的重大问题。这一体制有助于教育教学秩序的整顿和教育质量的恢复;但容易出现以党代政、权责不清的问题。

7.校长负责制(1985—2021年)

中共中央颁布的《关于教育体制改革的决定》(1985)要求在中小学校逐步实行校长负责制;随后,中共中央、国务院印发的《中国教育改革和发展纲要》(1993)明确规定在中等及以下学校实行校长负责制的领导体制;《中华人民共和国义务教育法》(2006)更是把校长负责制以法律的形式固定下来。这种领导体制促进了学校工作转移到以教育教学为中心的正确轨道,尊重了教育规律,提高了学校管理效能和活力,推动了教育质量提高;但容易出现校长权力过大,党的领导一定程度上被弱化、虚化和边缘化等问题。

综上,新中国成立后确立的历次中小学领导体制,为中小学领导体制建设提供了宝贵的经验和教训。

(二)建立党组织领导的校长负责制的重大意义

当前,世界正经历百年未有之大变局,中国特色社会主义已经进入新时代,而中国特色社会主义最本质的特征是中国共产党的领导。国务院办公厅印发的《关于新时代推进普通高中育人方式改革的指导意见》和中共中央、国务院印发的《关于深化教育教学改革全面提高义务教育质量的意见》中均明确规定党组织要发挥领导作用。可见,坚持党对学校工作的全面领导是我们办好中小学校的最大底气和保障,这就迫切需要在中小学校建立党组织领导的校长负责制。

2021年11月,中央全面深化改革委员会第二十二次会议审议通过了《关于建立中小学校党组织领导的校长负责制的意见(试行)》,2022年1月,中共中央办公厅印发了《关于建立中小学校党组织领导的校长负责制的意见(试行)》,该文件的出台标志着党和国家越来越重视基础教育工作,标志着我国对中小学校的管理已经进入新模式,我国中小学领导体制开始进入党组织领导的校长负责制新阶段。

任何一项管理体制改革都有其特定的时代背景和历史动因。长期以来,我国一些地区中小学校党组织建设虚化、泛化、弱化的现象比较突出。同时,个别地方中小学校党建工作与教育教学工作相脱节,导致基层中小学党组织软弱涣散,影响办学质量提高。建立中小学校党组织领导的校长负责制可谓是"及时雨",能切实扭转中小学校党组织的薄弱地位，把中小学校党组织建设成为教书育人的坚强战斗堡垒。目前，之所以在中小学推行党组织领导的校长负责制，既是深化内部管理体制改革、完善治理结构、提高教育教学质量的需要，更是时代精神的折射和反映。概括来说，建立党组织领导的校长负责制是新时代实现中小学高质量发展的必然要求，是贯彻落实党的教育方针和党中央决策部署的必然要求，是实现中小学治理现代化的保障。建立党组织领导的校长负责制就是坚持正确的办学方向，确保中小学校贯彻落实党的教育方针，就是构建书记和校长职责清晰、党政沟通顺畅、决策和执行高效的现代化治理体系，推动中小学高质量发展。我们党的宗旨是“全心全意为人民服务”，党始终代表着最广大人民群众的根本利益。建立党组织领导的校长负责制就是把人民的根本利益作为中小学教育的“生命线”，办好人民满意的教育。建立党组织领导的校长负责制有助于加强各中小学的党建工作力量，使得党建工作与教育教学、德育工作等进一步深度融合，更好地发挥基础教育为党育人、为国育才的作用。我们办的是社会主义教育，要围绕“为谁培养人、培养什么样的人”这一根本问题办学。因此，只有加强党对教育事业的全面领导，才能确保正确的办学方向，确保中小学校贯彻落实党的教育方针，坚定地走好中国特色社会主义教育道路。

（三）党组织领导的校长负责制的时代内涵

认识是行动的先导。目前要使中小学校党组织领导的校长负责制在实践中得到积极的推进、有效的执行、正确的贯彻，首先需深入理解和准确领悟这一体制的基本精神与内涵。

党组织领导的校长负责制是中央在总结我国中小学领导体制经验教训的基础上，根据新时代特点和中国实际作出的重大决策，和历次管理体制不同，是一种新的领导体制，具有新的时代内涵。党组织的全面领导是前提，校长负责是核心，党政合作是关键，办好学校是目的。中小学党组织是学校各项工作的领导核心，这是此体制的灵魂或关键所在，党组织的领导是政治领导，是集体领导和个人分工负责的结合，是全面、全方位领导。在新体制下校长依然是学校管理工作中的关键人物，承担着全面负责学校教育教学和行政管理工作的职责，校长是学校的法人代表，具有法定的行政管理职权，校长承担法律责任，管理行政工作，对行政决策负责。建立党组织领导的校长负责制，要进一步厘清党组织领导和校长负责制的权力边界，明确书记和校长的职责范围，处理好党和政的关系：既要避免党政不分、以党代政，又要避免个人独断、权力独大；既要保证党组织的全面领导，又要保障校长独立行使管理职权。

中小学校党组织领导的校长负责制的内涵，可以从三个维度理解。

第一个维度：这是严密高效的党的组织体系在基础教育领域的延伸。在我国的国家治理体系中，党的领导贯穿各领域各层级，取得了国家治理的显著成效，体现出显著的制度优势。在中国共产党的组织体系中，从中央到地方各级党委为主轴，基层和行业领域普遍设有党的基层委员会、总支部委员会、支部委员会等党的基层组织，党员作为执政党人格化的体现，在各层级各领域各行业中以自身为载体，将党的组织意志和价值追求贯注到各自的职业角色和工作场景之中。由此，党实现了“横向到边、纵向到底”的一整套组织网络。学校作为基础教育的重要治理单元，是“党政军民学”的重要组成部分。在基础教育治理现代化的体系建设中，党的领导在政治方向、制度建构、政策部署等方面发挥决定性作用。基础教育领域中党的基层组织是有效的动员和组织工具，需要充分认识并发挥基层党组织在动员、组织、利益聚合与协调等方面的多重政治功能，确保基础教育领域一切工作在党的全面领导下进行。

第二个维度：这是党的组织形态对基础教育治理效能的提升。民主集中制是我们党的根本组织原则。通过在充分发扬民主的基础上实行集中，形成了民主基础上的领导权威性、高度的内聚力、巨大的动员力和强大的行动力，以此保证党的意志和指令得到有效实施和执行。

第三个维度：这是党政统筹的治理结构对传统基础教育治理的超越。在实现中国式教育现代化的关键时期，需要通过不断变革与创新激发并释放传统治理模式的治理动能。常规管理大多是日常性或程序性事务，目的在于维护政策运转及制度合规。党领导下的党政统筹治理，能够有效克服常规管理的不足与弊端，以某一特定治理事项为中心，将治理任务及相应资源精准指向特定的治理主体，甚至直接调集相关的机构、职位和人员，极大地避免了目标置换和信息遗失导致的效率损失。以义务教育“双减”政策为例，党的全面领导与高位统筹避免了传统管理惯性导致的传导迟滞和治理失灵，在破除中小学生学业负担长期存在且日益加重的顽瘴痼疾方面，发挥了巨大效应，取得了显著的治理效果。

二、现状、问题和对策建议

落实党组织领导的校长负责制既是认识问题，更是行动问题。迄今，《意见》出台实施已经将近两年时间，各地具体贯彻落实的情况如何？还存在哪些问题或困境？如何有效解决问题、破解困境？这是推进中小学校教育治理现代化进程中亟待解决的现实问题。

（一）省内外现状

本专题通过系统梳理文献，结合前期研究基础，编制并发放书记、校长和教师调查问卷 423 份。采用 SPSS 软件对调查问卷数据进行统计处理和分析，运用德尔菲法，确立以思想认识、组织领导、队伍建设、制度规范、运作机制和党教融合为主测维度的分析框架。综合考虑学段、城乡、规模（学校和党组织设置形式）等特征，在河南、北京、天津、陕西、广西、江苏、福建等 7 省（市）深入调研了 47 所中小学校（其中小学 14 所，初中 11 所，高中 9 所，九年一贯制学校 7 所，中职 6 所；城区学校 25 所，乡镇学校 22 所；书记和校长分设的学校 27 所，书记和校长“一肩挑”的学校 20 所），与教育科研人员、基层教育部门人员和中小学校书记或校长共 74 人进行访谈，运用分析框架，深入了解中小学校推进落实党组织领导的校长负责制的具体情况，分析研究不同情况的中小学校推进实施党组织领导的校长负责制的差异。

调查发现，当前我国中小学校推进落实党组织领导的校长负责制的情况主要表现为三个方面。第一，各地教育部门都按照《意见》要求统筹部署，制定实施方案，出台配套文件或示范文本，形成“1+X”政策体系，分批推进体制改革，如北京的“1+5”、天津、陕西的“1+2”、广西的“1+6”。其中“1”是各地按照《意见》要求制定的本地实施方案，如河南省的《河南省中小学校党组织领导的校长负责制试点工作实施方案》、北京市的《北京市关于建立中小学校党组织领导的校长负责制的实施方案（试行）》；“X”是各地细化《意见》要求制定的一系列配套文件或示范文本，如北京市的《北京市中小学校党组织会议讨论决定事项清单示范文本（试行）》《北京市中小学校党组织书记和校长职责示范文本（试行）》《北京市中小学校党组织会议和校长办公会议议事规则示范文本（试行）》《北京市中小学校章程党组织建设内容示范文本（试行）》和《北京市中小学校党建工作要点提示》，天津市的《天津市中小学校党建工作重点任务清单》和《天津市中小学校议事规则示范文本》，陕西省的《陕西省中小学校党组织会议议事规则参考文本（试行）》和《陕西省中小学校校长办公会议（校务会议）议事规则参考文本（试行）》。目前，各地有60%左右的中小学校开展了改革实践，整体平稳有序。第二，各地试点学校都按照“一地一案”“一校一案”原则，结合本地本校实际，选拔党性观念强、专业素质强的党员干部担任分校（校区）、学校内设机构、年级组、学科组等教育教学单位的基层党组织书记或党务工作者，构建学校三级党组织体系。第三，各地试点学校都修订完善学校章程，逐渐建立决策、执行、沟通、公开、监督等校内规章制度，保证与新领导体制的一致性。

（二）存在问题及原因分析

调研发现，各地试点学校在思想认识、组织领导、队伍建设、配套制度、运作机制和党教融合等方面还存在一些现实困境，阻碍了中小学校党组织领导体制改革的进程和实效。

1.思想认识有偏差

任何一项改革在推进过程中都必然会遇到阻力与困难。在实施中小学校党组织领导的校长负责制的过程中，也面临着诸多挑战，受制于长期养成的管理制度、理念和行为，部分学校党政领导干部对党组织领导的校长负责制还不完全了解和熟悉，对党组织领导体制改革的重大意义、体制优势、内涵特点认识不到位。导致存在改革决心不坚定、实施方案不科学、监督考核不严格和制度执行不到位等问题。“书记和校长，谁是一把手？”是中小学校党组织领导的校长负责制试点过程中常遇到的疑问；部分学校将“党领导一切”等同于“党包办一切”“管理学校一切”，认为书记是学校的“一把手”，校长要按照书记的要求开展工作；有的中小学校领导认为，在党组织领导的校长负责制下，校长负责只是名义上的；有的认为学校的所有事务还是由校长统筹决定，党委书记只是负责党政思想方面的工作；有的学校的书记、校长不完全清楚党组织会议与校务会议、书记与校长的权责界限和工作规范，不能准确判断究竟什么事务应该由自己负责，以及如何按照规定要求和程序提请会议议定、推进工作落实。还有的学校特别是书记和校长“一肩挑”的学校，仍然沿袭老经验老做法，书记（校长）“大权独揽”，为“提高效率”把党组织会议与校务会议合成一次会议来召开，履职尽责，不区分书记和校长身份，内部监督形同虚设，没有充分发挥党组织领导的校长负责制的制度优势。

2.组织领导不到位

首先，上级部门对中小学指导管理不够。我国现行的中小学管理体制实施是“以县（区）为主”。由于我国人口众多、县（区）域面积较大，因此普遍存在的一个问题是县（区）一级教育行政部门面临的管理跨度过大、管理任务过重。这种状况导致上级组织、教育行政等部门对中小学班子建设的监督、管理、评价、指导不够，客观上存在着管不过来或管得不深、不细、不实等现象。其次，还存在上级组织、教育、编制、人社等部门之间职责划分不明确、协调配合不够等问题。最后，学校党组织领导的领导力还不够强，党务工作机构尚有待进一步完善。

3.队伍建设有短板

学校基层党员教师队伍数量不足、素质不高，是影响中小学校党组织领导的校长负责制改革效果的重要原因。

第一，部分学校党员教师人数不足，难以支撑党组织领导体制改革。如河南一些规模较小的农村小学，教师中党员人数占比较低，有的未达 7 人甚至不足 3 人，不满足领导体制改革的基本条件。

第二，党员后备力量储备不足，难以保证关键岗位干部选足配齐。在组建学校党组织过程中，需要一定数量符合条件的党员干部充任书记、副书记、党政办公室主任等领导岗位，但不少学校因缺少后备力量储备，不能满足党员领导岗位需求。

第三，党员干部能力素质不高，难以适应领导体制改革的高要求。河南、广西一些学校在改革前普遍把能力较强的干部安排在校长岗位上，但部分校长不是党员；改革后对学校党组织书记岗位能力要求更高，不少新选配的书记无法胜任岗位工作需要。江苏一些学校的书记岗是为安置即将退休的干部而设置的“二线岗”，一些学校的书记因不适应校长岗位而转岗为书记，这样的书记既不符合再转岗为校长的要求，也不适应新体制改革的要求，难以发挥推动学校党组织履行领导职责的作用。

4.配套制度不健全

配套规章制度不健全造成学校党组织与校长负责制、书记与校长不同频、不融合。

第一，党组织会议和校长办公会议职责权限不够清晰。不少学校反映，虽然国家和地方教育部门出台了系列政策文件，但是实践中还是很难清晰认定学校党组织会议和校长办公会议、书记和校长的权责界限，以及议事规则和运作程序。

第二，学校党政干部保障制度缺失。很多学校反映，按照改革需要，学校吸收一批党员教师进入学校党组织体系，因此承担了大量的党政工作，但由于在课时认定、津贴补助、职称评定、职业发展和工资待遇等方面缺乏制度保障，削弱了党员干部的工作热情。

第三，学校党政干部任命制度不统一。江苏一些中学的校级干部编制总框架和任职由市、县（区）委组织部、编委办统筹制定，任命学校书记、校长须在组织部门和编委办的任职体系中报备实施，仅靠教育部门难以解决人员配备和编制问题。但是一些小学的校级干部则由教育部门任命，这就出现在小学、中学一贯制的学校中，小学和中学的校级领导的任命机关、程序、级别等不同的现象。

5.运作机制不完善

由于没有准确把握政策要求建立比较完善的学校党政干部定期沟通、分工协同和内外监督的工作机制，造成书记和校长分设的学校存在决策界限不明、沟通协调不畅、推进实施不力等问题。虽然多数学校已经建立并实施干部定期沟通的工作机制，但有的学校仍存在沟通机制随意化、形式化、低效化的问题，主要是因为没有提前设定沟通议题，没有提前做好调研等准备工作。有的学校没有建立比较完备的分工机制，在落实党组织决策时仍存在党政干部协同不力、党政部门配合不畅等问题。还有的学校没有建立比较完善的监督机制，不能有力督促学校党组织的决策落实到位，不能准确评价学校党组织的执行效果。

6.党教融合不充分

中小学校仍有重业务轻党建倾向，不同程度存在党建与教育教学、学校管理工作相脱离的“两张皮”现象，未充分发挥学校党组织政治引领的作用。

第一，学校党组织建设未能与教育教学及管理工作齐谋划、同部署。有的学校缺乏对党建工作的重视，有的学校党建基础较为薄弱，导致“重业务、轻党建”现象突出，更多关注学校教育教学的整体设计，而对党建工作缺乏长远规划，党建与业务工作结合不紧，各行其是。

第二，学校党建无法与教育教学及管理工作实现相互促进。有的学校的党组织成员由党员教师或行政干部兼任，缺乏相应的工作经验和能力；有的党员教师视党务工作为额外负担，在组织生活中仅满足于完成规定任务；有的学校在党组织建设工作中过多关注过程和形式而不注重实效，由此导致党建和业务融合不畅甚至貌合神离。党建业务“两张皮”最终导致中小学基层党组织缺乏凝聚力和号召力，无法充分发挥党组织的领导作用和党员模范的引领效用。

（三）政策建议

中小学校党组织领导的校长负责制，核心是党组织领导，关键在校长负责，根本出发点和落脚点是要形成党政合力。实施中小学校党组织领导的校长负责制，就是探索在中小学校建立党组织发挥领导作用的组织体系、制度体系和工作机制，为持续深化基础教育综合改革提供职责明确、协调顺畅、运转高效、作用到位的领导体制和运行机制，进而为办好人民满意教育、培养担当民族复兴大任的时代新人提供坚强的政治保障、组织保障、制度保障。

1.党的领导是根本保证，坚持和完善党对基础教育事业的领导

为了保证我国基础教育的社会主义办学方向，坚持走中国特色社会主义教育发展道路，将我国的政治制度优势转化为教育事业发展的强大动力，必须加强中小学校党的领导。加强中小学校党的领导是建立中小学校党组织领导的校长负责制的关键点，加强中小学校党的领导的工作要点是加强中小学校党的政治建设、思想建设和组织建设。

（1）加强中小学校党的政治建设

加强中小学校党的政治建设，要在党性与人民性有机统一过程中坚持把满足人民群众日益增长的高质量教育需求作为党的不懈追求。在办学实践中,中小学校领导者要牢固树立以师生为中心的办学理念,把党的宗旨贯穿于教育教学全过程,保证每一个学生享有公平的受教育权利。

(2)加强中小学校党的思想建设

为了加强中小学校党的领导,要牢牢把握意识形态工作领导权。首先,中小学校党组织要把思想政治工作抓紧抓实。要用习近平新时代中国特色社会主义思想武装党员干部、教师和学生,通过广泛深入地开展党内理论学习活动提高党员的理论创新能力,让中国特色社会主义理论融入教材、走进课堂、武装头脑;要抓好中小学生德育工作,教育引导学生牢固树立社会主义核心价值观,弘扬革命传统,传承红色文化,培植爱党、爱国、爱人民、爱社会主义的深厚情感,养成优良的思想品德和健全人格。其次,通过完善教育宣传机制,提高党凝聚共识的能力。充分利用校园网络搭建思想建设工作平台,构建良好的学校文化,为党的思想建设工作提供强有力的舆论环境支持。再次,中小学校党组织要做好广大中小学教师的思想工作。中小学教师是人数众多的知识分子群体,中小学校党组织要根据他们的群体特点开展工作,中小学校的领导干部要善于同中小学教师打交道,充分信任他们,做他们的挚友、战友,学校教育的重要工作和重大决策要征求他们的意见和建议。要善于运用沟通、协商、谈心等方式做思想工作,充分了解教师在工作、学习、生活中遇到的困难并想方设法帮助解决,把基层学校党的领导落实到群众工作的实处和细处。

(3)加强中小学校党的组织建设

中小学校党组织是学校治理体系的“主心骨”和“顶梁柱”,要充分发挥全面领导学校工作的主体作用,把政治标准和政治要求全周期贯穿办学治校、教书育人的全过程,高标准落实立德树人根本教育任务,为基础教育高质量发展保驾护航。

首先,中小学校要加强党的组织领导,健全发挥基层学校党组织领导作用的体制机制,保障党的基层组织履行好全新的领导职责。最重要的是要加强学校领导班子建设。上级党组织要做好选拔和把关工作,精准选人、科学用人,选配好中小学校的领导班子成员,尤其要选配好党组织书记和校长,让德才兼备的优秀干部在学校管理中发挥他们的领导才干。其次,要抓好中小学校党组织和党员队伍建设。把党建工作作为学校管理的重要内容,坚持做到党务工作和教务工作并重,把学校基层党组织建设成为完成立德树人根本任务的战斗堡垒;把学校党的组织建设的重点放在提升组织力上,不断优化基层党组织设置,创新党组织生活,着力推进学校党建工作深度融入日常的教育教学工作,尤其是德育和思想政治工作;加强党对中小学教师的政治引领,积极吸纳发展优秀中青年教师加入党组织,不断为党充实新鲜血液。最后,建立和完善中小学校党组织领导的校长负责制的各项配套制度,具体包括新的校长负责制执行情况报告制度、党组织书记抓基层党建工作述职评议考核制度等,通过这些配套制度的建立和完善,保障中小学校党的组织建设有章可循、科学规范。

2.思想政治认识是先导,整体提升宣传培训的针对性和实效性

建立中小学校党组织领导的校长负责制,是坚持为党育人、为国育才,保证党的教育方针和党中央决策部署在中小学校得到贯彻落实的必然要求,也是深化基础教育改革、全面提高基础教育质量的重要保障。

提高站位明确职责，做到“三个明确”。明确学校党组织是学校的领导和决策机构，按照“把方向、管大局、作决策、抓班子、带队伍、保落实”的工作总要求，全面领导学校工作。明确党组织书记主持学校全面工作，负责开展党组织重要活动，督促检查党组织决议贯彻执行，督促党组织班子成员履行职责、发挥作用。明确校长在党组织领导下依法依规行使职权，按照学校党组织有关决议，全面负责学校教育教学和行政管理等工作。

把好思想政治的“方向盘”、扎稳“党的领导”的前沿阵地，提升政治站位、凝聚思想共识，是推进实施中小学校党组织领导的校长负责制的基本前提。各地要充分认识到中小学校实行党组织领导的校长负责制的重大意义，注重在政策解读上下功夫。要通过政策解读，使其充分认识到，实施党组织领导下的校长负责制是加强党对教育工作全面领导的必然要求，是培养担当民族复兴大任的新时代接班人的现实需要，也是进一步推进具有中国特色的现代教育治理体系的实践需求。要注重在思想引导上下功夫。部分干部对建立中小学校党组织领导下的校长负责制改革有抵触情绪，其根本还是在思想层面有顾虑，认为增加管理层级会影响办学成效。要侧重加强对这部分干部的思想教育，让其对学校党组织的领导作用、校长职权、议事决策制度、运行机制、重要意义等相关内容在认识的基础上，进一步了解其他学校的实施现状和经验，共同探索适合本校的实施方式，从而真正重视此项改革，协同推进党组织领导的校长负责制在本校的实施。

统筹谋划培训规划，建立健全培训制度，针对《意见》以及本地出台的配套文件开展文件解读、政策宣讲、主题培训等工作。在对象上，要加强对学校党组织书记和校长特别是副书记、党政办公室主任等重点人群的培训，着力提升学校党政干部的政策领悟能力、执行落实能力和依法治校能力。在方式上，要建立省级示范培训、市级重点培训、县级全员培训的三级培训体系，加强对学校党政干部的培训，为扎实推进改革创造良好的工作环境。在内容上，要加强“党组织是学校的领导核心”“党组织的领导是集体领导与个人分工负责相结合”等核心理念的培训，促进对该制度的正确认识与理解，实现领导干部、教职工和学生，尤其是领导干部思想上统一、政治上团结、行动上一致。

例如，云南文山州在这方面的典型做法是：试点改革，思想先行。将思想引导和氛围营造作为试点工作顺利推进的基础前提，采取媒体平台宣传、组织专题培训等方式，推动各级党组织和广大教职员工深入学习领会党中央关于建立中小学校党组织领导的校长负责制部署精神和省委工作要求，在全社会营造试点工作的浓厚舆论氛围。2022 以来，州、县(市)两级已举办中小学校基层党组织书记和党务干部示范培训班 11 期，在乡镇(街道)学校分级分类开展精准培训 47 期覆盖3 178人，选派边境学校参加省州调训 56 人。在试点改革实施中，文山州不断加强系统谋划，坚持“底数清、方向明、措施实”的工作原则，在全州各级各类中小学校中规范设置党委、党总支、党支部1 051个，建立学校党建联盟 275 个，有效实现学校党的组织全覆盖。同时，按照因地制宜、分类施策原则，实行“一县一案、一校一案”，通过各地党委组织部门、教育工委等密切协作，指导基层学校修订学校章程，建立健全党组织会议、校长办公会议(校务会议)议事规则以及党组织书记和校长定期沟通制度，为中小学校党组织领导的校长负责制试点改革提供制度保障。

3.组织领导是关键，切实加强对贯彻落实工作的组织领导

各级党委组织、教育工作等部门要各司其职、密切配合，加强对试点工作的组织领导，形成齐抓共管、整体推进的工作格局。

一是建立协同推进机制。发挥省市县三级教育工作领导小组作用，加强组织领导、抓好总体部署、帮助解决实际问题，建立各级组织、教育、编制、人社等部门各司其职、密切配合的推进机制。组织部门要加强统筹指导和工作协同，全面掌握工作运行情况，及时推广改革经验做法，研究解决本地中小学校党务工作者激励保障问题；教育部门要强化政策把关，制定时间表、路线图，建立县（区）教育部门领导班子成员联系包抓中小学校制度，坚持“一学校一对策”，稳慎推进各项工作；编制部门要强化编制资源配置，发挥支持保障作用；人社部门要会同有关部门指导推动中等职业学校落实党组织领导的校长负责制。

二是强化督促指导。其一，省委组织部、省委教育工委等部门要专门召开工作推进会，进一步统一思想认识、明确目标任务，研究部署下一步工作；其二，各地各有关单位按照各自确定的年度目标任务和时间安排，通过定期开展工作调度，对推动力度不大、进展缓慢的及时督促提醒。其三，可以委托第三方进行办学满意度测评。教育行政部门可以委托第三方对所属县（市、区）中小学进行办学满意度测评。测评内容包括家长对学生身心健康、核心素养、教育教学、后勤服务等全方位的评价。测评结果在市级媒体刊登，并于两会召开时下发所有参会代表。满意度达不到一定比例的，即可启动相应程序。

三是严格考核问效。严格的考核问效、监督评估工作是扎实推进党组织领导的校长负责制实施的重要保障。要把推进改革工作纳入到对各级地方政府和教育部门的年度考核之中以及对领导班子和领导干部的综合考核评价中，应当建立健全定期考核、民主测评、巡察监督、民主生活会等制度，应完善中小学领导班子定期向上级报告和重要事项请示等制度。将执行中小学校党组织领导的校长负责制情况作为巡视巡察和各级政府履行教育督导考核、领导班子和领导干部综合考核评价的重要内容；中小学校党组织结合年度考核向上级党组织报告执行情况，学校领导班子成员在民主生活会、述职评议考核、年度工作总结中报告个人执行情况；对违反民主集中制原则、不执行学校党组织决议，或因班子不团结而严重影响工作的，要追究相关人员责任，必要时对班子进行调整。

四是加强基层党组织建设。中小学校党组织是党在中小学校全部工作和战斗力的基础，担负着“把方向、管大局、作决策、抓班子、带队伍、保落实”的领导职责。中小学校党建工作的好坏、水平的高低，直接影响着学校的发展。它不仅是推动教育改革的主要力量，更是教育发展的坚强后盾。党组织领导的校长负责制要求各中小学校配齐配强党建工作力量，进一步提升基层党组织的领导力，充分发挥基层党组织作用，突出党建引领作用，确保基础教育始终在党的领导下进行。在具体落实中，需要进一步改革和加强学校的内部机构设置，充实党建工作力量，完善党建工作责任清单，建立并规范党委、党总支或党支部等各级党组织内部人员的工作职责、任务、考核、管理等。各中小学校的党组织作为党建工作领导主体，需要选拔党性强、了解基础教育、有威信、会管理、善于进行思想工作的优秀党员来配强党务工作力量，根据其党内职务与个人能力来安排具体的工作职责。

4.队伍建设是根本,大力打造高素质专业化复合型的干部队伍

加强中小学校党的领导,必须建设高素质的中小学校领导干部队伍,不断提升他们的政治觉悟和理论素养。领导队伍建设不仅是党保持先进性、纯洁性的关键所在,也是中小学实施党组织领导的校长负责制的基础工程,要从战略高度来认识。为进一步整合学校领导干部队伍的组织优势,凝心聚力,并充分发挥党员干部的先锋模范作用,中小学校领导干部队伍建设既要重视数量和规模的壮大,更应关注质量和素质的提升,以高水平党建引领学校教育的高质量发展。

第一,加强学校领导班子建设。上级党组织要做好选拔和把关工作,精准选人、科学用人,选配好中小学校的领导班子成员,尤其要选配好党组织书记和校长。须知,书记、校长是学校发展的领路人,选好用对书记、校长,是办好一所学校的关键要素。为此,首先要优化培养路径,研究制定中小学校基层党组织书记、校长素质模型,强调政治过硬、适应新时代要求、具有领导教育现代化的能力;其次要明晰选拔路径,细化党组织书记和校长的选任标准和选拔任用程序,党组织书记人选要突出党性强、懂教育、会管理、有威信、善于做思想政治工作,校长人选要突出政治过硬、品德高尚、业务精湛、治校有方;最后要创新管理制度,优化发展规划,大力打造高素质专业化复合型书记和校长队伍。

第二,加强学校党员后备干部和教师力量的有序培育。党员后备干部和教师力量为党组织领导的校长负责制提供了人才支撑,是确保学校改革创新、稳定发展的源泉和活水。首先,要科学设计党政干部的成长路径,培养选拔党性观念强、专业素质强的"双强型"党员教师加入基层党组织干部队伍,作为专(兼)职副书记、党组织办公室主任、校长办公室主任等党政岗位的重要来源,作为选拔书记、校长的重要台阶,充分调动党员教师的积极性。其次,健全优秀党员教师的"双培养"工作机制,通过党员教师与优秀教师结对、互学、互助等方式,加强对思政课教师、班主任等关键群体的政治引领和政治吸纳,积极将党员教师培养成为教育教学和管理骨干,将优秀教师培养为先进党员,形成优秀党员和优秀教师合力,增强党员教育的针对性和有效性,共同推进学校内部治理。最后,多措并举为教师搭建成长平台。加强政治和业务引领,为优秀的青年教师多岗位锻炼提供平台。例如,制定教师培养发展规划,组建青年教师研修班、校级"学科研讨室""名师工作室",开展"骨干教师公开课""三字一画"基本功比赛、教师社团、师徒结对等多种活动,结合编辑校报校刊、优秀教学案例、优秀科研成果等形式,建设一支师德高尚、理念超前、业务精良、创新实干的"领航"教师队伍,为学校改革发展提供人才保证。

例如,江苏启东市教育体育局在这方面的典型做法:一是加强党组织书记队伍建设。大力实施教师党支部书记"双带头人"培育工程,加强对教师党支部书记的选拔培养力度,突出党组织书记的教育经历、教学实绩,明确学校党组织书记必须经过学校党务和行政岗位的"双重"锻炼,努力建设一支既熟悉党建工作又精通教育管理和教学业务的高素质、专业化、复合型党务干部队伍。在完成换届的65所学校中,江苏省特级教师、南通市学科带头人等担任学校党组织书记的已有18人。二是提升校长队伍能力水平。通过举办校长培训班、开设校长论坛等方式提升校长队伍能力水平。2021年1月起开展"轮值校长"试点工作,提供真实的岗位情境,促进党员干部在党组织领导下临事决断、履行使命的实际能力的培养。在综合考虑学段特点、学校规模和干部现状的基础上,选择11所

学校进行试点，第一批40名副校长和中层干部参与轮值工作，2021年暑期又有13所学校主动申请加入试点，此举有力促进了学校青年干部的快速成长，培养出有序衔接的干部梯队。三是加大年轻干部培养力度。积极实施学校管理干部“889”培养工程，即加强“80后”校级领导、“85后”中层干部、“95后”后备干部的人才梯队建设。制定《优秀年轻干部成长工程实施办法》，并成立“启东市未来学校发展书院”，聘请专业导师每月制定不同的研修主题，对学校年轻干部和后备干部进行高规格、系统化的培训。还有计划地选派年轻后备干部到局机关和兄弟学校进行挂职锻炼，拓展他们的格局视野，提升综合素质，丰富工作经验。

5.制度建设是基础，着力构建系统完备的制度体系

“没有规矩，不成方圆”，在全面推进党组织领导的校长负责制改革中，科学规范的规章制度让改革工作有章可循、有法可依，是改革成功的重要保证。因此，推进中小学校党组织领导体制改革要建立健全加强党组织领导的各项具体制度，构建系统完备的制度体系。

第一，完善决策制度。“管理就是决策”，要保障中小学党组织领导的校长责任的顺利开展，科学、有效的决策体系起着至关重要的作用。党组织领导的校长负责制主要包括两项决策制度：一是学校党组织会议，二是校长办公会议。建立党组织领导的校长负责制，从制度设计来看，既突出了党组织领导的根本性，又强调了校长负责的重要性；既要把握好学校党组织集体领导与校长负责之间的辩证统一关系，也要理清党组织会议讨论决定事项与校长办公会议研究拟订事项和执行落实之间的权责边界。首先，健全中小学校议事决策制度，制定与细化《党组织议事规则》《校长办公会会议规则》等，总体上把握并切实推行“民主—集中—民主”的决策原则和过程。其次，根据校情，完善学校相关章程，建立健全支委会、校务会、教职会等制度，明确相关制度的保障体系。统一规定不同类型党组织的书记、校长的设置方式，明确规定书记、校长、党组织会议、校长办公会的职责权限和运行程序，切实推行“民主—集中—民主”的决策原则。例如，各地中小学要根据自身的管理实际把党组织会议和校长办公会议的议事规则以文件的形式确定下来；在不同规模和层次的学校“三重一大”的具体内涵是不同的，拿“大额资金使用”来说，办学规模和财务总量不同的学校差异很大，多大范围资金的支出应由校长办公会议研究决定，多大范围资金的支出应上党组织会议研究决定，应该有明确的界定和规范。

第二，完善保障制度。合理认定学校党政干部的工作成效，保障学校党政干部在津贴补助、职称评定、职务晋升等方面的合理权益，拓宽中小学校党务工作者职业发展通道，发挥考核奖励和绩效工资激励作用等，提高党员干部积极工作的主动性和自觉性，为改革提供坚实保障。

第三，完善任命制度。按照“市级给政策、各县（区）抓落实”的思路，统一规划中小学书记和校长的编制管理、职务任命、职等职级，分批分类增加学校书记、副书记等党政工作者的编制和职数，统一管理干部的职务任命、职等职级和编制分配，为学校党政干部任职提供有力的政治保障。

第四，构建依法治校制度。依法治校是教育高质量发展的关键抓手。要构建依法治校、自主管理、民主监督、多方参与的现代学校管理制度，加快推动学校治理模式从“人治”向“法治”转变。这需要中小学健全和完善符合法律规定的学校章程和制度，把学校章程作为“根本大法”，按章程办学，让权力始终在阳光下运行。加强对中小学校党组织的监督，将从严治党与依法治校有机结合起来。修订完善学校章程以及党务公开、校务公开、民主监督等其他制度，把坚持和加强党的全面领导、贯彻落实党组织领导的校长负责制、从严管党治党有关内容写入学校章程，确保各项制度与党组织领导的校长负责制要求保持一致。

6.工作机制是保障，建立健全务实高效的运行体系

各地要完善学校党组织统一领导、党政分工合作、协调运行的工作机制，构建高效沟通、共同参与、内外监督的运行体系，提升学校治理的能力和水平。

第一，健全沟通协商机制。学校需要建立议事决策工作机制，打造沟通协调工作机制，保证党组织能够有效参与学校重大决策，可以“做决策、保落实”。维护好学校党政团结和整体稳定关键在于要协调好书记与校长之间的关系，学校党组织书记和校长要定期沟通，及时交流思想、工作情况，带头维护领导班子和学校团结，积极推动新领导体制优势由应然状态转化为实然状态。譬如，召开党组织会议或校长办公会议，书记和校长应事先就重要议题进行沟通，彼此倾听对方意见，意见不一致时应当暂缓上会讨论或决定。又譬如，在日常的管理工作中书记、校长应该就一些具体事项随时交换意见、相互碰头通气。团结既要靠制度约束，还要靠提高党性觉悟和个人修养涵养来巩固。在这一点上，书记、校长应该保持清醒自觉，要像爱护眼睛一样爱护团结。中小学校主要领导要带头发扬民主，在日常的学校管理工作中，平等待人、平易近人，充分听取和尊重班子成员的意见，坦诚与他们协商沟通；领导班子成员要精诚团结、同心同德，相互理解、相互支持、经常沟通、协调工作，对职责分工交叉的工作，班子成员要特别注意协调配合，将事业的发展作为学校工作的第一要务。

第二，健全分工协调机制。学校党组织会议、校长办公会议决定事项应由学校领导班子成员按分工和职责组织实施，遇到新情况新问题以致需要变更决议事项的，要及时按照程序提请召开会议复议。学校党政办（党办、校办）负责协调校内机构推进落实，书记和校长要随时掌握情况、推进落实、评估效果。

第三，健全内外监督机制。完善的内外监督机制是制度顺利落实的重要保障，中小学校党组织要以打造健全的内外监督和考核评价机制为抓手。首先，相关教育主管部门应该完善对中小学校党组织领导的校长负责制的外部评价与督查机制，督促广大学校严格执行党务校务双公开制度，加大对权力运行的监督，确保学校在党组织领导下沿着正确的方向运行。当发现学校执行出现偏差时要及时介入，予以帮助或惩罚。其次，中小学校内部也需要构建合理的监督治理体系，充分发挥教职工大会、家长委员会等基层组织的管理与监督作用，保障师生、家长等的参与权、知情权和监督权，以发挥集体的优势。增加教职工代表大会的权限并加大审议力度。对关系学校发展和教职工权益的重大问题，比如学校章程、行动纲要、发展规划、人事聘任方案、薪酬分配方案、职称晋升方案、学术工作管理办法等，都应经教职工代表大会审议通过后方能实施；通过教职工代表大会约束校长的日常决策，对中层干部进行满意度投票，审定学术委员会成员。

第四，建立和落实领导体制改革执行情况报告制度。学校党组织会议重要决策应及时向上级党组织报告，校长办公会议应自觉接受上级部门和学校党组织的监督。学校党组织会议、校长办公会议重要事务，要坚持“应公开尽公开”原则，自觉接受党员、教职工、学生及家长的监督。学校党政干部要定期向学校党组织报告工作。

第五，完善党的建设和“三全育人”工作机制。严格执行“三会一课”等组织生活制度，提高党组织的先进性，增强党员先锋模范作用，充分发挥其在“把方向、管大局、作决策、抓班子、带队伍、保落实”过程中的领导职责。学校要完善“三全育人”工作机制，重点包括党组织领导的意识形态工作机制、党组织领导的德育工作机制、党组织领导的思政工作机制、党组织领导的群团社团工作机制、党组织领导的家校社协同育人工作机制等，充分凸显党组织的作用。

7.党教融合是方向，深入推进党建与业务工作有机融合

要解决好党建与业务工作融合问题，就必须要以“党建带动”为切入点。首先，以党建带“三风”（校风、教风、学风），提升教育教学管理水平。其次，以党建带“群团建”，凝聚群团组织促进发展，将党建带团建、队建工作纳入学校党建总体规划，日常工作中充分发挥共青团、少先队组织在立德树人中的独特作用，构建党团队一体化的大思政育人体系。

第一，深化学校党组织建设和业务工作同等重要的认识，在思想上主动破解“两张皮”。一方面，党建工作为教育教学工作提供了强有力的保障，能保证党的教育方针政策有效贯彻落实；另一方面，学校的中心工作是教育教学，党建工作应当凸显服务性质，全力助推教育改革发展。因此，要把党建工作与教育工作有机结合起来，与教育中心工作同步谋划、同步推进、同步落实，要做到全面融合、全程渗透，避免出现“两张皮”的现象。要坚持围绕教育抓党建、抓好党建促教育，充分发挥学校党建的引领保障作用，以高质量党建引领教育事业高质量发展。党建工作能够确定学校业务工作的政治方向，业务工作成效也是检验学校党建实效的重要标准，两者的深度融合是推进中小学校党组织领导的校长负责制改革的基本方向和必然要求。习近平总书记强调，“要处理好党建和业务的关系，坚持党建工作和业务工作一起谋划、一起部署、一起落实、一起检查”。为破解中小学校党组织领导力不强、党建与业务“两张皮”等诸多难题，使党组织能够真正成为学校教育提质增效的坚强后盾，学校基层党组织需要从思想和行动上有所突破。中小学校党建工作与教育教学工作的方向和目标是一致的，都是为了实现高质量育人，是学校办学的“一盘棋”。党建和教育教学工作不能割裂开来，需要“合二为一”，相互融合，做到浑然天成、协同高效。要树立“一盘棋”思想，以学校党建工作引领教育教学改革，提高广大教师立德树人工作的政治判断力、领悟力、执行力，促进学校在办学方向上站稳政治立场。处理好党建工作与教学工作的关系是学校工作的重要内容，要高度重视党建工作，也要牢牢地抓好教学工作，教学工作是学校工作的主线，不可偏废，同时在议事制度、工作人员、时间安排等方面做好部署，防止党员、教师日常涉及事务过多过杂，影响工作效率。学校党组织书记及校长要深刻领会“党建工作没抓好、业务工作也不可能抓好，业务工作没抓好、党建工作也一定没抓好”的内涵，主动将党建工作和业务工作统一起来谋划设计，并将其落实到工作目标、责任分工、管理考核等各个环节，确保党建和业务的有机统一、相互促进，使“两张皮”成为“一盘棋”。

第二，建立健全系统完备的学校党组织体系，创新党组织指导联系业务的治理结构，在行动上促进深度融合。在横向治理上，推动行政部门职能设置与党组织建设同步优化，即在党组织领导下，根据党建、思政、学生发展、教师发展等业务划分，成立若干行政管理中心，由学校党组织成员担任中心主管，一岗双责，实现党组织领导“横到边”。在纵向治理上，坚持“支部建在连上”，健全学校、学科、年级三级党组织体系，充分发挥基层党支部（党小组）的积极性、主动性、创造性，抓住学校年级组、学科组等育人关键环节，推动支部设置与教育教学活动等深度结合，推动党建工作与教育教学、德育和思想政治工作深度融合，落实“最后一公里”，实现党组织领导“纵到底”，保证党支部（党小组）在教育教学工作中切实发挥战斗堡垒作用。

第三，坚持“党建+品牌”，实现党建领导与业务发展双融双促。学校要以创建党建工作品牌为抓手，在学校党委（党总支、党支部）“先锋领航，匠心筑梦”党建品牌引领下，形成“一支部（党小组）一品牌”的党建特色，将党建工作贯穿于德育、教学、科研、管理等全过程，将党的领导融入学校课程教学、教师研修发展、学生全面培养、学校文化建设、家校社协同育人等方面，树品牌聚力量，引导全体教师落实党的要求、找准工作方向，进一步强化党组织对教育教学业务的全面领导，以高质量党建推动党的全面领导的制度优势转化为教育教学高质量发展的实践效能。

8.因校施策是方法，加强政策的针对性

改革必须是循序渐进的，全国各地的中小学校因为历史、地域、习俗等因素的差异，办学情况不尽相同。从性质划分，中小学也分为公立和私立两大类。这两种不同性质的中小学，其内部组织体系、管理机制等存在很大差异。从规模来说，学校规模有大有小、师生人数有多有少。各级地方教育部门必须遵循“一校一策”的原则，结合各中小学的实际情况来制定具有针对性的党组织领导的校长负责制实施方案，确保改革能够顺利推进，坚决避免“一刀切”“粗暴式”所带来的形式化问题。各级地方教育部门需要结合各中小学校实际情况，逐一设计实施方案，从而扎实推进党组织领导的校长负责制的改革。例如，对于那些教职工和学生人数较少、学校规模较小并且党组织设置为党支部的中小学，一般实行书记、校长“一肩挑”，这样既可以精简机构、精悍管理队伍、提高管理效能，还可以最大限度地避免党政之间产生矛盾。而对于那些师生人数较多、办学规模较大、管理任务较重，并设立基层党委或党总支的学校，则应该实行书记、校长分设，同时校长为党员的应当兼任党组织的副书记。

新时代，落实中小学党组织领导的校长负责制是通过加强党对中小学工作的全面领导，确保社会主义办学方向，培养德智体美劳全面发展的社会主义建设者和接班人。这是一种指向长远发展的制度变革，意义重大、影响深远。因此，必须针对中小学治理改革进程中的真实问题，与治理现代化的总体趋势相一致，深化体制机制改革，持续提升基础教育育人质量，加速推进我国基础教育的高速高质发展。

专题四　自媒体时代大学生思想政治工作研究

大学生思想政治工作是高校思想政治工作的重要方面，是高校育人工作的重要抓手和重点内容，也是高校各项工作的生命线，更是深入推进"时代新人铸魂工程"的重要保障。自媒体是指通过微信、QQ、公众号、微博、抖音、快手等多种形式进行的自我表达和信息传播。其兼具媒介特性和场域基因，深刻影响大学生的思维模式、生活习惯和表达方式，成为全面嵌入大学生学习和生活全历程的"第五媒体"（报刊、户外、广播、电视四大传统意义上的媒体之外的）。面对自媒体的崛起之势，早在 2013 年全国宣传思想工作会议上，习近平总书记明确指出："很多人特别是年轻人基本不看主流媒体，大部分信息都从网上获取。必须正视这个事实，加大力量投入，尽快掌握这个舆论战场上的主动权，不能被边缘化了。"《教育部思想政治工作司 2023 年工作要点》明确指出："加强网络思想政治教育。""各高校加大省级、校级网络思政中心建设力度，形成立体化网络思政平台矩阵。"大学生是自媒体最活跃、最庞大的用户群体，自媒体已成为高校大学生思想政治教育工作的新阵地和新战线。尤其自媒体平台上内容存在一定的虚假信息和失真言论，这对高校思政工作的正常开展构成了一定的干扰和挑战。如何顺应自媒体时代发展形势、把握自媒体时代机遇与挑战、创新大学生思想政治工作、全面提升思想政治教育工作实效性和有效性，是当前面临的最紧要、最迫切课题。

基于此，本专题在广泛开展调研的基础之上，客观了解自媒体平台的发展趋势、用户行为、信息传播特点以及高校思政工作的现状和挑战。通过对大量数据的收集、整理和分析，充分考虑自媒体时代特征，紧密结合高校思政工作的实际需求，提出了一系列有针对性、切实可行的策略路径，以期推动自媒体时代高校思政工作的创新发展，为培养具有正确价值观、世界观和人生观的新时代青年贡献力量。

一、研究方法

（一）文献分析法

本专题在查阅国内外大量相关文献的基础上，对国内外有关自媒体时代大学生思想政治工作的相关研究以及大学生思想政治工作调整政策的历史沿革进行了分析与梳理，确定了研究的核心概念与理论基础。重点对一些基础性数据进行查找和分析，结合自媒体时代河南省大学生思想政治工作的实际，为提出相应的自媒体时代大学生思想政治工作的政策建议打下基础。

(二)问卷调查法

1.调查对象

调查对象为河南省高校思政理论课教师、辅导员和班主任等教师,一、二、三、四年级的在校大学生。通过采用分层抽样和随机抽样相结合的方式,选取了河南省不同类型高校师生,采用问卷星发放问卷,共回收有效学生问卷4137份和教师问卷208份。同时,对这10所高校32名党务工作者进行线上线下访谈,整理成访谈内容材料23万多字。

2.调查工具与方法

本次问卷调查采用抽样调查方法。调查工具是根据研究需求自行设计的2套调查问卷和2个访谈提纲,即教师问卷(含学校管理者)和学生调查问卷,学生、辅导员、思政工作管理者的访谈提纲。

教师问卷的抽样在先确定好抽样学校之后,采用随机抽样法调查,每个学校抽取10~30名辅导员或党务工作者参与调查。学生在样本学校随机抽取2~3个专业,然后以专业为单位采用随机整群抽样方法进行调查。本次通过数据筛查,剔除数据缺失和前后矛盾的问卷后,在河南省样本学校学生调查有效填写人次共4137份,涵盖理工、经管、文法、历史、教育、马列等专业领域学生。

(三)访谈法

在问卷调查的同时,课题组还采用访谈法、田野观察法对高校大学生的思想政治工作状况及相关问题进行了调查。访谈的对象主要是辅导员、党务工作者和学生。访谈工具是针对辅导员、党务工作者和学生的访谈提纲各一份。通过面对面访谈与电话访谈相结合的方式对受访人员进行半结构化访谈。

二、自媒体时代大学生思想政治工作现状与问题分析

(一)主体层面

1.大学生思想政治工作队伍影响力增强,但协同育人合力不足

2004年中共中央、国务院发布的《关于进一步加强和改进大学生思想政治教育的意见》(中发〔2004〕16号)文件中明确指出:“思想政治教育工作队伍是加强和改进大学生思想政治教育的组织保证,大学生思政工作队伍的主体是学校党政干部和共青团干部、思政理论课和哲学社会科学理论课教师、辅导员和班主任。”各自工作的侧重点和育人路径均有所不同,但都是影响思政工作的关键性因素,是立德树人这个根本任务的重要践行者。

习近平总书记曾强调,运用新媒体新技术使工作活起来,推动思想政治工作传统优

势同信息技术高度融合,增强时代感和吸引力。从教师和学生调查数据来看:认识到使用自媒体对于思想政治教育工作的现实意义和价值作用。大学生思想政治工作教师队伍仍是"精准思想政治"的主体力量,思想政治工作队伍协同"精准思想政治"的能力是实现"精准思想政治"的关键,尤其是"思想政治课教师、辅导员"群体仍然是影响大学生思想政治教育的核心主体,且影响力持续增强。学生问卷针对"您经常接触到的高校思想政治工作人员有"这一问题,67%以上的同学选择了"思想政治理论教师、专业课教师、辅导员和班主任"群体。针对"您认为以下这些人对您思想的影响力程度比较大的是哪些?"这一问题,近50%的同学认为"思政课教师、辅导员、同学朋友"对自身的思想行为发挥着广泛而深刻的正面影响。可见,思想政治核心骨干队伍"思政课教师、辅导员"群体,仍以"不可替代"的影响力持续保障自媒体环境下大学生思想政治工作质量提升。

虽然当前自媒体环境下思想政治工作可圈可点,但是协同育人整体水平还有待提高。一是认同度不高。调查显示,学生问卷中仅16.07%的同学认为"学校(学院)党政干部和共青团干部"为思想政治工作主体。可见,党务干部工作队伍与青年学生有"象牙孤塔"的"边界感"与"距离感",工作开展落差明显。二是认识有"缺位"。调查显示教师问卷208份样本中,专业课教师比例占比第一,为40.23%。而针对"您认为利用自媒体开展思想政治工作的主要群体有哪些?"这一问题,74.14%的教师认为"学院党政干部/共青团干部"为主要群体,认同专业教师为思政工作主要群体的占比仅为17.82%,这与《关于加强和改进新形势下高校思想政治工作的意见》提出的坚持全员全过程全方位育人、构建"一体化"育人体系的要求有巨大差距。

2.自媒体环境下高校思政工作队伍能力意识"升维",但本领适应不强

通过网络代际以及手机传递和自媒体教学等方式大大加强了大学生思想政治工作的灵活性和便捷性。但总体来看,随着自媒体技术以科学、精准、灵活和过程化的方式赋能思想政治教育工作,思想政治工作队伍利用自媒体开展工作的能力意识全面升级。教师和学生调查数据结果显示,教师问卷中针对"您经常使用的自媒体有哪些?"这一问题,94.71%的教师选择使用微信,62.02%的教师选择公众号平台,选择使用微博、抖音、哔哩哔哩等自媒体的占比分别为37.5%、44.23%、24.04%。针对"您使用自媒体的频率为?"这一问题,70.18%的教师每天使用频率在10次以上,其中每天使用30次以上的教师占比为21.15%。可见,自媒体已经被广泛、高频使用,"人人可用""人人皆用"成为当前思想政治工作队伍的工作意识自觉。

与此同时,在自媒体深度融入思想政治工作全过程中,思想政治工作队伍本领适应不强越发突出。一是主动性较弱。针对"您会参与或组织学生参与自媒体发起的各种思想主题的讨论活动吗?"这一问题,选择"从不"的占比为5.29%,选择"有时"的占比为37.5%,而选择"总是"的占比为10.1%。可见,思想政治工作队伍利用自媒体开展工作尚未有效发挥"入圈""亮剑"的动力,"外围"效应明显。二是从业能力弱。调查显示,针对"您怎样利用自媒体开展思想政治工作?"这一问题,集中选择"利用社交软件进行思想沟通"的占比为60.1%、选择"转发官方媒体作品"的占比为56.73%。可见,思想政治工作队伍敢用、会用、善用新媒体开展工作能力有待提高。面临着"媒体嵌入"与"技术短板"的冲突,部分教师工作开展目前处于被动信息复制、单向沟通交流的初级模式,这与"数字青年”的“技能天赋”判若云泥，思想政治工作引领力无从谈起。

3.自媒体环境下高校思想政治工作对象特点鲜明，但个性化差异明显

高校思想政治工作对象是大学生，是使用微信公众号、微博、抖音、小红书等自媒体的频率较高群体，并且这些平台已经成为大部分学生休闲、放松、娱乐、游戏的主要渠道。伴随着自媒体技术发展，青年学生表达多样、诉求多变，既呈现出“同声相应”的“兴趣图谱”，又凸显出“格不相入”的个性表达。调查显示，学生问卷针对“您经常使用的自媒体有哪些？”这一问题，使用高频自媒体位居前三位的分别为微信（92.65%）、QQ（57.16%）、抖音（55.57%），且使用频率每天 30 次以上占比为60.24%。针对“您在自媒体上主要关注的信息是？”这一问题，在调研的四类院校中，位居前三最关注的信息分别为休闲、娱乐、明星；社会热点、时政热点；购物、直播、短视频，占比分别为52.88%、48.22%、47.64%。可见，“两微一抖”等自媒体因其交互性、即时性、娱乐性深受青年学生喜爱，并在提供信息咨询、丰富知识方面具有巨大优势，悄然改变着青年学生的生活方式与社交方式、青年学生在自媒体环境下的高趣缘性与黏合性，使兴趣选择有同质化倾向。

同时，也应清晰看到自媒体环境下思想政治工作对象存在着层次差异。调研显示，针对“您在自媒体上主要关注的信息是？”这一问题，在调研的四类院校中，统计结果中关注信息差异明显。其中一流大学、特色类高校青年学生首要关注“社会热点、时政热点信息”，占比分别为55.48%、53.95%，而高职高专类院校学生首要感兴趣的信息为“休闲、娱乐、明星”，占比53.16%，关注“社会热点、时政热点”占比仅为41.14%。可见，一流大学、特色类高校青年学生主动关心社会问题、国家大事的热情普遍较高，政治参与意识较强。同时在该题 E 选项：通过自媒体关注“在线学习、备考打卡”的结果统计中，一流大学、特色类高校占比要普遍高于高职高专类院校。可见，不同层次、不同资质院校青年学生在自媒体环境影响下自觉性、主动性有着明显的差异变化，要推动思想工作高质量、精细化发展，就需要针对思想政治工作对象精准分析、有的放矢。

（二）平台建设方面

1.自媒体环境下高校思想政治工作平台建设有力，但充而不足

自媒体环境下高校思想政治工作平台建设整体覆盖广，呈现多样化、灵活化的格局。借助于自媒体平台开展大学生思想政治工作，有利于突破和大学生之间的交流互动壁垒。调查显示，学生问卷针对“学校的思想政治工作自媒体入驻了哪些 App？”这一问题，位于前三位的工作平台分别为微信（72.37%）、抖音（59.12%）、微博（55.11%）。教师问卷针对“您所在学校利用自媒体开展思想政治工作入驻了哪些 App？”这一问题，83.65%的教师选择了公众号，76.44%的教师选择了微信。可见，微信及自媒体公众号是目前思想政治工作的主要自媒体工作平台。借助最新的传播媒介和传播形态，高校思政工作正在不断壮大工作阵地，推动思想政治工作传统优势同信息技术高度融合。

“高校思想政治工作整合现有网络自媒体教育资源，打造具有特色品牌的自媒体平台，如开设自己的官方抖音、视频号账号等，通过发布图文视频、文字作品等形式，搭建理想信念教育平台，与主流媒体等多方联动，形成理想信念教育的网络矩阵。”虽然目前思想政治工作通过形式多样的平台和渠道,打造思政教育主阵地,但是在精准应用、高效落"实"过程中还略显不足。一是平台黏合度不高。调研显示,针对"您关注且浏览学校的官方自媒体思想政治工作平台的频率?"这一问题,选择"一般频繁"占比为40.1%,"非常频繁"的占比仅为"8.67%"。可见,尽管高校思想政治自媒体工作平台全面铺开,但平台受众黏合度不高,存在"发"而不"见"的尴尬境地。最主要工作平台微信公众号是单向信息输出,加上留言审核过程烦琐、互动性滞后,往往消耗即时兴趣、降低了关注力。二是产品供给单一。调研显示,针对"您是否愿意通过自媒体参与学校的思想政治教育活动?"这一问题,表达"愿意"占比为31.3%,"非常愿意"占比23.44%。教师问卷针对"您所在的学校利用自媒体开展思想政治教育工作主要形式有哪些"这一问题,74.04%的教师高比例选择了"官方公众号发布通知"。可见,目前思想政治自媒体平台工作开展多以事务性通知、新闻发布为主,有自我定位不准、重形式轻内容的倾向,缺乏顶层设计与规划,日常供给千篇一律、千面一式,与青年学生实际需求存在巨大"鸿沟","应该看"的内容跟不上"想看"的节奏,"靶向供给"针对性差,工作平台无法有效"引流聚众",青年学生主动关注参与平台互动的意愿表现较低。

2.自媒体平台思想政治教化内容设计丰富,但育人功能发挥不够

自媒体平台内容要满足学生获取信息和社交的需求,使思想政治教育传播渠道更加多元,思想政治教化内容需要既充实又多样化,主要表现在引导舆论、教育传播、信息交流、监督管理和文化娱乐方面。具体而言,针对党的文件、国家政策进行解读等学习资源;设立论坛或评论区,鼓励学生就一些政治、社会议题展开线上讨论;制作思想政治主题的短视频、动画或影片;通过故事、传记、音乐、艺术等方式,推广中华优秀传统文化、革命传统文化;举办各类文化活动和比赛,如朗诵比赛、征文比赛、摄影比赛等。

与传统的思想政治教育手段相比,自媒体平台在育人功能上也带来价值多元化的冲击,教育者的话语权弱化,传统思想政治教育模式日渐式微。调查发现,不少高校有关大学生思想政治工作的自媒体平台内容滞后,形式单一,与学生实际脱节。自媒体平台上的思政内容很容易成为"官方语言",缺乏与学生实际情况和需求的结合。也有不少平台信息更新不及时,内容不丰富,表现形式较单一,不能吸引学生"进驻"和"常驻"。尤其是自媒体平台后期维护力度不够,导致用户体验不佳,容易出现卡顿、加载慢等问题。建议增加技术投入,提高平台的稳定性和用户体验。访谈中发现,高职院校开通官方微博、微信等,前期大都会大力宣传,积累粉丝,但后期的维护和建设往往跟不上,没有遵循自媒体建设规律,定期对平台进行评估,有针对性的改进和完善,平台的可持续发展难有保障。

(三)工作方式、内容方面

1.自媒体环境下高校思想政治工作方式持续精进,但创新不足

自媒体环境下,信息海量、交互便捷、动态反馈都为丰富高校思想政治工作方式方法提供了技术支撑,认同度较高。《教育部 2019 年工作要点》对思想政治教育就提出了更高的标准，强调要"着力推动精准思政，创新思想政治工作方式方法。"大部分师生普遍认同自媒体带来的新的思想政治工作方式，"自媒体+"成为助推大学生思想政治工作方式的"最大增量"。调研结果显示，学生问卷针对"您认为高校利用自媒体开展思想政治工作的好处有哪些"这一问题，66.47%同学认为"自媒体内容丰富多彩、形式多样"；50.12%认为"可以方便、快捷地与老师沟通"；47.76%认为"可以有更多学习资源"。教师问卷针对"您认为，自媒体相对于传统媒体的主要优势有哪些？"这一问题，59.2%的教师认同"工作方法灵活多样"，56.25%的教师认为"增加了思想政治工作的吸引力"。可见，师生普遍认同自媒体带来思想政治工作方式由"固定"向"灵活、多维"的优化，"自媒体+"成为助推思想政治工作方式丰富提升的"最大增量"。

自媒体赋能思想政治工作方式转换的同时，也潜藏着新的挑战，最突出表现在"配方陈旧"、创新不足上。调研显示，学生问卷针对"您乐于接受的思想政治教育形式有哪些"这一问题，位于前三选项的是社会实践（60.93%）、思想政治理论课程（44.86%）、校园文化的耳濡目染（35.6%）。教师问卷针对"您使用自媒体开展哪些思想政治工作？"这一问题，位于前三项的分别是思想引领（74.04%）、信息发布（62.02%）、日常沟通（57.69%）。针对"您认为所在学校利用自媒体开展思想政治工作集中在哪些领域？"这一问题，位居前三的主要领域分别为理论宣讲（53.85%）、课堂教学（49.04%）、学生管理（44.71%）。可见，广大青年学生乐于接受体验感强、参与度高的思想政治工作方式，渴望思想政治工作能"动"起来、"活"起来，在沉浸体验中增长知识与认知。无论是高校层面还是个人层面，在利用自媒体开展思想政治工作时表现出的工具属性较强，偏重事务管理与理论单向输出，侧重思想政治工作传统模式。这与青年学生的实际需求相左，可以说各自为"频"，共鸣有限，思想政治工作方式不可避免的式微、生硬和僵化，效果大打折扣。随着自媒体的发展，情景体验、网络慕课、智能化模拟等思想政治工作形式在青年学生中关注度不断走高，依托现代媒体手段创新实现思想政治工作方式多样化、全程化、智能化，要把握"怎样为青年学生服务"的核心理念，在以活泼、有趣、有意义的方式满足学生实际需求方面需持续发力。

2.自媒体环境下高校思想政治工作内容丰富，但略有失准乏力

自媒体的开放性和即时性使得思想政治工作的教育内容变得全面而丰富，同时具有可选择性和客观性。同时，增加了教师与大学生思想政治工作的交互性，增强了时代感和吸引力。从学校自媒体思想政治教育内容关注度情况来看，学生问卷针对"您对学校在自媒体平台的思想政治工作内容感兴趣吗？"这一问题，"非常感兴趣""比较感兴趣""有点感兴趣"总占比超过74.24%。教师问卷针对"您认为利用自媒体开展思想政治工作应该结合哪些方面？"这一问题，80%以上的教师均选择"社会热点问题""学生关注话题"等方面。"您认为自媒体平台上的思想政治内容是否能够帮助大学生更好地理解国家政策和社会现实？"这一问题，选择"非常大"占比19.23%，"较大"占比53.85%。总体来看，在自媒体助力加持下，思想政治工作内容不断拓展空间，可以方便快捷、多点结合、及时切入，不断得以优化、丰富。

思想政治工作内容要以大学生的多元需求为刻度标尺，但是目前实际工作中仍存在着一些矛盾与困境。一是内容研选失准。调研显示，学生问卷针对"您关注且浏览学校的官方自媒体思想政治工作平台的频率”这一问题，集中选择比较频繁的占比为39.52%，而选择非常频繁仅为8.2%。可见，青年学生对自媒体平台思想政治工作内容关注度一般。一方面调研结果显示思想政治自媒体平台工作内容偏重事务性通知、日常管理，同质化内容重复；另一方面，研选的工作内容没有精准击中青年学生的“密钥”，不能转变话语叙事进行感兴趣、高关注的个性定制，从而失准“缺场”无法达到“聚焦”引导的效果。二是内容碎片乏力。调研显示，教师问卷针对“您认为自媒体对于思政工作有什么不利影响？”这一问题，64.14%的教师选择“信息传播过于碎片化，思政工作无法真正达到教育目的”，73.1%教师选择“自媒体信息良莠不齐，不利于大学生了解事实真相”，44.14%的教师选择“自媒体环境过于复杂，易降低大学生的学习专注力”。学生问卷针对“作为大学生，您认为自媒体时代的思想政治工作应该如何开展？”这一问题，38.26%同学希望“优化自媒体平台建设”，33.64%的同学希望“丰富自媒体内容，更加贴近学生”。可见，青年学生希望思想政治工作内容可以重视教育对象的话语权利，实现既“有意思”又“有意义”的精准“投喂”，对内容选择有“偏食”倾向。而实际工作中，教师普遍认识到自媒体信息碎片化、娱乐化、信息质量良莠不齐，不断解构思想政治教育话语叙事，挤压优质内容的生产空间，致使完整、系统的内容输出逐渐弱效能，呈现“去权威化”的进路，从而造成目前自媒体工作内容“味不对口”、疲软乏力、窄化失准，也淡化了思想政治工作的吸引力、说服力和解释力。

3.自媒体环境下高校思想政治工作舆论引领力有待加强

学生问卷针对“您对学校各类自媒体思想政治工作平台在主流思想舆论引导方面的效果如何评价？”这一问题，51.29%的学生选择“一般认同”，“非常认同”比例仅为7.97%。针对“您对学校各部门利用自媒体工具及资源开展思想政治工作的建议”这一问题，57.79%的学生认为要“营造良好的校园网络环境，减少负面信息聚集”选项。可见，青年学生渴望能通过思想政治工作营造良好网络环境、集聚正能量，对目前思想政治工作舆论引领力认同度一般。在自媒体环境下高校思想政治工作在加强舆论研判、引导发出主流声音方面仍有巨大空间。

（四）关于不同院校调研结果的差异说明

本次调研针对10所院校学生共发放调查问卷4137份，院校类别涉及一流大学、应用型高校、特色骨干大学、高职高专类学校。不同层次院校在调研结果中呈现出一定的差异。

1.思想政治工作平台建设方面

调研显示，针对“您知道所在学校的思想政治工作自媒体入驻了哪些App？”这一问题，一流大学、特色骨干大学的思想政治工作平台首要入驻的App为微信，其次为微博。而应用型高校、高职高专类高校首要入驻微信，排名第二入驻的App为抖音、快手类。可见，不同层次院校对思想政治工作平台需求不同。“学生在哪里，阵地就在哪里”，不同院校学生的资质特点、兴趣爱好对思想政治工作自媒体平台建设选择有最直接的影响。

2.思想政治工作对象方面

调研显示,针对“您经常使用的自媒体有哪些?”这一问题,一流大学、特色骨干大学、应用型高校的学生自媒体使用率排名前两位的为微信、QQ,而高职高专类学校自媒体使用率排名前两位的为微信、抖音。针对“您会因为何种原因发布自媒体讯息”这一问题,一流大学、特色骨干大学、应用型高校学生排在前两位的原因为“个人心情”“热点话题或者时事新闻”,高职高专类学校学生排在前两位的原因为“个人心情”“打发时间的无聊之举”。针对“您在自媒体上主要关注的信息是”这一问题,一流大学、特色骨干大学、应用型高校学生首要关注信息为“社会热点、时政热点”类,高职高专类学校学生首要关注信息为“休闲、娱乐、明星”类。可见,思想政治工作对象高职高专类学生个性化、娱乐化明显,自觉性主动性较差,自律意识不强,社会意识较为淡薄;一流大学、特色类高校青年学生相对来说主动关心社会问题的热情普遍较高,政治参与意识较强。由此,自媒体环境下思想政治工作更加需要有的放矢、精准细化,增强针对性和实效性。

3.思想政治工作主体方面

调研显示,针对“您经常接触的高校思想政治工作人员有哪些?”这一问题,一流大学、特色骨干大学、应用型高校学生最主要接触的人员为思想政治理论课教师、辅导员和班主任,高职高专类学校学生主要接触到的人员为辅导员和班主任、专业课教师。可见,高职高专类学校相对于其他类型院校,思想政治理论课教师作为思想政治工作主体的影响力较弱,思想政治工作协同育人体系建设需积极推进。

三、政策建议

(一)加强统筹协调,加大省级层面的支持力度

1.强化顶层设计,构建科学高效的网络思想政治工作体系

(1)构建网络育人质量提升体系

加强组织领导,设立省级教育行政部门牵头协调机制,召开专题网络思想政治类专题工作会议、专项工作推进会议等,制定实施方案,稳步推进政策落地。由省级教育行政部门牵头或者依托专业类团体组织,加强校园网络文化建设与管理,强化网络思政平台建设,重点打造若干个高校思政类育人平台,形成以点带面的示范效应。指导各高校不断丰富网络内容,创新方式方法,建强网络队伍,构建立体化、多层次、宽领域的网络思想政治工作矩阵。组建一批网络意见领袖队伍,引导师生净化网络空间,强化网络意识,树立网络思维,提升网络文明素养。打造一批网络技术骨干队伍,推动思想政治工作传统优势同信息技术高度融合,创作优秀网络文化产品,凝练优质网络文化品牌,传播主旋律、弘扬正能量,守护好网络精神家园。

(2)加强工作统筹,完善协同机制

依托省级教育行政部门和高校信息化建设成果,打造集权威信息发布、数据分析研

判、工作交流分享等一体化的信息化平台。编制《高等学校网络思想政治工作平台建设规范》,加强高校思想政治工作信息管理系统共建与资源互享,认真做好政策传导、调研指导、评价督导,保证内涵更深、机制更优、体系更全、保障更强、成效更实。组织实施自媒体背景下"铸魂育人"项目,研究制定重点项目遴选办法及建设标准,印发任务清单及时间进度安排,省级层面强化机制建设、条件保障、指导考核,配套开展重大平台和重点项目建设。

(3)加大调研力度,强化理论研究

聚焦自媒体时代思想政治工作中面临的新挑战、新问题、新要求,深入基层一线和师生群体问情问计问需,努力找到好方法、深化规律性认识、赢得战略上主动。坚持问题导向和目标导向相统一,改进调研方式,做好监督指导,提高调研质量。建好用好省级层面的专门研究机构和专家智库团队,设置智库专题项目(重大项目招标、一般项目申报等),引导开展针对性研究,深度开展重大课题联合攻关。精心打造高质量交流平台,发挥智库联盟作用,搭建决策部门与智库之间桥梁,积极融入其他智库课题研究。建立相应的评价激励机制,持续搞好调研成果评选活动,对优秀智库成果进行奖励,持续促进我省地方智库提高研究质量,为全省、各高校科学决策提供有用、好用、管用的理论支撑和智力支持。

(4)优化成果评价,注重成果导向

设立高校网络思想政治工作研究评价中心,构建网络思想政治工作成果评价认证体系,推动将优秀网络思想政治工作成果纳入高校年度工作成果统计、列为教师职务职称评聘条件、作为师生评奖评优依据。在成果认定上,着重成果载体的思想性和引领性,重在弘扬主旋律、传播正能量,发挥对师生的正面引领作用,例如网络文化作品、网络工作典型案例等,不拘泥于载体和形式。工作成果除了传统的文字作品外,还包括依托于互联网载体创作并传播的视频、微电影等各类作品。在指标体系设计上,由针对性、有效性、网络影响力、专业学术性、思想教育性等方面的具体指标构成。在认证程序上,从成果内容的科学严谨性、形式的网络适应性、知识结构的完整性、教育引导的影响力等方面进一步规范。

2.强化保障体系建设,保证运转高效顺畅

(1)强化机制保障,夯实网络思政体系组织基础

以类型多样、常态运行、动态管理、注重实效为宗旨,成立省级网络思想政治工作指导中心,与高校相关部门共同构建优势互补、协同联动的"全员育人"工作格局,完善组织保障机制,实现网络思政工作体系归口管理。建立健全定期研判机制、决策指导机制、危机应对机制,做好问题研判、预警预防,平台建设、工作开展,及时处理、追踪反馈,保证运转高效、良性循环。强化资源保障机制,通过省级层面配套、专项经费划拨、社会资源支持等方式,建设设备先进、功能齐全的物理空间。优化政策保障机制,将网络思想政治工作纳入年度工作要点,推动优秀网络文化成果纳入教师科研评价体系和学生综合测评体系,对于发布在省级以上主流网络媒体的优秀作品、网络成果以及在"全国大学生网络文化节"和"全国高校网络教育优秀作品推选展示活动"中获奖的高质量作品加大奖励力度,进一步激发师生加入网络思想政治教育工作的积极性和主动性。

（2）注重人才队伍建设，保证协同育人实效

聚焦高校教师思想政治工作运行机制、人才队伍配备、物理空间建设等方面，开展专项调研，深入破解重点难点问题。增设省级网络思想政治工作研究基地等物理空间，以基地为依托凝聚专家队伍，汇聚一批名师、专家，充分发挥思想政治工作专家组、教育管理信息化专家组等咨询机构的作用，支持开展理论研究，广泛宣传并组织申报省部级以上研究项目。实施“网络教育名师培育支持计划”“校园好网民培养选树计划”，建设一支政治强、业务精、纪律严、作风正的网络工作队伍，整合优化育人资源，强化合力育人意识，推进人才队伍建设制度化、工作开展系统化、协同育人常态化。注重网络工作队伍人才培养能力和质量，加强示范培训、专题培训、全覆盖培训，树立研究使用自媒体的新观念，提高技术运用能力，营造聚才、育才、用才的良好生态。强化师生网络素养教育，引导师生增强网络安全意识，遵守网络行为规范，提高建网用网管网能力，养成文明网络生活方式，提升网络育人实效性。

（3）畅通诉求通道，打通回应渠道

构建“诉求—回应”机制，建立“省级—校级—院级—班级”四级诉求收集机制，畅通诉求通道，主动倾听声音，精准了解师生实际诉求，精准把握师生心理动态。设立专门的客服团队，创新引入人工智能系统；加强网络信息研判队伍建设，组建一支人员构成齐全、熟悉网络语言特点和规律的网络信息研判队伍，回应合理诉求，提高处理效率。强化网络信息监测机制，培养网络信息引导评论员，围绕近期网络关注、关心、诉求比较集中的热点话题主动撰写帖文，有效引导网上舆情，做好日常监测工作。指导高校完善危机应急机制，科学制定应急预案的内容、流程，明确部门职责，掌握处理方法，做好事前准备，缩短反应处置时间。定期开展用户满意度调查，了解用户实际需求和评价；不断跟进用户反馈和投诉，及时落实改进措施，针对性地改进服务质量。

（二）强化平台建设，优化内容供给

1.拓展网络平台，打造矩阵强化载体支撑

建设高校网络思想政治工作数据平台、日常管理和能力提升大数据赋能中心，打造大数据赋能创新矩阵，加强整体性、趋势性、动态性统计分析。发挥全省高校校园网站联盟作用，推选展示一批校园网络名站名栏，引领建设校园网络新媒体矩阵。坚持边建边用边完善，提高相关数字化平台建设、运行、服务质量，探索建立高校“网络思政指数”。拓展省级校级平台管理运用，升级高校网络思想政治工作动态分析与指导信息化平台动态监测功能，常态化开展思政项目数据采集和绩效评估。用好高校基础数据统计分析平台、思想政治工作联络机制信息化平台，借助高校思政工作创新发展中心管理服务系统，实现分层分级的大数据分析及典型案例研讨，为精准实施思想政治教育引导提供有力支撑。

2.“串”连多维平台，整合资源实现优势互补

（1）彰显特色，构建精准思想政治平台

充分发挥高校的积极性与主动性，引导各级各类学校结合实际特色发展，加强网络

布局、公有云、数据规范、安全保障等信息化顶层设计，建设精准思政新型基础设施。通过打造校园信息“高速公路”，建设校园数据中枢和“超级大脑”，布局高灵敏性的校园传感器网络，建立一体化的思想政治教育大数据中心、云计算中心和人工智能训练集群，采集与思想政治教育密切相关的大数据。通过数据挖掘、分析技术，对学生大数据、教育资源数据、教育场景大数据等进行汇聚、整合与计算，实现信息整体规划。结合学校思想政治工作主题和目标，针对不同学生群体和宣传内容，选择不同渠道和形式，制定具有针对性的宣传策略，为学生提供精准性、个性化的思政教育服务。

整合思想政治教育大数据，搭建一体化的应用软件平台。以大数据为核心，联合力量、拓展渠道、整合资源，吸纳各类思想政治教育主体和资源，开发一体化的精准思政应用软件平台，构建教育管理服务一体化育人体系，推动“三全育人”。在确保平台育人整体性的基础上，以用户为中心，将个性化、动态化和智慧化有机结合，组件化扩展各模块功能应用，提供用户版面风格、模块、应用布局等 DIY 设定以及信息发布与转发功能，不同角色的用户可相互关注，以强大功能和良好体验增加用户黏度。

对标互联网一流平台，建立科学的运行管理机制。建立不同部门、不同队伍协同育人机制，与高校全员、全过程和全方位育人机制相呼应、相契合，形成齐抓共管、各司其职的工作格局。优化平台运行机制，紧跟互联网时代新思维、新模式和新机制。建立规范有序的管理机制，设置严密的管理程序，开展有效的用户管理和进程监管，提供高效的技术服务，确保涉及的所有数据、代码、流程、功能、内容等不留死角，保证思想政治教育大数据的安全使用。

(2)精准定位，强化思想政治工作自媒体平台优势互补

坚持党委领导，发挥官方自媒体平台作用。制定校园自媒体管理办法，强化监管、报备、审核制度，持续发挥学校宣传部门或团委的指导监督职责。协调官方平台、学生组织平台、校园自媒体平台，强化官方平台的主导作用、学生组织平台的补充作用、校园自媒体平台的点缀作用，形成齐抓共管、协调有序的校园自媒体格局。有效利用技术手段抓取传播效果好的内容，继续保持优质内容的输出，做大做强官方自媒体平台，做好校园其他自媒体平台内容统筹协调，经深度加工后在官方平台上二次传播，让学生组织、师生个人的自媒体平台成为官方平台的“内容供应商”。

开发自媒体平台更多功能，实现全方位育人。高校要在准确把握自媒体时代育人工作的特点、规律和发展趋势基础上，充分运用自媒体进行思想政治工作预测和感知，完善自媒体平台舆情监测和回应机制，重组育人要素、改革育人方式、完善育人机制，构建“人人时时处处”的全方位育人工作格局，及时发现学生思想动态中的疑点、难点和热点，增强思想政治工作的前瞻性。坚持把立德树人成效作为根本标准，充分运用自媒体“自主”与“随机”带来的信息更迭加速优势，通过大数据分析、人工智能、用户画像等自媒体手段开展思想政治工作评估，及时把握各项教育工作和活动的实施效果。教育效果评估方面，依托自媒体平台全面收集受教育者的反馈和反响，通过及时有效的评估与反思，优化思政育人供给侧改革，构建全程育人的完整闭环，提升“三全育人”工作科学化水平。

研判形势，规范校园平台管理使用。开展校园 App 专项调研，摸清底数。研究制定规范校园 App 管理的意见，规范第三方校园 App 的引入和自主开发校园 App 的建设，探索建立规范校园 App 管理(重点加强学习类 App 的规范管理)的长效机制，全面规范校

园 App 的管理和使用。实施自媒体背景下思想政治工作创新实践行动，设立 5 个以上“网络思想政治工作示范区”，推动网络思想政治工作典型示范。继续实施自媒体背景下思想政治工作实践共同体项目，从网络思想政治工作空间、网络思政队伍等方面遴选组建不同应用方向的实践共同体，探索推进自媒体背景下思政工作长效机制。

3.“动”态使用平台，创新方法提升官方平台吸引力

（1）丰富传播媒介，提高平台活跃度

以满足大学生个性化需求为基础，立德树人为导向，因材施教为理念，从供给模式和内容体系着手，打造精准供给模式。整合线上线下，打造多元化的供给场域，选择有益有趣的教育内容，实现育人内容的衔接贯通。丰富供给形式，创新互动方式，提升人与人、人与平台的双向互动能力，大大提高平台的活跃度（大学生在平台上留下的“足迹”对高校教育者、管理者来说是很重要的信息反馈。比如，对某项决定的“网上投票”可以窥见民意；对某个话题的“不同评论”可以看清舆论分歧；对某个事件的“转发点赞”可以体现价值认同）。通过自媒体的数据采集、实时追踪、精准画像、预测评估等功能挖掘大学生的隐形数据，搭建自媒体矩阵，丰富传播载体，畅通供给渠道，积极发挥媒体隐性渗透主流价值观、碎片化传播思想政治教育内容的优势。

（2）采用激励策略，提升高校官方平台受众辐射范围

在平台内容建设的基础上，契合学生群体特点，采用适当激励策略，通过运用不同形式手段，实现短时间内的“粉丝”积累。结合重要人、重要事、重要节点发布高质量的教育资讯和资源、有用的校园新闻和消息，例如优秀讲座、百科词条、考试策略、面试技巧等，为学生提供实用、有价值的知识资源，不断提升用户黏性。推广校园文化活动，推出集趣味性与育人性相统一的挑战活动，组织展示评选、票选、点赞并给予奖励，增加与学生之间的动态互动。开发自媒体特色栏目，打造自媒体品牌，以品牌效用稳定受众群体，加固学生收看稳定度。利用直播、短视频等新兴媒体形式，发布有关校园资讯、校园活动、竞技比赛等内容的直播和短视频，活跃平台气氛，提升平台吸引力。设立问卷调查，邀请学生参与校园服务和管理的调查和改进，提供小礼品或者优惠券作为回馈，促进学校和学生之间的积极沟通和反馈，不断提高学生的参与感和获得感。

4.优化文化供给，内容为王凸显思想内涵

坚持内容为王、质量第一，结合新时代大学生的典型特点，主动对接师生精神文化内在需求，在内容更精准、表达更精准、对接更精准上下功夫，丰富自媒体的“内容供给与输送路径，增强供给对需求变化的适应性灵活性”，提高自媒体思想政治工作对学生的服务度，让思政工作“动”起来、“活”起来。开展“大学生网络文化节”“高校网络育人优秀作品推选展示”“网络文明进校园”等网络文化建设活动，深入实施精品创作工程，着力提升内容创新能力，以高质量的网络文化产品更好满足大学生精神文化生活新期待。通过推广展示一批“网络名篇名作”，以优秀的文化产品传递向善向上的价值观，更好地引领社会风尚。各高校要肩负起文化使命，完善资金投入、资源配置、奖惩考评等扶持提升政策，建立健全有利于出精品的激励引导机制，充分激发广大师生的主动性、积极性、创造力，努力打造有影响力、美誉度的知名品牌，以特色鲜明的意识形态属性和文化属性教育

人、引导人,让网络思想政治工作更具生命力、渗透力。

(三)优化教育环境,提升师生媒体素养

1.设置"高线",抢占新媒体传播高地

巩固壮大主流思想舆论,强化网络领域核心价值观导向引领作用。把牢马克思主义在意识形态领域的主导地位,增强主流意识形态的话语权,抢先占领网络意识形态阵地,提升网络思想政治工作影响力。面对突发公共事件的现实特点和变化趋势,高校要强化责任意识,坚持正确舆论导向,组织学生认真学习主流权威媒体发布的科普知识以及专家科学解读,以公开课、短视频、公众号推送和报告会等形式,壮大主流舆论,凝聚思想共识。以爱国主义为主线,深入学习宣传贯彻习近平总书记关于网络强国的重要思想,教育广大学生认真学习并严格遵守互联网法律法规,引导学生科学全面认识突发公共事件,客观看待网络舆情事件。制定明确的网络行为规范,引导大学生合理、文明地使用互联网。加强网络素质教育,帮助学生提高辨别网络信息的能力,例如,如何判断信息的真伪、如何识别网络谣言、如何避免网络诈骗等。建立健全网络安全管理制度,加强网络设备的安全防护、定期检查网络环境、及时处理网络安全事件,确保学生在校园内的用网安全。制定网络"正面清单"和"负面清单",划定安全上网"红线"和"底线",提高学生网络文明素养,筑牢网络安全阵地。积极开展"国家网络安全宣传周""网络文明进校园""网络文化节"等活动,打造有影响力的网络文明宣教品牌活动,创新活动载体,大力弘扬网络文明,用大学生喜闻乐见的形式提高文明上网的自觉性,让网络文明蔚然成风。组织开展社会主义核心价值观专题教育,大力宣传先进人物事迹,将新时代青年的责任与担当内化于心,外化于行,共同筑牢网络阵地。

2.抓住"关键",提升师生媒体素养

(1)培养师生意见领袖,增强正面引导力量

切实发挥高校育人主体作用,深入分析青年话语特点,掌握青年话语表达内在规律,善用"青言青语",积极构建青年话语体系。发掘一批群众基础好、网络公信力高的师生意见领袖,开设网络意见领袖培训班,系统掌握包括网络营销、社交媒体操作、内容发布等方面的技巧和知识,提供包括网站搭建、视频制作、网络营销、数据分析等技术支持。重点提升意见领袖的批判思维能力,对媒体信息进行独立、客观、全面的分析和评价。着重提升媒介创造能力,运用媒体工具和技术进行有效的沟通和表达。全面提升媒体伦理意识,在使用媒体的过程中遵循相关法律法规和社会道德规范。举办线上线下讲座、座谈会等活动,邀请具有一定影响力的网络意见领袖分享经验和观点,增加网络意见领袖的曝光度,提升正面引导力量。吸引更多师生持续关注和参与,形成良好的网络正能量传播环境。建立各地网络意见领袖协作机制,加强网络意见领袖之间的交流和合作,共同打造网络意见领袖倡导品牌,组织相关活动和赛事,发挥协同效应,进一步发展和扩展网络正能量文化,提升正向文化在网络上的影响力和能动力。

(2)抓好关键节点,提升网络思政教育工作实效

将思想政治工作传统优势与新媒体新技术相融合,在提升网络引导能力的同时,时

刻关注现实世界学生反应,舆情前置,靠前指挥,提前发现矛盾、化解矛盾,将隐患消除在萌芽状态。紧抓突发公共事件处置和应对这个开展思想政治工作的重要契机,充分挖掘突发公共事件处置中的思政元素,用足用好课堂教学"主阵地",讲好中国故事,讲清楚国家出台相关政策的重大背景。通过视频展示、微课录播等方式将带有鲜明时代特征的符号和元素融入网络教学,用社会主义核心价值观教育引领学生,厚植爱国、爱党、爱社会主义的情感,更清楚地认识到我国所处的历史方位,明确持续新时代青年所肩负的责任与使命,增强思想政治教育工作的吸引力、感染力。

(3)持续完善网络道德教育模式,提升师生媒体素养

坚持落实立德树人根本任务,持续完善社会—学校—家庭—学生"四位一体"的网络道德教育模式,充分发挥高校在网络道德教育中的主阵地作用。建设一支素质过硬、既懂教育又懂网络技术的思想政治工作队伍,将社会主义核心价值观、公民道德准则融入学生培养各个方面,通过课堂教学、校园广播、网络平台等形式全方位引导,提升网络道德教育的实效性。加强网络阵地建设,打造育人平台,综合运用文字、图片、音频和视频等表现形式,增强网络道德教育的吸引力、实效性。依托思政工作队伍和网络阵地,完善监督管理体系,构建常态化监督管理机制、网络舆情联动应急机制,加大《中华人民共和国网络安全法》等法律法规宣传力度;提高网站准入门槛,严格信息把关;开展网络治理专项行动,加大对网络破坏行为的惩治力度;引导师生辩证、理性地看待互联网技术,理智对待网络舆论,坚定道德意志,守住道德底线,用法律法规、道德伦理约束网络行为,不断提升师生网络道德自律和媒体素养,共同营造风清气正的网络生态。

(四)利用现代技术,提升工作精准性和针对性

1.数据赋能,精准舆情预警与研判

(1)注重数据采集挖掘,画好学生"全身画像"

通过各种研究方法,如访谈、调查问卷、热力图追踪、互动投票等方式,收集和分析来自学生的心理、情感、行为和态度等数据,全面了解学生心理状态、兴趣爱好、审美趋向以及日常生活情况,为开展个性化的思想工作提供现实依据和数据支持。利用数据挖掘技术、机器学习和可视化技术,整合互联网平台上海量的文本、图像、音频、视频等数据,及时获得学生成绩、个人情感态度、反馈和调查数据,对思政工作的数据和效果进行实时监测和评估。通过个性化推送系统,将每个学生的需求、特点和关注点转化成数据进行分析,提取用户的兴趣、态度、行为和趋势等信息。利用大数据分析工具,如微信公众号统计、百度指数、谷歌趋势等,了解青年学生的关注点和信息获取习惯,为精准舆情预警、定期研判提供数据支撑。强化数据管理和安全保障,通过建设智慧化数据平台,建立师生个人信息和数据保护机制,确保数据的真实性和准确性,为网络思想政治工作持续开展、不断改进提供数据支撑。

(2)构建意识形态工作大数据平台,提升自媒体舆情的管控效能

发挥主流媒体在舆情事件中的正向引导作用,优化舆情处理策略,通过多平台的实时监测,做好分级处理。健全网络舆情研判模型参数,构建多位一体的网络舆情结构模

型，建立线性关系及碎片关联，构建高校网络舆情动态工作机制，实现大数据网络舆情监测科学化、精准化。在此基础上，与政府、媒体、网监部门协作沟通，打通平台障碍，做好信息整合，超前研判舆情发展。基于大数据技术，构建协同分布的舆情云平台，利用大数据快速计算能力，为高校网络舆情处理和分析提供多学科的资源共享数据分析结果，及时有效发布事件原委，实现舆情数据内外协同，资源联动。根据及时舆情动态跟踪以及信息反馈，形成多角度、全方位的舆情处置方案，做到对具体舆情事件快速反应，高效处理，防止事件裂变式发展。

2.技术破圈，提升工作针对性和精准性

(1)搭建技术架构，建立引导评价机制，提升网络思政工作针对性

搭建数据源层、数据处理层和数据挖掘与分析预警层等三层次技术架构，建立网络思政工作传播引导过程的关键要素分析，构建媒体融合的大数据动态监测、大数据全景画像、大数据研判预警、大数据智能疏导、大数据应急处置和大数据自主学习“六位一体”引导模式，创新思政工作的引导与评价机制，着力推动自媒体加速融合，实现高校思政工作过程、成效的科学传播。基于“六位一体”引导模式，强化大数据动态监测，实现大数据研判预警、大数据智能疏导和大数据应急处置。运用大数据自主学习，将处置结果反馈到数据库，不断优化舆情治理。根据高校网络思政工作典型案例研究和演化规律、关键要素的理论分析，综合分析考量高校网络思政工作在参与主体、传播内容、影响范围等方面的特点，构建基于关键要素的大数据高校思政工作动态监测指标体系，完成大数据的细粒度和深度挖掘，建立多层次、不同细粒度的高校思政工作数据库和典型事件分析案例库，不断提升网络思想政治工作的针对性。

(2)优化智能有效的管理检测策略，提升网络思政工作精准性

建立智能化媒体监测系统，对社交媒体、网络和新媒体进行监测分析。通过自然语言处理技术，对监测数据进行情感分析、语义分析和主题识别，获取有宣传价值和示范意义的话题和事件。坚持整体与部分相结合，聚焦学生结构差异，有针对性地选择教育方式，把“精准滴灌”融入大学生思想政治教育精准化教育教学中。聚焦学生个性特点，坚持分层和分众相结合，发挥自媒体技术分类建模的优势，形成大学生数据信息分类维度和指标，实施分众化引导，提升思想政治教育工作的层次性。聚焦学生发展特点，坚持定性分析和定量分析相结合，利用自媒体技术，以定性分析深入掌握学生的思想现状，以定量分析把握学生的学习效果，对学生的个性特征全面分析和深度刻画，有针对性地开展不同形式的学习活动。

专题五　河南省高校学科学院调整优化对策研究

一、河南省高校学科学院调整优化的现状

（一）高校学科学院调整优化的意义与背景

学科是高等教育体系的核心支柱之一，是人才培养与科学研究的基础平台，是学校核心竞争力的体现；学科结构和质量直接影响高校立德树人的成效、直接影响高等教育服务经济社会高质量发展的能力。所谓学科，既指作为知识体系的科目和分支，也指高校教学科研的功能单位；从横向来说，存在学科类别之分，从纵向来说，存在一级学科、二级学科的分法。本专题所指学科主要指一级学科，课题专题中与一级学科相对应的另一个概念是学院。所谓学院，指专业性强、门类科目较少的高等教育机构，是当前专业人才培养的基本行政单位。

1.学科学院调整优化的时代意义

科技的飞速发展把人类社会带进了一个崭新的时代。这个时代之新具有诸多的突出特征，最为明显的就是“变”的加剧：技术之变的突出猛进，生活之变的日新月异。这些变化必然带来产业结构与学科结构的变化，进而要求大学组织与之相适应并进行相应变革。随着科技的飞速发展，加之功利性评价导向的影响，一些传统学科以及急难险重学科的发展受到了影响。

首先，从产业匹配度看，目前我国学科结构与产业结构总体相匹配，但学科的设置、水平、口径等与产业发展的匹配还存在不相适应的问题，不能完全满足产业不断发展的需求。其次，从前沿引领性看，随着新兴学科、交叉学科等的不断发展，一定程度上带动了相关产业的发展，但学科的设置、水平、类型等在引领经济社会发展、促进产业转型升级、推进高新技术产业发展等方面仍然动力不足。再次，从集聚融合性看，学科间的融合交叉、学科发展与社会的良性互动已初显成效，但学科集群的发展和集聚效应还没有充分发挥。当前的学科优化调整布局实践存在不少潜在的冲突，如计划性与市场性的冲突、规范性与多元需求的冲突、封闭性与开放需求的冲突、滞后性与前瞻需求的冲突、部门性与协同需求的冲突、国家需求与学科自身需求的冲突等，并直接影响了教育强国建设和中华民族伟大复兴的实现。

较之科技强国、人才强国、文化强国、体育强国、健康中国等，教育强国在促进全体人民共同富裕中的作用更为突显，在全面推进中华民族伟大复兴中的基础地位更为明显。

党的二十大强调“加快建设教育强国”，并提出到2035年实现“建成教育强国”的目标。在2023年5月29日的中共中央政治局第五次集体学习中，习近平总书记再次对加快建设教育强国做出了重大部署。这标志着，教育强国的建设规划和发展已经步入了新征程，迈开了新步伐。

但是，目前高校学科学院体系的运行瓶颈直接制约着科技强国、人才强国和教育强国的实现。就河南省的情况而言，这些瓶颈已经成为制约中部地区崛起的关键梗阻，不解决这些梗阻和瓶颈问题，中部地区崛起的理想就难以实现，习近平总书记对河南提出的“谱写新时代中原更加出彩的绚丽篇章”的殷切期望就难以落到实处。为此，需要推进中国式现代化建设河南实践，包括河南高等教育改革实践，系统解决高校学科体系建设存在的学科分布结构固化、学科发展模式僵化、学科产业联动薄弱、学科调整机制虚化、学科结构体系臃肿失调、学科交叉机制不畅等问题。从深层次上看，就是要破解既有的学科体系与科技创新、社会发展之间不匹配甚至存在冲突的难题。只有通过“前瞻30年”和“面向未来”的高校学科优化调整布局，才能培育和增强现代化河南建设的核心竞争力、比较优势与综合实力。

学科的调整必然促使学院做出相应的优化，因为以专业为导向的传统学院布局直接影响了学科要素的融合、学科潜能的聚合。目前，河南高校的二级学院普遍面临着以下主要问题：学科治理效率低下，学院治理能力不足，学术生产动力严重缺乏。这都是迫切需要解决的重要问题，在调整优化学科的过程中应同时重视和实现学院的调整优化，以为学科调整优化后的发展提供良好的环境支持。

2.学科学院调整优化的政策背景

为了加快培养高水平人才，通过持续优化学科结构、打造学科高峰，形成体现中国特色、符合国家发展和中华民族伟大复兴需要的学科布局，从根本上解决“卡脖子”的技术难题，提高我国在新一轮科技革命和产业变革中的竞争力，国家多次发文就开展高校学科动态调整、优化完善学科布局提出了明确要求。

《中共中央关于制定国民经济和社会发展第十四个五年规划和二〇三五年远景目标的建议》、教育部等五部门关于《普通高等教育学科专业设置调整优化改革方案》(教高〔2023〕1号)等明确提出了学科调整优化改革的具体措施，要求“加快调整优化学科专业结构，推进高等教育高质量发展”“到2025年，优化调整高校20%左右学科专业布点，新设一批适应新技术、新产业、新业态、新模式的学科专业，淘汰不适应经济社会发展的学科专业”“到2035年，高等教育学科专业结构更加协调、特色更加彰显、优化调整机制更加完善，形成高水平人才自主培养体系，有力支撑建设一流人才方阵、构建一流大学体系，实现高等教育高质量发展，建成高等教育强国”。同时，还明确指出要加快推进一流学科建设，深化新工科建设，加强新医科建设，推进新农科建设，加快新文科建设，加强基础学科专业建设等。2022年9月15日，国务院学位委员会、教育部发布了《研究生教育学科专业目录(2022年)》，并正式实施《研究生教育学科专业目录管理办法》，切实发挥学科专业目录的指导作用，具体包括实施新版研究生教育学科专业目录，完善一级学科设置，统计编制二级学科，积极发展新兴交叉学科等，预示着新时代我国研究生教育学科优化调整布局的先局。

此外，中共中央、国务院印发的《中国教育现代化2035》和《深化新时代教育评价改革总体方案》，以及河南省出台的《河南省"十四五"教育事业发展规划》《关于本科高校学科专业结构优化调整的指导意见》（教高〔2020〕403号）等，均提出了优化调整本科高校学科专业结构、加快培养创新人才、深化教育领域供给侧结构性改革等重要任务。特别是，河南省人民政府办公厅《关于提升高校科技创新能力的实施意见》（豫政办〔2021〕68号文件）明确提出"三个优化"，即"优化高校、学科学院和专业布局"，并着手实施特色骨干大学和特色骨干学科建设计划、高校科技创新团队和人才支持计划等工程，争取郑州大学、河南大学等高校进入国家"双一流"建设行列，培育一批具有国际影响力的优势特色学科。可以说，学科学院调整优化是新时代为了适应经济社会发展新需求，满足人民群众对优质高等教育期待的重要政策举措。

（二）河南省高校学科学院调整优化的进展

为了更好地适应新时代经济社会发展需求，培养具有创新精神和实践能力的高素质人才，河南省高校在优化教育资源配置、聚焦优势特色学科、提升学科竞争力和影响力等方面做了积极探索，取得一定成绩。

1.郑州大学学科学院调整优化进展情况

一是实施高峰学科建设计划，凝练8个主干学科（3个一流学科和B+学科）为高峰建设学科，并通过加强资源整合，聚力打造2~3个A类学科。二是实施基础学科振兴计划，培育一批基础学科拔尖人才培养基地，布局基础学科创新研究中心，夯实物理、数学、哲学等基础学科发展根基，提升基础研究和原始创新能力。三是实施新兴交叉学科培育计划，推进国家安全学、纪检监察学、集成电路科学与工程设置增列，以未来技术学院、现代产业学院等为抓手，开展新兴交叉学科人才培养。四是坚持学科专业联动，以学科建设引领专业建设，夯实人才培养根基。实施大类招生，98个本科专业整合为31个大类，按"31个大类+16个专业+1个试验班"的模式进行招生。65个专业获批国家一流本科专业建设点，入选国家"英才计划"。化学学院入选教育部2021年度"基础学科拔尖学生培养计划2.0基地"，推进跨学科基础上的复合型研究生培养。

在"双一流"建设中期评估时，评审专家一致认为，郑州大学化学、材料科学与工程、临床医学3个一流建设学科较好地完成了阶段性目标任务。郑州大学的整体学术影响力和水平持续提升。截至2023年9月，ESI全球前1%学科达到17个，其中化学、材料科学、临床医学、工程学、药理学与毒理学5个学科进入ESI全球前1‰，ESI整体排名全球274位，国内高校排名24位；QS世界大学排名国内39位；自然指数2023年度榜单全球71位，国内28位。

在学院调整优化方面，郑州大学进行了大部制改革，将原来的28个学院（部）整合优化为9个学部，分别是人文社会科学学部、经济管理学部、法学学部、理学学部、工程科技学部、生命科学与医药健康学部、信息科技与智能化学部、艺术设计与传媒学部、国际教育与交流学部，为不同学科交叉融合、创新发展提供了组织与机构保障。

2.河南大学学科学院调整优化进展情况

一是对接国家战略，优化学科专业结构。以"四新"建设为引领，推进专业结构优化，新增集成电路科学与工程、碳中和科学与工程等4个硕士学位点，获批能源化学、生物育种科学等4个国家急需专业，培育量子信息科学、柔性电子学等4个新兴专业，停招药物制剂、保险学等12个专业。二是推动多元融合，创新人才培养模式。在“1+4”学科（生物学、地理学、化学、中国语言文学、教育学）实施完全学分制改革，构建国内外大学学分互认机制。开设“小学期”“研究生暑期学校”，打造多元化与个性化育人模式，创新专业学位研究生“1+1+X”培养模式。三是突出质量导向，深化教学课程改革。打造“四金一高”育人体系，新增国家级一流本科专业建设点13个；成立课程中心，加强精品课程建设，新增国家级一流本科课程13门；实施“101计划”教材建设工程，主持省“十四五”规划教材45部；在一流本科课程建设与实践、卓越教师培养体系创新方面，获国家级高等教育教学成果奖二等奖2项，优秀教学案例被中国专业学位案例中心收录28项。四是突出科教融合，强化协同育人成效。打造“学院+研究院+基地”一体化育人链条，深化与中国科学院、中国社科院联合培养研究生，在省级以上实验室面向本科生设立开放性课题480项，提升学生专业素养和创新能力。获批国家级大学生创新创业训练计划项目224项、大学生创新创业类国家级奖励53项、学科竞赛国家级奖励531项。对接产业行业需求，推进未来技术学院、特色行业学院等建设。

3.河南农业大学学科学院调整优化进展情况

一是聚焦农科，打造多学科交叉融合的生态体系。学校围绕国家粮食安全的重大战略需求，立足河南粮食大省的区域特色，打造以农科为优势特色、理工为亮点、人文社科为支撑，多学科交叉融合、协同发展学科生态体系。学校现有的10个一级学科博士点全部与农相关，80%的一级学科硕士点和专业硕士点都与农相关。二是打破学科与院系壁垒，实施“241”学科建设行动。以作物学、兽医学两大优势学科为引领，以作物学、兽医学、农业工程、林学四大省特色骨干学科群为重点，带动10个一级学科博士点建设水平全面提升，推动学科建设起高原、筑高峰。三是构建多元发展的学科学院形态。对接现代农业产业转型升级需求，重点依托博士点学科所在学院，建设“学院、学科研究院、产业研究院”共同体，揭牌建设农大牧原畜牧产业联合研究院、睿之享功能作物产业研究院、鹤壁玉米产业研究院、金沃野花生产业学院、方城县中药材产业研究院、兰考泡桐研究院等，汇聚校地企多方资源，推动学科链与人才链、创新链、产业链深度耦合，形成学科引领产业、产业助推学院、学院支持学科的发展模式。

4.河南师范大学学科学院调整优化进展情况

一是实验室建设取得历史性突破。2022年，河南14个省实验室之一的平原实验室获批建设并完成注册，2023年3月，抗病毒性传染病创新药物全国重点实验室获批，实现了省内高校牵头建设学科类全国重点实验室零的突破。二是高层次人才引培成效显著。在人才引进、资源配置等方面对“双一流”创建学科实行特殊政策，出台PI制、预聘-长聘制、人才派遣制、师资博士后等相互衔接的人才引进政策，建立互为补充的多元人才聘任模式，强化高层次人才对学科建设的引领作用。三是标志性成果连创佳绩。创新药物研发取得新突破，常俊标教授研发的首个抗新冠小分子口服药阿兹夫定片被评为近十年来河南省十大科技创新成果。河南省首个重大仪器研制项目“低温光谱发射率实验装置”

通过专家组验收，解决了我国低温光谱发射率测量的“卡脖子”难题。高层级奖励连创佳绩，获高等教育（研究生）国家级教学成果奖 1 项，省技术发明奖一等奖 1 项，省自然科学奖一等奖、二等奖、三等奖各 1 项。四是主动深度融入省科学院重建重振，推进省科学院基础学部与师大理工学院一体化建设，打造融合发展的科技创新高地。五是科技创新港建设开启新篇章。2023 年 9 月 22 日，科技创新港校区揭牌仪式在平原示范区隆重举行。学校通过富有竞争力的人才待遇和发展环境，全力打造育人育才、科技创新和人才汇聚“三位一体”的创新港高地。

5.河南科技大学学科学院调整优化进展情况

一是坚持聚焦一流，学科创建实现新跨越。2021 年，学校入选河南省“双一流”大学创建第二梯队，材料科学与工程、机械工程 2 个学科入选“一流学科”创建学科。二是明确“大平台、大团队、大项目、大成果”发展思路，制定实施“双一流”大学创建方案和两个学科创建规划，实施“筑峰计划”“腾飞计划”“提质计划”“支撑计划”“培育计划”等 5 大学科提升计划，建设“学科特区”，召开“双一流”大学创建推进大会和院士论坛，在学科建设上取得明显成效。现有 8 个博士学位授权点，涵盖了工学、农学、医学、管理科学等 4 大学科门类；有 3 个博士后流动站，41 个硕士学位一级学科授权点，24 个硕士专业学位授权点。工程学、材料科学、临床医学、农业科学、植物与动物学、化学等 6 个学科进入 ESI 全球前 1%。3 个学科成为国家国防特色学科，4 个学科入选河南省特色骨干学科（群），28 个学科入选省级重点学科。马克思主义学院入选为河南省首批重点马克思主义学院。

6.河南理工大学学科学院调整优化的进展情况

一是制定《学科专业结构调整优化实施方案》《“十四五”学科建设规划》《关于统筹推进一流学科建设的意见》《ESI 全球前 1%学科培育实施方案》等制度文件，为学校学科建设提供制度保障。二是实施“一流学科创建计划”“优势学科提升计划”“人文社科振兴计划”和“重点学科育苗计划”等 4 大学科建设计划，推动学科融合，优化学科布局，加强学科内涵建设，学校学科建设水平不断提升。目前，学校建有 45 个重点学科，其中“双一流”创建学科 2 个，特色骨干学科群 5 个（包含 8 个一级学科），省级重点学科 23 个（传统学科 14 个，新兴交叉学科 9 个）。

7.河南工业大学学科学院调整优化进展情况

一是加强顶层设计。结合学校办学定位与学科发展规律，坚持“突出特色、内涵发展；分层建设、重点突破”总体原则，持续壮大优势学科，加大重点建设学科（群）培育力度，积极推进学科专业布局调整与结构优化，设立学科特区，健全学科特区政策，完善学部运行机制，成立粮食和物资储备学院、前沿交叉科学与技术学院，培育设置“智慧储运科学与工程”等 3 个新兴交叉学科，加快构建一流学科体系。二是强化方向凝练。主动对接国家和区域重大战略，以重大科学问题为牵引，加强针对性研究、科学性预测和系统性把握，合理规划发展主线，促进团队交流融通，盘活学科发展新动力，凝练形成 6 大学科方向，谋划储备“5+1”标志性项目，组建以院士、长江、杰青为首席科学家，220 多人构成的 14 支领军人才团队，强化部门联动工作机制，开展有组织科研，加快“一流学科”建设。三是促进交叉融合。统筹人才、平台、项目、经费等创新要素和资源,打破学科组织壁垒,加强学科间、学术组织间的协同合作,健全学科间协同作用机制。搭建仪器共享平台,组建未来科学研究院,下设复杂性科学研究中心和未来粮食科学中心,培育学科发展新动能。根据第三方评价机构艾瑞深(校友会"2023 中国大学食品科学与工程学科排名")最新结果显示,学校学科排名上升至全国第 9 位,达到前 10%。

8.河南中医药大学学科学院调整优化进展

一是优化学科结构布局。对接国家创新驱动发展战略,强化中医药学科主干地位,推动一级学科统筹协调、创新发展,二、三级学科重点突破、整体提升;巩固发展中医基础类、中医经典类等传统学科,完善建设规划,设立专项经费,加强人才引育和平台建设,明确发展方向和建设目标,丰富建设内容,促进整体发展;加大河南"双一流"建设学科支持力度,在人才引进与考核、资金投入与使用、资源配置、平台建设、研究生招生等方面给予政策倾斜。二是促进新兴交叉学科发展。适应新一轮科技革命和中医药产业变革要求,支持中医药学科与自然科学、人文社会科学交叉融合,围绕疾病防治、康养等生命健康全周期,培育新兴交叉学科,为学科发展增添新引擎。三是建立学科动态管理机制。完善"学校—学院—学科"三级管理模式,明晰边界,明确主体,理顺关系,落实责任。按照学科层次和类型,建立配套政策、人才、平台及资源保障机制。健全校内校外相结合的评估体系,强化绩效考核的刚性约束。四是加强学位点建设。强化现有博士学位授权一级学科及专业学位授权点建设,积极培育和建设中西医结合一级学科博士学位授权点,支持现有硕士学位授权点提升为博士学位授权点;优化硕士学位授权点布局,拓展专业学位授权类别,着力培养创新型高素质人才。

此外,南阳理工学院、安阳工学院等部分二本院校也做了相应的学科学院调整。南阳理工学院调整原有学院设置,将 16 个学院重组为 13 个学院。安阳工学院以"新工科""新农科""新文科"建设为有力抓手共建了 14 个现代产业学院。

二、河南省高校学科学院调整优化存在的问题及成因

建设教育强国需要有效配置资源,合理的学科学院组织架构是实现大学权力和资源高效配置的必要前提,并能反过来推动学科学院的可持续发展。就高等教育而言,由于省域院校发展的不平衡等内外因素的影响,学科学院权力和资源优化配置改革仍面临着一些亟待化解的现实困境。

(一)河南省高校学科学院调整优化的主要问题

1.公众对高校学科学院调整优化的认知不足

基于不同的利益需求,加上社会条件、教育水平、道德素养等因素的影响,不同主体对高等学校学科学院调整优化存在不同的认知。特别是对于学科作为知识体系的科目和分支、学院作为高校教学科研功能单位的基本问题,高校师生的认知还很不够。对于

为什么要进行学科学院调整优化，以及学科作为学校核心竞争力的具体体现与学科竞争力体现的焦点和依赖的平台、学科团队持续产出的数量与质量之间的逻辑关系，高校师生的认知可以说尤其缺失。部分公众对学科学院调整优化改革的认识甚至是从自身主观出发，对改革的目标、内容、方法、效果等缺乏全面性和深入性的了解，存在很多误解或疑虑。以静止、片面和狭隘的眼光看待此举措的"质疑者""旁观者"比比皆是，以积极姿态投身推动高校学科学院调整优化的"践行者"和"自觉人"为数尚少。

2.高校学科学院调整优化的内生动力不足

高校学科治理行政化是高校学科建设中较为突出的问题。从政策效应来看，过度行政化导致了绩效评价与资源配置的高度"绑定"，致使弱势学科丧失话语权，难以获得应有的资源投入，其发展空间越来越小，仅仅凭借自身努力已经难以改变自身的劣势地位，这无疑加重了弱势学科的身份固化现象。同时，普遍存在的高度的行政化、严重的功利化、普遍的庸俗化，引发学科的自组织能力不够，弱势学科的同比生长缓慢。尤其是，受历史积累、学科性质、资源禀赋、体制机制等因素影响，加以学科文化的淡薄，使得学科发展的内生动力不足，依赖外部资源的惯习比较明显。学科成熟所依赖的独特文化建设任重道远，学科发展的内部动力和源泉亟待挖掘、挖潜，学科发展战略眼光有待形成。

3.高校学科学院调整优化的协同效应尚未发挥

不少高校虽然开展了学科学院调整优化，但是调整后的学科学院优势并没有发挥出来。一是学科团队不仅没有得以强化，反而，由于人员的内耗，学科建设的总体能量趋于弱化；二是高质量的科研成果增项不多，增量不明显。三是学科服务国家发展战略与服务区域经济社会发展没有得以有效凸显。四是学科的育人功能没有得以充分发挥。特别是，多数高校弱势学科由于诸如发展起步迟、资源投入少、学科方向分散等原因造成其在高精尖的学术产出上表现平平。

4.高校学科学院调整优化后的运行机制不畅

部分高校在学科学院调整优化后，出现了学科资源分散、运行机制不畅、内耗和削弱比较严重等消极现象。由于机制不畅，导致本科教学薄弱，经费和资源不足，甚至发展近乎停滞乃至倒退。从顶层设计来看，由于缺乏制度落实、权责分明的机制，出现了明显的事理不顺、关系不清、矛盾交织、沟通不畅等问题，由此导致了资源分散、条件下降、规模缩减等突出问题。

(二)高校学科学院调整优化的问题成因

1.调整优化的行动计划定位不明、思路不清

我国经济文化发展的不平衡、区域社会经济需求的多样性与各高校办学条件的差异性，决定了高校学科发展必须走多样化的道路。但是，目前不少高校对学科特色凝练认识不清、定位不准、重视不够。一是不重视学科特色凝练。在学科设置和建设上，不是具体分析自身的基础和条件，努力形成自己的优势和特色，而是"赶热门""抢市场"，造成新的设置重复与资源浪费问题。所谓学科特色，是指高校在一定办学思想的指导下，在长期的办学实践中逐步形成的独特的、富有开创性的学科风貌。二是不重视学科的社会服务与区域属性。不少高校不是充分利用和依托学校所在区域经济和文化方面得天独厚的资源和市场优势，认真研究本地区的市场需求，形成“人无我有”的学科特色，而是有意无意地回避“地方性”。

2.调整优化的理论偏失导致目标异化

学科学院调整优化的理论与学科学院发展的适应性不够匹配。特别是，对于学科组织功用与领导力的发挥，没有系统的正确的认识。尽管学科组织因为各种原因已经生成，但是由于没有获得足够的理论引导，有时甚至还会出现理论偏颇，导致学科组织长期处在某种低度发育状态，不能步入成熟。从机制发挥来看，高校学科制度建设和学科组织建设难以保障学科的健康发展，尤其在发展过程中难以获取足够的资源支持。当前高校的资源配置奖励办法都在鼓励每一个学术人在学术上产出更多，一些学科在这样的学科制度安排下，为了求生存，不得不放逐自己的使命，一味投身到争取项目、发表论文这样狭窄的路径上，导致目标异化。

3.调整优化缺乏系统集成的激励机制

在长期的学科建设实践上，高校一直奉行着趋利避害的战略选择性，即扶强抑弱，而这样却无形中削弱了高校某些学科功能。尤其是在强调竞争、强调显性学术成果，每个学科都争创一流的热潮中，重显性轻潜功的风气遮蔽了大学学科某些职能发挥，甚至为了迎合某些指标而主动放弃和忽视了那些不容易计算得分的方面，比如人文学科。在政策选择上偏执地认为建设一流就是建设有限的几个所谓一流学科，由此出现“越强的学科无论怎么调整总是会获得更多的资源投入优势”的现象。获得更多资源投入的少数强势学科的优先发展固然不错，但这是以绞杀弱势学科出局为代价的。特别是，在绩效管理主义导向下，弱势学科被冷落甚至被放弃掉的现象时有发生，由此极大地打击了弱势学科建设群体的积极性。然而，这些弱势学科恰恰是高校学科体系的重要组成部分，是人才培养必备的基础性学科。诸多功利性“错杀”，必然会造成人才培养结构的另一种失衡。

4.调整优化的初心坚守不足且发生偏移

学科学院调整优化的初衷是促进学科发展、人才培养、学校振兴，为此，机构设置应趋于精简化、一体化，以实现学科资源的统一和力量的集中，由此不仅支撑一流学科发展，而且还能促使学科聚集力量，冲击重点学科。但是，由于部分高校在顶层设计时没能把各项事情理顺、关系理清、权责分明、制度落实、权力下放，致使相关合并学院、研究院、中心的管理产生矛盾，各方缺乏良性沟通，甚至因为拆分问题出现资源供给不足、科研力量分散、学科建设条件下降、学术规模缩减，乃至学生管理混乱、教师教学科研活动受限、实验仪器分配不合理等问题。

三、河南省高校学科学院调整优化的政策建议

高校学科学院调整优化、合理布局，既是教育问题，又是科技问题、产业问题，还是社会问题。其中，学科优化既关联当下的学科建设实践，链接科技发展和人才培养，又关乎社会稳定、教育发展，是一项牵涉面极广、影响度极大的教育决策。而紧跟学科调整优化的现实必然性，学院调整优化被提上议事日程。没有学院的调整，就不可能实现学科的真正优化。因此，学科学院调整优化需要有更好的政治站位，需要始终坚持以人民为中心的理念。

（一）精准定位行动计划，提升调整优化公众认知

高校学科学院调整优化依赖相适应的公众支持和精神支撑。提升公众对学科学院调整优化的认知，既是对部分公众认知偏差的有效应对，也是推进学科学院调整优化实现的精神助力。作为涉及多方面、多层次的复杂系统工程，学科学院调整优化不可避免地触及教师、学生、行业部门、社会各界等多个相关主体，如何满足不同主体的不同期待与诉求，需要采取有效措施，精准定位学科学院调整优化计划方案，不断提升广大师生和社会群体对学科学院调整优化价值的深层认知。

1.精准定位学科学院调整优化行动计划

计划是行动的先导，合理完善的行动计划对于后续项目的实施有着非常重要的意义。即便同处一个省，河南省不同高校的发展方向和发展目标各不相同，因为其所拥有的学科专业基础、资源优势各不相同，各高校学科学院调整优化行动计划也应各不相同。各校的学科学院调整优化行动计划是在其目前所拥有的各种资源基础（包括物质资源、人才资源、学科专业特色、地缘优势等）之上，结合高校自身未来发展方向所制定的独具特色的行动计划。各高校应在自己拟定的行动计划的指导下进行学科学院调整优化的战略部署，推动学科的合理化设置，提高学科的核心竞争力，推动学科高质量发展。

一是要明确本地社会发展需求。高校是社会系统的一部分，不是独立于社会之外的，为社会服务是其基本职能，也是其应担当的职责和使命。高校只有将其置于社会之中，明确社会的发展需求，才能精准定位学科学院调整优化行动计划，保证行动计划的科学性、合理性和有效性。

二是要明确高校自身发展方向和发展理念。随着社会的发展及高校自身的进步，高校需要定期调整和确定自己的发展方向，同时定期对自己的发展目标进行审视，及时发现发展中出现的问题并及时进行调整和修改，杜绝其偏离发展方向的可能。如近些年，河南某院校的学科专业建设取得了一定的成就，但与其“建设高水平应用型理工大学”的奋斗目标相比，还具有一定的差距，且前期发展过程中学科专业建设的问题和弊端也显现了出来，部分专业与社会发展的适应性不强、盲目扩大专业数量而忽视了专业质量的提升，专业优势不够明显等。这就需要其结合目前发展状况对学科学院进行调整优

化，坚定其发展目标，重新修订其学科学院调整优化行动计划。

三是要精准定位高校自身特色，并体现自身的特色优势。就目前而言，河南省经济的发展趋势是集群式发展，这就需要高校依托自身所具有的优势，与社会进行合作，实现学科学院调整优化及学科高质量发展。如河南某高校的名牌专业是机械制造与自动化专业，该校以该专业为龙头，构建以数控技术等10余个专业为支撑的专业群，较好地实现了学科之间的调整优化，推动了学科的高质量发展，也提高了学科的核心竞争力。

2.提升公众对学科学院调整优化的认知

高校学科学院调整优化需要公众的支持。如何提高各相关主体对于学科学院调整优化战略规划的认识，是推进学科学院调整优化战略实施的关键因素。

一是政府印发高校学科学院调整优化的相关政策，提升高校各管理部门、相关行业产业、社会公众对于高校学科学院调整优化的认识和了解，从而形成社会共识，推动高校学科学院调整优化的顺利进行，实现学科高质量发展。

二是更新师生思想观念。学科学院的调整与优化是高校事业发展的重大部署，涉及干部人事调整、教师转型等多个方面，所以更新教师和学生的思想观念、凝聚共识是顺利推进学科学院调整优化的前提。高校可以邀请教育部、河南省教育厅和其他高校的专家，开展针对教师和学生的相关讲座和会议，对专业建设、学科学院调整优化的背景及实践成效进行详细介绍，以达到更新师生思想观念的目的。

三是高校通过校内校外讲座及学校网站等多种形式，提升社会公众对学科学院调整优化的认识。如可以邀请教育部、河南省教育厅等部门和其他高校的专家开展相关讲座，介绍学科学院调整优化的时代背景、内涵意蕴、实践成效等；通过更新学校网站的新闻内容，增加社会公众了解学校发展改革的渠道，达到提升公众对学科学院调整优化认知的目的，从而推动高校学科学院调整优化战略规划的顺利推进。

3.平衡满足各主体间的不同期待与诉求

学科学院调整优化作为一项涉及多方面、多层次、持续性的复杂系统工程，不可避免地触及教师、学生、行业部门、社会各界等多个相关主体，如何平衡满足不同主体之间存在的不同期待与诉求，对于推动该复杂系统工程的顺利进行具有重要意义。

一是高校应了解自身学科发展现状并预测发展前景。由于时代的变化和社会的快速发展，各学科在其自身的发展过程中也面临着一定的挑战和机遇。有的学科不断调整完善，因而显得愈发具有生机和活力；有的学科则由于未能及时跟上社会变革的步伐，学科优势逐渐减弱，甚至出现本专业被取消的情况。高校可以运用现代信息技术对学科专业发展的现状和未来发展前景进行评估与预测，并以此作为一定的参考，推动学科学院的调整优化。

二是高校应与当地企业开展校企合作，在一定程度上满足社会企业的需求，实现校企双方的合作共赢。如河南省汽车工业发展优势较为明显，拥有宇通汽车股份有限公司等多家国内汽车行业的龙头企业，高校可以在了解社会企业需求的基础之上，开展校企合作，对学科学院进行调整优化，将优势专业与地方优势资源紧密结合起来，构建专业集群。这样既满足了社会企业的发展，同时也推动了高校学科学院的合理调整与优化。

三是高校应了解当下社会需求，并据此对学科学院进行调整优化，以此实现与社会需求的精准对接，与社会发展的"同频共振"，培养社会所需要的人才，实现高校与社会的共同发展。

（二）明确调整优化目标，统筹学科学院科学设置

依据人才培养和知识创新两大导向，高校应从协同规划、协同机制、协同内容等方面着手探索学科学院调整优化方案。学科布局需要顶层设计，为此高校应从顶层设计、组织建设和资源配置等多方面统筹考虑学科学院调整优化目标，统筹学科学院融合发展机制，在高校学科的生成性、自主性、内在关联性与满足国家、社会以及利益相关者的现实需求之间寻找衔接点，实现内外发展逻辑的统一。同时，高校应通过机制改革，构建以学科发展内外部协调、学科间相互支撑融通、学科与社会之间良好互动等为特征的学科生态系统，促进知识生产新模式与内外部逻辑的协调统一。

1.明确学科学院调整优化的总体目标

高等教育是教育系统的重要组成部分，其发展质量直接影响到教育强国的建设和推进。站在教育强国建设的高度，高等教育与其他教育类型优势互补、交叉融合，共同服务于"办好人民满意的教育"这一共同目标，服务于全面建设社会主义现代化国家、全面推进中华民族伟大复兴这一共同的伟大事业。

一是要树立高校学科学院调整优化赋能教育强国建设的目标。2019 年 2 月中共中央、国务院印发的《中国教育现代化2035》中提到，"到 2035 年，总体实现教育现代化，迈入教育强国行列，推动我国成为学习大国、人力资源强国和人才强国"。教育强国的建设离不开各教育类型的发展，也离不开各教育类型之间的合作与优势互补，尤其是高等教育要牢牢树立赋能教育强国建设的目标，在发展过程中不断对自己进行审视和调整，坚持教育、科技、人才"三位一体"统筹部署，以产教融合、科教融汇为方向，引领教育变革，培养为国家和社会服务的高质量高水平人才，通过学科学院的调整优化提升自身的教育质量。

二是要树立高校学科学院调整优化推动河南省建设发展的目标。作为河南省的高校，其具有为河南省开展社会服务的职责和使命，包括为社会培养所需要的高水平人才、为社会提供科技成果转化服务、传承和创新地方文化等。高校学科学院的调整优化有利于推动其与社会发展的密切融合，这不仅能够提升科技成果的转化率，提高劳动生产率，推动地方社会经济发展，还有利于将地方特色文化与校园文化相结合，促进地方文化的创新与发展。可以说，学科学院调整优化是新时代为了适应新的经济社会发展需求，满足人民群众对优质高等教育的期待的重要政策举措。

三是要树立高校学科学院调整优化提升自身办学质量的目标。高校制定并实施学科学院调整优化的发展战略，有助于各学科学院的合理设置，有助于鼓励强势学科带动弱势学科的发展，从而实现各学科的跨越式发展。学科是一个高校设置的基础，也是其基本组成要素。学科学院的合理设置，毫无疑问会在极大程度上提升高校的办学质量和办学实力，增强高校在全国高校圈内的核心竞争力，实现高校的内涵式高质量、高水平发展。

2.加强学科学院调整优化的顶层设计

从学科布局看,学科学院调整优化需要顶层设计。顶层设计是有序推进学科学院调整优化战略规划的前提和基础,指导着学科学院调整优化的整体推进,统筹着学科学院的融合发展机制,有助于在高校学科发展需要与国家、社会以及利益相关者的现实需求之间寻找到衔接点,实现其逻辑的统一。

一是政府制定学科学院调整优化的大政方针。地方政府通过制定相关的大政方针,明确学科学院调整优化的总体目标、发展方向、发展特色等,为各高校开展学科学院调整优化提供政策依据,并为各高校开展学科学院调整优化提供一定的发展自由,鼓励各高校依据自身的发展情况并结合社会实际,有序推进学科学院调整优化的战略规划。

二是学校立足于自身实际情况制定学科学院调整优化的相关制度规则。学校制定的关于学科学院调整优化的相关制度规则,应具备一定的稳定性,但同时也需要具有一定的灵活性。也就是,既不能频繁更换,也不能固守规则、不懂变通。从一般的建设策略看,各高校可以对优势学科或学科群进行战略性选择和重点关注,但是不能因为强调优势学科而忽略规模小但潜力大的学科,可以根据择需原则,也就是根据学科体系的内生发展需要以及学科职能的发挥比如人才培养加以考虑。

三是各学院在政府和学校的指导下,结合学院发展的实际情况及各专业的发展前景,制定学科学院调整优化的顶层设计。学科学院的调整优化关系各学科及学院是否能够健康、可持续发展,因此各学院应该对各专业的发展现状、专业内涵、专业外延等进行仔细的评估,同时也可与其他院系之间进行交流,合作探讨,共同推进学科学院调整优化。

3.构建多方面和谐发展的学科生态系统

构建良好的学科生态系统,能够推动高校学科学院的调整优化。反过来,学科学院调整优化的有序推进,有助于构建以学科发展内外部协调、学科间相互支撑融通等为特征的良好学科生态系统。

一是构建多方面和谐发展的学科生态系统需要注意协调不同学科的层次性。不同层级学科的发展顺序有区别,从一般的建设策略看,可以对优势学科或学科群进行战略性选择,以提升整个学科生态系统的活力和竞争力。但是,也不能因为强调优势学科而忽略规模小但潜力大的学科,也不能以学术 GDP 作为资源配置的唯一依据,更不能随意裁撤基本的学科建制。

二是构建多方面和谐发展的学科生态系统需要着眼于学科建设的全局。为此,应克服大学过度行政化的弊端,充分遵循学科生态系统发展的内在逻辑,通过构建全新的大学学科治理结构,充分满足学科建设各主体的合理价值诉求。只有在学科治理框架下,才能形成学科生态体系建设的合力。

三是构建多方面和谐发展的学科生态系统需要强势学科带动弱势学科的发展,实现学科之间的共同发展。具体而言,对于一流大学建设而言,就是先借助个别优势学科入围“双一流”的平台,充分利用国家集中投入资源建设的政策红利,在巩固扩大优势学科的同时,补齐弱势学科未能及时跟上的短板,而不是无视短板,甚至放弃短板。只有这样，才能形成既有利于优势学科“领跑”发展又促进弱势学科及时“跟进”发展的学科群落结构。

（三）丰富调整优化理论内涵，提高调整优化内生动力

学科的产生、发展和衰落，既有客观性，也有人为建构性。如何认识学科的自主性以及学科生成的外部条件，找到学科发展的内在规律，关注学科间的相互支撑和融通，挖掘学科集群的作用，以使学科建设发挥更大效益，都需要我们探索学科学院调整优化的理论认识，包括学科学院调整优化的系统集成理论、学术资源平衡配置理论，以及学科学院发展动力融合理论。只有通过理论创新，才能促使学科适应社会发展的现实需求、主动满足国家战略需求，并兼顾利益相关者的不同需求。

1.学科学院调整优化的系统集成理论

目前，多数学者认为系统集成是一种思想、一种观念、一种哲理，是一种指导信息系统建设总体规划、颁布实施的方法和策略。学科学院调整优化的系统集成理论，主要指学科与学科之间、学科与学院之间、学院与学院之间的集成整合情况，打造学科间的专业集群就是学科学院调整优化系统集成的一种方式。河南省的经济发展趋势是集群式发展，这就要求地方各高校的专业发展结构要适应区域经济发展需求，构建专业集群。以河南某高校为例，其坚持“围绕地方经济社会发展，契合区域产业需要，打造学科专业集群”原则，结合所在城市的现实发展情况，打造专业集群，并根据地区产业链的需要动态调整专业集群内各专业，促进了专业集群的整合与发展，形成了契合地方社会发展实际的应用型专业集群，促进了地方社会的整体发展。

2.学术资源平衡配置理论

学术资源即与学术研究相关的资源，传统意义上的学术资源主要指通过正式出版物发布的学术成果。本专题所指的学术资源既包括传统学术资源也包括社交媒体学术资源。随着信息技术的快速发展，相关调查显示，社交媒体学术资源非常丰富，远远超过了传统学术资源，数量庞大的社交媒体学术资源是如今研究人员获取学术资源的主要途径。学科专业的发展和创新离不开丰富的学术资源的支撑，因此高校在推进学科学院调整优化的战略规划时，要注意平衡对各学院各专业学术资源的配置，不能厚此薄彼，出现“偏爱”某个学院或专业的情况。

3.学科学院发展动力融合理论

学科学院调整优化的最终极目标是建设教育强国，而建设教育强国从生命线、保障两个方面赋予高校学科学院发展动力融合理论，为推动高等教育高质量发展提供了理论指导和实践依据。高质量发展是高等教育的生命线，若想推进高等教育整体高质量发展，需要高等教育系统中的每个要素实现高质量发展，包括加快高水平师资队伍的建设、完善教育评价制度等各个方面，从而实现高质量高等教育体系的构建。高等教育是建设教育强国的保障，只有实现了高等教育的高质量发展，高等教育对于建设教育强国的保障作用才能得以牢牢巩固，高等教育也才能在以中国式现代化全面推进中华民族伟大复兴中发挥重要作用。为此，高校要聚焦 2035 年建成教育强国、科技强国、人才强国的战

略目标，在教研一体、学科交叉、产教融合、科教融汇中不断丰富高等教育的新内涵。

（四）完善调整优化激励机制，发挥系统集成协同效应

当今世界，学科前沿的重大突破和重要创新成果大多是不同学科交叉、融合和汇聚的结果。学科交叉融合是一个合作共赢的过程，不是直接地“取其精华，去其糟粕”，更不是简单的割裂割除，而是依据多元主体需求找到学科与学科间的最大公约数，提出具有针对性的见解或解决方法。从某种意义来看，学科学院整合优化不是简单的同时学习两个领域的知识，这是孤立、静止的做法，反而会导致“1+1<2”的效果。学科学院调整优化应是不断突破、探索未知的“旅途”。改变传统单一学科人才培养模式，满足社会发展多元需要及科技创新的复杂要求，需要高校完善调整激励机制，发挥系统集成协同效应。

1.创新基础支撑机制，为学科交叉融合提供源动力

如今我们正面临着“世界百年未有之大变局”的关键时期，离散、陈旧的学科体系已不能适应时代和社会的发展，运用系统性思维、整合多学科力量、实现学科交叉融合显得无比重要。基础制度的健全和完善为学科交叉融合发展与深入推进起着奠基性的作用。

一是高校要成立学科交叉融合的领导小组，统筹管理校内学科交叉建设和融合发展的情况，协商制定学科交叉融合的相关制度和规则，加强校内学科交叉融合的顶层设计，统筹整合校内可用的学科资源、人才资源等优势资源，为学科交叉融合的发展提供基础保障。

二是高校要构建灵活的交叉学科教师选聘机制。交叉学科教师的能力强弱、质量高低直接影响交叉学科人才的培养效果，灵活高效的教师选聘机制是交叉学科发展的重要保障。在交叉学科实行前期，高校可以根据实际需要鼓励研究人员跨学院、跨学科流动，并保证流动研究人员的科研和教学考核、薪酬待遇等仍在原学科。随着交叉学科实践的日益成熟，高校可以根据学科研究方向和未来发展需求扩大选聘范围，面向校内外聘用交叉学科教师，不断完善交叉学科教师选聘机制，提高教师队伍的活力和质量，从而实现交叉学科的深度融合和高质量发展。

三是高校要利用自身已有优势及现代信息化技术为学科交叉融合搭建平台，积极组织并参与校校之间的学术论坛，鼓励教师自由组建学科交叉的师资团队，为教师之间开展跨学科的交流合作提供桥梁和机会，为学科交叉融合发展提供广阔的平台，推动学科与学科之间的碰撞、交流与合作。

2.创新关键保障机制，为学科交叉融合提供政策引领力

交叉学科深度发展的核心在于人，因此要完善调整评价体系及激励机制，充分发挥人才优势，赋能学科深度交叉融合。

一是要健全贡献导向的学科交叉学术评价机制。要构建氛围轻松民主、基于充分沟通和理解的多元评价机制，建立定量与定性相结合、结果与过程相结合的学科交叉学术评价体系，尽可能保障学科交叉融合的顺利深入。高校在设立校学术委员会的基础之上，可以设立由校内外专家共同组成的交叉学科学术委员会，专门负责校内学科交叉融合评价、交叉学科教师的选聘与管理、交叉学科学术人才培养方案的修订与完善等。

二是要加强同行评议制度体系建设，优化同行评议委员会的成员组成，尽可能选择具有跨学科背景的同行专家、专业领域的领军人物等知名专家，同时保证每个支撑学科都拥有一定数额的专家成员。此外，高校要打破原有单一学科的成果归属认定模式，探索跨学科合作成果多学科互认机制，承认参与人员对于交叉学科的贡献，充分保障参与教师的利益所得。

三是要完善学科交叉的支持激励政策。由于交叉学科的建设和发展是一项较为复杂的系统性工程，毫无疑问需要政府的参与和支持。对于一些基础较好、学科实力较强的高校，地方政府可以允许、支持和鼓励他们自主设置交叉学科、自主探索学科交叉的融合发展机制，并在发展后期作为示范榜样引领省内、国内其他高校开展跨学科交叉研究；对于学科实力相对较弱、学科专业优势不够的高校，地方政府可以为其提供学科交叉融合发展的相关指导，如邀请在跨学科领域发展较好的高校知名专家开展讲座，支持该类高校到其他高校进行研讨学习，必要情况下还可以为该类高校提供一定的人力资源、物质支撑等。

3.创新持续发展机制，为学科交叉融合提供发展永动力

在建设教育强国的过程中，学科的内涵式发展和高质量发展至关重要，这就离不开学科之间的深度交叉融合，因此高校要敢于突破陈旧、勇于创新，改变固有的、传统的思维模式，创新学科交叉融合的持续发展机制，充分激发跨学科研究的活力，释放学科发展的内生动力。

一是要优化宏观调控与高效相结合的学科交叉资源配置机制。从政府层面来说，政府应该在现有的科研管理体制下，适度减少政府层面主导的科研项目，将自主权下放给各个高校，为高校开展交叉学科的探索提供更多自由空间和自主权，并且为高校提供充足的经费支持以支持其不断创新。从高校层面来说，高校要充分利用和聚合已有的优势资源，加大对交叉学科的建设和投入，积极推进不同院系之间、院系与企业之间合作共建、共治、共享交叉学科研究机构。高校可以统筹学校经费的使用，设立交叉学科建设的专项基金，并制定完善的基金投入使用的相关规则，以推进学科交叉的深度融合发展，如高校可以建立全校通用的仪器设备平台和数据库，实现科研资源的开放共享。

二是要完善开放包容的学科交叉文化建设机制。不同学科之间本身就存在一定的差异，因此在合作过程中不可避免会出现一些问题与矛盾。高校应构建和而不同、合作共赢的健康学术生态，不断提升交叉学科的发展质量和融合深度，营造自由、民主、轻松的学科交叉发展氛围。高校可以通过创设平等的交流对话机制，为不同学科之间进行沟通交流提供良好的平台，促进不同学科学者之间的相互尊重、理解和支持，最终达到跨学科发展的目标。

三是要建立优势学科带动弱势学科发展的长效机制。各高校都有自己的优势学科，同时也存在一定的弱势学科，要想深入推进学科之间的交叉融合发展，需要考虑建立以优势学科带动弱势学科发展的长效机制。优势学科需要在学科建设经验、学科前沿带动、学科领域拓展等方面和弱势学科对接。换句话说，优势学科在自身快速发展的过程中，不单要考虑自身发展，还要能及时反哺相关弱势学科，实现优势带动弱势、弱势快速跟进并支撑优势的良性发展态势，实现不同学科的和谐共生。以郑州大学为例，风景园林学科是学校的特色优势学科。近年来,该学科依托自身厚重的学科历史优势,通过城市森林生态、园林植物、城市规划、景观设计的学科领域优势,交叉融合带动了学校艺术学科下的环境艺术设计、景观艺术设计以及管理学学科下的旅游管理专业等的快速发展。林业学科和生态学学科是该校的传统优势学科,近年来通过学科之间的交叉融合,带动了英语、新闻学等弱势学科的进步。

(五)强化调整优化中的民本意识,践行教师中心理念

面向2035的高校学科优化调整布局是一项系统性工程,需要将多元学科建设主体发展为协同参与的"合作生产者",共同致力于学科生态系统的构建。为此,需要明确多元主体的权责,建立多主体协同联动的宏观管理机制。其中,特别应践行以教师为中心的学科学院调整优化理念,强调学科学院调整优化的民本意识,构建协调多主体利益的协同联动机制。

1.明确多元主体的权责,建立多主体协同联动的宏观管理机制

高校学科学院调整优化是一项复杂的系统性工程,涉及多方参与主体,需要明确各主体的职责,建立多主体协同联动的宏观管理机制。高校学科建设的实施涉及中央和地方两级政府,也涉及多部门的分管领域,同时还涉及高校、二级学院、企业单位等各种组织和机构。因此,构建协调多主体利益的协同联动机制是协调多主体利益需求的必然选择。

具体而言,政府是统筹规划高校学科建设的主导力量,中央政府统筹全国和各部委,地方政府统筹辖区内高校的学科建设,提供相应的条件保障支持,包括相关政策支持、经费支持、平台支持等,以实现将学科建设落到实处的目的。高校是学科建设的实施主体,应通过学科建设回应政府的主要战略要求,如加强对自身学科学院调整优化的顶层设计,组织召开学科学院调整优化的相关会议等,这就要求政府赋予高校更多的学科建设自主权。二级学院是学科建设的具体执行者,要从国家大局出发,走出本学科和小部门的局限,避免陷入封闭的学科逻辑以及僵化的学科本位意识当中,加强同其他学院的沟通与交流,在互通共享中实现双方的共同发展。企业单位等社会机构是高校学科建设的重要推动者,应从社会发展需求出发,对高校的学科建设提出建议,并积极主动与高校开展校企合作,打造校企合作的平台,为高校提供科研实践基地,提高科研成果的转化率,提升社会生产率,并与高校一起积极推动所在领域的科技创新、产业升级等,以实现高校和企业的共赢发展。

2.践行以教师为中心的学科学院调整优化理念

当今,世界百年未有之大变局加速演进,科技革命和产业革命深入发展,国与国之间的竞争越来越激烈。归根到底,国与国之间的竞争是高水平人才的竞争。高校推进学科学院调整优化战略规划,就必须重视教师在其中所发挥的重要作用。

一是要树立"教师是教育强国建设的战略人才""教师是实现学科学院调整优化必不可少的人才资源"的理念,从观念上认同教师在学科学院调整优化战略进程中所发挥的重大作用,尊重教师对学科学院调整优化战略规划提出自己的想法和意见的权利,高校

各管理层都应充分重视教师的意见和建议。

二是要鼓励教师实际参与学科学院调整优化改革实践,并鼓励其以报告等多种形式进行实践反馈。学校应依据教师所发现的问题与所提的建议,及时对学科学院调整优化方案与实践进行完善和修改,并依据教师的表现给予其一定的物质奖励和精神奖励。

三是要充分发挥待遇保障制度的激励功能,激发教师队伍活力和创造性。由于教师职业具有一定的稳定性,教师队伍的活力和创造性在一定程度上难以被激发。高校可以通过绩效工资制度、职称制度等制度的完善和改革来激发教师在学科学院调整优化中的积极性,使其充分发挥自身的力量,推动学科学院调整优化战略规划的顺利进行。

3.构建协调多主体利益的协同联动机制

由于学科学院调整优化是一项复杂的系统性工程,涉及多方参与主体,因此构建协调多主体利益的协同联动机制是推动高校学科学院调整优化顺利进行的重要保障。

一是要充分考虑社会发展的现实需求。学科是人类对自然界和社会系统性认识的成果,因此学科发展既有知识增长和深化的本体价值,也有推动社会发展的功用价值,同时学科的发展离不开所在社会的支持。高校学科学院调整优化必须充分考虑所在国家和地区的现实发展需要。我国正处于高质量发展的社会转型期,产业升级、技术更新换代、提质增效等都需要学科的深度参与和支持。

二是要主动满足高校发展的战略需要。高校发展战略引领着高校未来的发展方向,是关系高校自身竞争力的关键所在。学科学院调整优化的提出和实施不仅需要立足于学科专业自身发展的实际情况和未来方向,而且需要了解并主动满足高校发展的战略需要。这样不仅能够优化学院院系、学科专业的结构,使其更为合理,而且能够实现优势学科带动弱势学科发展、推动高精尖学科发展、增强高校学科竞争力和知名度的目的。

三是要不断完善教师的激励保障制度。学科学院的调整优化必然会涉及和改变教师的利益分配与利益所得,而教师是推动学科学院调整优化战略规划持续发展的核心要素,因此高校应不断完善各学院各专业教师的激励保障制度,协调学科教师的利益分配,保障教师的利益所得,从而激发学科教师队伍的活力和创造性,激励教师在学科学院调整优化中积极参与、主动建言献策,以实现高校学科学院调整优化的深入发展。

(六)创新学科领导选拔制度,发挥干部领头雁的作用

创新学科领导制度,完善学科领导选拔任用长效机制,是激发学科发展活力的组织保障。首先,既要建立起对学科本身的评价机制,又要构建起针对学科领导的选拔任用机制和更为科学的学科领导评价体系,充分考虑不同类型的学科特性和学科领导风格。其次,应引进多元评价主体,并在学科领导选拔中真正发挥作用。

1.完善学科领导遴选机制

从某种程度上来讲,高校学科学院调整优化能否取得预期成果和成功,最为关键的一环就在于学科领导能否发挥有效的领导作用。因此,若想持续推进和深化高校学科学院调整优化战略部署,就必须建立合理的、完善的学科领导遴选机制。高校学科学院调整优化的推进固然离不开资金、制度等各种物质资源保障,但仅凭这些物质资源是远远

不够的。完善学科领导遴选机制、建设专业化领导干部队伍是激发学科发展活力、推动学科交叉融合发展、创新学科学院调整优化的关键因素。2017 年,中共中央组织部、教育部发布关于印发《高等学校领导人员管理暂行办法》的通知。该文件提到,选拔高等学校领导人员一般采取学校内部推选、外部选派、竞争(聘)上岗、公开遴选等方式进行,也可以探索其他有利于优秀人才脱颖而出的选拔方式。选拔方式的合理、公正、有效正是选拔有能力的学科领导、构建高效干部队伍的基础和保障,因此完善学科领导遴选制度是推动高校学科学院调整优化、提高高校学科核心竞争力的重要条件。

一是要明确学科未来的发展方向和发展理念。学科的发展在某种程度上取决于学科领导的发展理念和执行能力。在学科领导的遴选过程中,应该将"是否拥有规划学科未来发展方向和发展理念的能力"作为重要的选拔标准之一,如是否具有推动学科交叉融合发展的理念和能力,基于现状如何对学科学院进行调整优化,等等,并将其理念与高校自身发展方向和理念相比较,看其是否适合学科领导的职位,以此实现人才的有效选拔。

二是要扩大学科领导的遴选范围并公开进行遴选。高校可以在自身原有遴选制度的基础上,把对学科领导的岗位要求的相关信息公布在学校官网、全国性教育网站上,在全国范围内遴选学科领导。高校也可以主动出击,吸引某学科内的顶尖人物来校任职。通过多种公开的遴选流程建立起一支优秀、专业的学科领导干部队伍,使学科学院在其带领下走出一条独具特色、成果突出的学科学院调整优化道路。

三是要完善选聘程序,规范聘用合同。选聘管理人员、签订聘用合同要坚持"平等自愿、协商一致"的原则,保证双方的平等地位,维护被聘人员的合法权益。

2.构建多元评价制度体系

评价作为一种价值判断活动,具有鲜明的价值取向。多元评价制度体系的建立有助于学科领导真正发挥其自身作用,促进高校学科学院调整优化的战略实施。多元评价制度体系的构建和完善是学科学院调整优化的关键一步。如果仅仅完善学科领导遴选制度而不改变评价标准,评价标准所具有的强烈导向作用可能会导致改革成效不佳。

一是要引进多元评价主体,并在学科领导选拔中真正发挥作用。高校组织部门、教师团队、学生代表以及第三方评价机构等都可以对学科领导进行评价,尤其在资格审查、作用机制、领导能力、人格魅力、道德操守等方面深度参与,将学科管理效果纳入学科领导评价中。

二是要建立过程为主的评价体系。评价的目的是及时发现实践过程中的不足并采取补救措施,以保证改革达到最佳成效。因此,各评价主体要定期开展过程性评价,围绕学科学院调整优化的实际过程进行观察和评价,形成一定的评价报告,发挥过程性评价对于学科学院改革的诊断和纠正作用。

三是要坚持评价结果的决策导向。评价不应该是目标导向而应该是决策导向的,即评价是为决策提供信息的科学,其最重要的目的在于改进而不是证明,其目标是构建与决策情景相一致、决策导向的评价体系。因此,高校在构建评价制度体系时,应引进多元评价主体,建立以过程为主、决策导向的多元评价制度体系,以促进高校学科学院调整优化进程的不断推进和深入,提高高校核心竞争力,推动高校高质量、内涵式发展,助力高等教育强国的建设。

3.充分发挥领导干部作用

"当正确的政策方针制定之后,干部是关键"。合理的方针政策必须经过执行者的恰当执行才能发挥其真正的作用,达到预期目标,否则再好的方针政策也会变成一纸空文或不能得到合理贯彻。调整优化高校学科学院设置,就必须充分发挥好领导干部的作用,抓住领导干部这一"关键少数",落实高校学科学院调整优化发展战略,提高调整优化效果。执行落实高校的发展战略部署,是学科领导干部的职责和使命。学科学院的调整和优化,必然会涉及部分教师及工作人员的利益调整,这就需要领导干部以身作则,积极发挥自身的榜样作用,积极引导、调解矛盾,耐心做好各人员的思想工作。如为了统筹规划高校学科学院专业布局的调整与改革,部分高校相继出台了关于调整校内中层机构的通知和文件,坚持"职责明确、精简高效、人岗适配、人尽其才"的调整原则,对原有管理机构进行合并重组,提高管理人员的工作效率,对领导干部进行全面调整和考核,把一批有着坚定理想信念、较强专业能力、敢于冒险勇于担当的优秀干部充实到教学、科研和服务岗位中去,以此优化学校内部运行机制,形成权责一致、监督有效、执行高效的领导干部队伍,从而推动学科学院调整优化,提高高校学科核心竞争力,推动高校高质量发展。

(七)淡化调整优化中的官僚意识,强化资源配置均等理念

当前高校学科学院调整优化过度行政化,不利于形成优势学科"领跑"发展同时促进弱势学科及时"跟进"发展的学科群落结构,也就不利于学科学院调整优化生态系统活力的发挥与竞争力的凝聚。有必要改变官僚主义治理惯习,通过构建全新的学科治理结构,形成学科生态体系建设的合力,达到学科优化善治之目的。

1.明确行政权和学术权之间的关系

高校内部天然存在着两种权力——行政权力和学术权力,它们之间是相互交织的关系,是一个矛盾统一体,二者不存在完全独立和脱离彼此的情况。针对当前高校在学科学院调整优化中所出现的过度行政化的弊端及官僚主义的治理惯习,需要明确行政权和学术权之间的关系,对二者进行平衡,以促进高校的学科学院调整优化。

一是在理念层面明确行政权和学术权的职责。"党委领导、校长治校、专家治学",应是我国高校建设努力的方向。若权力的边界范围不够明确,那么在行使权力的过程中必将出现越位的现象,导致权力之间的矛盾与冲突。高校党委、以校长为首的高校行政人员、以专家学者为首的学术群体分别负责高校的领导监督、管理保障、科学研究,应当各司其职。

二是在操作层面充分发挥行政权力和学术权力各自的作用。行政权力和学术权力的发挥,其最终目的都是服务于高校的建设、发展及繁荣。在高校进行学科学院调整优化的过程中,既要看到行政权力实施过程中科层制结构提升了工作的效率、为学术研究的开展提供了基础性保障,同时也要防止过度行政化的弊端,使其与学术权力相互配合、相辅相成,共同推进高校学科学院调整优化战略规划的实施,提高高校的学科专业实力和核心竞争力。

三是在文化层面确立学术权力和行政权力互为支撑的价值取向。高校中的行政权力和学术权力代表着不同的文化取向。行政权力追求高效、规章,学术权力追求自由、自治。二者在推动高校发展、实施学科学院调整优化战略的过程中都起着不可替代的作用,我们不可夸大其中一方的作用而忽视另一方,更不可企图以弱化一方作用的形式来发展另一方。二者虽然在发挥作用的形式上有所不同,但目的是相同的,因此我们可以通过整合高校整体文化,确保行政权力与学术权力形成合力。

2.深化以学科为基础的资源配置改革

合理配置资源是推动学科学院调整优化、持续发展的有力抓手,深化以学科为基础的资源配置改革是保障学科学院调整优化战略规划顺利实施的保障。

一是要构建政府主导的基础学科持续性资源配置模式。基础学科的发展一般需要较多资金支持,再加上基础学科通常都有资金投入与成果产出不完全匹配的特点,所以在当下的资源配置模式中很难得到应有的重视。基础学科的资源配置更多应是政府责任,要考虑其长远性、公共性,而不能依靠市场,只注重效益。

二是要建立市场主导的应用学科绩效型资源配置模式。对一些应用性较强的学科,可以充分引入市场机制,通过校企合作等方式,使学科的发展成果能够真正应用到社会中,促进社会经济文化水平的提高。市场机制通过学科建设的绩效来引导资源配置,这样能够发挥应用型学科的特点和优势,激发学科创新活力,改变高校资源配置中的“等、靠、要”思维。

三是要建立政府和市场结合的新兴学科资源配置模式。新兴学科一般都具有一定的产业前景,对产业转型升级、产业链重塑等具有重要意义。因此,构建政府和市场相结合的新兴学科资源配置模式,既能更有效地满足国家战略需要,又能和企业的需要紧密结合在一起,有利于实现学科学院调整优化总体布局。

3.因科制宜合理配置学科资源

合理配置学科资源是对高校治理能力和水平的极大考验。不同学科专业在其自身的发展过程中对于资源规模、质量的要求各不相同,高校有责任结合各学科发展的实际情况进行学科资源的合理配置。

一是高校要围绕发展战略目标,做好学科学院调整优化的顶层设计,采取学科之间的差异化发展策略,避免“一刀切”的资源配置方式,并加强绩效评价和动态监管。为此,高校应坚持走自身的特色发展道路,集中优质资源支持重点特色学科建设、支持学科学院调整优化,以实现学院院系、学科专业结构的合理化。

二是高校要引导学科特色发展,汇聚优质资源形成竞争优势。目前我国高校普遍存在办学特色不明、学科特色不强的问题。因此,高校在其内部推动学科学院调整优化的过程中,要鼓励各个学科形成自己的学科特色,并采取适度的优先发展策略,将一定的优势资源向特色学科倾斜,努力做到“人无我有,人有我精”,从而提高自身的辨识度,扩大学科影响,以差异化竞争汇聚更多的资源,形成可持续发展的学科发展长效机制和模式。

三是高校要优化学科资源配置机制和生态体系。首先,学科生态治理需要注意协调不同学科的层次性,因为不同层级学科的发展顺序有区别。其次,高校在注重和推动优势学科和学科群发展的同时,也要照顾到弱势学科的需求,在实现优势学科领跑发展的同时实现弱势学科的跟跑发展。再次,学科资源的合理配置必须从学科生态建设的全局着眼,充分遵循其内在的发展逻辑。具体而言,就是先集中学科资源推动优势学科的发展,使其达到一定的发展高度,然后在巩固和扩大其优势的基础之上,带动弱势学科的发展,实现学科资源的错时合理配置。

(八)精心培育学科文化,彰显调整优化新动力

学科文化是直接指向和作用于学科建设的精神要素。所谓学科文化,就是在学科形成和发展过程中形成的学科特有的语言、理念、价值标准、思维方式、伦理规范等。培育学科文化首要的就是树立学术自信,即立足于本学科做出一流业绩的信念。学科学院调整优化不仅需要借助外部性的发展势能,更要依赖学科内部的文化精神,凝聚学科文化,构建特定学科的学术标准和学术规则,并使之成为学科团队的学者共识。这既是彰显学科调整动力的有效举措,也是回归学科的人才培养本位,开辟学科优化崛起的可靠路径。

1.推进学科物质文化建设,发挥学科文化辐射作用

学科文化是学科和文化的结合,体现了该学科的性质特点与价值追求。学科物质文化是学科文化的基础,推进学科物质文化建设,有利于为培育学科文化奠定良好的基础。

一是要逐步改善学科教学硬件基础。高校在探索培育学科文化的过程中,需要将学科物质文化建设作为重要的方向和内容,针对学科物质文化建设的现状开展多角度、系统性的分析,在有效改善学科物质文化建设现状的基础之上,为精心培育学科文化奠定良好基础。如通过改善和更新实验室的设备仪器,为研究人员提供一个设备完善的研究环境,以此让研究人员能够更好地参与科研工作,发挥学科文化辐射作用,营造健康的学科学术氛围。

二是要及时进行数据库的建设、维护和更新。如今我们已经进入了信息时代,信息技术的发展为我们进行数据资源的记录提供了非常大的便利。在推进学科物质文化建设的过程中,要将数据库资源的整合作为建设重点。高校应该把握不同学科的实际发展情况,提高对数据库建设的重视程度,尽力打造专业的数据库建设队伍,使建成的数据库能够为高校学科育人、科学研究提供一定的服务,发挥学科文化辐射作用,彰显学科新的动力。

2.加强学科制度文化建设,构建规范的文化管理体制

学科制度文化建设工作的开展和推进能为学科建设、发展、自我完善提供强有力的支持。加强学科制度文化建设,能够充分发挥制度保障的作用,形成良好的学科文化建设氛围,从而为学科自身的发展提供强有力的支撑,增强学科建设的规范性和有序性。

一是改革学术评价制度,注重论文成果的质量。在学科制度文化建设工作中,要完善论文学术评价制度体系,提高高校学术论文质量,以此引领学术研究工作的高效发展。与此同时,高校应该在学术论文评价指标体系中,适当增加创新性评价指标的权重,不重“量”而重“质”,严格规避论文千篇一律的情况,鼓励师生提高创新意识,发展发散性思

维,创新学术成果。

二是平衡教学与科研之间的关系。从高校所具有的职能来看,教学和科研本身就是其基本职能。从学科文化建设方面来看,教学与科研本来就存在着密切的联系,呈现出相辅相成的状态。因此,在学科制度文化建设中,应该有意识地平衡教学与科研之间的关系。目前我国部分高校教师呈现出“重科研、轻教学”的现状,原因在于科研成就对其职称评定、薪酬绩效等发挥着比教学更为重要的作用。因此,在学科制度文化建设的过程中,高校应该结合不同学科专业的特点和性质对学科教师评定工作进行科学的定位,有意识地平衡教学与科研之间的关系,并在原有的评价指标的基础之上,对教师职称评定等工作进行系统的优化,使教学和科研处于平衡状态,助力学科文化的培育。

3.创新学科精神文化建设,形成融洽文化合作氛围

学科精神文化是学科文化的重要组成部分,不仅能够促进精神文化体系的构建,而且能够增强师生的归属感和集体荣誉感,提高学科团队的凝聚力和团结力。高校应把学科精神文化的建设和发展作为重点,营造温馨融洽的学科文化氛围,促使学科焕发出新的发展活力与动力。

一是重视学科团队凝聚力的提升,打造团结一心的学科建设团队。高质量的学科团队能为学科精神文化的建设提供强有力的支持,同时也有助于全面促进学科建设工作的系统创新。高校要结合学科团队的发展现状,制定明确、长远的可持续发展目标,关注学科建设的前沿问题,构建自由开放的学科交流平台,必要情况下可以引进先进学者参与学科团队的建设,以提高学科团队的质量。此外,在学科团队建设的过程中,要重点提升学科带头人的领导能力,鼓励学科团队成员积极主动地参与到学科团队的建设中去,在融洽的文化熏陶氛围中为学科团队的建设作出贡献。

二是践行以人为本的管理思想,提高教师的学科归属感。在创新学科精神文化建设的过程中,要坚持“以人为本”的管理思想和管理原则,从尊重人、理解人、关爱人等方面对学科管理工作进行创新,营造融洽、和谐、温馨的文化氛围,使教师在该种氛围中增强自身的认同感和归属感,促进学科建设工作的系统推进。此外,还要注重学科团队成员之间良好人际关系的建立,鼓励教师积极参加各种学术活动,为学科文化建设贡献自己的力量。

三是渗透跨文化思想,促进跨学科交流合作。学科文化建设工作不是单一的、片面的,而是系统的、融合的。因此,在培育学科文化的过程中,可以尝试引入学科融合交流的思想,促进交叉学科的融合发展,以打破学科与学科之间的屏障与藩篱,在多学科协同发展的基础之上实现多学科之间的文化交流和思想融合,推动学科精神文化建设。为此,高校应有意识地鼓励教师开展跨学科的交流与研究,加强学科与学科之间的横向联系,促进学科之间的融合发展,从而显著增强学科文化建设的综合效果,为学科发展注入新的活力与动力。

专题六　河南省本科院校“院办校”改革研究

大学内部治理体系创新对于高等教育质量和大学办学水平的提升具有重要意义。为了改变大学发展动力机制，激活学院的办学活力，20 世纪 90 年代末我国许多高校开始尝试校院两级管理体制改革，“学院办大学”成为众多高校校院两级管理体制改革的目标。经过十多年的探索，现在已经进入了改革的攻坚期和深水期。在我国高等教育进入深化高等教育综合改革，实现高质量内涵式发展背景下，践行“学院办大学”，深化大学内部管理体制改革，进一步扩大学院办学自主权，优化大学内部治理体系，对于实现治理体系和治理能力现代化具有不可替代的重要作用和现实意义。

一、“学院办大学”改革的现实动因

“学院办大学”（以下简称“院办校”）是校院两级管理体制改革中的一种模式。校院两级管理体制改革是指通过学校分权和管理重心下移，明确学校和学院的责任和权利，使学校由原来的决策与管理中心转变为决策中心，以宏观决策、制度建设和监督服务为主；学院成为具体的管理中心，在学校指导下相对独立地履行教学、科研、社会服务等管理职能，形成学校宏观决策、部门协调配合、学院实体运行的管理模式。

在校院两级管理体制改革过程中，伴随系和教研室的数量逐渐减少，越来越多的大学将学院纳入直辖管理范围，这一变化引发了由“学校办学院”（以下简称“校办院”）向“院办校”的转变热潮。“院办校”改革的基本单位是二级学院，核心思想是强化学院在大学改革创新中的主体地位，而学校层面的工作则主要为学院改革和发展提供支持。在学校分权和管理重心下移的过程中，明确学校和学院各自的职责和权限，学校宏观调控指导，学院实现自治发展。

（一）高校办学规模快速膨胀的迫切要求

20 世纪末以来，伴随大学扩招与大学合并政策的出台与落地，我国高等教育规模迅速膨胀，自 2000 年至 2022 年，全国高校录取人数从220.6万人增至1 014.5万人，增长约4.6倍①。学生人数增长，专业数量增加，各个学科专业都有自己的特点和规律，学院和学校的管理对象都更加多元和复杂，很难用统一的标准进行管理和评价。学校的管理幅度迅速扩大，原有管理体制难以满足现实状况和发展的需要，因此需要厘清职责，分解责任，简政放权，把权力从学校层面下放给学院层面，增强学院层面的办学自主性与管理实

① 数据来源于国家统计局《2022 年中国统计年鉴》。

体性，缓解学校层面的管理压力。作为学校里的基层组织，学院能够更加灵活，也更加及时地根据社会需求对自己的办学方向进行调整，做出快速准确的反应和决策，提升学校的核心竞争力。

（二）新时期“双一流”建设的战略决定

“双一流”是国家于2017年提出的战略性教育目标，旨在提升中国高等教育国际竞争力和综合实力，为实现中国梦提供有力支持。建设世界一流大学、一流学科，标准是中国特色和世界一流的有机融合。大学本质上是以高深知识为基本元素，以学科专业为基础的学术共同体，一流学科是一流大学的基本载体和重要依托。作为基层学术组织的学院，承载学科建设的重任，直面教师、学生和学科发展的最新需求，最了解学科发展的动态与现状，具有成为一流学科建设的天然优势。只有结合学校实际进一步改革和创新现有校院两级管理体制，使学院真正形成制度健全、运行良好的自治主体，实现学校与学院的协同共治，才能真正提高学科建设水平，为创建世界一流大学奠定基础。

（三）构建中国特色现代大学制度的基本任务

《国家中长期教育改革和发展规划纲要（2010—2020年）》是中国进入21世纪之后的第一个教育规划，是指导全国教育改革和发展的纲领性文件，文件明确提出要完善中国特色现代大学制度。2014年7月，教育部印发《关于进一步落实和扩大高校办学自主权完善高校内部治理结构的意见》（教改办〔2014〕2号），对扩大高校办学自主权作出全面部署，提出对由学校自主决定的事项，要逐项完善决策机制与程序。要理顺校院两级管理体制，进一步向院系放权，调动基层组织积极性。中国特色现代大学制度在宏观层面包括高等教育体制等内容，微观层面包括大学内部治理结构等。相对于大学外部关系，现代大学制度建设中学校内部治理的协调、规范任务更为突出①。而“院办校”有利于调整优化大学内部治理结构，利于解决当前校院关系矛盾突出问题，也有利于破解大学内部发展不充分的问题。深化“院办校”改革是建设中国现代大学制度的基点和突破口。

二、“学院办大学”改革的政策驱动与导向

大学内部治理结构的变革不是孤立的领域，其所处时代的政治、经济与社会的发展变化影响着大学治理变革，这种影响是通过国家层面的高等教育政策变革进行传导的。1950年以来，党和国家颁布了一系列涉及高校内部管理体制的政策性文件（见表6-1），为我国高校内部治理改革提供了重要的依据和指导。

---

① 许杰.深化校院两级管理：经验与思索[J].国家教育行政学院学报，2016(1)：42.

表 6-1　1950 年以来党和国家颁布的部分涉及高校内部管理体制的政策性文件

年　份	文件名
1950 年	《高等学校暂行规程》
1956 年	《关于教育工作的指示》
1961 年	《中华人民共和国教育部直属高等学校暂行工作条例(草案)》
1978 年	《全国重点高等学校暂行工作条例(试行草案)》
1980 年	《关于加强高等学校领导班子建设的意见》
1983 年	《关于调整改革和加速发展高等教育若干问题的意见》
1985 年	《中共中央关于教育体制改革的决定》
1990 年	《关于加强高等学校党的建设的意见》
1992 年	《关于直属高校内部管理体制改革的若干意见》
1993 年	《中国教育改革和发展纲要》
1995 年	《中华人民共和国教育法》
1996 年	《中国共产党普通高等学校基层组织条例》
1998 年	《普通高等学校党建工作基本标准》
1999 年	《中华人民共和国高等教育法》
2010 年	《国家中长期教育改革和发展规划纲要(2010—2020 年)》
2014 年	《关于落实和扩大高校办学自主权完善内部治理结构的意见》
2017 年	《关于深化高等教育领域简政放权放管结合优化服务改革的若干意见》
2018 年	《关于高等学校加快双一流建设的指导意见》

(一)初步建立内部管理体制框架

1950 年《高等学校暂行规程》的颁布标志着新中国高等教育制度的初步确立。规定大学及专门学院采取校(院)长负责制,在校(院)长领导下设校(院)务委员会,系为教学行政的基层组织,由系主任负责。1952 年后,全国大部分高校开始围绕社会主义建设时期对人才的专业知识需求和人才培养目标,学习借鉴苏联的经验,进行院系调整。通过调整和改革,基本取消了原有系科庞杂、不能适应培养国家建设干部需要的旧制大学,改组成为培养目标明确的新制大学。

1956 年 5 月,高等教育部颁布的《中华人民共和国高等学校章程(草案)》规定高校是校、院长负责制,校长、院长是学校的领导核心,领导学校的全部工作,代表学校处理一切问题。随后,中共中央、国务院颁布的《关于教育工作的指示》提出高校应当实行党委领导下的校务委员会负责制,党委不仅是高校的政治领导核心,而且是最高决策和管理机构,能够保证党的各项政策得到完全贯彻。与此同时,部分高校的院系也紧随其动,实行了系党总支委员会领导下的系务委员会。

1961 年 9 月,《教育部直属高等学校暂行条例(草案)》指出高校应实行党委领导下的以校长为首的校务委员会负责制,系党总支委员会保证和监督系务委员会决议的执行和本系各项工作任务的完成,系主任在校长领导下,主持系务委员会和系的经常性工作。我国高校已初步建立了适合当时形势与需要的内部管理体制框架。

(二)恢复与逐步确立校院两级管理

为了尽快恢复教育秩序,1978 年 10 月,教育部重新修订颁布《全国重点高等学校暂行工作条例(试行草案)》,首次明确规定高校实行"党委领导下的校长分工负责制"。明确提出高校设立学术委员会,这是重视教授治学的开端。基本明确了以校系两级管理为主的内部治理结构。但是在实践中,出现系主任受校长和系党总支的双重领导,行政指令难以贯彻到基层的情况。国家先后出台《关于加强高等学校领导班子建设的意见》和《关于调整改革和加速发展高等教育若干问题的意见》,提出党委领导路线、方针、政策,校院长为首的行政人员负责学校的所有行政工作,弱化了高校党委在学校中的作用。

20 世纪 80 年代初期,我国的工作重心转移到以经济建设为中心,面对着对外开放、对内搞活,经济体制改革全面展开的形势,面对着世界范围的新技术革命正在兴起的形势,我国教育事业的落后和教育体制的弊端更加突出。从 1980 年开始,上海交通大学、北京工业大学、中国科技大学、华南师范大学等院校开始探索以人事和分配制度为突破口改革高校内部管理体制。1984 年 7 月,教育部在上海召开的高校改革讨论会上宣布,除上海交大外,再委托北大、清华、复旦等六所高校进行工资改革试点。成为日后推进高校内部管理体制改革的滥觞。[①]

1985 年 5 月,中共中央颁布《关于教育体制改革的决定》,认为要从根本上改变这种状况,必须改革管理体制,在加强宏观管理的同时,坚决实行简政放权,扩大学校的办学自主权,逐步实行校长负责制。这对高校摆脱政府管得过多过细以及主动创新发展意义深远。

(三)进一步明确高校办学自主权

随着我国改革开放的不断深入,适应市场经济和社会发展的需要,进一步促进大学治理结构的完善。1993 年国务院颁发的《中国教育改革和发展纲要》进一步明确高校办学自主权,提出将高校办成独立法人实体。文件中把扩大高校的办学自主权和学校面向社会办学放到了我国高等教育体制改革的核心位置。另外试行学院制也是大学内部治理改革的重要内容,促进校内资源的整合与利用,提高大学的管理水平。1995 年颁布的《中华人民共和国教育法》第三十二条明确规定学校及其他教育机构具备法人条件的,自批准设立或者登记注册之日起取得法人资格。这是我国首次立法确定学校法人地位,归还高校办学自主权。

1996 年《中国共产党普通高等学校基层组织条例》明确规定高校领导体制是党委领

---

① 张乐天.对我国高校内部管理体制改革的政策回顾与反思[J].复旦教育论坛,2008(5):15.

导下的校长负责制。同年5月,中组部又在《关于贯彻〈中国共产党普通高等学校基层组织工作条例〉问答》中提出系党总支和行政应适当划分职责范围,既要分工又要合作,共同做好工作。从一定的程度上看,党中央实际上已提出了高校党政分工、共同合作的领导体制,为后来各高校内部管理体制的深入探索指明了方向。

(四)完善和发展高校内部治理结构

1998年《中华人民共和国高等教育法》颁布,成为高校内外部治理的分水岭。在《中华人民共和国高等教育法》颁布前,国家集中于高校的外部治理,重点在于厘清中央和地方、政府与高校的权责关系。《中华人民共和国高等教育法》颁布后,高校开始摸索内部治理问题,而这些改革探索也直接受《国家中长期教育改革和发展规划纲要(2010—2020年)》等一系列重要文件的指引。

1998年,中共中央组织部、宣传部和教育部党组联合颁发的《普通高等学校党建工作基本标准》对高校系级单位党的总支委员会发挥政治核心作用给予了肯定。当年全国有超过三分之一的省(自治区、直辖市)以文件形式明确高校二级院系实行党政共同负责。

1999年1月1日,《中华人民共和国高等教育法》实施,这是新中国成立以来第一部系统的高教法。通过法律的形式明确规定了高校党委书记和校长的职责,从此党委领导下的校长负责制成了我国高等学校依法治校、依法行政的重要标志和根本要求。同时,《中华人民共和国高等教育法》再次明确了高校法人地位和办学自主权。

2010年《国家中长期教育改革和发展规划纲要(2010—2020年)》、2014年《关于落实和扩大高校办学自主权完善内部治理结构的意见》、2017年《关于深化高等教育领域简政放权放管结合优化服务改革的若干意见》等文件都对高校办学自主权的内容、方式等提出了明确、具体的要求。2018年9月,国家在第五次全国教育工作会议上特别强调要深化教育领域"放管服"改革,充分发挥学校办学主体作用。

"双一流"建设启动后,《关于高等学校加快双一流建设的指导意见》强调要规范高校内部治理体系,推进管理重心下移。党的二十大报告中,将基本实现国家治理体系和治理能力现代化作为到2035年我国发展的总体目标之一,同时对高等教育领域实现治理能力现代化提出了要求。大学的治理水平是高等教育治理能力现代化的重要标志之一。我国大学治理发展经历了从外部主导到内部主导的转变,即自上而下的"校办院"集权式管理体系逐渐弱化,学院带动大学发展的"院办校"管理模式认同逐渐得到增强。在"学院办大学"模式推广过程中,学校层面放权不充分,学院改革步伐滞后,形式大于行动等问题依旧存在。面对高等教育规模扩张与内部管理复杂的现实困境,高校需要紧随时代要求优化内部治理,进行校院两级管理体制改革是推进大学内部治理体系与治理能力现代化的必然选择。

三、国内"学院办大学"的典型模式

目前,我国高等教育已经进入普及化深入发展阶段,学生规模成倍扩充,高校内部组织机构增多,内部秩序纷繁复杂。传统自上而下的行政命令式管理模式,已无法满足大学内部治理的需要。在此背景下,国内很多高校开始试点校院两级管理体制改革。如早在 2013 年,华中师范大学就出台了《校院两级管理体制实施办法(试行)》及八个实施细则(即 1+8 文件),以条文的形式,对学校和学院的责、权、利进行了明确的划分,明确学院作为办学主体,具有充分的办学和管理自主权。近年来,“学院办大学”在国内形成了五种典型模式,包括以北京大学为代表的完善聘约模式,着眼于完善人事制度;以武汉大学为代表的财务导向模式,从财务制度改革入手;以北京师范大学为代表的学科学部模式,注重强化学术组织;以复旦大学为代表的综合优化模式,注重优化行政架构;以上海交通大学为代表的目标协议模式,将预算改革、协议授权和目标导向管理相结合。

(一)完善聘约模式——北京大学

北京大学以人事制度改革为切口,完善岗位分系列管理和聘用制度,优化党政部门职能配置,提升院系自主决策和治理能力。从 2014 年起,北京大学实施教学科研职位分系列管理和聘用制度,根据学校功能及职位特点,把学校教学科研职位按照教学科研并重系列、教学为主系列和研究、技术为主系列进行管理。学校明确合同类型,实施全员聘用;学院制定不同的评价标准,分岗位考评,实行不同的人才支持模式,鼓励各系列学术人员立足本职岗位充分发挥作用。

改革按照事权与财权相统一的原则,理清学校和院系权责关系,简政放权,推动管理重心下移。试点先行,依托系级学术机构充分发挥教师在学科建设、人才培养、科学研究等方面的作用,使院系享有更加充分的办学权力,承担起建设一流院系的责任;资源倾斜,明确党政领导班子职责分工和运行机制,推动各方面资源向学院充实倾斜;条块结合,探索学校管理服务部门与院系行政队伍条块结合的矩阵式和派驻制管理模式,统一规范校机关和院系行政人员的岗位职责、工作规则、人员聘用与培训等。统筹协调,建立和完善各类行政性委员会,改进教务、总务、学工、国有资产等各系统内部协同制度,构建跨部门、跨系统协调机制。

(二)财务导向模式——武汉大学

武汉大学是以财务管理体制改革为突破口的代表学校。财权下放是人权、财权、物权系统下放的基础和前提,也是改革的重点和难点。武汉大学采取财务导向改革模式,率先下放财权,逐步推进以校内财务管理、分配制度、人事管理、人才培养等全方位的校院两级管理改革。

2006 年武汉大学出台《武汉大学校院(部、系)两级财务管理体制改革实施办法(试行)》,明确校院两级财务管理的明确权力与责任。比如校级财力主要承担校级教职工的人员费用;学生的奖、贷、困、补;公共实验平台等的建设;学校公共事业费;基建项目;大型维修。院级财力主要承担学院教职工的工资、岗贴、劳酬;学生教学、实践等培养经费;学生经费(本科生的勤工助学以及研究生三助);日常行政费用;学校规定的建设配套经费;小型维修。充分调动学院在学科建设、队伍建设、人才培养、科学研究和社会服务方面的积极性、主动性及创造性,建立有效的学院竞争激励机制和自我约束机制。

财务改革为学校内部治理综合改革打下了坚实基础。学校2014年制定综合改革方案,2015年通过了"十三五"规划并开始"院办校"试点改革,2016年启动"双一流"建设,三项工作相辅相成、有机联系,对学校发展起到积极推动作用。改革以电子信息学院为首家试点单位,逐步扩大到10个学院,实行一院一策,与学院签署目标责任书,结合学院各自特征,激发二级单位活力,各职能部门辅之以服务、考核、监督。

整个改革过程坚持改革与积极稳妥相结合的办法,2006—2008年为改革过渡期,2008年正式实施全面改革;坚持有所为,有所不为的原则,同时兼顾学科特征和学院办学传统,既鼓励先进,同时又通过学校财力的调控,促进全面协调发展;全面推进的同时配套到位,既下发学校关于整体改革的指导性文件,同时又以9个配套文件具体指导改革。

(三)学科学部模式——北京师范大学

北京师范大学通过强化学科学部建设,注重管理重心下移,平衡二级学院内外利益相关者的权力义务、职能边界,而且关注协调好二级学院内部政治权力、行政权力、学术权力、民主权力之间的关系,逐步构建扁平、分权、制衡型的治理体系,形成宏观有序、微观搞活治理局面。

引导学院确立自主办院的治理新理念。学校减少对学院的管控,要求学院在明确办院历史、学科建设、发展定位等基础上,重新构建包括价值追求、主体构成、机构设置、治理方式等要素在内完整的学校及学院治理结构。通过学院自律、增强自主办学能力与师生员工等的评价、监督密切结合,避免一放就乱、一管就死等传统问题的产生。

健全职责清晰的制度保障体系。学校邀请有关专家、校院领导、学院师生代表等,对学院治理目标、组织构架、核心工作、人员设置等进行充分论证,既明确学校与学院的关系、学校应提供的支持与帮助,又厘清学院的角色及职能定位、内部各个群体的权责与义务等,进一步强化学术权力、健全各个委员会、完善各项规章制度。此外,增加学校激励制度,学校引导并支持学院之间,以及一级学科内、不同学科间的资源整合、平台建设和优势共享,强化学院间合作、学科交叉融合。

构建四位一体的内部权力结构。四位一体指由党支部所代表的政治权力、院长及行政班子所代表的行政权力、教授等所代表的学术权力、教职工和学生所代表的民主权力所组成的学院权力结构体系。坚持党支部在学院治理中的政治核心地位,保证院长及行政领导班子在二级学院治理中的行政主体地位。发挥教授治学的主导作用。保证教授治学在学科建设、博士硕士点评估、学位授予、职称评审、学术交流等方面的决策权、决定权。保障师生员工的参与权、监督权。学校要求学院完善相关规章制度,及时更新学院网站信息和学院发展的重大事务及关系师生生活等重要事项。

(四)综合优化模式——复旦大学

"院办校"改革是一项系统的综合性工程,复旦大学通过流程再造,重构规则、标准和程序,下放权力模式,注重优化行政架构,通过综合优化模式稳步推进改革,切实发挥资源的最大效益,充分激发校院两级办学活力。

规章制度废立改,行政部门大部制改革。2013 年,复旦大学首次提出校院两级管理体制改革的目标,2014 年 10 月出台《复旦大学关于校院两级管理体制改革的若干意见》(简称《改革意见》),之后《复旦大学关于深化校院两级人事管理改革的若干意见》(简称《人事意见》)、《复旦大学关于推进校院两级财务管理改革的若干意见》(简称《财务意见》)等文件相继印发。利用制定制度文件的机会,复旦大学全面梳理了全校各级规章制度,并结合实际新建和修订了一批制度,包括《学术委员会章程》《学术规范实施条例(试行)》《学位评定委员会章程》。与此同时,校级行政部门进行精兵简政。学校机关部门从 42 个精简到 33 个,学校机关科室从 125 个精简到 83 个。人事部门的内设科室从 11 个精简到了 6 个。

以点带面,通过试点单位改革稳步推进改革。2016 年初确立了首批 5 家试点院系。试点卓越人才计划两级联动,构建院系年度考核评估指标体系,明确校区功能和校园分类规划管理方案,不断提高资金筹措能力。随着“双一流”建设的全面启动,院系学科发展的目标和路径进一步清晰明确,人财物等资源进一步充足,学校在总结第一批试点单位改革实施情况的基础上,梳理形成人事、财务、资产管理、总务后勤等配套机制方面的一揽子改革举措。

成立领导小组,赋权与督权相结合。复旦大学成立了推进校院两级管理体制改革领导小组,由党政主要领导担任组长,相关校领导参加,负责统筹推进改革。领导小组下设办公室,负责协调、督办、落实相关工作。实施会计委派制改革。随着学院权力的增长,学校强化校内巡视制度,监督院长和系主任的权力。建立负面清单,梳理制定 70 多项相关制度,规范学院权力运行。扩大信息公开,通过管理信息公共服务平台,实现对学校教学、科研、人事、财务、资产、后勤等运行情况的实时监控。施行学院预决算信息公开制度,学院经费信息向教职工公开,接受教代会的监督和指导。

全面下放权力,充分给予学院自主权。人事方面,分配给学院人力资源包,将学院建设成为统筹人才培养和学科、平台建设的办学实体,从人才引进到人员评聘,充分给予学院自主权。在财务方面,扩大学院收入分配自主权,教学科研经费直接下拨给学院。根据《人事意见》,学校整体下拨绩效奖励,不断完善基本工资+岗位津贴+绩效奖励的三元薪酬体系,实现校内人才与引进人才待遇并轨。根据《财务意见》,学院全面履行财务责任。学院党政联席会议在预算中起决策作用。预算批复后由院长负责审批使用。根据《改革意见》,复旦大学将按不同学科的特点和学院管理运行的实际需要,核定学院基本运行经费、基本发展经费和重点支持经费。

(五)目标协议模式——上海交通大学

上海交通大学多年来不断推进和深化以院为实体的改革,先后经历以学科群整合为目的的院系调整,以支撑学校向综合性大学转型的二级办学、三级管理的体制改革,以配合目标管理和绩效管理改革为目的的二级资源分配改革,以结构优化、减权增效为目的的校部机关结构调整等。学校围绕资源和政策这两个关键点,分别推出了院系综合预算和协议授权两项重大改革举措,实现了从分级管理到协同治理。

进行综合预算改革,解决资源配置权与事权割裂的问题。学校改变了以往通过各职能部门细分项目向学院分配资源的方式,而是给各学院设立发展专项经费,将学科建设经费、人才培养经费和国际合作与交流经费等打包给学院,并打通不同经费间的限制,同时扩大学院自筹经费的自主使用权和使用比例,由学院统筹安排学校下达的日常经费、学科建设经费以及学院自筹的教学、科研等其他收入,以量入为出,事前控制的原则根据当年工作计划制定预算方案,纳入学校年度预算,学校财务部门严格按照学院制定的年度预算进行财务管理。目前该项改革已经覆盖至全体院系。院系综合预算改革促使校部机关从项目管理为主的传统管理方式,过渡到以服务监管为主的新型服务模式。促进了校院二级成本分摊规则与机制的建立,这也有助于提高学院的办学积极性和主动性。

探索协议授权改革,解决学校政策"一刀切"而学院特殊政策难以制度化的改革顽疾。协议授权改革分为三个阶段进行,第一阶段是以校部机关为主、自上而下地梳理责权清单,涉及人事管理、教学管理、财务管理、资产管理、科研管理、国际合作与交流等各项与学院办学紧密相关的事务。第二阶段以学校规划部门牵头与各学院协商中长期目标任务。涵盖学科建设、党建、学生工作、院为实体和综合预算改革等全方面的工作内容,在制定建设任务的过程中,学校更多地结合学院的学科特性、发展阶段以及自主发展意愿等多方面因素。第三阶段以院系为主,学院根据自身目标任务的需要自下而上地提出需要授权的具体政策事项,与相关部门就可授权事项达成一致意见,并签署政策授权协议将学院的责权予以明确。

四、河南省内公办本科大学"院办校"改革进展

地处中原的教育大省河南省,为了深化高等教育领域综合改革,推动河南省高等教育高质量发展,先后制定了《关于推进高等学校内部管理大部制改革和校院两级管理体制改革的指导意见》《河南省本科高校"院办校"改革指导意见》等一系列政策文件,明确提出以学校简政放权、扩大二级学院办学自主权为重点,推进解决二级学院在机构设置、经费管理、教师管理等方面存在的问题,增强二级学院办学地位、责任和活力,激发广大教师干事创业积极性、主动性、创造性。在政策指引下,目前省内大部分高等学校已经开始着手探索实施校院两级管理体制改革。

通过对河南省36所公办本科大学"院办校"改革情况进行调研(见表6-2),发现省内公办本科大学基本将校院两级管理体制改革列入"十四五"发展规划方案中,有的明确提出开展"院办校"模式,如郑州大学、河南大学、华北水利水电大学、河南理工大学、河南科技大学、新乡医学院、河南师范大学、周口师范学院、许昌学院、南阳师范学院、商丘师范学院、郑州工程技术学院、河南工程学院。有的学校从部分入手,以人事、财务、学科等领域为抓手破解改革难题,如郑州轻工业大学、河南工业大学、河南牧业经济学院、河南中医药大学、河南财经政法大学、河南城建学院等。各个学校的改革思路都能与省里颁布的文件保持一致。只有少部分学校出台了"院办校"改革的具体方案,大多数学校只是初定"院办校"改革这一目标,还缺少系统、扎实的实施方案。

表6-2 河南省36所公办本科学校“院办校”改革情况①

序号	学校名称	改革进展	政策文件
1	郑州大学	明确提出“院办校”改革	《郑州大学深化以质量为导向的体制机制改革方案》《〈郑州大学关于深化以质量为导向的体制机制改革方案〉专项改革任务分解方案》
2	河南大学	明确提出“院办校”改革	《河南大学十四五事业发展规划和二〇三五年远景目标纲要》
3	河南农业大学	从科技体制改革入手	《河南农业大学科研平台建设和运行管理办法(试行)》
4	河南师范大学	明确提出“院办校”改革	《河南师范大学十四五事业发展规划和2035年远景目标纲要》
5	河南理工大学	明确提出“院办校”改革	《河南理工大学深化改革实施方案》
6	河南工业大学	从人事、财务改革入手	《河南工业大学综合改革总体方案(草稿)》
7	华北水利水电大学	明确提出“院办校”改革	《华北水利水电大学全面深化改革工作方案》
8	郑州轻工业大学	以学科为抓手	《郑州轻工业大学十四五事业发展规划》
9	信阳师范大学	无明确方案,有初步的改革	《信阳师范学院十四五事业发展规划》
10	中原工学院	无明确方案,有初步的改革	“四个结合”
11	河南科技大学	明确提出“院办校”改革	《河南科技大学十四五发展规划》
12	黄淮学院	校院两级管理体制改革	《黄淮学院十四五教育事业发展专项规划(初稿)》
13	安阳师范学院	校院两级管理体制改革	《安阳师范学院十四五办学与事业发展规划(2021—2025)》

① 河南省36所公办本科学校“院办校”改革情况调查数据截至2023年9月。因部分方案为学校内部资料,加上调研时间有限,调查结果难免疏漏。本专题仅对各个学校大致改革情况进行分析。

续表 6-2

序号	学校名称	改革进展	政策文件
14	郑州师范学院	以教育改革创新为切入点	《郑州师范学院十四五发展规划编制工作方案》
15	洛阳理工学院	校院两级管理体制改革	《洛阳理工学院关于深化校院两级管理体制改革的实施方案》
16	河南工程学院	明确提出"院办校"改革	《河南工程学院十四五教育事业发展规划》《河南工程学院深化财务管理体制改革方案(试行)》
17	河南财经政法大学	从人事、学科入手	《河南财经政法大学内设机构、岗位及人员编制》和《河南财经政法大学奖励性绩效工资改革暂行办法》
18	河南中医药大学	从财务改革入手	《河南中医药大学关于进一步推进科研经费放管服改革的实施办法(试行)》
19	郑州航空工业管理学院	校院两级管理体制改革	《郑州航空工业管理学院教育教学改革研究与实践项目管理办法》
20	河南财政金融学院	校院两级管理体制改革	《河南财政金融学院十四五事业发展规划》
21	郑州工程技术学院	明确提出"院办校"改革	《郑州工程技术学院深化校院两级管理体制改革实施办法(试行)》(校党字〔2022〕58 号)
22	安阳工学院	校院两级管理体制改革	《安阳工学院十四五事业发展规划》
23	河南工学院	四议两督办工作法	"12347"发展思路和十大工程任务举措为核心的总体架构
24	河南牧业经济学院	以产业学院带动转型	《关于推进产业学院建设的指导意见》《河南牧业经济学院教育事业十四五发展规划》
25	周口师范学院	明确提出"院办校"改革	《周口师范学院十四五事业发展规划(2021—2025年)》
26	许昌学院	明确提出"院办校"改革	《许昌学院十四五事业发展规划》
27	河南警察学院	推进学院治理体系现代化改革	《河南警察学院十四五发展规划编制工作指导意见》
28	南阳理工学院	院为主体	《南阳理工学院十四五事业发展规划》
29	新乡医学院	明确提出"院办校"改革	《关于〈新乡医学院章程〉的决议》《关于〈新乡医学院十四五发展规划(2021—2025 年)〉的决议》
30	平顶山学院	校院两级管理体制改革	《平顶山学院十四五事业发展规划》

续表 6-2

序号	学校名称	改革进展	政策文件
31	洛阳师范学院	校院两级管理体制改革	《洛阳师范学院十四五教育事业发展规划》
32	信阳农林学院	校院两级管理体制改革	《信阳农林学院十四五事业发展规划(2021—2025)》
33	南阳师范学院	明确提出“院办校”改革	《南阳师范学院十四五事业发展规划》
34	商丘师范学院	明确提出“院办校”改革	《商丘师范学院十四五发展规划(2021—2025)》
35	新乡学院	构建多元参与的治理机制	《新乡学院十四五事业发展规划》
36	河南城建学院	从财务改革入手	《河南城建学院校院两级经费管理暂行办法》

本专题对河南省36所公办本科院校的“院办校”改革情况进行调研。从各个学校的官网进行数据收集,并且对部分学校的管理者和相关工作人员进行了访谈。根据调研结果,河南省36所公办本科院校的“院办校”改革情况存在一定的差异。具体而言,有12所学校明确提出进行“院办校”改革这一说法,并已制定相关的政策文件。这些学校对于改革的重要性有一定的认识,并已经开始行动。其余学校均正在进行不同程度的校院两级管理体制改革,通过更加灵活的管理方式,减少学校权力过于集中的办学模式。

(一)综合改革,权力全面下放

不少高校起步较早,从笼统的校院两级管理体制改革进一步明确方向,明确提出进行“院办校”改革,出台方案,通过人财物资源和权力的全面下放进行改革。河南大学制定《河南大学校院两级管理暂行办法》,建立健全校院二级管理体系,推进人财物权力下放,同时实施学院综合绩效考核,对学院权力进行监督。河南理工大学依据人才培养数量质量、学科平台、人员规模、绩效薪酬等因素,整体统筹划拨学院包干办学经费,给予学院二次分配自主使用权。下放人事权,发挥学院办学主体作用。华北水利水电大学出台了“院办校”改革方案和实施细则,明晰、强化二级学院办学主体地位,探索学校宏观决策、部门协调配合、学院实体运行的管理模式。许昌学院把二级学院作为办学实体,新乡医学院充分激发学院中场发动机的作用,商丘师范学院坚持“学院办大学”的改革取向,全面推进改革。

河南财政金融学院、安阳工学院、平顶山学院和洛阳师范学院均提出建立健全校院两级管理体制,推进“放管服”改革,进一步简政放权,推进管理重心下移,给予二级学院人才培养、师资队伍建设、学科建设、科学研究、财务管理、绩效考核等方面更大的自主权,充分激发二级学院办学活力和发展动力。

（二）精简职能，破除体制障碍

一些学校通过理顺体制机制，明确职能部门权责带动改革。郑州大学从破除体制机制障碍入手进行“院办校”改革，职能部门全面梳理运行情况，查找制度问题，形成“废立改”清单，构建定位清晰、上下贯通、衔接有序的改革制度体系。河南师范大学和周口师范学院以推动学校管理部门大部制改革和做大做强二级学院为重点，优化学校内部机构设置。南阳师范学院积极探索“院办校”发展模式改革，协调党委与行政、行政与学术、学校与学院的权责关系，推动学部制、大部制、书院制改革。信阳农林学院充分发挥学校各职能部门联动工作优势，强化“放管服”改革，推进向二级学院放权赋能，激发二级学院管理助校的作用，构建形成现代大学运行机制。

部分学院以制度建设为抓手，从校院两级管理体制向“院办校”过渡。安阳师范学院坚持依法治校，通过健全决策执行监督机制，创新校院管理体制。信阳师范大学、洛阳理工学院、郑州工程技术学院和河南警察学院切实推进学校治理体系和治理能力现代化建设，通过规范制度、完善考核标准，促进体系健全的校院两级管理体制机制建成，激活学院部办学活力。新乡学院通过构建多元参与的治理机制，探索多元参与的高校治理新机制。中原工学院通过“四个结合”全面提升办学治校能力，推进大部制、书院制改革，破除制约教育教学和科学研究活力的体制机制。河南工学院实施四议两督办工作法，一体推进目标管理、绩效分配、职称评审、教学科研激励、放管服等一揽子综合改革，充分调动二级单位与师生的积极性、主动性和创造性。

（三）以点带面，试点推动改革

一些高校以学院创新改革为抓手。河南科技大学以医学科学学部改革为试点，全面实施人、财、管、物权力下移，通过努力，医学生物学科群获批河南省特色骨干学科，进一步深化全校改革，加快推进了具有自身特色的高水平综合性大学建设。河南工程学院是以智能制造产业研究院为抓手，对接数字化制造、工业互联网等新兴产业，探索建立新型（股份制、混合所有制）实体学院，推进“校办院”向“院办校”转变。黄淮学院、郑州航空工业管理学院和河南牧业经济学院都注重创新学院发展，通过创建特色鲜明的学院带动改革。黄淮学院通过与企业集团合作筹建银泰汽车学院、天中联食品工程学院、用友新道经管学院等新型二级学院，探索建立由政府、行业企业全方位参与学校管理、专业建设、课程设置和人才培养的新型内部治理结构；鼓励各二级单位大胆改革、创新实践、特色发展。郑州航空工业管理学院搭建校院两级、内外联动的创新创业实践载体探索“一空间多工坊”的校院两级创新创业实践平台建设模式，形成了纵向三级联动、横向多部门协同的十式组织运行架构，落实学院在创新创业成果早期培育和人才培养中的主体作用。河南牧业经济学院以产业学院带动转型，建设以区域产业发展急需为牵引，面向行业特色鲜明的产业学院带动转型发展。

还有的高校从学校部分职能改革入手。如从财务改革入手，河南中医药大学进一步扩大院部科研经费管理权限；河南城建学院实行校院分级管理的财务运行体制机制。如从人事改革入手,河南工业大学实施“12357”新时代筑峰工程,解决学院主体性不强、人事财务改革不配套等发展难题。河南财经政法大学构建科学规范的人事管理制度体系,实现管理重心下移、建立校院两级管理体制。

还有郑州轻工业大学从学科入手,健全学科评估与动态调整机制,完善配套激励制度和学科服务保障体系,形成学校统筹、学院牵头、专家负责三级管理机制,充分发挥学术带头人的作用。河南农业大学从科研平台改革入手,实行学校、学院和平台三级平台建设与运行管理体制。郑州师范学院以教育改革创新为切入点,聚焦提升转型,做好改革顶层设计。

五、河南省内公办本科大学“院办校”改革存在问题

2023 年 8 月,中共河南省委教育工委、河南省教育厅印发《河南省本科高校“院办校”改革指导意见》(以下简称《“院办校”意见》),文件指出,到 2025 年,各本科高校初步建立起学校宏观管理、学院自主运行的校院两级管理体制,形成学校目标管理、部门协调服务、学院主体运行的管理模式,打造校院两级职责明晰、运行规范、充满活力、协调发展的运行机制的改革目标,旨在通过改革重点打造 100 个左右自主创新能力强、服务产业水平高、人才培养质量优、学科优势特色明的一流学院。

校院关系是大学内部多种关系中最重要的一对关系。学校与内部的二级学院之间的关系在很大程度上会影响学校的办学活力。对标省里提出的改革目标,目前省内高校“院办校”改革呈现出政策先行,行动滞后;整体推进,特色不明;改革步伐不一致的问题。

(一)政策先行,行动滞后

省内高校对校院两级管理体制改革意识觉醒较早,大多数学校的章程和“十四五”规划文件中都明确提出进行校院两级管理体制改革。但是自上而下的政策推动改革较多,只有少部分学校根据自身发展阶段自主展开自下而上的“院办校”改革。在政策环境方面,各个学校相关改革的政策文件相继出台,提出了提升内部治理水平、校院两级发展的目标。然而在实际行动方面,改革的推进较为缓慢,行动滞后于政策。这主要体现在以下几个方面:

首先,学院不愿改,对改革缺乏积极性。虽然有政策文件的宏观导引,但部分学院对此并未表示出足够的重视和行动,对校院两级管理体制改革的理解与如何改革还不能很好地内化为理性的自觉。

其次,学院不敢改,存在要权不担责的心态。被赋权和配置资源的学院出于对成本—收益的权衡,不敢啃硬骨头,怕不出成绩,多数选择小范围进行尝试性改革,不愿意花费较大成本和时间投入难以立刻见效的人才培养工作等系统改革上。

最后,学院不会改,推进缺乏有效的组织和管理。由于在校院关系上学院长期处于依附和被支配地位,导致学院不会改,还是习惯“等、靠、要”,找学校请示要资源,二级管理的建章立制滞后,机构设置和人员安排都不到位,承接改革的能力不足。

(二)放权不足,特色不明

河南省内本科院校“院办校”改革虽然整体上都在推进行动中,但权力下放不充分,缺乏明确的特色定位。各高校在改革过程中,往往没有明确自身定位和发展方向,存在“为了改革而改革”的情况。因此,在改革过程中缺乏共同的目标引领和上升的发展方向,权力下放不充分。立足学校实际进行特色改革能够帮助学校凸显个性和独特之处,并形成自身的核心竞争力。然而,由于缺乏明确的特色定位,一些学校面临着定位不清、竞争力不足的困境。首先,学校放权意愿弱。学校行政管理部门是校院两级改革具体操作者,习惯一级管理体制的集权管理办法,处于主动状态,不舍得放权。其次,学校放权范围小。学校对学院干涉过多,统得过多,管得过死,比如大包大揽学院的目标设置、人才引进、人才培养、职称评定、对外交流及资源配置等工作。此外,学校放权不适切。行政部门放权仅从自身角度和利益出发,对于校院两级新的定位和职责并不明确,缺乏实地调研,与学院之间也缺乏改革共识。

(三)改革步伐不一致

改革步伐不一致是河南省内高校“院办校”改革过程中面临的另一个问题。尽管改革的整体推进有所进展,但各高校之间的改革步伐却存在明显差异。一些高校在积极探索中,敢于创新,实施了一系列具有特色的改革举措,取得了一定的成效。然而,另一些高校的改革步伐却较慢,缺乏推动力,难以取得明显的进展。造成改革步伐不一致的原因有多个方面。首先,面临来自内外部的各种限制和阻力,如资金困难、师资不足、行政体制僵化等。这些因素导致了改革进程的缓慢推进,以及在改革中遇到困难时的抵触情绪。其次,重制度,轻实践。在改革中缺乏明确的改革目标和战略规划,导致改革举措不系统、不连贯。缺乏清晰的改革路线图和执行计划,使得改革的效果难以显现,进展缓慢。此外,高校之间在改革意识、改革决策以及执行力上也存在差异。一些高校对改革的重要性有着深刻的认识,并将其纳入到整体发展战略中,积极为改革提供资源和支持。而另一些高校则抱持观望态度,对于改革的推进缺乏系统的、积极的行动。

六、原因分析

二十世纪末,在政策红利的背景下,我国高等教育实现了跨越式发展,尽管这一时期普遍采用的大学办学院模式在扩大我国高等教育办学规模、培养社会主义现代化建设急需人才中发挥了积极的作用。但随着形势发展,学校集中统一管理模式在现实的高校运行中无法很好地发挥激励作用,高校内部管理由一级管理向校院两级管理过渡,这一阶段出现的问题主要体现在三方面。

(一)权力责任不对等

传统的大学办学院模式导致大学内部的行政化倾向严重,学校的行政职能部门集中掌握资源和分配权力，学术权力虚化，学校和学院的权力不对等。

1.校强院弱，院多权小

校强院弱主要表现为职能部门权力过大、对学校学术事务干预过多，导致行政权力泛化，学术权力弱化。大多数学校的“院办校”改革流于形式，学校依旧处于主导地位支配学院，没能真正发挥学院的实体作用。学院数量多而权力小。调查数据显示，英美 9 所顶尖大学平均设置 8 个学院（其中哈佛大学 15 个、帝国理工大学 4 个），我国 C9 大学联盟则平均拥有 38 个学院（其中北京大学 53 个、哈尔滨工业大学 23 个）。① 国外大学基于学科门类而非本科专业来设置学院，学院学科容量大、内设系所多。我国大学扩招之后依旧延续按照专业设置学院，学校在利益驱使和行政主导下热衷于升格、综合化，追求学科专业大而全；学院为了追逐自身权力利益，盲目跟风扩系建院。这样一来，导致大学低水平重复建设，增加大学管理成本并降低管理效率，进一步导致大学集权进而削弱学院的独立性。

2.权责划分不明晰

在学校和学院由集权向分权的转变探索过程中，对于两者的新定位尚未明确。在新的管理模式下，学校、学院、系所和教师的责任和权力无法准确界定；目前权责清单的制定仍由学校担任权威角色，缺乏平等与充分论证的考量。许多高校的改革方案和细则往往由学校的党政部门或发展规划部门主导制定，缺乏校院二级的充分沟通与交流；最后，改革实施过程中权责划分的精细程度不足。从改革文件的内容来看，只有少数高校规定了人事权、财务权和决策权的分解与下放，缺乏可行性制度可能导致改革进展困难。

（二）目标手段不同步

“院办校”改革旨在实现权力下放，扩大二级学院的办学自主权，引导学院积极改革、自发改革，让学院真正成为办学的实体，但是在真正的改革实施过程中，学校目标与学院执行、学院目标与学院内部执行效果存在偏差，造成执行过程随意性强，不利于政策落地与改革实践，目标手段不协调。

1.考核目的偏离

学校多采用目标考核管理方式，目标的制定是为了考核，督促改革的目标变成了用考核手段与学院的资源配置、奖励绩效强关联，远离目标初衷。首先，目标的制定往往是由上级或学校决定的，缺乏对学院发展多样化的考虑和学院实际需求的充分了解，导致目标与学院实际情况的脱节。其次，过度追求目标的达成可能会忽视了其他重要的方面，比如教学质量、学生发展等。这样就存在一种以达成目标为中心的偏颇。最后，目标考核模式带来了过度强调绩效的问题。学院为了得到好的评价和奖励，可能会过分追求高绩效。而绩效方式本身也存在一定的缺点，比如可能存在评价指标的不合理性、主观性、测评数据的不准确等问题。

---

① 石中英，安传迎，肖桐.我国 C9 大学与英美顶尖大学学院设置的比较研究[J].高等教育研究，2020(8)：95.

2.目标行动两张皮

当前,许多高校在进行管理改革时,存在着学校改革目标与学院实际执行两张皮的问题。首先,学校在制定改革目标时过于宽泛和理想化,这使得学院在落实学校改革目标时面临着困难和障碍,无法真正实现目标的有效执行和改革的顺利进行。其次,学校在目标制定后往往忽视了学院执行细则的制定。缺乏明确的细则导致学院在具体行动中执行随意性强,规范性不足。影响改革的实施效果,也容易造成执行过程中的混乱和偏差。同时,缺乏明确的细则也给了学院一定的自由度,有可能导致个别学院执行与整体目标背离,造成整体规划乏力的现象。此外,目标—手段管理自身不足也是原因之一。目标制定后的监督和评估机制也不够完善,学校对学院的执行情况缺乏及时和有效的反馈,难以发现和解决问题。

(三)校院供需不匹配

"院办校"改革初期,国内大多数高校从财务改革入手,但随着高等教育规模的不断扩大、国家对大学治理能力要求的提高,单一角度的改革无法满足学院的需求,未能触及改革的核心,导致院校供需不匹配。

1.提供的资源并非学院所需

改革中存在的另一个重要问题就是学校提供的改革资源并不总是符合学院真正的需求。首先,学校可能存在资源分配的盲目性。学校往往将资源投入一些热门学科或项目上,以提升学校整体的声誉和排名。但这样的做法忽视了其他学院的特殊需求,造成了资源分配的不均衡。其次,学校提供的统一性的改革资源可能并不符合学院的发展方向和实际需要。由于缺乏对学院的深入了解,学校往往将一揽子的改革资源应用于所有学院,忽视了学院之间的差异和特点。此外,缺乏有效的反馈机制,无法及时了解学院对改革资源的真实需求。

2.改革未能与时俱进

改革缺乏与时俱进性,在很大程度上是因为学校仍然沿用了传统的学校治理体制下的方式进行单向部署,没有根据最近的政策要求和学校的变化及时更新。这导致了大多数高校在改革中表现雷同,改革措施缺乏针对性。首先,在传统的学校治理中,指示和规定由学校单向传达给学院,学院按照上级要求去执行。这种单向部署的方式并没有充分调动学院的积极性和主动性,也不能适应学院多元化需求的变化。其次,由于学校没有及时根据最近的政策要求和学校的变化对改革办法进行更新,由于缺乏及时更新的指导和支持,许多高校只是简单地借鉴了其他学校的经验,导致改革措施缺乏针对性,不能真正解决学校面临的问题。

七、政策建议

"学院办大学"是深化高等教育改革、推动高校高质量发展的一项重要举措,是给大学内部治理结构和治理方式带来变革的新治理模式,需要大学进行系统改革、观念改革与特色改革,校院两级形成合力,充分发挥办学效益。

(一)综合施策,充分发挥改革正效应

1.广泛调研,制定科学合理的目标体系

在"院办校"改革的实践中,制定科学合理的目标体系是关键。目标的制定既要正确处理改革、发展与稳定的关系,又要注重把握数量、质量、结构与效益的辩证关系,还要充分考虑不同院系、学科之间的差异性和特殊性,这样才能保证校院二级管理体制改革的方向、广度、深度和进度。因此,学校在制定目标体系时,应开展广泛的调研和充分的论证,本着民主集中、实事求是的原则,边调研边设计,边实施边改进,最终拿出科学合理、能被广泛接受和认同的目标体系。

2.平等协商,兼顾总体设计与个性需求

校院两级管理体制改革要在平等协商、良性互动的基础上进行顶层设计,并兼顾好学院的个性需求。一是学校要明确改革中要解决的主要问题以及政策和措施的着力点,并做好有关政策和措施的总体设计。相应地,学院要制定各自的阶段目标、工作内容、考核依据、衡量标准及奖惩措施等。二是学校要与各学院密切沟通,以建立平等协商的良性互动机制。职能部门要认真倾听和分析各学院个性化的诉求,并主动提供支持,帮助学院实现自主权。

(二)放管结合,全面推进系统性改革

1.简政放权,充分放权为学院赋能

要从实际出发,周密规划,在改革中坚持循序渐进与逐步过渡的原则,逐步落实学院的自主权。一是要简政放权,着力建设服务型机关,以放权为常态、不放权为例外,推动直线型的校院权力关系向扁平化关系转变。二是要以财务管理模式改革为放权突破口,撬动大学人财物事的全盘改革,将教育主管部门下放给大学的办学自主权尽可能地下放给学院。三是进一步落实并扩大学院在战略规划、教育教学、学科建设、科学研究、人才队伍、资源配置、对外交流等方面的自主权,建立实体性学院。

2.整合资源,从重视管理效率向办学效益转变

通过资源整合,形成合力,向资源要效益,促进学校由大变强。一是人力资源的整合。要引入竞争机制,实行全员聘任制、岗位责任制、工作绩效评估考核制、按劳分配制以及人员的流动机制。二是教学资源的整合。要做好公共资源的管理和配置工作,提倡联合办学,拓宽专业,建设公共教学资源平台,加强和完善学校教学保障体系。三是财力资源的整合。要对学院实行经费包干制。授予学院资金管理权、审批权和使用权,学院有权对岗位津贴、课时津贴进行二次分配。

（三）对焦责任，发挥学院主体作用

1.主动担当，从要我发展到我要发展

为了实现改革的持续发展，学院要主动担当、积极作为，实现从要我发展到我要发展的动力机制转变。一是学院应根据自身的特点和优势开展教学和研究工作。确定自身发展的重点和方向，并制定相应的改革计划。二是学院应承担相应的责任。学院需按时完成分配的任务，定期向学校管理层汇报改革成果和反馈意见，积极参与学校战略目标的实现。三是学院应借助内外部资源，提升自身实力和影响力。通过宣传学院改革的成功案例和典型经验，激励学院教师和学生不断进取。同时，为管理团队提供培训和支持，提高管理人员的专业素养和管理能力，帮助他们更好地履行职责和发挥作用。

2.学术主导，从管理本位转向学术本位

正确处理好学院层面的学术权力与行政权力关系。一是学院要把行政管理工作集中在学院，把学术管理工作下放到学系。学院负责学科建设和行政事务，学系则在学院的指导下实施并完成具体的教学和科研工作。二是学院要坚守学术本位，推进教授治学。要突出教授委员会（或学术委员会）在学术事务的最高决定权和审定权，试行教授委员会选举提名院长、讨论决定学院年度预算等多种措施。三是学院可推行学术 PI 制，赋予学科带头人、专业负责人更多调配学术资源的权力。

（四）明晰权责，对学院进行确权和督权

1.科学确权，构建制约有力的运行机制

要强化权力制约，合理分解权力，科学配置权力，形成科学的权力结构和运行机制。一方面，要通过大学章程以及校内规章制度，对学校职能部门和学院进行确权，梳理权力清单和责任清单，建立校院两级办学成本分摊的具体规则及执行机制，并通过规章制度的约束和规范确保校院权责一致。另一方面，学校要依据现实规模和规划规模，推进职能部门将主要精力放到制定规章制度、履行管理和服务职能上，确立好权力下移的原则和权力运行的制约机制。

2.严格督权，促进校院两级权责平衡

要在对学院授权的同时，也要对学院进行严格督权。一是要加强学院领导班子建设，加大校内党建与思想政治巡察以及经济责任审计力度，同时强化在权力下放、管理重心下移过程中的权力监督和制约。二是可以依据各学院特点制定目标职责内容和考核指标，再通过定性定量结合的方式对学院进行考核评价和资源分配。三是通过监督和评价引导，确保学院在大学的宏观领导下，认真履行人才培养、科学研究、社会服务和文化传承创新职能。

（五）文化引领，培育改革的深层推动力

1.找准定位，探索实施多样化治理模式

不同高校具有不同特色和优势，改革需找准自身定位，充分发挥自身的创新能力和发展潜力。一方面，引导和支持学校立足自身办学定位、特色传统、发展目标，探索和实施适合自身特点的“院办校”组织架构和实施方案；另一方面，在推进改革过程中，树立非均衡发展的理念。正视不同学科、不同学院的特点和差异，调整和优化各学院之间的资源配置和权力运行机制，对各个学院赋予相应的自主权和管理权限，采取与之相适应的分权治理模式，使其能够更好地发挥自身优势。

2.凝聚人心，树立全校一盘棋的改革思想

鼓励师生积极实践、敢于创新、团结协作，营造和谐稳定的改革环境，树立全校一盘棋的改革思想。一是学校要通过召开校领导务虚会、专题学习会、经验交流会等方式，研究探讨改革中的关键问题，为推动改革奠定思想和认识基础。二是学院的领导班子要转变观念，统一思想，做好自我管理、自我发展的准备，加强与师生的沟通交流，增强民主管理，深入挖掘和分析学院内部的问题和难点，并积极寻求化解之策。

（六）强化组织领导，健全管理保障体系

充分发挥党总揽全局、协调各方的领导核心作用，完善校级各职能部门牵头抓总，学院各部门各负其责、密切配合的工作机制。一是部门联动，合力推进。成立改革领导小组，强化组织协调，加强横向、纵向协调联动，形成各司其职、齐抓共管、运转高效的改革新格局。二是强化措施，及时跟进。真抓实干，创新方式方法，从行政指令管理模式转变为契约管理，加强校院两级的沟通衔接，及时解决工作任务中的共性问题和突出问题，跟进改革进展。三是健全制度，注重实效。建立部门协同联动工作制度，健全学院改革自律机制，根据任务目标明确责任，根据任务性质配备权力，根据任务需求配置资源，最终根据任务绩效分配利益，以激发学院的办学活力为目标，以落实学院承担的任务为中心，扎实持续推进，不断将改革引向深入。

专题七　河南省高等教育高水平学科建设研究

一、背景

面对百年未有之大变局，我国的科教兴国战略、人才强国战略、创新驱动发展战略的深入实施，对科技、人才和创新发展都提出了更高的要求，高等学校作为科技主阵地、人才培养地、创新最前沿的多要素叠加点，以高水平学科建设为主线是时代赋予的重要责任，也是服务于地方创新驱动发展的根本要求，更是实现高校自身高质量发展的内在要求，同时也是高等学校服务于新时代行业跨越式发展的现实要求。河南省在此重要战略机遇期，面临着开启现代化建设新征程，处于由大到强、实现更大发展的重要关口，加速推进高水平学科建设，能够更好地发挥高校的人才培养主阵地、科技创新最前沿作用，从本质上提升高校服务创新驱动发展能力，进而推动河南省经济和社会高质量有序发展。

（一）高水平学科建设是百年未有之大变局的时代要求

2020 年 9 月 11 日，习近平在与科学家座谈中指出："当今世界正经历百年未有之大变局，我国发展面临的国内外环境发生深刻复杂变化，我国'十四五'时期以及更长时期的发展对加快科技创新提出了更为迫切的要求。我国经济社会发展和民生改善比过去任何时候都更加需要科学技术解决方案，都更加需要增强创新这个第一动力。"解决国家重大急需和"卡脖子"关键技术，成为学科和学者面临的挑战，我们有责任为国分忧，勇于担当。

在当前复杂多变的世界局势下，科技创新作为应对复杂外部环境的关键一环，展现出飞跃式、交叉式、迭代式的新特点，为推动高等教育的全面发展提供了全新动力，世界经济全球化浪潮和社会文化多样化信息化发展，给全球各个国家带来了巨大影响。进入新时代，高等教育从精英化跨入了大众化、普及化门槛，展现了不同以往的多样性特征。

高等教育水平是国家整体发展水平的一项主要体现，建设高水平大学就是要积极适应社会发展变化，服务引领社会发展，为建设高等教育现代化强国提供强有力的支持，全力支撑创新型国家建设。培养创新型人才已成为国家高等教育的重中之重，成为高等学校的一项重要使命。学科是大学的基本单元，建设高水平的学科是一流大学的基础，是完成创新型人才培养和科技创新等重要使命的基础。中国高水平大学建设之路任重而道远，新时代呼唤高水平学科建设。

（二）高水平学科建设是服务河南省创新驱动发展的根本要求

全面实施创新驱动发展战略的首要问题在于创新型人才的培养、在于高水平创新成果的创造与应用，高等学校对此负有重要使命。当前河南人才总量不足、结构不优、层次不高等难题未得到有效破解。高技能人才在从业人员中的占比偏低，每万名就业人员中研发人员数量明显低于全国平均水平，作为创新供给源头和人才培养主阵地的高校、科研院所发展比较滞后，规上工业企业中有研发活动的企业数量较少，这与人口大省、经济大省地位形成强烈反差，严重制约了经济高质量发展。当前，河南省区域经济社会发展已经进入高质量发展阶段，各行业对高层次人才的需求与高层次人才供给的矛盾越来越突出，提升河南省高层次人才培养能力的需求非常迫切。

创新是第一动力，人才是首要资源，离开了人才的供给，创新就是无源之水、无本之木。创新驱动对先进科技和高素质人才需求日益增加，高等教育正在从过去的适应服务逐步转向服务和支撑引领同步。创新驱动实质是人才驱动，产业升级首先是人才升级。河南省虽是教育大省，但却不是教育强省，高水平大学无论数量还是质量都显著不足，科研水平有待加强，科技成果转化量不高，成了严重制约创新驱动发展的显著短板。截至2021 年底，河南省共有普通高等学校 156 所，总数量跃居全国第三，但综合实力偏弱，优质高等教育的数量和质量仍落后于全国平均水平，每千万人拥有本科高校数只有5.7所，低于全国8.9所的平均水平，每千万人拥有“双一流”大学数量仅为0.2所，远低于全国的1.0所的平均水平，拔尖创新型人才培养、应用复合型人才培养无论是数量还是质量都远远不能满足河南省社会发展的需要。

河南省两院院士、中原学者分布在传统专业和传统行业较多，但在创新发展所需的新兴专业方面则分布较少。河南要实现创新驱动发展，必须通过人才引育，大幅增加人才总量、优化现有人才结构、提高人才层次和创新力。河南省提出的建设国家创新高地战略中，明确提出“要提升高校和科研院所创新源头供给能力”，对省内高校办学发展提出了具体要求，高校应切实提高创新型人才培养的数量和质量。高层次人才的培养主要由省内具有博士学位、硕士学位授予权的省属高校来承担，河南省高水平人才培养需要从质量和数量两个方面进一步努力提升。高层次人才特别是研究生以上学历人才的培养，主要是创新能力、学习能力、交流能力和适应能力的培养。学校在育人过程中，应通过科学研究、项目完成把学术队伍、教师成长、硕士研究生培养、博士研究生培养融合起来，通过科学研究与科研合作提高学生的品德修养，培养学生的责任感、自信心，接受政治素质和道德规范约束，提升学术的专业素养和专业能力。在学科建设，特别是高水平学科建设过程中，通过吸纳博士、硕士研究生加入科研团队、参与科研课题研究，依托高水平的科研平台，产出高水平科研成果，支持高水平学科建设的同时，着力提升高层次学生的培养水平，以满足新时代对创新型、复合型人才的要求。

（三）高水平学科建设是实现河南省高校高质量发展的内在要求

高等教育的高质量发展要体现全面、充分和长远发展：其不仅仅是部分地区、部分类型或少数若干所大学的高质量发展,而是所有地区、所有层次和所有高校的高质量发展;不是一时兴起的规模化建设,而是全面规划、稳扎稳打的创新性发展;不是谋一时、谋一域,而是谋长远、谋全局的发展。实现高等教育高质量发展,人才培养是核心任务,科学研究是基础支撑,社会服务是重要路径。高等教育的高质量发展,是以提升育人水平为目的、以建成高水平教育体系为基本、旨在促进经济社会与人口素质全面协调发展的教育理念。通俗来讲,即高等教育的发展需要同时满足人与社会的发展需求。从前面河南经济发展与高层次人才等分析可知,只有高质量发展,才能抓住河南高等教育的全局和未来。

自新中国成立特别是改革开放以来,河南省高等教育实现了“由小到大”的转变、由“精英”到“大众”的发展,并即将迈入普及化阶段,高等学校从 1949 年的 1 所到 2021 年的 156 所,在校生从 800 人到今天的 268 万多人,呈现出良好的发展态势。目前,河南省高等学校总量位列全国第三位,在校生数量位列第四位,但“大而不强、多而不优”的问题一直比较突出。在第一轮“双一流”建设中只有 1 所“双一流”建设高校和 1 所一流学科建设高校,第二轮建设中仍然维持 2 所“双一流”建设高校,没有新增的“双一流”建设高校。2017 年,第四轮全国学科评估结果显示,北京市仅北京大学、清华大学、中国人民大学 3 所高校就拥有 51 个 A+学科,上海市拥有 20 多个 A+学科,而河南省高校中没有 A 以上的学科。在第五轮全国学科评估中,河南省则没有 A 类学科。

学科建设是高校事业发展的核心抓手,更是推动高校高质量发展的基础,学科强,则大学兴,学科弱,则大学衰。河南高校要想实现高质量发展,就必须要建设高水平学科,学科强大了,高校整体也就强大起来了。

一流学科建设已经成为我国一流大学建设的关键切入点与突破口,也是促进国家和区域经济社会发展的加油站与发动机。同样,高水平学科也成为促进省域或区域经济社会发展的加油站和发动机。为推动高质量发展、建设现代化河南,省委省政府提出要“构建一流创新生态、建设国家创新高地”,必须抓住“高等教育”和“科技创新”两个“牛鼻子”。2021 年 7 月 5 日,省委书记楼阳生在郑州大学调研时指出,要以前瞻 30 年的战略眼光全面谋划、系统推进河南高等教育全面发展,编好规划、把准方向、突出重点、攥紧拳头。重点支持建设基础较好的高校科学定位、特色发展,以做强优势学科、培育特色学科、扶持急需学科,积极建设以区域经济社会发展需求为导向的专业动态优化机制,提升高等教育发展水平。

(四)高水平学科建设是服务新时代行业跨越式发展的现实要求

党的十八大以来,经济发展从“有没有”转向“好不好”的发展阶段,这就需要从深化供给侧结构性改革、做实做强做优实体经济、坚持绿色发展、加大改革创新、扩大对外开放等多个方面考虑,意味着必须从优化经济战略布局、全力培育壮大产业、扩大对外开放、深化重点领域改革、夯实基础设施建设、增强人民群众福祉等方方面面实现跨越式发展,可以说是每个行业都面临实现跨越式发展的问题。要实现跨越式发展最关键的是产业创新、行业技术创新,创新型人才是实现产业创新和行业技术创新的根本和基石,这就使得行业或产业高素质创新型人才变得前所未有的紧缺。

为满足高素质创新型人才的需求，高等学校要进一步完善人才培养机制，以市场需求为导向，以新兴学科、交叉学科、基础学科等作为基础，深入挖掘适配新兴岗位人才的培养方向、课程设置、课堂与实践教学，紧扣重点产业、特色产业及战略性新兴产业的发展需求精准育才、科学育才，突出育才的针对性和匹配性，培养更符合行业、地方经济需求的人才。

跨越式发展对高等学校提出了更高要求，学校要在关注直接关系经济社会发展的应用型、技术技能型人才培养，完善人才培养体系的同时，更要依托一流学科和行业优势学科，创建多学科交叉平台，构建产学研用协同育人、深度工程化学习、国际化教学的人才培养体系，帮助学生构建问题空间，夯实理论基础，强调实践教学，增强系统意识，拓展创新思维，为行业高质量发展提供有力的人才支持和智力支撑。

纵观全球行业的重大发现及突破，如果没有一流的学科，特别是行业特色学科和创新学科，要实现行业科技创新，尤其是重大科技创新、原始科技创新是绝对不可能的。行业技术创新同样依靠科技人才，这就要求高校要建立完善的人才发现、培养培育、激励机制，对于高端人才要制定专业化、科学化的人才成长计划，全面增强科技人才的活力，为其提供良好的发展机会和更好的平台，让科技人才依托高水平学科、高水平实验平台，聚焦行业发展重大需求中的关键科学问题，实现行业重大科技创新，并将科技创新成果在实践中进行检验，在检验中进一步提升科技人才解决行业或重点领域“卡脖子”问题的能力。

高校要主动对接行业企业，合作开展关键核心技术攻关。组织与行业企业科技定期进行沟通交流、创新咨询，开展问计咨询等，就行业亟须解决的问题开展联合攻关，积极与行业企业、科研院所共建新型研发机构，在技术、项目、人才、科技成果转化等方面开展深层次合作，形成共建共享共管的联合攻关模式。

高校在进行学科建设的过程中，应当围绕当前国家、行业重大战略急需，突出问题和需求牵引，主动与行业对接，将科研力量投入服务国家、行业发展大局上，培育行业科技研发创新力量，通过共同申报、实施行业重大科技攻关项目等联合科技攻关，弥补行业内部创新资源的不足，增强行业企业科技创新水平，提升高等学校科研攻关的效率与成果使用效率。

高等学校通过高水平学科建设，在服务社会过程中通过产学研用相结合，在科技成果转化、解决生产“卡脖子”问题等过程中检验自己、提升自己，提高学科声誉，提升学科创新能力，再通过人才培养反哺教学，提升人才培养能力，提高优质教育资源的分配水平，提升人才培养的社会符合度，满足社会跨越式发展对人才的需求。

二、国内外高水平学科建设经验分析

我国高校正处在世界一流大学建设的新阶段，恰逢国家实现第二个百年奋斗目标、实现中华民族伟大复兴中国梦的奠基期，精准把握时代脉搏，夯实面向全球的发展定位是我国各高等院校建设世界一流大学和高水平学科的重要议题。我国 20 世纪伊始便开启了重点大学、重点学科建设的发展实践进程,高等院校和高水平学科的建设均取得了可喜的成效,北京大学、清华大学、浙江大学等高校已进入世界百强大学之列。然而从高校的整体发展情况来看,我国高校的建设离世界一流大学还存在较大差距。如何提升高校核心竞争力,全面建设具有中国特色的世界一流大学,已然是我国现阶段以及未来一段较长时期工作中的重中之重。

学科发展水平是大学整体发展水平的最主要衡量标准之一。世界各知名大学均把学科建设作为推动大学发展、保持优势地位的重点工作进行推进。通过对美国、英国、澳大利亚等发达国家和国内世界一流大学学科建设的探索,为后续河南省高水平学科建设研究提供重要的理论与实践参考。

1.将人才培养作为学科建设的核心任务

学科发展的目的主要是培育对国家和社会有用的人才,是中国特色社会主义进入新时代赋予高等教育尤其是高水平学科建设的历史使命。学科作为大学最基本的组成单元,高校在学科建设中应将人才培养工作置于首位,积极汲取先进高校的育人经验,提升学科人才的培养能力。高水平的人才培养需要高水平科研平台、前沿课题和科研成果等的协同育人,开展高水平学科建设,要面向世界、服务国家战略和区域经济社会发展办教育,要以培养社会主义建设者和接班人为根本目标,要有高素质的教师队伍、高水平的人才培养质量保障体系来支撑。

纵观世界一流大学的建设发展进程,各高校都将人才培养作为中心任务来抓,在学校教学、科研和社会服务三大职能中,人才培养始终是中心职能和首要环节。首先,教学作为学校高素质人才培养的中心环节,从学科建设、师资力量、教学环境资源、学生培养层次等各方面保证教学质量的稳定,为学生在学术上的继续深造和进入社会就业提供全面优质的保障。二是在普通科研人才培养方案基础上,通过对课程广度与深度的拓展,开发学生的学术思维能力,达到教科研三环节中灵活转化的目的。三是将学校人才培养方案与社会发展需求紧密结合,加大对社会急需专业的人才的培养力度和政策倾斜,提升学校培养的人才数量质量匹配经济社会发展需求的能力。

2.凝练具有前沿引领性的高水平特色学科发展方向

从国内外知名高校学科的建设经验来看,清晰的发展方向、鲜明的学科特色是建设一流学科的重要原因之一。一流学科建设中新的学科发展方向的选定,要突出学校自身特色优势,凝练具有前沿引领性的高水平学科发展方向,围绕国家经济建设和社会发展的战略性调整等发展需要,结合自身基础条件和特色优势,注重学科交叉融合,以关键技术创新与发展为学科重点研究方向。同时,在学科建设过程中,要综合自身的发展历史、优势资源、学科成果、学科人才的研究方向等多方面的因素,探索一条独特的学科建设之路。

一是要系统规划,全局统筹建设。在高水平学科建设中,学校要加强前瞻性思考、全局性谋划、战略性布局和整体性推进,通过战略引领,全校一盘棋,坚持一张蓝图绘到底。对外积极加强与国内外一流建设高校建立紧密联系,学习借鉴建设经验;邀请专家进校指导,拓宽学科专业人员的工作思路,提升创新理念和创新精神。对内要建立长期的高等教育知识和管理经验的培训机制，提升管理队伍的内在服务硬实力。另外，高水平学科建设高校要成立专门机构，全力打造一支专业的管理队伍，高素质的专业管理队伍则是制定科学合理的学科战略规划和学术队伍建设、人才培养、资源保障等服务的重要保证。

二是凝练特色，突出原始创新和交叉融合。对学科组织个体来说，学科一定要有一个或几个特色的发展方向，要汇聚资源、集中发展优势特色学科。凝练符合自身发展实际的优势特色学科方向，有助于发挥其辐射带动作用并拓宽学科研究领域，也是学科建设取得最佳成效的关键。高校必须站在学校整体发展需要的视角全面开展高水平学科建设，关键任务是遴选出可以代表学校的优势特色学科，通过全方位资源倾斜和投入，重点打造出学校的“高峰”学科，依托“高峰”学科可以争取到更优的资源和更高的平台，从而带动其他基础相对薄弱的学科发展，这种建设模式对于地方高水平大学来说，是自身资源有限、地域条件不利的现实境遇下的相对最佳路径。

3.以多学科融合共同促进高水平学科的发展

随着科学的发展，传统的学科框架已不足以解释各种新知识。人才培养、科学研究和知识转化等如果只存在于各自传统的单一学科领域，会对学科发展带来较大的限制。学科建设在跨学科和交叉学科上的发展可概括如下。

一是吸纳多学科的研究方法。随着社会发展，新问题在新领域的不断涌现，促使单一的学科研究方法无法满足学科新态势下的发展需要。必须要用多学科的研究方法来进行学科建设和相关领域的问题研究。

二是接纳多学科背景学者的共同创新。对于高水平学科建设而言，急需把其他相关学科背景的学者吸纳进来，鼓励多学科背景的学者参与到高水平学科研究和人才培养中来。只有不断集多种学科之长，把高水平学科变成一个多学科交流的平台，才能真正实现高水平学科建设的使命。

三是设置多学科交叉融合的专业规划和课程。单一学科发展模式方式不利于学科内涵的丰富和学科外延的发展，高水平学科的建设不是学科间简单的杂糅，而是要追求跨学科知识结构和研究范式等的深度融合，应根据高校自身的学科优势和当前社会的实际需求进行跨学科专业设置。可见，高水平学科建设离不开多学科交叉融合的专业规划和课程设置。

4.强化学科高层次人才队伍建设

综合国力竞争说到底是人才竞争。在进行国内外顶尖人才引进上，结合高校学科特色和发展需要，创优引才环境，推进“大师+团队”引进模式，开辟高层次人才“绿色通道”，针对学科顶尖人才、领军人才，加大学校资金、政策等全方位的支持力度。另外，高校要积极探索与企业共同引育战略科学家与杰出工程师等，在资金、政策、服务等方面探索引才新模式。

一是加强国内外顶尖学科人才、知名带头人的引进和培养。学科人才队伍的领头人是知识创新的重要力量和高层次人才队伍的重要组成部分，是高水平学科核心竞争力所在。因此，要高度重视顶尖学科人才、学科带头人的作用，注重对学科带头人的引进和培养。

二是做好学科人才团队建设,引导和支持青年人才成长。高水平学科建设的主体是学科学术团队,学术带头人是学科发展的引领者,学科发展同样离不开结构合理的学术团队。在加强学科带头人引进的同时,应注重本校学科学术团队的建设,形成通过内部资源投入加大青年学科人才团队建设,建立能充分体现青年人才价值的绩效考核机制和人才多阶梯晋升系统,充分调动起青年科研人员的工作主动性和积极性。加强对青年人才的培养,完善各项有利于青年人才发展的培养制度,包括培训制度、导师制度等一系列的各级各类人才制度,为青年人才提供更好的发展空间。通过学校资金支持、邀请专家辅导等形式,在国家基金、重点课题申报上给予支持,做好青年学科人才发展服务工作。

三是创设人尽其才、才尽其用的工作环境,完善公开平等、竞争择优的制度环境。通过建立灵活创新的人才制度,营造一流的干事创业环境。加大青年人才的全过程、全方位培养与评价,完善晋升与流动机制,为队伍建设储备源源不断的青年后备力量。在全社会积极营造鼓励探索、支持创新、宽容失误的良好氛围,让各类人才创新智慧充分涌流、创新活力充分迸发。

5.搭建高水平学科科研平台

科研平台是学校科技创新和高水平学科建设的重要抓手,是开展基础研究、应用基础研究、高新技术研发和学术交流的主要载体,是聚集和培养优秀科技人才,实现人才培养、科学研究、社会服务功能的重要基地。高校要围绕学校优势特色学科搭建高水平的学科科研平台,通过科研平台汇聚更多资源及国内外相关学科的高水平人才等,以更好地促进高水平学科建设。

一是提升科研平台原始创新能力。高校应通过凝练科研平台的基础性特色研究方向,鼓励高水平学科和其他相关学科的交叉融合,打破各学院间的科研壁垒,进而整合学校优势学科的特色,增强学科核心竞争力,提升科研平台的原始创新能力。

二是完善科研平台运行体制机制。通过建立完善的学科平台建设体系、激励机制,瞄准国家战略需求,聚焦区域、行业重大工程和任务,实现学科与科研平台的协同发展,坚持科学化管理,建立健全平台运行管理的各项规章制度。

三是创新平台人才的引进与培养。高校要依托学校科研平台和优势特色学科,着力培养优秀复合型人才。通过制定富有吸引力的人才引进政策、完善的人才成长培养制度等,建立合理的人才梯队,打造符合学校发展的优秀研究队伍。高校基于科研平台凝练研究方向,通过高水平项目反哺壮大平台,通过项目锻造科研队伍素质、优化队伍结构,从而为平台提供源源不断的人才后备军。

四是科研平台的建设要聚焦学科发展的需要。高水平学科建设要与科研平台的建设紧密结合起来,依托科研平台不断提升学科的人才培养能力、知识生产转化能力、学术创新能力和社会服务能力。在高水平学科建设过程中,要充分发挥科研平台的学术创新原动力作用和对外合作交流的作用。高校还可以利用科研平台的高精尖科研仪器设备和资源,吸引来自其他高校的知名专家学者到平台开展科研合作,进一步提升学校的国内外学术声誉。

6.对标对表学科评估开展学科建设

高水平建设必须重视高校建设状况的评估。在高水平学科建设中实施纵向横向两个维度的比较。首先,通过将学校的教学、科研和社会服务三方面相关数据在年度评估报告中进行纵向比较,明确学校在各方面的整体发展趋势。其次,将学校每年的发展状况与其他同类大学进行横向比较,找出差距,为学校建设一流学科明确发展方向。

一是成立第三方评估机构并明确学科评估体系,为高校开展高水平学科建设提供指导性方向。学校根据学科相关评价指标体系制定针对性的学科建设目标和实施方案,统一的评估标准便于后期对学校预期目标的审核和评估结果的应用。

二是各地区和高校根据国家认可的第三方评估机构出台符合本校、本区域的具体评估方案,更加明确细化学校或学科未来发展将要达到的目标。

三是学校在高水平学科建设过程中,每年定期向全社会发布各项指标的发展情况,公开建设投入经费以及相关人事聘任制度等各项详细的保障措施和工作流程,便于第三方机构对学校实际发展状况和数据报告进行审核、监督。

四是国家指定的第三方评估机构除对学校每年公布和提交的数据报告进行审核、分析之外,结合学校建设方案目标,按周期对高校高水平学科建设进行全面系统性评估,同时将学校建设成效作为国家财政拨款的重要参考依据,从而实现高校学科建设效益的最大化。

三、河南省高水平学科建设的探索与实践

学科建设是评价高校办学水平的重要标志,也是反映高校竞争力、展现高校办学特色的重要组成部分。河南省高校高水平学科建设较之经济发达省份起步较晚且发展不均衡,优势学科从数量到质量相对落后,本专题在全面分析河南省高校学科建设历程的前提下,对河南省高校高水平学科建设状况及其原因展开剖析与探讨,并以河南省“双一流”创建高校华北水利水电大学为例开展实证研究。

(一)河南省高水平学科建设的发展历程分析

1.河南省重点学科建设历程

(1)国家重点学科建设

河南省的重点学科建设基础差、底子薄。为了尽快实现河南省内国家级重点高校、重点学科、重点实验室零的突破,省委、省政府加快部署省内高校学科建设,分别从人才引育、配置专项资金等方面施策发力,全面实施国家重点学科建设。从20世纪80年代末开始实施了全省“高等学校省级重点学科建设计划”,在全省总体经费短缺的大环境下,省委、省政府挤出近两亿元资金,集中各方力量举全力建设了全省第一批省级重点学科以及首批6个重点学科配套的开放实验室,经过省级重点学科的建设,河南省属高校的博士点数量由4个飞速发展为15个。

“因地制宜，走内涵发展之路”是河南省高校学科建设的一项重要举措。采取“改老、增新、扩口”等办法，进一步调整优化学科结构，将河南医科大学、郑州工业大学与郑州大学合并，组建了新郑州大学，强化了该校的自然学科优势。将开封师专等校并入河南大学，组建起新的河南大学，强化了该校的人文、社会学科优势。

河南省高校中一级学科国家重点学科、二级学科国家重点学科、国家重点培育学科所占的比重分别为0%、0.33%、0.41%。20世纪80年代后期，全国27个省（自治区、直辖市）有国家重点学科，平均每个省（自治区、直辖市）拥有的国家重点二级学科数量为33个左右，但河南省的国家重点学科数量仅为平均值的9%。至21世纪初，全国28个省（自治区、直辖市）有国家重点学科，平均每个省（自治区、直辖市）拥有的国家重点二级学科数量为50个左右，但河南省的国家重点学科数量仅为平均值的16%。2014年，国务院取消了教育部的国家重点学科审批，国家重点学科不再新增，之后被一流学科建设取代。

（2）省级重点学科建设

河南省委、省政府一直把省级重点学科建设工作作为全省的重点工作之一。河南省教育行政主管部门先后下发了《河南省教育厅关于加强高等学校重点学科建设的意见》和《河南省重点学科建设与管理暂行办法》等文件，对省级重点学科建设进行宏观指导，作出具体部署。河南省于1987年开始省级重点学科建设，自1987年至2004年的17年，河南省共进行六批次的省级重点学科建设，共立项建设省级重点学科395个。2008年，全省第七批省级重点学科认定工作中，共明确郑州大学的历史学等258个学科为省级重点学科。2012年，全省第八批省级重点学科认定工作中，共明确郑州大学马克思主义理论等351个学科为省级重点学科。2018年，第九批省级重点学科名单公布，共明确了郑州大学化学工程与技术等400个学科为第九批河南省重点学科，其中一级学科重点学科281个，二级学科重点学科119个。第九批河南省重点学科建设期为2018—2023年，按照要求，各高校要围绕经济社会发展需求，坚持高质量发展，聚焦内涵提升，以“双一流”建设为牵引，凝练学科方向，汇聚高端人才，构筑创新平台，加强对外交流，努力构建与“三区一群”建设和学校发展规划相适应的布局合理、优势特色明显的学科建设体系，不断提升学术水平和服务能力。对立项的第九批一级学科省级重点学科，河南省要求每个学科每年建设投入理工农医类原则上不少于100万元，文科类原则上不少于50万元。河南省教育厅同时强调了要强化过程管理，对学科建设措施、目标任务、绩效产出等进行定期评估考核，确保建设效益和建设质量，如期完成建设任务。

经过近四十年的持续积累，河南省的省级重点学科不论从总体规模、人才培养、建设架构，还是科学研究、社会服务，抑或是队伍建设等各个维度上皆取得了标志性成果，为河南省省属各高校的建设和发展提供了较好的示范作用。

2.河南省优势特色学科建设历程

随着国家“双一流”建设的深入开展，在河南省委、省政府的大力支持下，河南省教育厅、河南省财政厅于2015年11月启动实施了河南省优势特色学科建设工程一期项目申报工作。按照申报要求和遴选程序，全省研究生培养单位共有46个学科分别申报优势学科和特色学科，经过第三方机构组织的通讯评议环节，有35个学科进入答辩评审环节。经报请省人民政府审批，认定首批省级优势特色学科建设工程学科 35 个，其中优势学科 10 个，包括重点建设学科 8 个，重点培育学科 2 个，详见表 7-1；特色学科（群）25 个，包括重点建设学科（群）15 个，重点培育学科（群）10 个，详见表 7-2。

表 7-1　河南省优势特色学科建设工程重点建设的优势学科

序号	高校	学科	类别
1	河南农业大学	作物学	A 类
2	河南理工大学	安全科学与工程	A 类
3	郑州大学	材料科学与工程	A 类
4	河南师范大学	化学	A 类
5	河南大学	生物学	A 类
6	河南农业大学	兽医学	A 类
7	河南大学	地理学	A 类
8	郑州大学	临床医学	A 类
9	郑州大学	化学	B 类
10	郑州大学	生物学	B 类

表 7-2　河南省优势特色学科建设工程重点建设的特色学科（群）

序号	高校	学科（群）	类别
1	郑州大学	“中原历史文化”学科群	A 类
2	河南工业大学	“粮食产后安全及加工”学科群	A 类
3	郑州大学	“肿瘤防治”学科群	A 类
4	河南大学	教育学	A 类
5	郑州大学	“资源加工与高效利用”学科群	A 类
6	河南大学	“黄河文明”学科群	A 类
7	郑州大学	“工程安全与防灾”学科群	A 类
8	河南师范大学	“前沿物理与清洁能源材料”学科群	A 类
9	河南科技大学	机械工程	A 类
10	河南中医药大学	中医学	A 类
11	河南农业大学	农业工程	A 类
12	中原工学院	“纺织服装新材料及高端装备”学科群	A 类
13	河南大学	“纳米材料与器件”学科群	A 类
14	河南科技学院	作物学	A 类
15	新乡医学院	“精神神经医学”学科群	A 类
16	洛阳师范学院	旅游管理	B 类

续表 7-2

序号	高校	学科(群)	类别
17	河南理工大学	测绘科学与技术	B类
18	华北水利水电大学	水利工程	B类
19	河南财经政法大学	“经济管理与现代服务业”学科群	B类
20	河南农业大学	林学	B类
21	郑州轻工业大学	“食品科学与工程”学科群	B类
22	郑州航空工业管理学院	“航空技术与经济”学科群	B类
23	郑州大学	“意识形态学与社会治理”学科群	B类
24	河南大学	应用经济学	B类
25	信阳师范学院	“大别山农业生物资源保护与利用”学科群	B类

3.特色骨干大学和特色骨干学科建设

2019 年 12 月,为贯彻落实党的十九大和十九届二中、三中、四中全会精神,深入贯彻习近平总书记考察调研河南重要讲话和全国全省教育大会精神,深化落实河南省人民政府《关于深化高等教育综合改革全面提升服务经济社会发展能力的意见》(豫政〔2015〕41 号)要求,加强特色骨干大学和特色骨干学科建设,引导和鼓励高校提升内涵、办出特色、强化服务、争创一流,助推黄河流域生态保护和高质量发展,为新时代中原更加出彩培养更多创新型高素质人才,提供更多的智力支撑,河南省教育厅、河南省发展和改革委员会、河南省财政厅等 3 部门联合出台了《河南省特色骨干大学和特色骨干学科建设方案》。

在方案的建设目标中明确提出:“到 2023 年,争取 3 所左右高校建成行业领先的特色高水平大学,5 个左右学科达到国内一流水平。建设高校发展定位和目标更加明确,学科专业结构更加合理,与经济社会发展融合更加紧密,服务关键特色行业的学科体系与专业体系基本形成,办学整体水平显著提升,高校分类发展、特色发展的格局初步形成。到 2035 年,特色骨干大学建设高校跻身国内同类大学前列,一批学科达到国内一流水平。全省高等教育基本形成规模适度、层次完善、结构合理、质量较高、适应我省经济社会发展需要的人才培养、科技创新和支撑服务体系,核心竞争力、服务地方经济社会发展能力显著提升,成为服务创新驱动发展战略的重要力量。”

2020 年 11 月,河南省特色骨干大学和特色骨干学科建设名单公布,经高校申报、专家委员会评审评议和公示,并报省政府同意,省教育厅、省发展改革委、省财政厅确定立项河南农业大学等 9 所特色骨干大学建设高校、信阳师范学院等 8 所特色骨干学科建设高校,河南农业大学兽医学学科群等 41 个特色骨干学科建设学科(群)。具体建设名单如表 7-3、表 7-4、表 7-5 所示。

表 7-3 河南省特色骨干大学建设高校名单

序号	高校名称
1	河南农业大学
2	河南师范大学
3	河南理工大学
4	河南科技大学
5	华北水利水电大学
6	河南中医药大学
7	河南工业大学
8	河南财经政法大学
9	郑州轻工业大学

表 7-4 河南省特色骨干学科建设高校名单

序号	高校名称
1	信阳师范学院
2	新乡医学院
3	郑州航空工业管理学院
4	中原工学院
5	河南科技学院
6	安阳师范学院
7	南阳师范学院
8	洛阳师范学院

表 7-5 河南省特色骨干学科建设学科(群)名单

序号	建设高校	特色骨干学科建设学科(群)	支持类别
1	河南农业大学	兽医学学科群	A 类
2	河南理工大学	安全与应急管理学科群	A 类
3	河南师范大学	化学	A 类
4	河南科技大学	机械工程	A 类
5	河南农业大学	作物学学科群	A 类
6	河南师范大学	前沿物理与清洁能源材料学科群	A 类
7	河南农业大学	林学学科群	A 类
8	河南工业大学	食品科学与工程	A 类
9	河南科技大学	材料科学与工程	A 类

续表 7-5

序号	建设高校	特色骨干学科建设学科(群)	支持类别
10	河南理工大学	先进制造与智能装备学科群	A 类
11	河南中医药大学	中医学	A 类
12	河南理工大学	测绘与地理信息学科群	A 类
13	河南师范大学	生物学	A 类
14	河南农业大学	农业工程学科群	A 类
15	河南师范大学	教师教育学学科群	A 类
16	华北水利水电大学	水利工程	A 类
17	河南科技学院	作物学	B 类
18	河南理工大学	能源开发与利用学科群	B 类
19	郑州轻工业大学	食品科学与工程学科群	B 类
20	华北水利水电大学	管理科学及其智能化学科群	B 类
21	河南中医药大学	中药学	B 类
22	郑州轻工业大学	电气装备智能制造学科群	B 类
23	河南科技大学	旱地绿色智慧农业学科群	B 类
24	河南工业大学	机械工程	B 类
25	河南科技学院	园艺学学科群	B 类
26	中原工学院	纺织服装新材料及高端装备学科群	B 类
27	新乡医学院	临床医学	B 类
28	郑州航空工业管理学院	航空产业技术学科群	B 类
29	河南工业大学	土木工程	B 类
30	信阳师范学院	大别山特色农业资源保护与利用学科群	B 类
31	河南财经政法大学	现代服务业学科群	B 类
32	洛阳师范学院	旅游管理	B 类
33	信阳师范学院	炎黄学学科群	B 类
34	南阳师范学院	生态安全与水资源保护学科群	B 类
35	安阳师范学院	甲骨文信息处理学科群	B 类
36	华北水利水电大学	地质资源与地质工程	C 类
37	新乡医学院	公共卫生与预防医学	C 类
38	河南中医药大学	中西医结合	C 类
39	郑州航空工业管理学院	航空经济与管理学科群	C 类
40	河南财经政法大学	应用经济学	C 类
41	中原工学院	智能与航空信息技术学科群	C 类

按照建设目标，河南省特色骨干大学和特色骨干学科首个建设期为 2020—2024

年，要求各建设高校、各建设学科（群）要充分吸纳评审专家意见建议，邀请省内外知名专家充分论证，凝练学科方向，明确建设目标和任务，进一步修改完善建设规划，建立工作台账，细化建设步骤，确保有效实施。省属各有关厅、委、局将对各校建设规划进行论证后批复实施。按照要求，各建设高校要结合总体建设规划和目标任务，结合专项资金安排情况，制定分年度建设计划，建立年度绩效目标，开展年度绩效自评，做好绩效监控，确保建设目标如期实现。

4.河南省一流学科建设

“十四五”期间，河南省作为经济排名位于全国前五位的大省，不管是国家区域创新领域建设的要求，还是广大河南人口对高等教育资源迫切的需求，河南省的“双一流”建设都需要更进一步、更上一层。所以，河南省委、省政府把“双一流”建设放在了事关区域经济和社会发展全局的高度上来抓。一是分别为郑州大学、河南大学制定各具特色的支持举措，根据教育部公布的第二轮“双一流”建设高校及建设学科名单，两所高校共4个学科入选（见表7-6）。二是全力培育“后备军”，遴选7所高校的11个学科作为“双一流”创建学科，力争到2025年2~3个学科进入国家“双一流”建设行列。这11个“双一流”创建学科各具特色，都有着在省内各学科中相对较长的建设历程，具体名单见表7-7。

表7-6 河南省入选国家“双一流”建设高校及建设学科名单

序号	“双一流”建设高校	“双一流”建设学科
1	郑州大学	化学
2	郑州大学	材料科学与工程
3	郑州大学	临床医学
4	河南大学	生物学

表7-7 河南省“双一流”创建学科名单

序号	“双一流”创建高校	“双一流”创建学科
1	河南理工大学	安全科学与工程
2	河南农业大学	作物学
3	河南农业大学	兽医学
4	河南科技大学	材料科学与工程
5	河南科技大学	机械工程
6	河南师范大学	化学
7	河南师范大学	物理学
8	河南工业大学	食品科学与工程
9	华北水利水电大学	水利工程
10	河南中医药大学	中医学
11	河南理工大学	测绘科学与技术

（二）河南省高水平学科建设现状及问题分析

1.河南省高校高水平学科建设现状

根据河南省教育厅印发的《2022 年河南省教育事业发展统计公报》显示：全省共有普通高等学校 156 所，其中，普通本科学校 56 所。可授予博士学位高校 10 所，可授予硕士学位高校 19 所，博士一级学科学位点 97 个，硕士一级学科学位点 368 个，在学研究生9.19万人，其中，博士研究生5 307人。

近年来，河南省高水平学科建设成效显著，主要表现在以下四个方面：

一是高水平学科建设的制度框架和政策体系基本形成。全省高水平学科建设相关的战略性规划文件《河南教育现代化2035》顺利出台，《河南省特色骨干大学和特色骨干学科建设方案》《关于进一步支持郑州大学世界一流大学建设的若干意见》《关于进一步支持河南大学世界一流学科大学建设的若干意见》和《关于实施高等学校"双一流"创建工程的意见》等重要文件顺利实施，标志着河南省高水平学科建设的制度框架和政策体系基本形成。

二是高水平学科建设质量显著提升。郑州大学、河南大学再次入选"双一流"建设高校及建设学科，培育河南科技大学、华北水利水电大学等 7 所高校 11 个"双一流"创建学科，积极打造创新高地，特色骨干大学和特色骨干学科建设成效明显。根据 2023 年 1 月最近公布的 ESI 学科排名，河南省高校共有 68 个学科上榜，其中郑州大学临床医学、化学、材料科学 3 个学科进入全球 1‰。

三是国家级科研平台数量明显增多，国家级人才队伍不断壮大。全省建有国家重点实验室、国家工程实验室等国家级创新平台 35 个，共有全国杰出专业技术人才 8 人，百千万人才工程国家级人选 107 人，有突出贡献中青年专家 136 人，享受国务院特殊津贴专家2 820人。

四是国家级科研项目立项数量和质量不断攀升，国家级重大成果不断涌现。"十三五"期间，全省牵头的国家级科技重大项目 18 项、经费2.57亿元；承担国家重点研发项目95 项、经费20.9亿元。河南科技学院主持完成的"矮秆高产多抗广适小麦新品种矮抗 58 选育及应用"成果获 2013 年度国家科学技术进步奖一等奖，河南大学主持完成的"植物应答干旱胁迫的气孔调节机制"获得国家自然科学二等奖，填补了河南省在此领域的空白。

2.河南省高校高水平学科建设问题分析

河南省高校高水平学科建设虽取得明显成效，但依然存在较多薄弱环节与短板，优势学科地区分布不均衡、与教育强省差距大的现状仍然存在，其产生原因与问题主要源自学科发展不均衡、高层次人才匮乏、团队建设水平不高、学科资源不足、学科平台建设不足、优质生源缺乏、学科发展动力不足等诸多因素。

（1）学科发展不均衡

国内外学科发展本身就存在着普遍的不均衡，这一现象在河南省的高校学科建设上尤为突出。主要表现在两方面：一是优势学科校际分布不均衡且覆盖度低。河南省的

ESI 学科总数虽呈上升趋势,但仍低于周边的湖北、湖南、安徽三省。无论是 ESI 学科还是潜力学科的校际分布情况,都存在不均衡的现状。2020 年 9 月的数据显示,河南省共有 36 个 ESI 学科,其中郑州大学有 8 个、河南大学有 6 个,合计占比33.3%。在 ESI 的 22 个学科领域中,河南省优势学科领域覆盖范围小,入选 ESI 学科种类数仅为 10 个,并且优势学科领域集中分布于化学、工程学、材料科学、临床医学学科。二是同一研究领域中,由于学科基础、人才储备的因素,不同高校的学科发展水平差异显著。以化学学科为例,郑州大学学科位次为13.86%,而河南理工大学为96.53%,同样的现象在工程学、材料科学、临床医学、药学与毒理学中都有体现。

(2)高层次人才匮乏

高层次人才资源是高水平学科建设最重要的基础性资源,河南省各高校无论学术资源还是综合实力都与教育部、工信部等部属院校存在明显差距,加之中部省份区位优势明显不及东部各省份高校,以至高层次人才引进难度更大。河南省属地方高校在高水平学科建设中,高水平人才引进难度大,人才留用体制机制尚待完善。

领军人才是学科建设的重要资源,河南省领军人才紧缺是限制高水平学科发展的一个重要因素。缺少领军人才是河南乃至国内其他省份高校的普遍问题,省属高校的问题尤为突出,缺少学科的学术权威、学科建设的领导者和协调者及学科核心竞争力。

河南省人才分布不均衡的现象也比较突出,主要体现在高校分布不均衡以及学科分布不均衡两方面。以论文高被引学者为例,高校的论文高被引学者远远超过科学院、研究院、医院、企业等机构,充分证明了高校为人才聚集地。在高校的高被引学者中,大部分集中于少数高校。在对河南省各学科的高水平论文发文人次进行统计后发现,河南省各学科之间存在巨大差异。以化学、材料科学、工程学、临床医学为代表的优势学科包揽了河南省大量的优秀人才,展现出了蓬勃发展的势头,而以空间科学、精神病学与心理学、经济学与商学为代表的弱势学科缺乏足够多的优秀人才,发展潜力受限。

(3)团队建设水平不高

不论在自然科学还是社会科学方向上,伴随着科技进步与研究领域的不断深入,学科与学科间的交叉融合越来越频繁,愈发复杂的科学问题逐渐显现在广大科技工作者面前,任何学科的科研工作都很难以个体化的形式独自开展,因此,团队的作用便凸显出来。但是,河南省各高校学者存在团队规模小、跨机构合作不活跃、合作关系弱等问题,这也表明河南省的科研力量较为分散。因此,河南省机构内部与机构间都应注意加强团队建设与学术交流,增加学术合作的广度与深度,形成联动发展的局面。另外,从合作的国家、机构、学者来看,河南省优势学科与人才的合作范围较广,而从主导情况来看,无论是学科维度还是学者维度均表现偏低。

(4)学科资源不足

河南省各高校在高水平学科建设过程中,面临学科资源不足的困境。主要表现在以下两个方面。

一是办学声誉有限,所获社会捐赠较少。河南省虽然有两所高校入选“双一流”建设高校名单,但全省各高校的整体办学声誉在短期内难有较大幅度的提升。国内部分名牌高校依靠办学声誉获得了社会和校友资源的大力支持,通过社会捐赠获得大量资金用于科研和学科建设。但河南省各高校,甚至举全省之力全力建设的两所“双一流”建设高校都很难仅仅依靠声誉获得大量社会捐赠以获取发展。

二是高等教育资源有限,资源配置不足。根据中国高等教育系列质量报告显示,我国教育基数大,高等教育资源有限,因此国家在进行教育资源配置的过程中将做出一些战略性考量。省属院校所获资源与部属高校显著不同,用于学科建设的资源必然迥异。部属高校中仅有一所铁道警察学院位于河南省,而河南省部共建高校也仅有 11 所,所获部委支持明显不及部属院校。有限的教育资源和庞大的教育规模,导致河南省各高校所得资源十分有限。

(5)学科平台建设有待加强

河南的高校学科平台建设比较明显的不足是现有学科平台总量不足、水平不高、积累较少等,特别在国家级学科平台的建设上跟部属院校比劣势十分明显。我国从 20 世纪 90 年代开始,相继实施了“211 工程”“985 工程”和“985 工程优势学科创新平台”建设项目,对于参与其中的高校,学科建设成效明显,而河南只有一所郑州大学是“211 工程”建设高校,更是加大了河南高校在学科平台建设方面的差距。缺少了高层次平台作为基础,高水平学科建设难以做出实质性成绩。

(6)优质生源缺乏

学科建设的根本目标是培养人才,而优质生源的不足也限制了高水平学科建设。河南省地处中部地区,对优质生源的吸引力不及东部发达省份高校。此外,河南各高校的国际化程度普遍不足,国际学生生源较少,河南省各高校在国际学生招生比例方面具有局限性,招收国际学生的比例小、数量少。在国际影响力方面劣势明显,自然影响了世界一流高水平学科的建设。

(7)学科发展动力不足

学科发展水平彰显了一所高校或一个区域的实力和发展优势,河南省的学科发展水平动力不足可以从三方面看出:第一,与相邻的湖北、湖南、安徽相比,河南省 ESI 学科数量少,并且部分学科位次偏后。第二,科研竞争力不足。河南省高校优势学科普遍存在科研生产力高,科研影响力不足的现象。部分高校的高被引论文较少甚至没有,表明河南省前沿性、创新性的研究成果匮乏,科研创新力不足。各学科的科研发展力也亟待提高,以普及度较高的临床医学专业为例,各高校的科研发展力均不及全球平均水平。第三,国际影响力有待提升。虽然从影响期刊和影响国家来看,河南省高水平论文的国际影响力不断提升,但是从影响机构来看,引用频次较多的前 20 名机构中仅有 1 所机构来自国外。河南省学科发展动力不足背后的原因是顶尖学术人才的匮乏,人才是学科发展的推动力,而河南省的高水平研究人员数量较少,高水平论文数不少于 10 篇的学者仅有 15 名左右。

四、河南省高水平学科建设的对策建议

党的二十大报告强调“坚持创新在我国现代化建设全局中的核心地位”。“十四五”

期间，省委省政府将创新驱动、科教兴省、人才强省战略列为全省“十大战略”之首。学科是高校建设的龙头，是科技创新的重要载体。推动高水平学科建设，加强高水平科学研究，提升创新能力，是河南省高校全面贯彻落实习近平总书记关于科技创新的系列讲话精神，服务河南省打造国家教育高地、人才高地和创新高地发展战略的重要任务和使命所在。河南省人民政府《关于印发河南省“十四五”教育事业发展规划的通知》提出，到2025年，11个一流创建学科基本进入全国学科评估前20%，3个左右学科进入全国学科评估前10%，2个以上学科进入国际领先行列，力争3个学科进入国家层面世界一流学科建设行列；河南省人民政府办公厅《关于提升高校科技创新能力的实施意见》提出，到2025年，“双一流”建设高校晋位升级、一流学科创建高校加快发展，实现在中原大地起高峰。高等学校是创新驱动的主力军，学科是攻克“卡脖子”问题的主战场。全面提升河南省高水平学科建设水平，对加快构建一流科技创新生态，满足经济社会高质量发展需求，促进河南省实现“两个确保”的奋斗目标具有重要战略意义。

学科建设是一项系统工程，推动河南省高水平学科建设，要以加快融入国家战略科技创新体系，构建一流科技创新生态为总目标，以“人才—学科—平台”为核心要素，以开放融合为重要支撑，以体制机制改革为关键保障，进行统筹推进。2025年之前，建议实施“六大工程”，打造人才、平台“两个高地”，培育学科集群新生态，催生服务贡献新效能，激发竞相发展新动力，加快推进高水平学科建设实现跨越性提升。建设总体思路见图7-1。

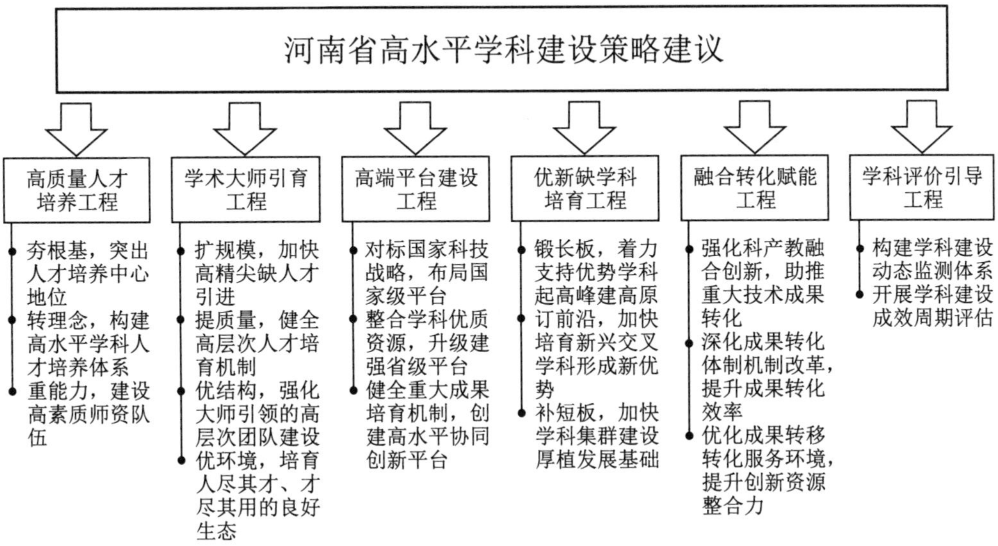

图7-1　河南省高水平学科建设总体思路

(一)实施“高质量人才培养工程”，建强高校育人主阵地

学科发展的目的主要是培育对国家和社会有用的人才，高水平的人才培养需要高水平科研平台、前沿课题和科研成果等的协同育人，开展河南省高水平学科建设，要立足中原、面向世界、服务国家战略和区域经济社会发展办教育，要以培养社会主义建设者和接

班人为根本目标,要有高素质的教师队伍、高水平的人才培养质量保障体系来支撑。

1.夯根基,突出人才培养中心地位

牢牢把握立德树人根本任务,坚持为党育人、为国育才,牢固确立人才培养中心地位。加强新时代思想政治理论课程建设,打造"课程思政示范课程",加强德智体美劳全面教育,将劳动教育和美育教育纳入人才培养全过程。充分发挥高水平学科建设高校在培养区域基础研究人才、应用型人才的主力军作用,全力服务河南省创新驱动、科教兴省、人才强省战略,服务河南省国家创新高地和重要人才中心建设。

2.转理念,构建高水平学科人才培养体系

以培根铸魂为引领,大力推进教育教学理念创新,坚持以本为本,办一流本科教育,做大做优研究生教育,提升创新创业能力,着力构建高水平学科人才培养体系。结合"四新"建设和各高校人才培养特点,探索构建产学研用相融合、协同育人新机制,深入推进理论研究、组织模式和实践体系创新。

3.重能力,建设高素质师资队伍

高素质教师队伍的建设要坚持"引育并举、以育为主",通过建设学科科研大平台汇聚高层次人才,通过统筹规划人才的引进和培育,打造结构合理的高水平师资队伍。重点加强优秀青年教师人才的培养,制定符合青年人才成长规律的人才培养规划,建立完善的配套制度和培育体系,发挥学科带头人、团队带头人的传帮带作用,全方位支持青年人才成长。

(二)实施"学术大师引育工程",打造高层次人才集聚高地

高水平人才是高水平学科建设的重要支撑,要坚持引育并举,强化学科高层次人才队伍建设,建立引才育才用才长效机制,营造人尽其才、才尽其用的良好环境,以一流人才建设引领高水平学科建设。

1.扩规模,加快高精尖急缺人才引进步伐

结合全省学科建设需要对人才引进进行系统性规划,在精准掌握学科发展方向的前提下坚持"按需设岗、按岗引进"的方针,完善岗位分类管理与对应聘任规章制度,形成具有国际人才竞争力的制度体系。

2.提质量,健全高层次人才培育机制

要建立健全人才成长的长效机制,加大人才发展投入与重点支持,全面提升学科队伍建设水平。搭建合理完善的"高校—省教育厅—省政府"梯次递进的人才发展项目体系,为人才成长提供清晰的路径。

3.优结构,强化大师引领的高层次团队建设

在加强学科带头人引进的同时,应注重学科学术团队的建设,形成通过高端人才引领、内部资源投入、加大学科人才团队青年化建设,使学术团队建设更好地适应学科发展实际,更加有效地发挥作用。

4.优环境,培育人尽其才、才尽其用的良好生态

完善公开公平、竞争择优的制度环境。围绕让人才安心、安身、安业,积极开展"一门式、保姆式服务"积极解决人才子女入学、配偶安置等"关键小事",大力提升服务环境,让各类人才创新智慧、创新活力充分施展。通过灵活的人才制度,营造一流的干事创业环境。加大青年人才的全过程、全方位培养与评价,完善晋升与流动机制,为人才队伍建设储备源源不断的青年后备力量。

(三)实施"高端平台建设工程",打造科技攻关创新高地

创新平台建设是高水平学科建设的重要基础,引领指导高校进一步强化高水平学科创新平台建设,为高水平学科建设注入强大动能,夯实学科发展基础。

1.对标国家科技战略,布局建设国家级平台

按照"战略需求,前沿引领,支撑产业"的思路,聚焦新兴产业和未来产业发展需求,在光电信息、新材料、信息技术、生物医学等领域培育建设国家级平台,争取成为国家战略科技力量的重要组成部分;构建以黄河实验室、嵩山实验室、神农种业实验室等为核心,以省部级重点实验室为支撑,校级科研平台为补充的"国家—省部—学校"三级科技平台体系,着力打造战略科技力量。加强统筹规划,对标国家重点实验室建设目标条件,全力推进国家级重点实验室立项建设工作。

2.整合学科优质资源,升级建强省级优势平台

面向我省经济社会发展重大需求,聚焦我省制造业特色优势,整合、重塑、升级现有特色优势科研平台,全面激发省级科研平台原始创新能力。鼓励引导高校面向国际学术前沿,瞄准国家和省重大发展战略需求,通过专项经费对高校特色科研平台建设予以重点支持;促进高校重点平台与国家级科研平台深度合作,共建、共享、共用,升级原始科技创新能力;建立完善的科研平台建设竞争机制,奖优汰劣、扶需扶强,以质量和贡献为导向,实施动态调整。

3.健全重大成果培育机制,创建高水平协同创新平台

建立健全高校、科研院所、企业等协同创新长效机制,畅通学科链、创新链和产业链融合转化衔接渠道,重点推动与国际知名高校、高水平研究机构、行业头部企业等培育国家级联合实验室(研究中心),加快组建产业技术创新战略联盟、重大科技成果孵化转化基地,探索跨界组合建设交叉学科研究平台,推动校地、校企、科教协同联合开展重大关键共性技术攻关。加快改革办学资源投入机制,积极引入社会资金参与学科建设,努力拓展竞争性资源和募集经营资源总量,构建多元化学科经费投入机制,形成政产学研互利共赢、持续发展的良好局面。

(四)实施"优新缺学科培育工程",培育学科集群建设新生态

加大优势学科和急需学科的建设经费投入,不断完善科研模式创新,以优良的创新环境为高水平学科建设提供强有力的支持,全面提升学科服务社会实际需求的综合

能力。

1.锻长板，着力支持优势学科起高峰建高原

立足“四个面向”和区域发展需求，加强有组织科研。强化培育国家级和省部级重大项目能力，强化科研基础设施建设，立足区域发展特色，建立特色学科体系。扎根区域现实需求，充分发掘特色，培育特色学科。紧密围绕区域产业需求，不断积累经验并总结提升，加强学科建设的实践探索，构建服务于区域经济发展特点的学科体系。

2.盯前沿，加快培育新兴交叉学科形成新优势

锚定国家科技创新战略导向，加快布局新材料、人工智能、生命科学等前沿学科和新兴交叉学科，全力开展科技攻关和自主创新，增强学科管理机制的弹性、包容性和灵活性，努力在“卡脖子”关键领域形成优势。

3.补短板，加快学科集群建设厚植发展基础

坚持需求导向凝练学科方向，努力打造优势学科集群。围绕国家战略需求，聚焦区域经济社会发展需要，以高水平学科建设为统领，以构建一流科技创新生态为目标，撤销需求不足、水平不高的学科，增列符合经济社会发展急需的学科，强化优势特色学科的重塑升级，促进学科结构持续优化调整，增强学科服务经济社会和转型发展的能力。

（五）实施“融合转化赋能工程”，催生服务贡献新效能

科研成果产出与转化是高水平学科建设服务经济社会发展的重要标志，促进科技成果高水平创造和高效率转化可从夯实学科创新技术支撑力、完善转化服务网络体系、优化成果转移转化服务环境上精准施策发力。

1.强化科产教融合创新，助推重大技术成果转化

围绕我省主导产业、新兴产业锻长链补短板，夯实学科创新技术支撑力。围绕国家重大战略、河南省“456”战略性新兴产业和未来产业发展需求，结合学科优势，整合建立大体量、多学科、开放式的创新平台，开展前瞻性科学问题研究、原创性技术、颠覆性和迭代性技术研究，从源头强化创新能力供给。启动实施战略性新兴产业、前瞻性产业技术创新，全力推进重大关键技术突破。

2.深化成果转化体制机制改革，提升成果转化效率

充分发挥河南省技术产权交易市场作用，构建全省技术转移服务网络，加强科技成果信息交汇与发布。定期举办多层次、多渠道的重大科技成果与产业对接会，促进高校、科研院所、企业重大创新成果的转移转化。进一步扩大高校、科研院所的成果处置与收益权。

3.优化成果转移转化服务环境，提升创新资源整合力

进一步完善成果管理相关的制度建设，强化成果管理、培育、转化的制度保障，深化科技成果使用权、处置权和收益权改革。进一步优化技术与知识产权交易平台功能，促进创新成果与金融资本有效衔接。进一步深入实施创新型企业行动计划，完善产业、风险、创业投资服务，建设一批辐射带动强、服务水平高的众创空间。

（六）实施“学科评价引导工程”，激活学科竞相发展新动力

学科评价是对学科建设成效的有效评估和反馈，评价工作要立足河南省省情和学科发展实际，健全学科评价体系，强化学科评价结果的运用，健全学科动态调整机制，是激活高校学科发展内生动能的有效途径。

1.构建学科建设动态监测体系

学科评价体系既要着眼于当前，又要兼顾学科可持续发展能力。评价指标体系应涵盖包括科研成果、平台建设、人才队伍、培养学生质量、国际化水平、服务社会能力等在内的各项要素，兼顾反映学科可持续性发展方面的影响因素，包括学科引领性成果产出、优势平台资源和团队支撑力等评价指标。坚持分类评价，依据学科属性，根据不同学科自身特点设定不同的评价方式，引导不同学科特色发展。

2.开展学科建设成效周期评估

健全动态调整机制，合理运用评价结果，真正达到以评促建。从全省的视角确立“以评促建、统筹规划”方针，根据学科评价结果将人力资源、经费投入、招生名额配置等各要素通盘考虑，基于学科建设实际需求与发展目标实施统一资源投入和规划，强化学科建设过程中的动态调整，建立完善以目标为导向的资源配置方式，并对建设过程中出现的新问题积极回应、适时调整。定期邀请国内外同行专家对学校的学科建设发展开展诊断式自评，不断改进学科建设过程中的资源配置问题，促进学科高质量有序发展。

本专题在充分总结河南省高水平学科建设取得成效的基础上，基于河南省高等教育规模“大而不强”、高水平学科“有山无峰”、学科社会支撑度不够等学科建设现状，借鉴国内外知名高校学科建设经验，结合本专题创建的河南省高水平学科建设评价指标体系，提出了实施高质量人才培养、学术大师引用、高端平台建设、优新缺学科培育、融合转化赋能和学科评价引导的对策建议。

（本专题研究团队成员：马建琴、郭瑾莉、姜华、李雯、何芹、李闻天、郝秀平、闫丹丹）

专题八　河南省专业学位研究生教育改革发展研究

国务院学位委员会于 1990 年出台《关于设置和试办工商管理硕士学位的几点意见》,标志着我国第一个专业学位研究生学位开始设置,1992 年国务院学位办批准将专业学位按照专业类别授予,区别于学术学位,使专业学位研究生教育独立存在。1996 年颁布《专业学位设置审批暂行办法》,做出了对专业学位研究生的设置和管理等规定。作为我国专业学位设置的第一个法规性文件,保障专业学位的设置有法可依、有规可循。专业学位是我国为满足社会对高层次应用型专门人才迫切需求而设置的一种学位类型,兼具学术性、实践性、职业导向性,是以经济社会主战场、产业发展最前沿为主要面向,至今经历了 30 余年的专业学位研究生培养和建设,国家的专业学位研究生教育取得了显著成绩,专业学位招生类别领域不断丰富,培养规模不断扩大,从 2020 年开始,招生规模已超过研究生招生总量的一半。在专业学位研究生的培养模式上,不断持续改进,培养质量得到了社会广泛认同,已初步建立了具有中国特色的专业学位研究生教育制度,为社会主义现代化建设培养了大批高层次应用型专门人才,有力满足了社会主义现代化建设对高层次应用型专门人才的需要。

河南省专业学位研究生于 1992 年开始招生,经过 31 年的发展,为河南社会经济、教育事业发展提供了强有力的人才支撑,为河南高等教育创新发展奠定了坚实基础。

一、专业学位研究生教育改革的意义

(一)建设中国式教育现代化的时代要求

要实现中国式现代化必须率先实现中国式教育现代化,中国式教育现代化的本质是全体人民人力资本水平的持续提高。专业学位研究生教育作为高层次应用型专门人才培养的主渠道,随着学位类别的不断丰富、招生规模的稳定增长,培养质量的持续改进,有力地满足了中国式现代化建设对高层次应用型专门人才的需要,在持续提高人力资本水平、促进中国式现代化建设的进程中发挥着不可替代的支撑作用。新时代中国式教育现代化对研究生教育提出了要以更高水平适应国家战略需求、更好培养质量发挥高端引领、更大力度深层融合实现创新驱动的新要求。在这样的时代背景下,突出强化专业学位研究生联合培养基地高质量建设,既是更好适应新时代研究生教育发展新要求的行为自觉,更是率先实现中国式教育现代化的时代要求。

（二）专业学位研究生教育高质量发展的现实需要

发展专业学位研究生教育是经济社会进入高质量发展阶段的必然选择，也是深化我国学位与研究生教育改革、促进高质量研究生教育发展的战略重点。随着我国社会现代化程度的不断提高，社会对专业学位人才的需求会越来越大。《专业学位研究生教育发展方案（2020—2025）》明确提出，到 2025 年将硕士专业学位研究生招生规模扩大到硕士研究生招生总规模的三分之二左右。由此可见，专业学位研究生的教育质量将在很大程度上决定我国研究生整体的教育质量，影响我国高质量的研究生教育发展。为此，突出强化专业学位研究生联合培养基地高质量建设，实现专业学位研究生高质量培养，既是我国高质量研究生教育发展的战略需求，更是专业学位研究生教育高质量发展的现实需要。

（三）专业学位研究生实践创新能力培养的重要保障

实践创新能力的培养是专业学位研究生培养的核心任务，是专业学位高质量的重要显性指标。由于高校实践创新能力培养资源的长期短缺，加之专业学位研究生一般具有很强的职业背景属性，因此，进行专业学位研究生教育教学的改革创新既是专业学位研究生实践创新能力培养的客观要求，也是专业学位研究生培养模式的重大实践创新。由此，突出强化专业学位研究生教育改革既是专业学位研究生实践创新能力培养的必然要求，更是培养质量的重要保障。

二、河南专业学位研究生招生现状

通过认真制定调研提纲，依托河南省教育厅学位管理与研究生教育处提供的相关指导意见，开展专业学位研究生教育调研。调研发现，河南省专业学位研究生招生现状如下。

（一）招生单位情况

目前河南省共有 27 个研究生招生单位，其中 19 个高等教育院校，1 个军事院校，7 个科学研究机构。招收专业学位研究生的单位为 19 所高校，招生 45 个专业领域（全国共有 47 个专业硕士领域，河南省高校在1151个军事领域、0353警务 2 个领域没有学校招生）。

其中招生最多的专业领域依次为：0551翻译（15 所高校）、0854电子信息（15 所高校）、0860生物与医药（13 所高校）、0453汉语国际教育（12 所高校）、0351法律（12 所高校）、1253会计（12 所高校）、1351艺术（12 所高校）等。

招生较少的专业领域为：0253税务（河南财经政法大学）、0553出版（河南大学）、0851建筑学（郑州大学）、0853城市规划（郑州大学）、1057中医（河南中医药大学）。

(二)招生人数情况

通过查阅教育厅发布的2020年、2021年、2022年教育事业发展统计公报,三年来河南省专业学位研究生招生规模呈逐年上升趋势,专业学位研究生招生数量超过当年研究生招生总人数的50%以上。虽然河南省的研究生招生规模每年增长,但与山东省、浙江省相比远远不能满足河南省本科生以及河南省对高层次人才需求的需要。

三、河南省专业学位研究生教育存在的问题

通过调研河南省研究生招生培养单位以及各培养单位专业学位研究生培养的人才培养方案、培养过程、培养的相关管理制度建设等,发现主要存在以下问题。

(一)专业学位类别未涵盖47个领域,授权点数量仍较少

首先,根据目前河南省专业学位研究生领域设置及招生情况看,主动适应国家重大发展战略、河南省"十四五"发展目标、行业产业转型升级、当前及未来人才重大需求等方面存在不足。如全国共有47个专业硕士领域类别,河南省目前在45个领域招生,在1 151军事领域、0 353警务2个领域没有学校招生。在税务、建筑、城市规划类等领域授权点高校少;在医学领域、农学、林学等领域招生较少,不能满足社会对该类高层次应用型人才的需求。

其次,全省目前有专业学位授权点299个,而全国在2019年统计共有硕士专业学位授权点5 996个,河南省的授权点仅占全国的4.98%。与邻省山东省比较,每年研究生招生人数少近2万人,专业学位研究生招生人数少1万人,这与河南省的人口数量以及对高层次人才需求极不匹配。

(二)对专业学位研究生教育的认识需要进一步深化

首先,高校研究生培养单位在贯彻执行教育部《关于深化专业学位研究生教育综合改革》《专业学位研究生教育发展方案(2020—2025)》的文件精神和要求方面,大多停留在管理层的感性经验层面,对于提高专业学位研究生培养模式创新、培养质量的提高方面进行探索和研究较少,多数学校组织招生授权点负责人、专业学位研究生导师的培训和学习制度落实不够深入,对于政策执行缺乏有效的监督。此外,河南省出台关于专业学位研究生教育培养和质量的相关文件政策较少,即上位文件不足。

其次,调查发现,专业学位研究生培养单位对培养目标和专业定位不清晰。众所周知,专业学位研究生教育与学术研究型研究生教育有所区别,学术研究型研究生教育主要面向科学研究和学术探索,注重培养学生的科研能力和学术思维。而专业学位研究生教育则强调对特定职业领域的需求,侧重培养学生的实践能力、专业知识和职业技能,以满足社会和行业的实际需要,以专业实践为导向,重视职业实践和应用,培养具有扎实理

论基础，并适应特定行业或职业实际工作需要的应用型高层次专门人才，如工程师、建筑师、医师、教师、律师、会计师等。在调查中发现，河南省的专业学位研究生教育培养中学位项目的专业定位不够清晰，培养目标和能力要求不明确，从而导致教育过程中的目标模糊和培养效果不佳。如存在重学术学位、轻专业学位的观念，简单套用学术学位发展理念、思路和措施；针对专业学位研究生培养、管理、教育教学以及实践等相关制度制定不完备，套用学术学位研究生教育制度进行专业学位研究生评价和管理等问题，在专业学位研究生培养和教育教学层面出现了学术漂移倾向。

（三）产教融合育人机制不够健全

1.实践基地落“实”不够

当前，在推进专业学位研究生培养过程中，还存在体制机制有待完善、技术化水平有待提升等共性问题，许多专业学位研究生教育领域缺乏深度互利双赢的校企合作平台，共同培养专业学位研究生的动力不足，行业、企业参与度不够；教学实践设施、实践质量的保障和监督机制不健全，学生难以开展理想高效的专业实践。如部分基地建设的“虚化”现象较为突出，有的只是完成了专业学位研究生联合培养基地建设的申报获批任务，获批后再无任何建设工作推进；有的是签订了专业学位研究生联合培养基地建设协议，举行了授牌挂牌活动，但后续未有实质性建设措施；有的则是改变了基地建设方向，逐渐演变为本科生实习实践基地，常年没有专业学位研究生参与教育教学实践的“空”基地。这些有名无实基地的存在，虽各有不同的成因，但却有一个值得重视和反思的共同问题，那就是基地建设数量成了专业学位研究生培养质量的考核指标，当数量异化为高校关注的成绩符号时，基地建设的落实落地就还有很长的路要走，有名无实的专业学位研究生实践基地短期内也难以消亡。

2.教育资源整合力度不够

专业学位研究生教育目标决定了其培养过程的实践和之后专业导向特点，也促使培养过程需要与行业需求对接，需要专业学位培养高校能同时与多个企业分别建立多个联合培养基地，或者某一企业也可能同时与多个高校同一专业学位或不同专业学位建立多个联合培养基地，从而构成一个由高校、企业、政府和社会组织等主体共同参与的规模较大的价值网络，在这个价值网络中作为节点的政府、高校、企业和社会组织等主体本身又有多个社会价值网络。由此，专业学位研究生联合培养基地便成了一个巨复杂的社会系统，如何将这个巨复杂系统统筹起来、高效运转，提升人才培养效能？从调查结果来看，合作主体各方因缺乏理念创新的内在驱动，便少有模式变革促进高质量建设的行为主动。因此，“点对点”线性合作是常态，“面对面”“网对网”非线性协同并不多见，其结果既无规模效应，也无群体效应。

3.管理模式有待创新

专业学位研究生教育教学归根结底是为了培养更高质量人才，由于人才培养具有典型的时代特性，时代性决定了专业学位研究生教育教学必须契合新要求、实现新发展、展现新变化，也就是说，既要保持培养基地教育教学管理的相对稳定性，还应体现出对新时代新要求的敏捷适应,对专业学位研究培养基地的管理水平提出了更高要求。当前,在专业学位研究生培养的教育教学管理实践中:一方面体制机制还不完善、管理制度建设滞后等多种因素制约了专业学位研究生教育教学管理的柔性变革;另一方面专业学位的管理与学术学位雷同的管理模式,也在很大程度上影响专业学位研究生培养教育教学管理的改革创新。以上问题必将影响专业学位培养单位的人才培养产出与预期目标的达成度,以及人才应用型特质与新发展阶段要求的适配性。

4.师资支持不足

师资是事关专业学位研究生培养质量的关键支撑力量,没有足够强大的师资支持,就无法进行专业学位教育教学改革创新的可持续高质量建设。师资的短缺是目前专业学位研究生培养过程中较为突出的问题:一是高校在培养过程中,还没有做好能满足专业学位研究生成长发展要求师资培养的长期准备,存在实践能力培养指导的专任教师短缺瓶颈,因此高校导师指导自己的研究生还是目前进行研究生实践的唯一模式。同时,专业实践基地对专业学位研究生实习实践的规划、指导教师的配备等重视不够,缺乏规范管理,造成实习实践的效果不好、质量不高等问题。此外,各高校的相关实习实践政策制定不够细化,如实习实践的质量评价标准问题、实习实践的经费问题等。二是与高校合作进行联合培养的实践单位在选派到基地承担指导任务的师资时,大多是基于生产、技术层面的优势,对指导技能还没有足够的考量,会出现"会自己做",而不擅长"指导他人做"的现象,对专业学位研究生的指导大多只能停留于表面化、形式化。三是对社会师资的利用还很少见,尽管有些专业学位研究生的培养单位已开始探索社会师资参与联合培养的新模式,但大多是临时和短期行为,充分利用社会师资参与联合培养的长效机制尚未形成。

(四)培养质量参差不齐

河南省专业学位研究生教育中高水平高质量的专业学位项目相对集中在一些重点高校和学科领域,而其他学校和学科则存在教育质量不高的问题。这导致专业学位研究生教育的质量不均衡,一些项目的教学水平和专业素养培养不足。主要表现在以下三方面。

1.专业学位研究生导师队伍建设不足

导师是研究生培养第一责任人,在研究生培养中具有至关重要的作用,专业学位研究生教育的快速发展,就业市场的竞争也越来越激烈。一些专业学位研究生面临就业压力,就业率和就业质量成为衡量教育质量的重要指标。专业学位研究生教育应该与实际职业需求和行业发展紧密结合,要求专业学位研究生校内和校外导师密切合作,有效协同,侧重指导,切实提高专业学位研究生的理论水平和行业专业技能有机结合,以提高教育的实践性和针对性。但在调研过程中发现,专业学位研究生培养过程中的理论与实践存在一定的脱节,学校、企业和研究机构之间的合作协同机制有待进一步加强,同时,一些专业学位研究生毕业后在职业发展方面也面临挑战,需要与实际需求更好地对接。

(1)校内导师方面

一是高校导师的遴选制度存在一些缺陷和不足,主要表现在三个方面:第一,遴选标准不够严格。一些高校明确量化导师科研经费、科研成果,即对学术造诣、科研工作经验,稳定的研究方向有较高的规定要求。而对于思想道德的要求并不够明确和细致,而是笼统规定在思想道德方面要热爱教育事业,为人师表,具有高尚的科研道德、严谨的治学态度、熟悉有关学位和研究生教育的政策法规和规章制度等,遴选时基本不考核。第二,遴选内容不够全面。遴选内容多注重可量化的选拔,如学术成就(发表多少篇论文、有什么科研项目)、科研水平、职称等,对于指导能力、心理健康状态等方面的要求几乎没有。第三,程序上易流于形式。研究生导师的遴选应是一套规范化、制度化的程序。如导师需要完成个人申报、职能部门审核、通过学位委员会审核、结果公示等步骤。然而在现实操作中,有环节不同程度渗入人情、关系等因素,或是由于缺专业硕士研究生指导教师就降低标准遴选,使得一些不具备条件的申请者混入导师队伍。第四,行业实践经验不足。有些研究生培养单位一直以来以学术型研究生培养见长,多数研究生导师均是学术型导师。而教育部规定专业学位研究生导师必须有 1 年以上的行业工作经验(目前看,有医学等专业领域可以达到),而多数专业领域均达不到要求(如教育硕士指导教师,到中小学幼儿园工作 1 年以上时间等)。专业学位研究生教育要求教师具备实践经验和行业背景,但优秀的行业专家和教授资源有限,造成专业学位研究生培养的师资队伍相对薄弱,缺乏高水平有丰富实践经验的教师。此外,指导学术型研究生导师又直接指导专业硕士研究生,存在指导教师的职业性、实践性和理论性结合不足的问题,转变教学理念和指导方法有较大难度;往往很多导师要求专业学位研究生在读研期间学习文献、发表论文,甚至在毕业论文撰写过程中偏向学术论文研究,以上种种现象势必对专业学位研究生培养的质量产生一定的影响。

二是高校缺乏全面严格的过程性考核指标体系。在调查中发现,对导师的过程性考核不够严格。其一,指导过程督导力度不足。我国高校实行导师负责制,导师成为研究生培养的主要负责人,制定研究生培养计划并对他们进行全面指导。高校相关部门只是对导师工作是否完成进行考核,而对于指导学生的培养方案设置是否合理、指导的内容、时间、方式、指导效果等缺乏明确的督导。这样容易出现导师指导不当、指导拖延,甚至指导学生造假等阻碍研究生成长的现象。在访谈中,有研究生对导师指导提出了自己的感受:“我的导师根本不管我们怎么想,他说什么就是什么;也不管我们有没有时间,他叫我们,我们就必须马上到,迟到还会说我们态度有问题。”“我导师很少管我们,论文开题、中检都没完整改过一遍,平时对我们也不闻不问的。”其二,督导过程形式化。导师培养研究生是长期的影响过程,在这过程中导师的指导行为只有导师和研究生感受最深刻。作为负责导师指导行为督导工作的人员,往往只是听听课,很难了解全面,中期对导师可量化的工作进行考察,对研究生的反映了解甚少。导致督导工作出现表面化、形式化的现象,很难达到督导导师、提高其培养研究生效果的作用。其三,缺乏全面的考核指标体系。以导师科研能力为主的考核,忽略了衡量导师“育人”水平的指标,较少有对导师所培养研究生质量的考核,有些高校规定了导师科研项目的考核指标,如每学年导师发表论文的数量、级别等都有明确要求。但是对于导师的内在因素,如心理状态、人格品质、道德修养以及指导知识、技能的更新情况等,缺乏明确可行的指标,易出现“重科研轻教学”“重成绩轻人品”的现象,片面的考核不利于导师全面的提高,不利于导师影响力的有效发挥。等出现问题时(如有些高校研究生举报老师、研究生被导师恶劣行为影响产生严重心理问题甚至自杀的事件频有发生),为时已晚了,造成严重的不良社会影响。

(2)校外导师方面

存在各培养高校对校外导师开展人才培养方面的培训不到位,加上他们有自己的工作,兼职指导学生时间不够,一般在开学时与指导的研究生见一面,中间对学生的校内教学、实践活动参与较少;到实习阶段与学生见面,指导安排不够规范(医学领域除外);各学校给校外导师的指导经费偏低,无法调动校外指导教师的积极性,存在校外实践导师基本形同虚设的情况,最后研究生毕业论文上加个校外导师的名字而已。由于双导师制度落实得不彻底,学生的教育实习实践活动得不到及时、有效、长时间持续的指导,学生不能有效深入到相关职业领域的前沿,无法彻底提高学生自身的职业实践技能,直接导致培养质量不高。

2.课程与实践教学改革创新有待深入

在调查过程中发现,大多数高校的专业学位研究生教育教学过程都存在实践课程体系不完善的问题,专业学位研究生的课程照搬学术型硕士研究生的课程设置和课程体系,创新课程体系弱化,缺乏具有个性化的创新课程设置,对于专业学位研究生创新能力教育的不重视,导致我们现在距离形成中国特色、世界水平的新工科教育体系还有一定的距离。同时研究生培养机制尚不健全,我国高校目前普遍将发表论文数作为研究生创新能力水平的重要评价标准,却对科研成果的转化缺乏足够的重视。多数高校对专业级赛事不够重视,再加上导师对竞赛、科研创新的关注度差,无法及时给予研究生指导性提示,专业学位研究生产出的高水平创新性成果少之又少。

专业学位研究生课程体系独立性和实践性不足,存在简单套用学术学位研究生课程体系。实验实践类、技术发展前沿类课程建设力度不够,教学案例使用和推广未得到应有重视,融合实践能力考查的课程考核方式改革和创新不够,没有根据社会需求变化情况及时调整课程内容等。为加强研究生课程建设,提高研究生培养质量,国务院学位委员会办公室出台了《专业学位研究生核心课程指南(试行)》,对建设专业学位研究生独立课程体系提供了针对性的指导。该指南明确提出,要"以研究生成长成才为中心,结合各专业学位类别课程教学和人才培养特点,注重思维方法和能力培养,既考虑课程的前沿性,又考虑课程的实践性"。在实际培养中发现,一些专业学位项目的课程设置和教学方法相对陈旧,与实际职业需求和行业发展不完全匹配,课程设置没有充分体现职业性、实践性,与学术研究生硕士教育的区分度不明显。如公共课与专业课的比例问题,教育硕士一般要求学生修满至少38学分,英语和政治作为公共课占总学分的15%至20%;学位基础课程与学术型研究生课程设计基本雷同。此外还存在实践教学体系化建设不足的问题,虽然培养目标的定位倾向于职业化、应用性,但从大多专业学位研究生培养单位的课程设置上来看,很大程度上还是重理论轻实践,缺乏对职业技能、实习实践的过程管理以及质量标准评价,这也侧面反映了与培养目标定位不匹配的现象。还有选修课程缺乏弹性的问题,从所调研的研究生培养高校中发现,专业硕士的课程设置中,选修课设置过于强硬,选择性降低而变相异化为必修课的现象还普遍存在。

3.教育教学方法单一

人才培养质量直接影响着学生未来就业和育人目标的实现，作为人才培养主阵地的课堂教学需要根据不同时期对人才的需求定位不同改进教育教学方式，持续深化课堂教学改革，打造专业学位研究生教育教学新模式。在本次问卷调查中，关于"专业学位研究生教学内容和教学方法如何安排更为合理"，比较多的回答是希望更多"实用性前沿技术"的教学内容和"案例式教学"，这也印证了当前专业学位研究生课程教学存在教学内容陈旧和教学方法单一的问题。通过调查还发现，学生对企业现场教学也表现出较强的意愿，急需改变以教师讲授为主导的"灌输式"教学方式，增加学生将所学理论知识与生产实践相结合的机会。学生对职业认知教育的兴趣要远远低于教学一方，行业导师对此的认可比例并不低，需要尝试改进理论知识的教与学等。

公共课程、学位基础课程的课堂教学仍以理论知识传授为主；专业课程的教学多数是读文献、分析文献，与学术型研究生培养方法相似。缺乏案例教学、讨论教学、课程实践教学、实践研习等教学方法，个别案例教学还存在个案陈旧（如 10 年前的案例仍在使用）、案例类型不够丰富，同一案例重复引用的现象。虽然某些独立的个案符合多个章节的案例教学的需求，但在授课过程中的重复引用，不仅削减了研究生对案例教学的兴趣，也大大降低专业学位研究生培养的教学质量。

在调查中还发现，目前部分高校研究生教育在学校层面已经开始逐渐重视培养学生的创新实践能力，但导师层面没有落实学校的相关要求，"重理论而轻实践"的突出问题仍然存在。受固化的传统思维理念模式影响，大多数教师通过课堂讲述传授知识，不少研究生对于基础研究类课程以及综合实践类课程都只是初步了解，而无法真正深刻掌握课程实践内涵，期末就是课程考核而已，学生是否真实掌握以及掌握实践经验等方面，教师不知道，这极大地影响了专业型研究生实践能力的培养。此外，缺少合理的政策制定、经费资金不足及物质方面缺乏，也是各高校不得已"轻实践"的原因之一，在一定程度上导致专业学位研究生无法将自己课上所学理论有效应用到实践当中，成为专业学位研究生培养的瓶颈。

（五）专业学位研究生教育评价机制不健全

评估和督导机制是保障教育教学良性运行和提高质量的重要措施，完善的评估和督导机制可以确保专业学位研究生教育的质量和有效性。在调研过程中发现，河南省专业学位研究生教育的评估与督导体系相对滞后，对于教育质量和学生综合素质的评估不够全面和科学。调研 25 个专业学位研究生相关领域的人才培养方案，发现在各个人才培养方案中，基本规定是以学习课程学分修满、学生外审论文合格，通过论文答辩，能够顺利毕业取得硕士学位为研究生培养的结束；还有个别高校，指导教师要求专业学位研究生毕业前必须发表学术论文，有的导师要求必须发表在北大核心期刊、高分 SCI 等，背离了专业学位研究生的培养目标要求。如有学者对研究生进行访谈，学生反映："学硕和专硕培养都是依托一个学院一批导师，哪里顾得上分那么明确，感觉很大一批想学术的（研究生）没法学术，想实践的（研究生）成为实践碰壁者。学硕专硕一个毕业条件，都要一篇

EI(计算机)。搞不明白为什么专硕和学硕毕业要求一样,既然专硕和学硕毕业条件都一样了,干吗还给两个名号?”“我们(电子信息)的毕业标准是SCI三区第一作者,要求有点高,但比学硕(通信工程)标准低一点,我的导师既带学硕也带专硕,我觉得老师在指导规程中并没有什么差异,大家一起开组会,做实验,跟着老师的课题走。学硕专硕培养方案文字上可能不一样,但事实上差不多,专业学位研究生不像专业学位研究生,搞学硕那一套又想有一点区别,有点四不像”等,部分专业的专业学位研究生对培养过程意见很大。

实习实践教学考核缺乏相应的评价标准。缺乏对研究生培养过程、培养质量进行相关的评估反馈;行业产业实践基地参与评价不足;科学合理地调整人才培养方案不及时(有些高校的人才培养方案10多年没有变过)等均影响培养质量。此外,在研究生管理模式上,基本与学术型研究生一样,进而造成专业学位研究生人才培养质量参差不齐。

四、河南省专业学位研究生教育改革策略

为着眼国家重大战略需求,服务建设“四个强省、一个高地、一个家园”的现代化河南需要,大力发展专业学位研究生教育,全面提升服务国家和河南经济社会发展能力。落实“从实践问题出发,开展实践研究,探寻实践学问,追求实践效果”的指导方针,彰显专业学位研究生教育的应用性、职业性特质,提高培养质量,需要政府、高校和社会共同努力。

(一)稳步扩大专业学位研究生授权点布局

《中共河南省委关于制定河南省国民经济和社会发展第十四个五年规划和二〇三五年远景目标的建议》强调,提升高等教育质量,阐述“提升本科和研究生教育质量,积极争取新增博士、硕士学位授权单位和授权点,推进跨专业、跨学科、跨院系、跨学校交叉培养,强化科研育人和实践育人,加强基础研究人才、理工农医类专业紧缺人才培养。”建议河南省积极推进新增学位授权点和授权单位,以专业学位研究生授权点为主,将产教融合、联合培养基地建设作为硕士专业学位授权点申请基本条件的重要内容。在现代制造业、现代交通、现代农业、现代信息、现代服务业和社会治理等领域,增设硕士专业学位类别或方向。鼓励高校根据自己优势学科或专业,设置相关领域研究方向,并总结培养经验。

支持有条件的地方高校申报成为硕士培养单位,扩大专业学位研究生授权点以及招生规模。到2025年硕士专业学位研究生招生规模扩大到硕士研究生招生总规模的三分之二左右。

(二)及时出台河南省专业学位研究生教育相关政策

专业学位研究生教育政策是专业学位研究生培养教育的行动准则,从1991年至今,教育部先后出台50余个专业学位研究生管理工作政策通知,尤其是2020年出台《全

国专业学位水平评估实施方案》《专业学位研究生教育发展方案(2020—2025)》文件,进一步为专业学位研究生教育指明方向。建议我省教育主管部门依据教育部相关政策,研制适合河南省专业学位研究生教育管理以及质量监测等政策文件,如质量评估、校企(行业)合作方面,高校和企业(行业)的责权利以及相关程序规范等,以确保专业学位研究生教育过程中的政策质量到位。形成我省"产教融合、优质高效、符合规律的专业学位研究生教育体系",为河南省高质量发展提供高层次应用型人才作出应有的贡献。

(三)完善产教融合育人机制,提升专业学位研究生实践创新能力

第一,《专业学位研究生教育发展方案(2020—2025)》提出:要全面深化产教融合育人机制。建议省研究生管理部门出台产教融合育人管理制度,加强培养单位与行业产业的联系,与行业产业共同拟定人才培养方案,优化课程体系,完善课程设置、教学内容审批机制,创新教学方式。建立课程教学质量督导机制,加强听课制度、评教制度、评学制度及不满足需求的课程整改和淘汰机制建设。强化研究生教育教学改革、教育理论研究与实践创新,促进研究生创新能力培养。加强研究生教育过程管理,落实立德树人根本任务,提高专业学位研究生服务国家、服务人民的社会责任感、勇于探索的创新精神和善于解决问题的实践能力、创新能力。

第二,要积极推进实践教学改革创新。区别于理论教学"以课堂为中心、以教师为中心、以教材为中心"模式,实践教学基于工作实景结合职业的特点,按照"职业岗位—岗位需求能力—确立教学项目"主线,以项目为载体,运用项目驱动教学法以及案例教学法,在职业实体情境中融入职业要素和企业要素,指导学生围绕项目综合各种知识、技能,并进行创新,使用企业项目验收的手段实施项目考核,并按照行业操作规范进行验收,促使实践教学的针对性和有效性更加凸显,加强实践教学与社会需求的直接联系。实践教学的目标是提升专业学位人才培养质量,创新能力的培养也是实践教学重要组成部分,运用前沿的理论、方法及技术,研究并解决实践中遇到的问题也是专业学位研究生应具备的能力。因此,在实践教学过程中,应用探究性教学方法有助于提升学生研究能力和创新能力,即在实践教学中,基于实践项目,以学生为主体,让学生自觉主动地探索,分析项目存在的难点、重点问题,引导学生调查、分析、思考,并进行独立探究,自行发现并掌握相应的理论基础知识和解决策略。在教师的指导下,掌握解决问题的方法和步骤,研究客观事物的属性,发现事物发展的起因和事物内部的联系,从中找出规律,形成新的认知。通过教学过程中的探究式学习,学生的主体地位、自主能力都得到了加强。

第三,重视教学实践,在过程中深化科教融合。重理论而轻实践是教学中常见的问题之一,专业学位研究生的综合能力培养与实践能力密切相关,实践教学是培养创新能力的必要途径。高校应积极创新实践教学模式,促进专业学位研究生对专业知识的吸收与理解。增加专业实践方面的资金补贴,制定合理有效的实践创新制度,优化实践环境,为专业学位研究生提供良好的学习环境。进一步深化科教融合与创新发展,强化产教融合促进合作育人,丰富科学实践。通过加强校企合作灵活运用"引进来"和"走出去"战略思想,让专业学位研究生真正体验工程实践项目的学术魅力,加强研究生的知识和实践创新能力培养,培养优秀的创新人才。

第四,激发创新活力,促进高水平科研成果产出。建立专业学位研究生创新能力培养基地,提升实践创新能力,构建人工智能、大数据等融合创新平台,鼓励研究生参与创新实践比赛,以理论知识为基础,培养学术规范习惯,积累实战经验,提升实践创新能力。激励学术自主,培养科学精神和创新意识,突破科研难关,进军世界一流学科和研究领域。

第五,建设实践教学课程体系,编写精品经典案例与教材,提升联合培养基地建设的质量。如教育部文件《关于加强专业学位研究生案例教学和联合培养基地建设的意见》(教研〔2015〕1 号),要求培养单位“会同合作单位,根据培养方案,结合基地实际,制定研究生在基地期间的培养细则,明确培养考核要求,落实学生在培养单位与培养基地的时间分配和具体培养内容,加强对基地期间培养过程监督”。统筹创新能力课程建设,构建层次鲜明的课程体系。根据“新工科”发展需要,完善课程设置,优化培养体系,丰富教学手段、教学内容,强化研究生自我教育、自我监督、自我管理的意识与能力,严格规范管理,有效提升教学质量监督与学科建设质量,加快研究生教育创新与质量提升工程的实施。发挥行业部门外部质量监督的作用。建议我省尽快出台行业产业培养基地以及基地导师管理规定,鼓励行业产业单位设立冠名奖学金、研究生工作站、校企研发中心等,吸引研究生和导师参与研发项目,充分调动行业产业参与人才培养的积极性和主动性。

第六,大力推进专业学位与职业资格的有机衔接(目前医学、教育硕士研究生毕业完成人才培养方案规定的课程学习学分、实践教学学分以及论文答辩等环节,可以取得医师、教师资格),做到价值塑造、知识传授、能力培养相统一。同时要加大科研投入力度,组织健全学术骨干队伍。同时,统筹运用质量专项检查、学位论文抽检等手段,加大研究生创新能力教育质量的监管力度,优化对培养制度的评价规范,深化培养体系建设,不断优化学科专业结构,健全专业学位研究生创新能力教育培养制度。

(四)落实“双导师制”,健全行业研究生校外导师选聘制度

1.提高研究生导师素质,促进研究生发展

首先要提高导师道德水平。导师的道德修养是育人的基础和前提,导师希望达到“上所施,下所效”的效果,需要能够以身作出优秀的示范。因此导师需要不断提高道德水平。“大学之道,在明明德,在亲民,在止于至善”;“才者,德之资也;德者,才之帅也”。无论是大学教育还是个人修养,德都是首要目标和最高要求。导师作为大学的育人使者,具备良好的道德是首要条件,只有道德水平高的导师才能培养出具有良好道德素养的研究生。正如卢梭所说:“在敢于担当培养一个人的任务以前,自己就必须是一个值得推崇的模范。”导师具有较高的学术水平不代表其道德水平也很好,文化知识的增长不能带来德育水平的自然提高。在研究生培养过程中,导师不仅要注意提升自我道德,还要坚持对研究生进行思想道德教育,同时,在行为上规范自己,实现对研究生“德”“行”并行的影响。其次要提高导师指导水平。罗素说:“教育就是获得运用知识的艺术。”良好的道德素养和较高的学术水平是导师指导研究生的力量来源,导师将自身的“营养”传递

给研究生,指导的过程方式是导师的“指导艺术”,研究生受影响的情况则是导师指导水平的体现。提高导师的指导水平,需要导师不仅具备指导的基础,还要知道如何指导,能将知识传递给研究生,并被很好接收。这就需要导师对本学科知识熟练掌握,同时对教育规律、指导技术有一定的了解。有的导师拥有高深的学问,却不能完全胜任职位。因为他们专业水平很高,却不善将学问传播他人,不了解如何更有效教导学生。掌握指导技术,了解教育规律,根据他们认知的共同特征及不同研究生的特点,有针对性地施教配合耐心与爱心,才能达到高水平、有效地指导。具体言之,导师应明确“需要多久指导一次”“每次指导多少”“采取什么指导方式”等问题,并视具体情况而有所变动,以保证指导的每个环节有最佳效果,更好地实现导师对研究生指导方面的影响。

2.要利用校企合作和“双导师”制,构建专业学位研究生创新能力教育模式

专业学位研究生的培养要紧紧围绕“为谁培养人、培养什么人、怎样培养人”这个核心要义,加强与互联网企业的对接和交流,主动聘请专家教授、学科专业带头人和骨干教师,共同组建创新实践指导小组,通过聘请企业教师到校授课,实现理论课程、实习实践等环节与企业深度融合,要总结创新能力教育培养目标和要求,强化专业学位研究生的创新能力,构建专业学位研究生人才创新能力教育培养模式。导师是研究生学术和价值观的引路人。根据培养目标和培养方案,加强专业学位研究生“双导师”队伍建设。第一学年与校内导师密切交流,集中于学业理论课程的学习,打好科研理论基础,校内导师引导学生的研究方向、思路及方法。第二学年专业学位研究生进入实习阶段,学生跟随一线校外导师进行实习,反思实践,促进创新能力的深度发展。同时要鼓励研究生积极参与导师研发项目,发挥“双导师”的言传身教作用,不断扩大导师规模,激励专业学位研究生成长成才。

3.加强研究生导师师德师风建设

鼓励导师将专业教育与思想政治教育有机融合,既做学业导师又做人生导师,细化“导思想、导人生、导学习、导科研、导心理、导就业、导生活”全过程、全环节职责,率先垂范,以良好的思想品德和人格魅力影响和鼓舞研究生,培养研究生良好的学风,严格要求学生遵守科学道德和学术规范。完善导师岗前培训制度,注重导师综合素质培训,建议尽快成立河南省研究生导师研修中心,建立骨干研究生导师省级常态化研修机制,对研究生骨干导师进行专项培训。完善导师评聘评价制度,建立学术学位和专业学位研究生导师分类评聘、分类考核评价体系,将导师培养质量与招生资格挂钩。优化导师队伍结构,聘请校外兼职导师、产业教授等,促进校外导师能以培养行业接班人的历史使命为担当,具备较高的行业理论和技术水平、实践研究能力,愿意以为行业发展培养人才为目标,能够教授学生职业技能,培养职业道德和价值观。此外,搭建教师到行业一线开展实践的平台,着力解决校内导师实践经验不足的问题。支持高校建立跨学科、跨学校的导师团队。打造河南以德立身、以德立学、以德施教的导师和团队,激发导师的积极性、主动性、创造性,提升导师队伍水平。

总之,从专业学位研究生培养视角出发,构建更加完善的研究生创新能力培养新模式,将新时代对于教育的要求和需求真正落实到创新能力培养模式改革中。经过认真制定实施方案，加强宣传引导，强化组织保障，充分发挥“双导师”优势，创造性地改进高校传统的创新能力培养方式，使专业学位研究生更好地将所学理论与实践相结合，确保改革措施落地见效，切实推进专业学位研究生创新能力培养高质量发展，为未来培养更多高层次创新型人才提供支撑。

(五)建立专业学位研究生培养质量跟踪调查机制

第一，严把专业学位研究生教育质量观，必须认识清楚培养什么人、为谁培养人的问题。引导研究生树立正确的世界观、人生观和价值观，把培育践行社会主义核心价值观纳入培养全过程，培养出具有坚定理想信念、高尚道德情操、高度社会责任感、强烈创新精神、实践能力的高层次专门人才，这是提升培养质量的灵魂。在新时代背景下，必须牢牢坚持党的教育方针，将习近平新时代中国特色社会主义思想，贯穿研究生创新能力教育和培养工作全过程，关注加快研究生创新能力教育改革的发展，积极将传授知识与新时代背景相结合，通过强化资源配置，加大专业学位硕士研究生的教育投入，增强研究生的创新意识，激发其创新精神，提升专业学位硕士的创新能力水平。

第二，加强研究生培养单位主体责任的落实，健全专业学位研究生教育的全过程质量管理制度体系，针对学生思想政治教育、课程学习、实习实践、学位论文开题、中期考核、论文评阅和答辩、学位评定等关键环节，制定质量监督管理实施细则。破除唯发表“论文”论，把相关调研报告、课程开发方案、规划设计、产品开发、案例分析、项目管理、艺术作品等形式都纳入毕业要求中，真正做到“(毕业)标准符合培养目标”。

第三，完善学位审核机制和责任追究制度，推动培养单位探索建立学位论文评阅意见公开等制度，健全分类多维质量评价体系，合理制定与学位授予相关的研究成果要求，破除“唯论文”倾向。

第四，严把研究生出口质量关，积极推动研究生培养单位建立分流淘汰机制、时限终结机制和学术不端零容忍机制，加大分流淘汰力度。建立研究生教育质量年报制度，每年编制并发布研究生教育质量年报，引导培育第三方专业机构对研究生培养质量进行诊断式评估，查找问题短板，促进研究生教育质量提升和内涵式发展。

第五，加强研究生教育质量监测，开展毕业研究生职业发展情况与人才培养质量跟踪调查，并将结果与资源投入形成联动。完善学位论文抽检制度，持续加大抽检力度，强化抽检结果分析、反馈和使用。加强专业硕士学位点合格评估工作指导，对硕士学位授予立项建设单位开展定期评价。完善监督惩戒机制，提高学位授予单位质量保证的底线思维和自觉意识。聆听毕业生建议与意见，优化培养方案与培养过程，从而达到促进高层次专门应用型人才的培养质量，为河南省各个领域输送高水平的研究生，为谱写新时代中原更加出彩的绚丽篇章提供有力支撑，为实现中华民族伟大复兴的中国梦贡献河南力量。

专题九　河南省教育经费投入产出效率研究

一、研究背景

1985年，中共中央颁发的教育体制改革文件指出“在今后一定时期内，中央和地方政府教育拨款的增长要高于财政经常性收入的增长，并使按在校学生人数平均的教育费用逐步增长”。党的十四大报告提出教育经费实行“各级政府逐年增加教育投入”“改变国家包办教育，鼓励多渠道、多形式社会集资办学和民间办学”。1993年和1995年中共中央关于教育经费的来源问题进一步明确提出“要逐步建立以国家财政拨款为主，辅之以征收用于教育的税费、收取非义务教育阶段学生学杂费、校办产业收入、社会捐资集资和设立教育基金等多种渠道筹措教育经费的体制”。2002年，中国教育与人力资源报告课题组根据教育发展与人力资源开发的特点，把教育划分了三个阶段：第一阶段2001—2010年为发展关键期、第二阶段为2011—2020年全面提升期、第三阶段为从追赶到超越，并提出第三个阶段教育经费总投入占GDP比例应在7.2%~7.8%，相应财政性教育经费占GDP的比例应在50%~55%。党的二十大报告提出要加快建设高质量教育体系，以教育强国建设引领支撑和服务现代化强国建设，发展素质教育，促进教育均等化发展。在不同阶段，教育发展任务不同，如义务教育的重点是优化区域教育资源的配置，推进城乡融合以及优质公平均等发展；学前教育与特殊教育的重点是对每位特殊人群进行普惠教育；高中阶段的教育重点是根据学校特色进行个性发展；职业教育、高等教育、继续教育的重点是产教融合、协同创新，职业教育培养要根据市场对人才需求来设置专业。

河南省政府为了推进教育高质量发展，不断加大教育经费投资力度。河南省教育经费资金来源主要是财政教育经费投入为主体，同时鼓励民间投入和社会捐赠等社会多渠道投入。如何评价“河南省教育经费不断增加对师资队伍提升、教学水平提高、办学条件改善、学生培养质量产生的影响”是一个具有实践意义的问题。本专题从河南省教育经费投入数量、结构、发展速度以及产出效益、基础教育和高等教育的投入产出效率方面开展研究，其研究内容对科学合理评价河南省教育经费投入产生的影响具有非常重要的价值。

二、河南省教育经费来源和支出状况分析

实施科教兴国战略，强化现代化人才建设，教育经费的来源充足和合理配置是基础。

我国教育经费来源是以中央和地方财政拨款为主,其他多种渠道筹措教育经费为辅的筹资体制。我国教育经费支出效益表现为教师工资福利和学生的奖励、办公用的公共支出和基础建设。

在第十四个五年规划和2035年远景目标中首次明确提出建设高质量教育体系,以教育强国建设引领支撑和服务现代化强国建设。党的二十大报告把教育与科技单列,提出"实施科教兴国战略,强化现代化建设人才支撑"的发展模式。提出"教育、科技、人才是全面建设社会主义现代化国家的基础性、战略性的支撑,科技是第一生产力,人才是第一资源,创新是第一动力。""要加快建设高质量教育体系,发展素质教育,促进教育公平"。

实现教育事业高质量发展,依赖以国家经济实力的基础经费投入,一般来说各国的教育经费投入来源由国家和地方政府为主,结合教育事业费收入和民办学校投入及社会捐赠。1985年颁发的《中共中央关于教育体制改革的决定》规定"在今后一定时期内,中央和地方政府的教育拨款的增长要高于财政经常性收入的增长,并使按在校学生人数平均的教育费用逐步增长"。1993年《中国教育改革和发展纲要》进一步提出"要逐步建立以国家财政拨款为主,辅之以征收用于教育的税费、收取非义务教育阶段学生学杂费、校办产业收入、社会捐资集资和设立教育基金等多种渠道筹措教育经费的体制"。1995年《中华人民共和国教育法》中规定:"国家建立以财政拨款为主、其他多种渠道筹措教育经费为辅的体制,逐步增加对教育的投入,保证国家举办的学校教育经费的稳定来源"。

在现有公共财政对教育经费的保障下,"985""211""双一流"重大工程的建设和高等教育向普及水平的迈进,加快"中职免费""普通高中特色发展"以及高中阶段教育普及,提出了"学生营养餐""农村义务教育薄弱学校改造计划""中西部农村初中校舍改造""两免一补"和义务教育由基本普及到全面普及、由基本均等迈向优质均等以及城乡一体化发展,提出了"国培计划""乡村教师支持计划"建设项目等,教育事业实现跨越式发展。2002年,中国教育与人力资源报告课题组根据教育发展与人力资源开发的特点,面向2050年教育发展战略规划以及基本实现现代化战略目标,把教育发展划分了三个阶段:第一是发展关键期(2001—2010年)、第二是全面提升期(2011—2020年)、第三是从追赶到超越,建成教育和人力资本强国(2021—2050年),关于第三阶段根据预测,提出教育经费总投入占GDP比例为7.2%~7.8%,相应财政性教育经费占GDP的比例为50%~55%,我国教育经费将有更大规模、更高水平的投入。统计数据显示,中国教育经费收入由2011年的2.39万亿元增长到2020年的5.3万亿元,"十二五"和"十三五"以来的近十年间,总的教育经费投入规模达到了38万亿元,是21世纪第一个十年约10万亿元教育经费总投入的3.8倍。

(一)河南省教育经费收入情况

河南省是经济大省、人口大省。河南省生产总值从2000年5 052.99亿元增长到2020

年的54 259.43亿元，年均增长率9.8%，国内生产总量在全国排第五位。2021 年末河南省人口数为9 883万人，在全国人口排行中位居第三，占全国比重为7.01%。

1985 年中共中央颁发的《中共中央关于教育体制改革的决定》和 1993 年颁发的《中国教育改革和发展纲要》中明确教育经费占 GDP 比重逐渐超过 4%，财政教育经费增长超过财政增长速度，进一步形成了财政性教育投入“两个提高”（也称“两个比例”）的规定。根据国家教育发展战略，河南省加大教育经费筹资渠道，表 9-1 统计了河南省教育经费收入和来源情况。为了促进河南省经济高质量发展，河南省必须发展教育和加大河南省教育经费投入。在这种多渠道筹措的投入体制下，河南省教育经费快速增长。《中国教育经费统计年鉴》，河南省教育经费收入由 2011 年的1.19万亿元增长到 2020 年的2.81万亿元，十年教育经费扩大2.36倍，2011 年河南省教育经费达到1 185.67亿元，教育总经费占 GDP 的比重达到4.51%，当年财政性教育经费占 GDP 比重达到3.5%。以后教育经费逐年增加，年均增长率10.08%；国家财政性教育经费逐年增加，年均增长率10.01%。十年来，财政性教育经费占教育经费一直维持在 80%的比率水平；民办学校中举办者投入占总教育经费的比例在 1%左右，教育捐赠收入占总教育经费的比例在0.5%~2.8%，教育事业收入占教育经费总收入在 15%~20%，其他教育经费占总教育经费的0.9%~2.5%。

河南省人口众多，各地经济教育发展水平不均衡，为了进一步分析河南省各地市教育经费来源情况，表 9-1 给出 2020 年河南省 18 个城市的教育经费收入情况。教育经费收入前五名的有郑州、南阳、周口、信阳、洛阳，后五名是漯河、三门峡、鹤壁、焦作和济源。前五中郑州的教育经费收入343.96亿元，国家财政性教育经费276.41亿元，占全省国家财政性教育经费的12.7%，占郑州市教育经费的80.94%，郑州市教育事业收入61.28亿元，占郑州市教育经费的17.82%，社会捐赠收入和其他收入偏低。洛阳市教育经费收入160.45亿元，国家财政性教育经费136.29亿元，占全省国家财政性教育经费的6.2%，占洛阳市教育经费的84.94%，洛阳教育事业收入23.07亿元，占洛阳市教育经费的14.38%，社会捐赠收入和其他收入偏低。后五名中的漯河市教育经费收入57.65亿元，国家财政性教育经费47.29亿元，占全省国家财政性教育经费的 2%，占漯河市教育经费的82.02%，漯河教育事业收入9.83亿元，占洛阳市教育经费的17.06%，社会捐赠收入和其他收入偏低。

教育经费处于中间的开封市教育经费收入103.60亿元，国家财政性教育经费80.42亿元，占全省国家财政性教育经费的3.6%，占开封市教育经费的77.63%，开封市教育事业收入22.57亿元，占开封市教育经费的21.78%，社会捐赠收入和其他收入偏低。

总体来看，河南省各市教育经费来源的构成，各市国家财政性教育经费占总教育经费的 80%左右，各市民办学校中举办者投入占总教育经费的比例为0.3%~3%，各市教育捐赠收入占总教育经费的比例不到0.2%，各市教育事业收入占教育经费总收入在 9%~23%，各市其他教育经费占总教育经费的比例不到 1%。

表 9-1　2020 年河南省各市教育经费收入合计及构成

市(县)	合计(亿元)	国家财政性教育经费	构成(%)	民办学校中举办者投入	构成(%)	捐赠收入	构成(%)	事业收入	构成(%)	其他教育经费	构成(%)
全省	2 802.23	2 189.78	78.14	27.11	0.97	1.12	0.04	554.96	19.80	29.26	1.04
省本级	470.65	276.40	58.73	3.67	0.78	0.84	0.18	165.35	35.13	24.40	5.18
郑州市	343.96	278.41	80.94	3.30	0.96	0.03	0.01	61.28	17.82	0.93	0.27
开封市	103.60	80.42	77.63	0.43	0.41	0.01	0.01	22.57	21.78	0.18	0.17
洛阳市	160.45	136.29	84.94	0.77	0.48	0.01	0.00	23.07	14.38	0.32	0.20
平顶山市	112.01	91.00	81.24	3.36	3.00	0.02	0.02	17.27	15.41	0.36	0.32
安阳市	122.87	100.40	81.71	0.98	0.80	0.01	0.01	21.28	17.32	0.20	0.16
鹤壁市	38.27	31.70	82.84	0.18	0.48	0.02	0.04	6.29	16.44	0.08	0.21
新乡市	137.59	105.96	77.01	3.51	2.55	0.01	0.01	27.78	20.19	0.33	0.24
焦作市	73.04	56.30	77.08	0.51	0.69	0.01	0.01	16.00	21.91	0.23	0.31
濮阳市	101.44	86.89	85.65	0.77	0.76	0.07	0.07	12.96	12.78	0.75	0.74
许昌市	99.77	79.68	79.87	0.42	0.42	0.00	0.00	19.62	19.66	0.04	0.04
漯河市	57.65	47.29	82.02	0.29	0.50	0.00	0.01	9.83	17.06	0.24	0.42
三门峡市	59.51	52.70	88.55	1.01	1.69	0.00	0.01	5.61	9.42	0.19	0.33
南阳市	228.77	195.88	85.62	2.07	0.90	0.05	0.02	30.69	13.41	0.09	0.04
商丘市	150.32	116.15	77.27	0.47	0.31	0.01	0.01	33.54	22.31	0.16	0.11
信阳市	167.65	143.31	85.48	2.14	1.27	0.01	0.01	21.93	13.08	0.26	0.15
周口市	187.78	149.84	79.80	1.23	0.66	0.02	0.01	36.52	19.45	0.16	0.09
驻马店市	165.54	142.86	86.30	1.92	1.16	0.02	0.01	20.40	12.33	0.33	0.20
济源市	21.37	18.30	85.63	0.10	0.45	0.00	0.00	2.96	13.85	0.02	0.07

数据来源:《河南统计年鉴》。

(二)河南省教育经费支出情况

河南省及各地市教育经费筹资体制是国家财政性教育投入、教育事业收入、社会捐赠、民办学校举办者投入等其他教育经费。教育经费主要来源于国家财政拨款,辅之以征收用于教育的税费、收取非义务教育阶段学生学杂费、校办产业收入、社会捐资集资和设立教育基金等。2011—2020 年,河南省国内生产总值年均增长率8.5%,随着经济的发展,河南省国家财政性教育经费占国内生产总值的比重平均3.8%,河南省教育经费以年均10.1%的速度增加。为提高河南省现代化教育水平,教育经费根据不同层次办学体制的要求,配置到高等学校、中等职业学校、中学、小学、特殊教育、幼儿园、教育行政单位和教育事业单位。按照个人部分、公用部分和基础建设支出三方面配置资金。

首先,看河南省高等教育的教育经费支出情况。由表 9-2 可以看出,从 2011 年到 2020 年,河南省高等教育经费总支出由246.1千万元增长到567.97千万元,年均增长率9.7%,十年教育经费翻一番。有了河南省教育经费总量的增加,才能保证个人部分、公共部分和基本建设支出经费的增加。河南省高等学校教师工资福利由 2011 年的63.49千万元增加到 2020 年的232.35千万元,年均增长率15.5%;对个人和家庭的补助支出由 2011 年的33.97千万元增加到 2020 年的59.79千万元,年均增长率6.5%;河南省高等学校公用部分教育经费由 2011 年的144.36千万元增加到 2020 年的269.14千万元,年均增长率7.2%;河南省高等学校专项项目建设支出由 2011 年的42.69千万元增长到 2020 年的69.72千万元。

由表 9-3 可以看出,从 2011 年到 2020 年,河南省中等职业学校教育经费总支出由945.23千万元增长到1 428.01千万元,年均增长率4.7%。河南省中等职业学校个人部分教育经费总支出由 2011 年的457.65千万元增长到 2020 年的770.82千万元,年均增长率6.0%,其中教师工资福利由 2011 年的261.92千万元增加到 2020 年的676.1千万元,年均增长率11.1%;河南省中等职业学校公用部分教育经费由 2011 年的452.15千万元增加到 2020 年的632.72千万元,年均增长率3.8%。

由表9-4 可以看出,从2011 年到2020 年,河南省中学教育经费总支出由3 683.35千万元增长到9 025.99千万元,年均增长率10.5%。河南省中学个人部分教育经费总支出由 2011 年的1 926.19千万元增长到 2020 年的5 753.17千万元,年均增长率12.9%,其中教师工资福利由 2011 年的1 411.8千万元增加到 2020 年的5 136.72千万元,年均增长率15.4%;河南省中学公用部分教育经费由 2011 年的1 721.65千万元增加到 2020 年的3 131.3千万元,年均增长率6.9%;河南省中学基本建设支出由 2011 年的35.51千万元增长到 2020 年的141.52千万元。

由表 9-5 可以看出,从 2011 年到 2020 年,河南省小学教育经费总支出由3 449.98千万元增长到8 478.96千万元,年均增长率10.5%。河南省小学个人部分教育经费总支出由 2011 年的2 076.58千万元增长到 2020 年的5 895.97千万元,年均增长率12.3%,其中教师工资福利由 2011 年的1 572.14千万元增加到 2020 年的5 295.47千万元,年均增长率14.4%;河南省小学公用部分教育经费由 2011 年的1 351.87千万元增加到 2020 年的2 522.18千万元,年均增长率7.2%;河南省小学基本建设支出由 2011 年的21.53千万元增长到 2020 年的60.81千万元。

表 9-2 河南省 2011—2020 年高等学校支出明细

年份	合计（亿元）	个人部分	工资福利支出	对个人和家庭的补助支出	助学金	公用部分	商品和服务支出	其他资本性支出	专项公用支出	专项项目支出
2011	246.10	97.46	63.49	33.97	18.39	144.36	63.95	80.41	37.72	42.69
2012	295.43	108.00	71.54	36.46	19.46	185.76	71.40	114.36	35.22	79.14
2013	309.41	123.60	83.53	40.07	18.87	183.43	86.93	96.49	38.33	58.16
2014	331.07	149.00	100.77	48.24	22.91	178.91	83.80	95.10	41.63	53.48
2015	348.94	159.52	105.07	54.46	25.52	183.42	83.86	99.56	53.17	46.38
2016	367.55	178.40	117.88	60.52	26.22	185.04	92.46	92.59	48.88	43.71
2017	420.36	207.84	144.98	62.85	28.32	204.90	103.40	101.50	55.16	46.34
2018	482.60	245.25	195.05	50.20	33.44	231.85	118.49	113.36	60.44	52.92
2019	541.96	269.92	216.21	53.72	37.25	262.68	141.21	121.46	66.32	55.15
2020	567.97	292.13	232.35	59.79	38.14	269.14	133.65	135.49	65.78	69.72

数据来源：《中国教育经费统计年鉴》。

表 9-3 河南省 2011—2020 年中等职业学校支出明细

地区	合计（千万元）	个人部分	工资福利支出	对个人和家庭的补助支出	助学金	公用部分	商品和服务支出	其他资本性支出	专项公用支出	专项项目支出	基本建设支出
2011	945.23	457.65	261.92	195.72	127.51	452.15	206.31	245.84	73.78	172.05	35.43
2012	1 047.68	510.37	305.90	204.46	126.09	492.66	218.47	274.19	76.44	197.75	44.66
2013	1 052.06	474.71	324.64	150.07	70.39	536.51	232.38	304.13	94.86	209.27	40.84
2014	982.88	441.19	316.62	124.57	41.13	519.52	211.79	307.73	97.07	210.67	22.17
2015	1 004.59	473.56	334.79	138.77	42.69	510.82	236.21	274.61	102.03	172.58	20.21
2016	1 074.33	522.90	368.48	154.42	44.88	512.93	249.06	263.87	96.18	167.68	38.51
2017	1 185.70	631.48	494.29	137.19	45.40	537.64	266.98	270.67	114.69	155.98	16.58
2018	1 414.42	721.78	632.74	89.04	53.92	641.18	306.12	335.07	153.83	181.24	51.46
2019	1 396.56	784.40	684.97	99.43	60.90	581.44	314.66	266.79	108.72	158.06	30.72
2020	1 428.01	770.82	676.10	94.72	59.09	632.72	317.90	314.82	134.45	180.37	24.48

数据来源：中国教育经费统计年鉴。

表 9-4 河南省 2011—2020 年中学支出明细

地区	合计（千万元）	个人部分	工资福利支出	对个人和家庭的补助支出	助学金	公用部分	商品和服务支出	其他资本性支出	专项公用支出	专项项目支出	基本建设支出
2011	3 683.35	1 926.19	1 411.80	514.39	146.16	1 721.65	874.70	846.96	197.73	649.22	35.51
2012	4 645.52	2 263.39	1 635.85	627.54	208.25	2 257.51	1 023.98	1 233.53	295.50	938.03	124.62
2013	4 792.79	2 445.90	1 764.03	681.87	223.16	2 225.59	1 055.20	1 170.39	232.71	937.68	121.31
2014	5 005.62	2 700.18	1 882.93	817.26	250.24	2 229.44	984.34	1 245.10	250.91	994.18	76.00
2015	5 248.58	3 050.13	2 075.65	974.48	276.50	2 101.28	974.93	1 126.35	223.49	902.86	97.17
2016	5 750.72	3 535.66	2 436.71	1 098.95	281.98	2 128.58	1 051.28	1 077.31	222.44	854.87	86.48
2017	6 691.25	4 188.58	3 295.56	893.02	317.93	2 421.76	1 121.32	1 300.44	243.95	1 056.49	80.91
2018	7 588.69	4 841.45	4 286.37	555.08	341.71	2 653.36	1 177.79	1 475.57	304.24	1 171.33	93.87
2019	8 414.77	5 479.52	4 869.64	609.89	359.37	2 805.99	1 292.07	1 513.92	320.02	1 193.89	129.26
2020	9 025.99	5 753.17	5 136.72	616.46	357.91	3 131.30	1 393.09	1 738.21	377.68	1 360.53	141.52

数据来源:《中国教育经费统计年鉴》。

表 9-5 河南省 2011—2020 年小学支出明细

地区	合计（千万元）	个人部分	工资福利支出	对个人和家庭的补助支出	助学金	公用部分	商品和服务支出	其他资本性支出	专项公用支出	专项项目支出	基本建设支出
2011	3 449.98	2 076.58	1 572.14	504.44	47.20	1 351.87	849.21	502.66	119.42	383.24	21.53
2012	4 427.90	2 434.89	1 783.81	651.08	142.98	1 931.32	1 046.74	884.58	184.43	700.14	61.68
2013	4 788.06	2 653.69	1 884.80	768.89	214.04	2 082.62	1 067.06	1 015.57	273.17	742.39	51.75
2014	5 055.51	2 931.39	2 030.79	900.60	249.09	2 084.03	1 097.77	986.26	236.47	749.79	40.10
2015	5 312.71	3 273.53	2 214.90	1 058.62	261.80	2 002.04	1 011.99	990.04	195.64	794.40	37.15
2016	5 892.65	3 747.37	2 643.56	1 103.82	253.40	2 072.31	1 075.16	997.15	170.05	827.10	72.97
2017	6 644.33	4 355.92	3 498.72	857.21	292.94	2 208.79	1 080.93	1 127.86	199.92	927.94	79.62
2018	7 412.82	4 958.35	4 411.84	546.50	330.16	2 364.68	1 095.38	1 269.29	245.52	1 023.78	89.80
2019	8 124.48	5 546.19	4 963.58	582.61	342.28	2 466.14	1 189.54	1 276.60	213.89	1 062.71	112.15
2020	8 478.96	5 895.97	5 295.47	600.50	338.85	2 522.18	1 245.03	1 277.15	233.78	1 043.37	60.81

数据来源:《中国教育经费统计年鉴》。

由表 9-6 可以看出,从 2011 年到 2020 年,河南省特殊教育经费总支出由38.14千万元增长到77.10千万元,年均增长率8.1%。河南省特殊教育个人部分教育经费总支出由 2011 年的16.98千万元增长到 2020 年的58.13千万元,年均增长率14.7%,其中教师工资福利由 2011 年的12.67千万元增加到 2020 年的53.58千万元,年均增长率17.4%;河南省特殊教育公用部分教育经费由 2011 年的17.86千万元增加到 2020 年的18.97千万元,年均增长率0.7%。

由表 9-7 可以看出,从 2011 年到 2020 年,河南省幼儿园教育经费总支出由490.11千万元增长到2 246.13千万元,年均增长率18.4%。河南省幼儿园个人部分教育经费总支出由 2011 年的256.2千万元增长到 2020 年的1 350.78千万元,年均增长率20.3%,其中教师工资福利由 2011 年的242.09千万元增加到 2020 年的1 317.04千万元,年均增长率20.7%;河南省幼儿园公用部分教育经费由 2011 年的228.52千万元增加到 2020 年的882.53千万元,年均增长率16.2%,其中商品和服务支出由 2011 年的150.14千万元增长到 2020 年的586.4千万元,年均增长率16.3%。

由表 9-8 可以看出,从 2011 年到 2020 年,河南省教育行政单位教育经费总支出由119.47千万元增长到143.21千万元,年均增长率 2%。河南省教育行政单位个人部分教育经费总支出由 2011 年的41.79千万元增长到 2020 年的74.06千万元,年均增长率6.6%,其中工资福利由 2011 年的25.72千万元增加到 2020 年的60.61千万元,年均增长率 10%;河南省教育行政单位公用部分教育经费支出近十年来保持在 74 千万元左右。

由表 9-9 可以看出,从 2011 年到 2020 年,河南省教育事业单位教育经费总支出由209.05千万元增长到302.20千万元,年均增长率4.2%。河南省教育事业单位个人部分教育经费总支出由 2011 年的86.14千万元增长到 2020 年的182.13千万元,年均增长率8.7%,其中工资福利由 2011 年的48.71千万元增加到 2020 年的161.07千万元,年均增长率14.2%;河南省教育事业单位公用部分教育经费近十年保持在121.6千万元左右。

以 2020 年为例看河南省不同层次教育机构的教育经费支出构成,具体情况如表 9-10 和图 9-1 所示。

河南省 2020 年各层次教育机构按照教育经费支出从高到低分别是中学9 025.99千万元、小学8 478.96千万元、高等学校5 679.67千万元、幼儿园2 246.13千万元、中等职业学校1 428.01千万元、教育事业单位302.2千万元、教育行政单位143.21千万元和特殊教育77.1千万元,所占比例分别为32.96%、30.97%、20.74%、8.20%、5.22%、1.10%、0.52%和0.28%。与 2020 年全国各层次教育机构按照教育经费支出情况对比可知,河南省与全国各层次教育经费支出比例基本保持一致(见图 9-2)。具体来看,支出占比前三名都是高等学校、中学和小学,但比例有所不同,全国占比最高的依次是中学28.74%、小学28.11%和高等学校26.83%;全国其余五个层次教育经费支出占比分别为幼儿园8.06%、中等职业学校5.5%、教育事业单位1.61%、教育行政单位0.78%和特殊教育0.38%。

表 9-6　河南省 2011—2020 年特殊教育支出明细

地区	合计（千万元）	个人部分	工资福利支出	对个人和家庭的补助支出	助学金	公用部分	商品和服务支出	其他资本性支出	专项公用支出	专项项目支出	基本建设支出
2011	38.14	16.98	12.67	4.30	0.57	17.86	5.33	12.53	1.24	11.29	3.29
2012	37.61	19.42	14.70	4.71	0.63	17.77	6.10	11.67	1.85	9.82	0.43
2013	38.27	21.51	16.25	5.26	0.74	15.95	5.46	10.49	1.89	8.61	0.82
2014	39.76	24.44	17.66	6.78	0.87	15.13	6.41	8.72	1.99	6.73	0.19
2015	44.62	28.46	20.72	7.74	0.91	16.16	7.17	8.99	3.41	5.58	0.00
2016	51.24	33.29	24.35	8.93	0.99	17.96	9.34	8.62	2.30	6.32	0.00
2017	59.56	43.07	36.11	6.96	1.15	16.49	10.15	6.34	2.84	3.50	0.00
2018	71.90	50.29	46.19	4.10	1.43	21.62	13.25	8.37	3.19	5.18	0.00
2019	76.74	56.21	51.55	4.66	1.58	20.53	14.17	6.35	3.09	3.26	0.00
2020	77.10	58.13	53.58	4.55	1.80	18.97	14.33	4.64	2.09	2.55	0.00

数据来源:《中国教育经费统计年鉴》。

表 9-7　河南省 2011—2020 年幼儿园支出明细

地区	合计（千万元）	个人部分	工资福利支出	对个人和家庭的补助支出	助学金	公用部分	商品和服务支出	其他资本性支出	专项公用支出	专项项目支出	基本建设支出
2011	490.11	256.20	242.09	14.12	1.25	228.52	150.14	78.38	26.91	51.46	5.39
2012	724.59	347.49	325.09	22.40	6.48	365.48	211.10	154.38	41.95	112.43	11.62
2013	929.12	428.11	399.16	28.95	11.34	493.43	266.86	226.56	62.71	163.85	7.58
2014	1 087.38	552.54	512.69	39.85	14.04	525.07	360.98	164.09	46.36	117.73	9.78
2015	1 262.78	679.21	637.21	42.00	13.84	578.65	398.24	180.40	56.40	124.01	4.92
2016	1 418.63	827.71	775.65	52.06	19.16	590.29	421.07	169.22	43.12	126.11	0.63
2017	1 712.88	1 044.63	989.61	55.02	20.08	665.49	493.12	172.37	46.71	125.66	2.76
2018	1 948.76	1 205.37	1 170.75	34.62	22.11	739.02	545.27	193.75	53.89	139.85	4.36
2019	2 176.99	1 344.81	1 311.44	33.37	21.14	823.53	611.36	212.17	57.41	154.76	8.66
2020	2 246.13	1 350.78	1 317.04	33.74	20.71	882.53	586.40	296.13	77.67	218.47	12.81

数据来源:《中国教育经费统计年鉴》。

表 9-8　河南省 2011—2020 年教育行政单位教育经费支出明细

地区	合计（千万元）	个人部分	工资福利支出	对个人和家庭的补助支出	助学金	公用部分	商品和服务支出	其他资本性支出	专项公用支出	专项项目支出	基本建设支出
2011	119.47	41.79	25.72	16.07	0.00	77.66	59.42	18.25	7.08	11.16	0.02
2012	103.65	40.71	26.90	13.81	0.00	62.92	53.75	9.16	4.39	4.77	0.03
2013	110.22	44.55	28.33	16.22	0.00	65.67	50.81	14.87	7.07	7.80	0.00
2014	129.60	47.17	28.71	18.46	0.00	68.96	54.09	14.87	10.30	4.57	13.47
2015	134.86	53.44	28.85	24.59	0.00	77.88	50.30	27.58	16.86	10.72	3.54
2016	160.81	59.32	33.75	25.57	0.00	98.42	88.18	10.23	7.65	2.58	3.07
2017	146.19	60.24	44.83	15.41	0.00	85.95	76.19	9.76	3.34	6.42	0.00
2018	133.89	69.14	57.11	12.02	0.00	64.75	59.79	4.96	3.74	1.23	0.00
2019	144.90	75.06	59.47	15.59	0.00	69.84	52.87	16.96	5.69	11.27	0.00
2020	143.21	74.06	60.61	13.45	0.00	67.57	59.27	8.31	6.07	2.24	1.58

数据来源：《中国教育经费统计年鉴》。

表 9-9　河南省 2011—2020 年教育事业单位教育经费支出明细

地区	合计（千万元）	个人部分	工资福利支出	对个人和家庭的补助支出	助学金	公用部分	商品和服务支出	其他资本性支出	专项公用支出	专项项目支出	基本建设支出
2011	209.05	86.14	48.71	37.43	0.00	122.36	74.10	48.26	27.15	21.11	0.55
2012	198.12	83.78	59.16	24.62	0.00	114.35	71.42	42.92	27.34	15.58	0.00
2013	257.85	135.54	63.04	72.50	0.00	122.31	73.33	48.99	28.83	20.16	0.00
2014	224.88	117.11	66.39	50.73	0.00	107.77	65.34	42.42	18.37	24.06	0.00
2015	252.88	117.96	72.25	45.71	0.00	131.72	65.11	66.61	40.16	26.46	3.19
2016	256.96	121.41	83.48	37.93	0.00	132.89	69.47	63.42	24.50	38.92	2.67
2017	296.20	173.92	119.70	54.22	0.00	122.28	78.14	44.14	23.85	20.29	0.00
2018	297.38	166.45	151.50	14.95	0.00	124.65	88.07	36.58	18.91	17.67	6.28
2019	301.00	181.49	157.69	23.81	0.00	119.42	88.65	30.77	13.49	17.28	0.09
2020	302.20	182.13	161.07	21.07	0.00	117.78	86.21	31.56	15.79	15.77	2.29

数据来源：《中国教育经费统计年鉴》。

表 9-10　2020 年河南省不同层次教育机构的教育经费支出情况

地区	合计（千万元）	个人部分	工资福利支出	对个人和家庭的补助支出	助学金	公用部分	商品和服务支出	其他资本性支出	专项公用支出	专项项目支出	基本建设支出
高等学校	5 679.67	2 921.33	2 323.47	597.86	381.37	2 691.42	1 336.47	1 354.94	657.76	697.19	66.93
中等职业学校	1 428.01	770.82	676.10	94.72	59.09	632.72	317.90	314.82	134.45	180.37	24.48
中学	9 025.99	5 753.17	5 136.72	616.46	357.91	3 131.30	1 393.09	1 738.21	377.68	1 360.53	141.52
小学	8 478.96	5 895.97	5 295.47	600.50	338.85	2 522.18	1 245.03	1 277.15	233.78	1 043.37	60.81
特殊教育	77.10	58.13	53.58	4.55	1.80	18.97	14.33	4.64	2.09	2.55	0.00
幼儿园	2 246.13	1 350.78	1 317.04	33.74	20.71	882.53	586.40	296.13	77.67	218.47	12.81
教育行政单位	143.21	74.06	60.61	13.45	0.00	67.57	59.27	8.31	6.07	2.24	1.58
教育事业单位	302.20	182.13	161.07	21.07	0.00	117.78	86.21	31.56	15.79	15.77	2.29

数据来源：《中国教育经费统计年鉴》。

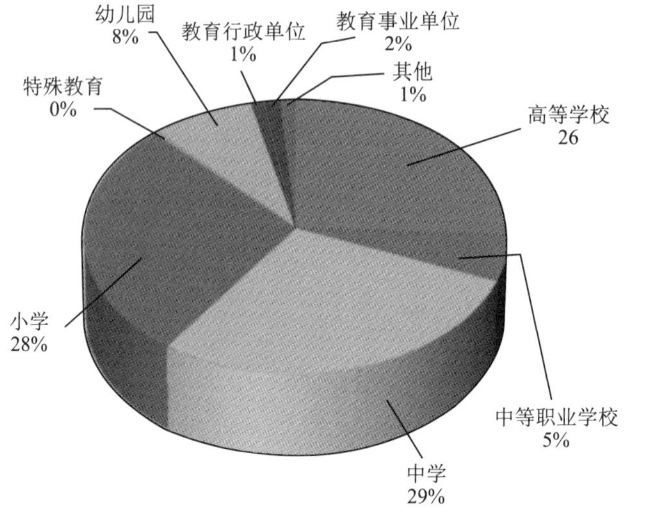

图 9-1　2020 年河南省不同层次教育机构的教育经费支出构成

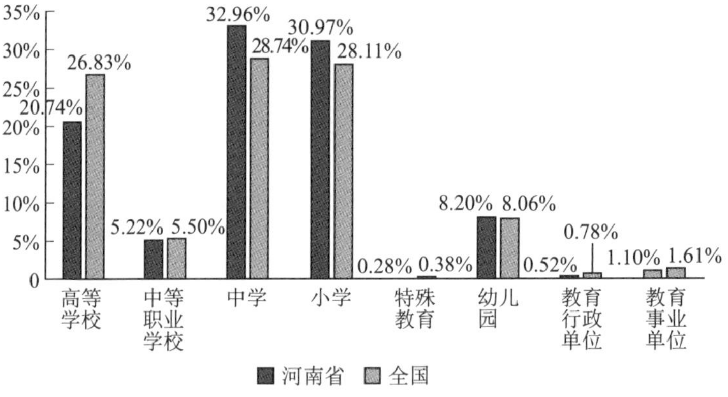

图 9-2　2020 年河南省与全国不同层次教育机构教育经费支出对比

三、河南省高等教育资源配置效率研究

党的十九大报告指出，“建设教育强国是中华民族伟大复兴的基础工程，必须把教育事业放在优先位置，深化教育改革，加快教育现代化，办好人民满意的教育，加快一流大学和一流学科建设，实现高等教育内涵式发展”。《中共中央关于制定国民经济和社会发展第十四个五年规划和二〇三五年远景目标的建议》进一步明确建设高质量教育体系，加大教育经费投入，改革完善经费使用管理制度，提高经费配置效益。河南省人口基数庞大，2021 年末河南省人口数为9 883万人，在全国人口排行中位居第三，占全国比重为7.01%，同年河南省高考报名人数 125 万人，占全国报名人数的11.6%。2021 年河南省高校在校生数286.6万人，占全国高校在校生数的7.68%，同年河南省高校教职工数18.4万人，占全国高校教职工数的6.69%，教职工人数占比低于学生人数占比，高校人均教师资

源不足。2020年河南省高等学校生均教育经费为23 036元，同年全国生均教育经费36 670元。由此可以看出河南省高等教育资源的不足，从而导致河南省高等教育资源配置水平不高。构建河南省高等资源配置指标体系，采用适当方法测度其高等教育资源配置效率，有利于河南省政府正确评价高等教育资源配置存在的问题，从而促进河南省高等教育资源的合理配置。

关于高等教育资源配置的研究主要集中于高等教育高质量发展内涵、高等教育资源配置效率测度及相关研究两个方面。

一是高等教育高质量发展内涵。从不同视角出发对高等教育高质量发展的理解有所不同，例如投入—产出或成本—效益角度、培养成果角度、广义和狭义角度等。许丽英、袁桂林（2007）将教育效益的经济含义分为教育的生产效益、配置效益和X-效益。袁连生、袁强（1991）按教育的结果，将教育产出分为反映教育过程直接结果的内部产出和教育对社会经济的作用和贡献的外部产出，从而界定了教育效益的内涵。从宽泛的角度来看，1998年联合国教科文组织发布的《面向21世纪高等教育的展望与行动》从教学和学术项目、研究和奖学金、人员配备、学生、建筑、设施、设备、对社区和学术环境的服务等多维定义教育质量的内涵。从狭义的层面理解高等教育质量，即主要是指高等学校的人才培养质量。

二是高等教育资源配置效率测度。对于指标体系的构建，王定迅（2009）提出了基于经济性指标、效益性指标、效果性指标、公平性指标、环境性指标的五种框架。王善迈（1997）按照投入要素的使用效益构建了人力、物力、财力资源使用效益的三类指标。李福华（2000）从人力、物力、财力和人才培养质量四个方面构建了教育效益评价体系。邱均平等（2013）从师资、生源、教学和科研四个方面进行评价。基于文献的梳理和分析，学者们基本认同教育的投入包括人力、物力和财力三部分，输出是人才的输出。对于测度方法的选择，李倩（2015）运用超效率DEA模型评价1997—2012年扩招前后高等教育效率的实际水平。Peter Chalos和Joseph Cherian运用DEA方法基于207所学校研究教育的投入产出效率。闫超栋等（2016）运用非径向SBM模型对中国30个省区市的高等教育效率进行了测算。雍会等（2017）基于Hicks-Moorsteen全要素生产率指数对我国31个省份高等教育效率和生产率的变化进行评价。管永刚（2019）综合运用BCC模型和超效率模型对我国31个省（自治区、直辖市）的高等资源投入产出效率进行分析。迟景明等（2019）利用面板Tobit回归模型测度四大区域高等教育发展效率的空间差异。鲍威和刘艳辉（2011）利用多层线性模型结合“政府、市场、大学”三个视角，对高等教育资源配置差异展开研究。易明等（2019）综合运用Window-Malmquist指数法和空间聚类方法测算分析中国31省（自治区、直辖市）2004—2015年的高等教育投入产出效率及其演变规律和空间差异。刘倩等（2021）借鉴TOPSIS方法测度2010—2019年京津冀高等教育产出水平及其影响因素。Kempkes和Pohl（2010）研究人均GDP和高校效率的关系。

现有文献评价高等教育资源配置效率的方法主要是DEA方法，研究多集中于全国、城市群、教育部直属高校。对河南省高等教育资源配置水平的研究较少。本专题在已有研究的基础上，采用BCC-DEA模型和Malmquist指数模型，从静态和动态结合的视角对河南省整体及18个城市高等教育资源配置效率的时空演变和差异进行研究，根据研究结论提出优化河南省高等教育资源配置的建议,以期推进河南省高等教育高质量发展。

(一)指标体系、数据来源和研究方法

1.指标体系和数据来源

结合数据可得性,从投入和产出两大方面构建河南省整体的高等教育资源配置效率测度指标体系。投入指标下分三个一级指标,分别为人力、物力和财力。人力指标的测度指标为高校专任教师数,物力指标的测度指标为固定资产总值和图书数,财力指标的测度指标为总教育经费。产出指标下分三个一级指标,分别为人才培养、科研成果和社会服务。人才培养指标的测度指标为毕业生数,科研成果指标的测度指标为科技论文数和科技经费支出,社会服务指标的测度指标为当年获得收入,其包括专利收入、技术转让收入、科研经费收入。数据来自《中国教育统计年鉴》《高等教育科技统计汇编》《中国教育经费统计年鉴》。具体如表 9-11 所示。

表 9-11　河南省高等教育资源配置效率指标体系

	一级指标	二级指标	单位
投入指标(X)	人力	专任教师数(X1)	人
	物力	固定资产总值(X2)	万元
		图书数(X3)	万册
	财力	教育经费总支出(X4)	千元
产出指标(Y)	人才培养	毕业生数(Y1)	人
	科研成果	科技论文数(Y2)	篇
		科技经费支出(Y3)	千元
	社会服务	当年获得收入(Y4)	千元

为深入分析河南省不同地区高等教育资源配置水平,构建河南省各市高等教育资源配置效率指标体系。结合数据可得性,投入指标为教职工数、学校数量、国家财政性教育经费,产出指标为毕业生数(见表 9-12),数据来源为《河南统计年鉴》。

表 9-12　河南省各市高等教育资源配置效率指标体系

投入指标(X)	教职工数	单位:人
	学校数量	单位:个
	国家财政性教育经费	单位:万元
产出指标(Y)	毕业生数	单位:人

2.研究方法

数据包络分析,也叫 DEA 方法,是一种融合了数学、运筹学、数理经济学和管理科学的线性规划方法,该方式适合客观分析比较相似机构单位多投入多产出的效率问题,基

本思想是根据每个决策单元的投入指标和产出指标，通过综合多个投入数值和综合产出数值之比得到效率，以此效率判断每个决策单元是否DEA有效。可以将DEA效率进一步分解为规模效率和技术效率，然后根据规模效率和技术效率情况，全面评估决策单元的现有水平以及改进方向。DEA的基本模型包括CCR和BCC，CCR模型假设规模报酬不变，根据CCR模型可以计算出综合效率。BCC模型在CCR模型的基础上假设规模报酬可变，根据BCC模型可以进一步测算出纯技术效率。本专题选取DEA中的CCR、BCC和Malmquist指数模型对河南省高等教育资源配置效率进行研究。

（1）CCR模型

假设有 n 个决策单元，每个决策单元有 m 种投入以及 s 种产出，x_{ij}表示在第 j 个决策单元中第 i 种投入要素的投入量；y_{rj}表示在第 j 个决策单元中第 r 种输出的产出量；引入松弛变量 S_i^- 和 S_r^+ 以及非阿基米德无穷小量 ε，构造出CCR模型，得到线性规划问题如下式：

$$s\begin{cases}\min[\theta-\varepsilon(\sum_{i=1}^{m}S_i^-+\sum_{r=1}^{j}S_r^+)]\\ \sum_{j=1}^{n}\lambda_j x_{ij}+S_i^-=\theta x_{ij},i=1,2,\cdots,m\\ \sum_{j=1}^{n}\lambda_j y_{rj}-S_r^+=y_{rj},r=1,2,\cdots,s\\ \theta,\lambda_j,S_i^-,S_r^+\geqslant 0\end{cases}\tag{9-1}$$

其中，λ_j 为决策单元的系数，S_i^- 为决策单元投入松弛变量，S_r^+ 为决策单元产出的松弛变量，将决策单元的效率值记作 $\theta(0\leqslant\theta\leqslant 1)$，$\varepsilon$ 为非阿基米德无穷小量。当决策单元的效率值 $\theta=1$，并且 S_i^- 和 S_r^+ 都等于0时，认为决策单元DMUk处于强有效的状态；在最优解 $\theta=1$ 时，如果决策单元的 S_i^- 和 S_r^+ 不等于0，则判定DMU是一个弱有效的状态；如果最优解 $\theta<1$ 时，判定DMU处于无效状态。

（2）BCC模型

BCC模型进一步修正了CCR模型，技术效率是由纯技术效率和规模效率决定，综合效率=纯技术效率×规模效率。

假设有 n 个DMU（决策单元），每个DMU有 m 个投入和 s 个产出，则第 j 个DMU的投入向量 $X_j=(x_{1j},x_{2j},\cdots,x_{mj})^r,j=1,2,\cdots,n$；产出向量 $Y_j=(y_{1j},y_{2j},\cdots,y_{sj})^T,j=1,2,\cdots,n$。构建投入导向的BCC模型：

$$s.t.\begin{cases}\min[\theta-\varepsilon(\sum\limits_{i=1}^{m}S_i^-+\sum\limits_{r=1}^{j}S_r^+)]\\ \sum_{j=1}^{n}\lambda_j x_{ij}+S_i^-=\theta x_{ij},i=1,2,\cdots,m\\ \sum_{j=1}^{n}\lambda_j y_{rj}-S_r^+=y_{rj},r=1,2,\cdots,s\\ \sum\limits_{j=1}^{m}\lambda=1,j=1,2,\cdots,n\\ \theta,\lambda_j,S_i^-,S_r^+\geqslant 0\end{cases}\tag{9-2}$$

式中，θ 为被评价决策单元的效率值，λ_j 为投入产出指标的权系数，S_i^- 和 S_r^+ 为松弛变量；ε 为非阿基米德无穷小量。如果 $\theta=1$，则决策单元DEA有效，如果 $\theta<1$，则决策单元DEA无效。

(3)Malmquist 指数模型

DEA 模型计算所有决策单元在同一时间截面的相对效率,不能反映决策单元在某个时间段内效率变化情况。本文引入了 Malmquist 指数法对决策单元在某时间段内效率变化情况进行分析。

第 t 期的 Malmquist 指数可以定义为:

$$M_0^r=\frac{D_0^t(X^{t+1},Y^{t+1})}{D_0^r(X^t,Y^t)} \tag{9-3}$$

其中,X^t、X^{t+1}分别表示在时期 t 和 t+1 期的投入向量,用 Y^t、X^{t+1}分别表示在时期 t 和 t+1 期的产出向量。D_0^r 表示 t 期基于产出的距离函数,反映在固定收入以及既定生产技术条件下实际产出与最大可能产出的比值。M_0^r 表示在第 t 期的技术条件下,技术效率由第 t 期变到第 t+1 期对生产率的影响。同样,t+1 期 Malmquist 指数可以定义为:

$$M_0^{t+1}=\frac{D_0^{t+1}(X^{t+1},Y^{t+1})}{D_0^{t+1}(X^t,Y^t)} \tag{9-4}$$

为了避免时期选择的随意性可能导致的误差,Caves 等人(1982)建议 Malmquist 指数用 M_0^t 和 M_0^{t+1} 的几何平均来计算:

$$M(X^{t+1},Y^{t+1},X^t,Y^t)=[M_0^r\times M_0^{r+1}]^{\frac{1}{2}} \tag{9-5}$$

该指数反映了生产率由 t 期到 t+1 期的变化,如果 $M>1$ 表明生产率为正增长;$M=1$ 表明生产率没变化;$M<1$ 表明生产率为负增长。

进一步将 Malmquist 指数进行分解,将指数分解成技术效率变化指数(Technical Efficiency Change,TEC)和技术水平变化指数(Technical Change,TC):

$$M(X^{t+1},Y^{t+1},X^t,Y^t)=\left\{\left[\frac{D_0^r(X^{t+1},Y^{t+1})}{D_0^r(X^t,Y^t)}\right]\left[\frac{D_0^{r+1}(X^{t+1},Y^{t+1})}{D_0^{r+1}(X^t,Y^t)}\right]\right\}^{1/2}$$

$$=\frac{D_0^{t+1}(X^{t+1},Y^{t+1})}{D_0^t(X^t,Y^t)}\left\{\left[\frac{D_0^t(X^{t+1},Y^{t+1})}{D_0^{t+1}(X^{t+1},Y^{t+1})}\right]\times\left[\frac{D_0^t(X^t,Y^t)}{D_0^{t+1}(X^t,Y^t)}\right]\right\}^{1/2}=TEC\times TC \tag{9-6}$$

其中,TEC 表示技术效率进步,TC 表示技术进步。若 TEC>1,表明相对技术效率有所提高,TEC<1,技术效率有所衰退。若 TC>1,表明出现了技术进步,当 TC=1 表明技术维持在原来水平上,当 TC<1 时表明倒退。技术效率可进一步分解为纯技术效率进步(Pure Technical Efficiency Change,PTEC)和规模效率进步(Scale Efficiency Change,SEC)两个部分。其中,TCPE 测度了实际技术效率与基本技术效率之间的距离,若 TCPE>1,表明技术效率改善;若 TCPE<1 表明技术效率恶化。SEC 测度了实际技术规模与最适技术规模之间的距离,若 SEC>1,表明决策单位向长期最适规模逼近;当 SEC<1 表明决策单位距离规模报酬越来越远。

(二)高校教育资源配置效率测度结果与分析

1.河南省总体高等教育资源配置效率分析

基于 BCC 模型对 2001—2020 年河南省的高等教育资源配置效率进行分析,得到各个年份的投入产出效率,结果如表 9-13 所示。

表 9-13　2001—2020 年河南省高等教育资源配置效率 DEA 评价结果

年份	综合效率	纯技术效率	规模效率	规模报酬
2001	0.503	1.000	0.503	irs
2002	0.692	1.000	0.692	irs
2003	0.943	1.000	0.943	irs
2004	0.836	0.955	0.876	irs
2005	0.999	1.000	0.999	irs
2006	1.000	1.000	1.000	—
2007	1.000	1.000	1.000	—
2008	1.000	1.000	1.000	—
2009	0.997	1.000	0.997	drs
2010	1.000	1.000	1.000	—
2011	1.000	1.000	1.000	—
2012	0.987	0.987	1.000	drs
2013	0.966	0.966	1.000	—
2014	0.911	0.911	0.999	—
2015	0.949	0.951	0.999	—
2016	0.973	1.000	0.973	drs
2017	0.941	0.942	0.999	irs
2018	1.000	1.000	1.000	—
2019	1.000	1.000	1.000	—
2020	1.000	1.000	1.000	—
均值	0.935	0.986	0.949	—

注：drs：规模报酬递减；—：规模报酬不变；irs：规模报酬递增。

（1）综合效率

以河南省 2001—2020 年的每一年作为一个决策单元，综合效率为 1 表明河南省在这一年的高等教育资源配置是有效的，在 0~1 表明是无效的。由表 9-13 可知，河南省在 2001—2020 年这 20 年中有 8 年综合效率等于 1 为 DEA 有效，说明在现有教育资源投入下，这八年的产出已到达最优状态；2001 年、2002 年和 2004 年的综合效率值小于0.9，说明这三年河南省高等教育资源配置效率处于较低水平；其余九年虽未达到 DEA 有效但均在0.90以上，整体来看接近有效。

（2）纯技术效率

纯技术效率衡量在假设规模报酬不变的条件下，被评价的决策单元与生产前沿面之间的距离，即高等教育投入产出结构是否使效益最大化。考察期内河南省有 14 年纯技术效率为 1，表明这些年份在当时条件下对投入资源的利用效率达到最佳，其中有 6 年综合效率不为 1 因为规模效率无效，说明规模配置不合理；考察期内有 6 年的纯技术效率在 0~1，说明在当时技术水平条件下，高等教育管理水平以及发挥程度有待优化，对投入要素的利用效率有待提高。

(3)规模效率

规模效率衡量规模报酬不变的生产前沿面与规模报酬可变的生产前沿面之间的距离,即对高等教育投入产出规模进行调整是否达到 DEA 有效。当规模效率为 1 时,说明无需对投入产出进行调整,当规模效率在 0~1,说明存在规模递增或规模递减。考察期内有 7 年规模效率小于纯技术效率,导致河南省高等教育资源配置效率较低,说明河南省高等教育资源的投入要素与产出要素的比例有很大优化空间,资源配置不合理。

2.河南省各市高等教育资源配置效率分析

采用 DEA-SOLVER 软件进行测算,分别得到 2011—2020 年河南省各市高等教育资源配置效率的相关数值,如表 9-14 所示。

表 9-14　2011—2020 年河南省各市高等教育资源配置综合技术效率

地区	2011	2012	2013	2014	2015	2016	2017	2018	2019	2020	均值
郑州市	1.00	1.00	1.00	1.00	1.00	1.00	1.00	1.00	1.00	1.00	1.00
开封市	0.98	1.00	1.00	1.00	1.00	1.00	1.00	1.00	1.00	0.90	0.99
洛阳市	1.00	0.92	0.69	0.86	0.82	0.86	0.90	0.88	0.93	0.98	0.88
平顶山市	1.00	1.00	1.00	1.00	1.00	0.79	0.81	0.69	0.81	0.95	0.91
安阳市	0.60	0.65	0.69	0.88	0.83	0.97	1.00	0.94	0.90	0.99	0.85
鹤壁市	0.81	0.67	0.64	0.62	0.67	0.67	0.76	0.76	0.73	1.00	0.73
新乡市	0.69	0.75	0.82	0.93	0.89	0.89	0.86	0.88	0.89	0.89	0.85
焦作市	0.83	0.93	0.89	0.93	0.88	0.77	0.79	0.80	0.85	0.94	0.86
濮阳市	0.91	0.81	0.89	1.00	0.88	0.62	0.58	0.68	0.69	0.83	0.79
许昌市	0.87	0.85	0.70	0.79	0.86	0.82	0.84	0.81	0.75	0.99	0.83
漯河市	0.58	0.63	0.80	0.71	0.62	0.54	0.53	0.66	0.73	0.80	0.66
三门峡市	0.99	1.00	1.00	1.00	1.00	1.00	0.79	0.94	0.96	1.00	0.97
南阳市	0.92	0.84	0.71	0.83	0.83	0.75	0.84	0.88	0.91	0.86	0.84
商丘市	0.87	0.86	0.96	0.95	0.85	0.89	0.97	1.00	0.99	1.00	0.93
信阳市	0.75	0.70	0.72	0.84	0.74	0.69	0.89	0.80	0.80	1.00	0.79
周口市	0.78	0.73	0.92	0.70	0.60	0.72	1.00	1.00	0.92	0.90	0.83
驻马店市	0.56	0.61	0.72	0.66	0.69	0.77	0.90	0.85	0.78	0.89	0.74
济源市	1.00	0.92	1.00	1.00	0.89	0.76	0.69	1.00	1.00	0.98	0.92
均值	0.84	0.83	0.84	0.87	0.84	0.81	0.84	0.86	0.87	0.94	0.85

(1)综合技术效率

由表 9-14 可知,2011—2020 年河南省各市高等教育资源配置的综合技术效率省均值均处于0.8到 1 之间,说明河南省高等教育资源配置效率整体未达到有效状态。从 18 个市的角度看,只有郑州市综合技术效率为 1,投入产出达到 DEA 有效状态,作为河南省的省会城市,郑州由于区位优势明显、资源丰富且不断加大对高等教育的支持力度,近年来不断输出优秀人才，促进高等教育高质量发展；开封市的综合技术效率均值较高为0.99，除2011年和2020年未达到DEA有效，其他年份均达到DEA有效，这表明开封市高等教育资源配置水平较高；洛阳市、平顶山市、安阳市、新乡市、焦作市、许昌市、三门峡市、南阳市、商丘市、周口市、济源市在考察期内的均值大于0.8；鹤壁市、濮阳市、漯河市、信阳市、驻马店市在考察期内均值小于0.8，说明这些城市的高等教育资源配置水平相对较低。总的来说，河南省高等教育发展不均衡，高等教育资源配置效率有提高空间。

（2）纯技术效率

由表9-15可知，2011—2020年河南省各市高等教育资源配置的纯技术效率省均值处于0.86~0.95，说明河南省在这10年间的高等教育资源投入要素的利用未达到最佳状态。从各城市的角度来看，郑州市和济源市的均值为1，说明这两个市高等教育资源的投入要素得到充分利用，达到纯技术效率有效；开封市、平顶山市、濮阳市、三门峡市和商丘市均值虽未达到1但处于0.9以上，洛阳市、安阳市、鹤壁市、新乡市、焦作市、许昌市、南阳市、信阳市和周口市纯技术效率均值处于0.8~0.9。漯河市和驻马店市纯技术效率均值小于0.8，这两个市的技术有效性较低。纯技术效率与综合技术效率并没有保持完全一致，综合技术效率较高的城市保持了纯技术效率水平较高，一些综合技术效率较低的城市对高等教育资源投入要素的利用率也较高。

表9-15　2011—2020年河南省各市高等教育资源配置纯技术效率

地区	2011	2012	2013	2014	2015	2016	2017	2018	2019	2020	均值
郑州市	1.00	1.00	1.00	1.00	1.00	1.00	1.00	1.00	1.00	1.00	1.00
开封市	1.00	1.00	1.00	1.00	1.00	1.00	1.00	1.00	1.00	0.90	0.99
洛阳市	1.00	1.00	0.70	0.88	0.84	0.88	0.91	0.88	0.95	1.00	0.90
平顶山市	1.00	1.00	1.00	1.00	1.00	0.80	0.84	0.76	0.98	0.96	0.93
安阳市	0.61	0.66	0.74	0.90	0.84	0.99	1.00	1.00	0.98	0.99	0.87
鹤壁市	0.91	0.81	0.80	0.63	0.72	0.78	0.93	0.79	0.76	1.00	0.81
新乡市	0.70	0.76	0.82	0.93	0.89	0.89	0.86	0.88	0.90	0.90	0.85
焦作市	0.85	0.94	0.89	0.93	0.91	0.79	0.83	0.80	0.85	0.94	0.87
濮阳市	1.00	1.00	1.00	1.00	1.00	1.00	0.86	0.72	0.73	0.83	0.91
许昌市	0.88	0.85	0.82	0.85	0.86	0.83	0.88	0.90	0.91	0.99	0.88
漯河市	0.64	0.70	0.86	0.77	0.72	0.69	0.68	0.72	0.77	0.86	0.74
三门峡市	1.00	1.00	1.00	1.00	1.00	1.00	0.98	0.96	1.00	1.00	0.99
南阳市	0.93	0.89	0.74	0.89	0.88	0.78	0.85	0.88	0.93	0.87	0.86
商丘市	0.91	0.94	1.00	0.99	0.88	0.90	0.98	1.00	1.00	1.00	0.96
信阳市	0.75	0.71	0.79	0.87	0.77	0.71	0.90	0.83	0.93	1.00	0.83
周口市	0.78	0.81	1.00	0.77	0.65	0.78	1.00	1.00	1.00	0.91	0.87
驻马店市	0.57	0.62	0.76	0.69	0.71	0.80	0.98	0.90	0.88	0.89	0.78
济源市	1.00	1.00	1.00	1.00	1.00	1.00	1.00	1.00	1.00	1.00	1.00
均值	0.86	0.87	0.88	0.89	0.87	0.87	0.91	0.89	0.92	0.95	0.89

(3)规模效率

由表 9-16 可知,2011—2020 年,河南省各市的均值未达到 1,说明河南省高等教育资源配置并未达到规模有效状态,其中规模效率在 2011 年、2014 年、2018 年和 2020 年均值高于平均水平,其余时间均低于平均水平。从 18 个市的角度来看,只有郑州市和开封市的规模效率均值达到 1,说明这两个城市高等教育资源投入规模与配置都相对合理,投入要素得到充分利用,规模经济性达到最佳;濮阳市、许昌市、漯河市、周口市和济源市规模效率水平低于平均水平,表明这 5 个市高等教育在既定投入条件下产出水平较低,规模经济性有待提高。此外,河南省高等教育资源配置纯技术效率均值低于规模效率均值,从而限制了河南省高等教育资源配置综合技术效率水平提高,这表明河南省高等教育技术与管理水平有很大的提升空间。

表 9-16　河南省各市高等教育资源配置规模效率

地区	2011	2012	2013	2014	2015	2016	2017	2018	2019	2020	均值
郑州市	1.00	1.00	1.00	1.00	1.00	1.00	1.00	1.00	1.00	1.00	1.00
开封市	0.99	1.00	1.00	1.00	1.00	1.00	1.00	1.00	1.00	1.00	1.00
洛阳市	1.00	0.92	0.99	0.98	0.98	0.98	1.00	0.99	0.98	0.98	0.98
平顶山市	1.00	1.00	1.00	1.00	1.00	1.00	0.97	0.92	0.83	0.99	0.97
安阳市	0.99	0.98	0.93	0.98	1.00	0.98	1.00	0.94	0.92	1.00	0.97
鹤壁市	0.89	0.82	0.80	0.98	0.92	0.86	0.82	0.97	0.97	1.00	0.90
新乡市	0.99	0.99	1.00	0.99	1.00	1.00	1.00	1.00	0.99	1.00	0.99
焦作市	0.97	0.99	1.00	1.00	0.96	0.98	0.96	1.00	0.99	0.99	0.98
濮阳市	0.91	0.81	0.89	1.00	0.88	0.62	0.67	0.95	0.95	1.00	0.87
许昌市	0.99	1.00	0.86	0.94	1.00	0.99	0.95	0.89	0.83	1.00	0.94
漯河市	0.91	0.90	0.94	0.91	0.86	0.79	0.78	0.91	0.95	0.93	0.89
三门峡市	0.99	1.00	1.00	1.00	1.00	1.00	0.81	0.98	0.96	1.00	0.97
南阳市	0.99	0.94	0.96	0.94	0.94	0.96	1.00	1.00	0.98	1.00	0.97
商丘市	0.95	0.92	0.96	0.96	0.97	0.98	0.99	1.00	0.99	1.00	0.97
信阳市	0.99	0.99	0.91	0.97	0.96	0.96	0.99	0.96	0.86	1.00	0.96
周口市	1.00	0.90	0.92	0.91	0.93	0.93	1.00	1.00	0.92	0.99	0.95
驻马店市	0.99	0.99	0.95	0.96	0.98	0.95	0.92	0.94	0.88	1.00	0.96
济源市	1.00	0.92	1.00	1.00	0.89	0.76	0.69	1.00	1.00	0.98	0.92
均值	0.97	0.95	0.95	0.97	0.96	0.93	0.92	0.97	0.94	0.99	0.96

3.Malmquist 动态效率评价结果

用 Malmquist 方法对 2011—2020 年河南省 18 个市的数据进行动态效率分析,得到分年及分市的全要素生产率变化(tfpch),以及分解出的技术进步(tech)、技术效率变化(effch)、纯技术效率变化(pech 和规模效率变化(sech),根据测算结果进一步分析河南省 18 个市的高等教育资源配置水平,结果见表 9-17 和表 9-18。

表 9-17　2011—2020 年河南省 18 市高等教育资源配置 TFP 指数及其分解值

地区	技术效率变化 effch	技术进步 tech	纯技术效率变化 pech	规模效率变化 sech	全要素生产率变化 tfpch
郑州市	1	0.966	1	1	0.966
开封市	0.99	1.003	0.989	1.001	0.993
洛阳市	0.997	1.001	1	0.998	0.998
平顶山市	0.995	0.965	0.996	0.999	0.96
安阳市	1.056	0.98	1.056	1.001	1.035
鹤壁市	1.024	0.984	1.011	1.013	1.007
新乡市	1.03	1.001	1.028	1.001	1.031
焦作市	1.014	1.002	1.011	1.002	1.016
濮阳市	0.99	0.979	0.98	1.011	0.97
许昌市	1.015	0.976	1.014	1.001	0.99
漯河市	1.036	0.999	1.034	1.002	1.035
三门峡市	1.001	0.979	1	1.001	0.98
南阳市	0.993	0.988	0.992	1.001	0.981
商丘市	1.016	0.993	1.011	1.005	1.009
信阳市	1.033	0.98	1.033	1.001	1.013
周口市	1.016	0.988	1.017	0.999	1.003
驻马店市	1.053	0.98	1.052	1.001	1.031
济源市	0.998	0.976	1	0.998	0.974
均值	1.014	0.985	1.012	1.002	0.999

由表 9-17 测算结果可知,2011—2020 年河南省 18 个市全要素生产率大于 1 的城市有 9 个:安阳市、鹤壁市、新乡市、焦作市、漯河市、商丘市、信阳市、周口市、驻马店市,其余 9 个城市小于 1,18 个市的全要素生产率均值为0.999,小于 1,表明研究期内河南省 18 市整体的高等教育资源配置效率呈下降趋势。从全要素生产率分解项看,技术效率、纯技术效率和规模效率分别为1.014、1.012、1.002,都大于 1,但增长幅度较低,而技术水平效率值为0.985,小于 1,技术进步值下降1.5%是导致全要素生产率小于 1 的主要原因。考察期内少数地区呈现技术进步状态,整体技术效率、纯技术效率和规模效率分别小幅

度上升了1.4%、1.2%、0.2%，但是三者带动能力不强，全要素生产率主要受制于技术进步。实现高等教育的高质量发展，技术进步是关键，要优化高等教育资源管理体系，提高高校管理效率。

表 9-18　2011—2020 年河南省 18 市高等教育资源配置分年全要素生产率指数及分解

年份	技术效率变化 effch	技术进步 tech	纯技术效率变化 pech	规模效率变化 sech	全要素生产率变化 tfpch
2011—2012	0.987	1.030	1.016	0.972	1.017
2012—2013	1.020	0.979	1.018	1.002	0.998
2013—2014	1.037	0.881	1.012	1.025	0.913
2014—2015	0.959	1.029	0.973	0.986	0.987
2015—2016	0.962	0.995	0.998	0.963	0.957
2016—2017	1.044	0.932	1.057	0.988	0.974
2017—2018	1.033	1.098	0.972	1.063	1.134
2018—2019	1.007	1.043	1.035	0.973	1.051
2019—2020	1.085	0.902	1.032	1.051	0.979
均值	1.014	0.985	1.012	1.002	0.999

由表 9-18 可以看出河南省 18 市高等教育资源配置全要素生产率值在 2011—2012 和 2017—2019 年大于 1，在 2012—2017 年和 2019—2020 年小于 1，这反映了河南省 18 市高等教育资源配置不够稳定，总体上全要素生产率值为0.999，下降幅度为0.1%。从技术效率变化来看，2012—2014 年、2016—2020 年均出现增长，增长幅度从0.7%～8.5%不等，而在 2011—2012 年和 2014—2016 年出现了下降。技术水平在 2011—2012 年和 2014—2015 年都出现增长，增长幅度分别为 3%和2.9%，只在 2015—2016 发生衰退，衰退幅度为0.5%。年均1.5%的技术水平下降是导致全要素生产率小幅下降的主要原因。

（三）研究结论与对策建议

1.研究结论

通过对 2001—2020 年河南省整体以及 2011—2020 年河南省 18 市的高等教育资源配置效率综合分析，得出以下结论。

一是考察期内，河南省高等教育资源配置综合效率和规模效率在 2001—2004 年较低，在 2005—2020 年处于较高水平；纯技术效率整体在0.94～1；综合效率=纯技术效率×规模效率，纯技术效率为 1 时，有 6 年由于规模效率不为 1 导致综合效率无效，规模效率为 1 时，有 2 年由于纯技术效率不为 1 导致技术效率综合效率无效。

二是从各城市的角度来看，郑州市综合技术效率、纯技术效率和规模效率均为 1，全部达到 DEA 有效状态；其他城市的综合技术效率均值分布在0.66～0.99，这表明河南省高等教育发展不均衡，高等教育资源配置效率有提高空间；鹤壁市、濮阳市、漯河市、信阳市、驻马店市的综合技术效率水平相对较低；漯河市和驻马店市的技术有效性较低，同时各市纯技术效率与综合技术效率并没有保持完全一致；濮阳市、许昌市、漯河市、周口市和济源市规模效率水平低于平均水平，规模经济性有待提高。

三是从动态来看，从各年份来看，2011—2012 年和 2017—2019 年河南省高等教育资源配置全要素生产率大于 1，其余年份小于 1。研究期内河南省 18 市的全要素生产率大于 1 的城市有 9 个，全要素生产率均值为0.999，表明河南省高等教育资源配置效率总体呈下降趋势；技术效率、纯技术效率和规模效率的均值分别小幅度上升了1.4%、1.2%、0.2%，但技术水平年均下降1.5%，因此导致整体的高等教育资源配置全要素生产率小幅下降。

2.对策建议

根据以上研究结论，要真正实现教育资源的合理配置与城市群的协调发展，以实现高等教育资源优化配置与区域协调发展，提出以下建议：

第一，重视河南省高等教育资源管理体系建设。由于纯技术效率低于规模效率从而限制了综合技术效率的提高，因此，为提高综合技术效率，应从人力资源、物力资源和鉴于经费的管理方面建立高等教育资源管理体系。人力资源投入方面，采用编制、聘任制、合同制等多种形式高校的用人制度，在聘任岗位方面根据需要和能力设岗，要切实提高高校教职工工作效率和降低高等教育运行成本，高校要对校园土地、楼房、教学科研设备等物力资源进行最优化配置与整合利用。财力投入方面，根据学校定位合理规划高等教育经费的科研、教学和学科建设经费，对于不同类型的高校健全高等教育经费的公开制度和监督机制，提高科研、教学和学科建设经费的使用效率。

第二，加强河南省各城市之间信息共享与经验交流。对于高等教育发展不均衡且资源配置效率有待提高的河南省来说，应加快推进高等教育规划与布局调整，建立更加科学合理的高校设置与资助机制，实现高等教育资源的优化配置。由于郑州市高等教育资源配置水平十分优秀，所以其他城市可以借鉴经验弥补不足。同时河南省政府可以统筹高等教育资源，搭建教育资源一体化共享平台，加强互动合作，充分发挥地区内教育优势，实现地区间教育互补。

第三，扩展高校资金投入途径，加大财政对高校的扶持力度。高校除依靠政府资金支持以及周围地区的正向影响外，还可以增强自身校办产业收入，提高高校自身筹资能力并降低财务风险；另外国家财政拨款是高校最主要的资金来源，国家加大对高校资金支持可以为高校建设提供坚实保障。

四、河南省基础教育投入产出效率研究

（一）教育投入产出表的编制及说明

中小学教育系统是教育系统的一个子系统，其是后续高等教育的教学基础，将小学、初中及高中视为基础教育，高中毕业作为产出，其中包括上本科继续深造的学生，以及流

于社会的人数(就业或待业)。中等职业技术教育(简称中职)培育的是技术性人才,学生毕业后就可以由所学专门技术进行就业,直接可看做教育产出计算,也可以选择继续深造,进行高级技能培训学习。所以将教育划分为高级教育(高等教育和高职教育)和基础教育两部分来看,中职教育应归为基础教育中进行研究。因此本专题的研究,将中职教育纳入基础教育系统,进行基础教育系统的投入产出研究。

综上,研究对象中基础教育系统分为小学、初中、高中以及中职这四部门进行研究。根据这四部门的投入产出结构特点,以及考虑到编表的便捷性、数据的可获得性、研究目的可实现性,对河南省教育投入产出表设计如表 9-19 所示。

表 9-19 河南省教育投入产出表

<table>
<tr><td colspan="4" rowspan="4"></td><td rowspan="4">单位</td><td colspan="8">中间产品</td><td colspan="4">最终产品</td><td rowspan="4">总产出</td></tr>
<tr><td colspan="4">t+1 年</td><td colspan="4">t+2 年</td><td rowspan="3">家庭</td><td rowspan="3">就业</td><td rowspan="3">其他</td><td rowspan="3">小计</td></tr>
<tr><td>小学</td><td>初中</td><td>高中</td><td>中职</td><td>小学</td><td>初中</td><td>高中</td><td>中职</td></tr>
<tr><td>1</td><td>2</td><td>3</td><td>4</td><td>1</td><td>2</td><td>3</td><td>4</td></tr>
<tr><td rowspan="8">教育系统学生投入</td><td rowspan="4">t 年</td><td>小学</td><td>1</td><td rowspan="8">人</td><td colspan="4" rowspan="4">$x_{ij}(t+1)$</td><td colspan="4" rowspan="4"></td><td colspan="3" rowspan="4"></td><td rowspan="4">$F_i(t)$</td><td rowspan="4">$Q_i(t)$</td></tr>
<tr><td>初中</td><td>2</td></tr>
<tr><td>高中</td><td>3</td></tr>
<tr><td>中职</td><td>4</td></tr>
<tr><td rowspan="4">t+1 年</td><td>小学</td><td>1</td><td colspan="4" rowspan="4"></td><td colspan="4" rowspan="4">$x_{ij}(t+2)$</td><td colspan="3" rowspan="4"></td><td rowspan="4">$F_i(t+1)$</td><td rowspan="4">$Q_i(t+1)$</td></tr>
<tr><td>初中</td><td>2</td></tr>
<tr><td>高中</td><td>3</td></tr>
<tr><td>中职</td><td>4</td></tr>
<tr><td>非教育系统学生投入</td><td colspan="3">(家庭就业其他)</td><td>人</td><td colspan="4">$H_{ij}(t+1)$</td><td colspan="4">$H_{ij}(t+2)$</td><td colspan="5"></td></tr>
<tr><td>学生投入合计</td><td colspan="3"></td><td></td><td colspan="4">$Q_i(t+1)$</td><td colspan="4">$Q_i(t+2)$</td><td colspan="5"></td></tr>
<tr><td rowspan="5">教职工占用</td><td>小学教师</td><td colspan="2" rowspan="5">1
2
3
4</td><td rowspan="5">人</td><td colspan="4" rowspan="5">$L_{ij}(t+1)$</td><td colspan="4" rowspan="5">$L_{ij}(t+2)$</td><td colspan="5" rowspan="5"></td></tr>
<tr><td>初中教师</td></tr>
<tr><td>高中教师</td></tr>
<tr><td>中等职业</td></tr>
<tr><td>技术教师</td></tr>
<tr><td rowspan="5">固定资产占用</td><td>校舍建筑</td><td colspan="2" rowspan="5">1
2
3
4</td><td rowspan="5">m^2
m^2
册
万元</td><td colspan="4" rowspan="5">$U_{ij}(t+1)$</td><td colspan="4" rowspan="5">$U_{ij}(t+2)$</td><td colspan="5" rowspan="5"></td></tr>
<tr><td>面积</td></tr>
<tr><td>占地面积</td></tr>
<tr><td>图书</td></tr>
<tr><td>仪器设备</td></tr>
<tr><td>经费投入</td><td></td><td colspan="2"></td><td>生/元</td><td colspan="4">$V_{ij}(t+1)$</td><td colspan="4">$V_{ij}(t+2)$</td><td colspan="5"></td></tr>
</table>

表9-19中数据经查找教育部教育统计数据、《中国统计年鉴》《河南省统计年鉴》及河南省教育厅数据整理计算得，现对教育投入产出表作如下说明：

1.部门分类

本专题将教育分为两大阶段，高级教育阶段（高等教育和高职教育）和基础教育阶段（中小学教育和中职教育）。在对基础教育阶段进行研究时，按各学段作为独立部门研究，即分为小学、初中、高中及中职。

2.教育系统的投入

包括四部分，即学生投入、教职工投入（专任教师）、占用固定资产投入和教育经费投入。这里要特别说明的是，表中的教职工投入，统计的是专任教师数，考虑到师生比的计算，专任教师数更能说明问题，所以表中教职工投入主要统计的是专任教师人数。

3.教育系统的产出主要是所培养的学生

部分学生继续在教育系统接受培养，属于中间产品；部分学生结束或暂时结束在教育系统的培养，进入社会，属于最终产品。最终产品由三部分组成：一是就业人口；二是家庭以外的人口（包括家务、病假和待业人口）；三是其他人口（如移民、死亡和服兵役人口）。教育系统培养的学生产出既包括还在教育系统内继续培养的中间产品，也包括已经进入社会的最终产品。最终产品中，就业人口和家庭以外的人口是教育产出的主要形式，其他人口属于特殊情况。教育系统产出的最终产品，通过各种方式进入社会和国家经济体系，对社会发展产生重要影响。教育系统的产出效果，不仅体现在直接的就业率上，也体现在疾病康复、家庭抚养等非经济领域。教育产出既有经济价值，也有社会价值。要全面评价教育产出，不能只关注毕业生的就业状况，也要考虑教育对家庭和社会的非经济影响。

（二）河南省初等及中等教育现状分析

1.学生投入产出现状分析

（1）学生投入现状

2020年全国小学、初中、高中和中职一共有210 375所学校，其中河南省共有22 244所，占全国10.57%；全国小学、初中、高中及中职的在校学生共有155 128 205人，其中河南省占11.82%，共有18 335 547人；2020年河南省中小学及中职招生数占全国的11.77%。

总体来看，比较河南省与全国中小学及中职教育规模结构，如图9-3所示，直观看到总体占比规模大体相当，其中全国和河南省小学规模占比最大分别达到57.78%、55.72%，规模接近；其次是初中占比，分别达到21.4%、25.75%，河南省教育规模初中占比略高于全国占比规模；全国高中和中职的占比为20.82%，河南省其占比为18.53%，二者占比接近20%但全国略高于河南省。具体来看，全国范围中职规模占比仅为4.74%，而河南省中职规模占比达到6.27%，河南省中职规模投入相对较大，与高中规模的差距小于全国范围。

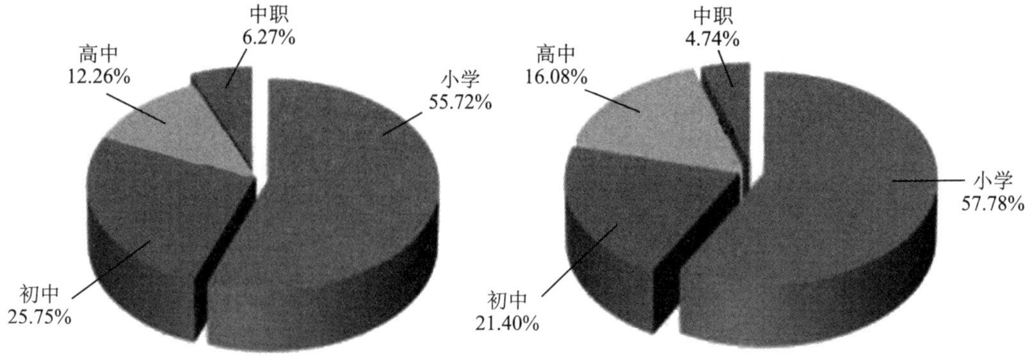

河南省中小学及中职教育规模结构　　全国中小学及中职教育规模结构

图 9-3　河南省与全国中小学及中职教育规模结构对比

具体来看，2020 年河南省年末常住人口有9 941万人，其中小学、初中、高中及中职的在校学生占18.44%，将近河南省人口的 20%。横向与全国其他 30 个省（自治区、直辖市）比较，具体情况如表 9-20 所示，河南省小学、初中、高中及中职在校学生规模排第一，其次排在前十的分别是广东省、山东省、河北省、四川省、江苏省、湖南省、广西壮族自治区、安徽省和江西省。与其他 30 个省（自治区、直辖市）比较，河南省小学在校人数排第二，与第一的广东省差约 36 万人，第三是山东省。初中、高中以及中职的排名河南省均为第一，第二为广东省，其次是山东省。河北省几乎稳定地排在第四位，可以看到排在前十的这些省份，各排名都比较稳定。

进一步地，将这十个省市小学、初中、高中及中职的在校人数作图对比，见图 9-4。可以看到，总和规模前十的这些省份中，排在第一的河南省和第二的广东省与其他省份差距较大，其中差距尤为突出的是小学在校生规模，其次是初中，高中差距有所缩小。各省市中职规模总体较小，中职规模最大的是河南省，从图中可以直观看到，河南省中职规模接近排在第二名广东省中职规模的两倍，但是中职与高中规模比例约为 1∶2，中职规模小于河南省的河北省、四川省、江苏省、广西壮族自治区、安徽省中职与高中规模比例都优于河南省。

表 9-20　31 个省（自治区、直辖市）各学段在校学生规模及排名情况　　单位：万人

省份	小学	排名	初中	排名	高中	排名	中职	排名	总和	排名
河南省	1 021.59	2	472.14	1	224.86	1	114.97	1	1 833.56	1
广东省	1 057.11	1	405.47	2	190.35	2	86.68	2	1 739.61	2
山东省	743.29	3	372.71	3	175.98	3	77.74	6	1 369.72	3
河北省	695.92	4	301.55	4	151.75	4	83.79	3	1 233.01	4
四川省	552.91	6	279.79	5	140.88	5	81.71	4	1 055.29	5
江苏省	580.82	5	254.26	6	115.54	7	62.45	9	1 013.07	6
湖南省	534.25	7	251.97	7	127.34	6	68.3	8	981.86	7

续表 9-20

省份	小学	排名	初中	排名	高中	排名	中职	排名	总和	排名
广西壮族自治区	507.18	8	225.49	8	115.15	8	69.99	7	917.81	8
安徽省	468.24	9	223.96	9	113.36	9	79.11	5	884.67	9
江西省	406.31	10	220.41	10	110.45	10	44.55	12	781.72	10
云南省	389.22	12	182.37	11	97.16	12	59.92	10	728.67	11
贵州省	397.27	11	178.07	12	97.52	11	40.36	14	713.22	12
湖北省	380.85	13	170.83	13	89.17	13	42.03	13	682.88	13
浙江省	372.73	14	163.64	14	80.9	14	56.91	11	674.18	14
福建省	343.61	15	145.25	15	66.4	15	35.81	15	591.07	15
陕西省	289.2	16	116.83	16	65.44	17	27.98	18	499.45	16
新疆维吾尔自治区	278.01	17	104.05	19	49.81	22	25.64	20	457.51	17
山西省	235.28	18	111.56	18	65.45	16	30.12	17	442.41	18
重庆市	202.47	19	114.98	17	62.63	18	34.24	16	414.32	19
辽宁省	196.74	21	100.23	20	59.43	19	25.65	19	382.05	20
甘肃省	200.91	20	87.41	21	51.58	21	19.46	21	359.36	21
黑龙江省	124.42	23	86.54	22	55.65	20	16.36	23	282.97	22
内蒙古自治区	138.15	22	66.16	23	40.59	24	17.54	22	262.44	23
吉林省	118.75	24	62.24	24	42.84	23	11.89	25	235.72	24
上海市	86.1	27	46.81	25	16.64	27	10.48	26	160.03	25
海南省	86.21	26	38.14	26	18.19	25	12.33	24	154.87	26
北京市	99.5	25	33.05	27	16.02	29	4.64	30	153.21	27
天津市	73.01	28	32.18	28	16.86	26	7.84	28	129.89	28
宁夏回族自治区	59.24	29	29.26	29	16.08	28	7.55	29	112.13	29
青海省	50.77	30	22.45	30	12.93	30	8.59	27	94.74	30
西藏自治区	35.29	31	14.29	31	7.5	31	3.21	31	60.29	31

数据来源：《中国教育经费统计年鉴》。

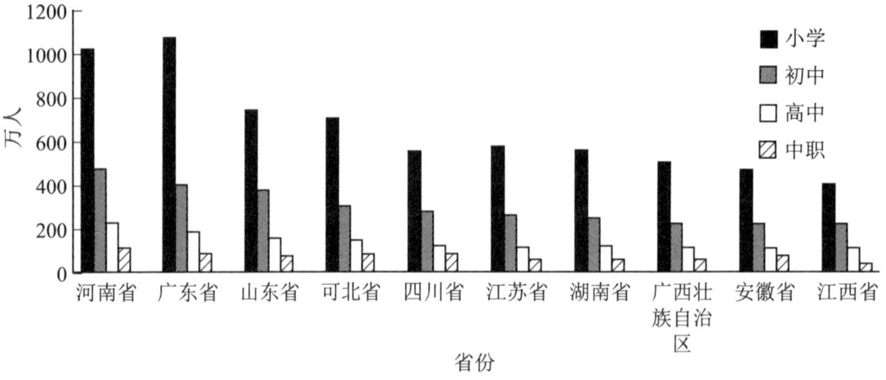

图 9-4　前十个省份各学段在校生规模情况

(2)学生产出现状

在学生的产出方面,小学和初中毕业学生基本都会进高中或中职继续学习,在本文研究的范畴里,由于是对初等及中等教育系统的研究,因为将完成中等教育的高中毕业生和中职毕业生便看做产出,所以在这里主要关注高中和中职的毕业学生数。

从全国范围来看,2020 年河南省高中生毕业人数有69.03万人,在全国排名第一,是高中毕业产出最多的省份;中职毕业人数达到32.49万人,居于 31 个省市之首,占全国中职毕业产出的8.47%,排在第二的是四川省,占全国的7.35%,河南省是全国中职教育产出最大的省份,且与其他省份差距较大,如表 9-21 所示。

表 9-21　2020 年 31 省(自治区、直辖市)高中及中职毕业产出人数情况及排名　单位:万人

省份	高中	排名	中职	排名	省份	高中	排名	中职	排名
北京市	5.21	28	1.79	30	湖北省	27.4	13	11.78	13
天津市	5.47	26	3	27	湖南省	38.56	6	20.79	8
河北省	45.5	5	26.75	3	广东省	59.84	2	26.61	4
山西省	22.71	16	10.09	15	广西壮族自治区	33.66	9	19.15	9
内蒙古自治区	14.27	23	5.62	23	海南省	5.57	25	3.72	25
辽宁省	20.87	17	9.8	17	重庆市	20.81	18	9.19	18
吉林省	13.98	24	4.04	24	四川省	45.6	4	28.2	2
黑龙江省	18.84	21	6.05	21	贵州省	34.03	8	13.48	12
上海市	5.23	27	3.26	26	云南省	28.37	12	15.1	11
江苏省	31.13	11	20.85	7	西藏自治区	2.03	31	0.63	31
浙江省	25.51	14	16.83	10	陕西省	24.13	15	7.39	19
安徽省	35.13	7	25.62	5	甘肃省	18.12	22	5.73	22
福建省	19.59	19	9.86	16	青海省	4.19	30	2.02	29
江西省	33.28	10	10.8	14	宁夏回族自治区	4.91	29	2.24	28
山东省	54.2	3	23.34	6	新疆维吾尔自治区	19.36	20	7.24	20
河南省	69.03	1	32.49	1					

资料来源:《中国教育统计年鉴》。

2.教师投入现状分析

对31个省(自治区、直辖市)小学、初中、高中及中职的专任教师综合统计作图分析,见图9-5。2020年河南省的专任教师投入是最多的,合计达到112.13万人,全国31个省(自治区、直辖市)中中小学及中职专任教师投入同样达到百万规模的还有排在第二的广东省。直追百万投入的是紧随其后的山东省,达到95.7万人,第四位的河北省仅有79.29万人,之后差距逐渐拉大。北京市、上海市、海南省、天津市、宁夏回族自治区、西藏自治区等省市专任教师投入在10万人左右。直观来说,河南省、广东省、山东省、河北省、江苏省、四川省等省市在全国范围内对基础教育投入相对较多,是基础教育大省。

专任教师的投入是相应于学生投入的,总体呈现正相关的形势,所以为进一步了解师资配备情况,引入生均专任教师数(专任教师投入合计/在校生投入合计),即师生比。图9-5中折线图显示各省(自治区、直辖市)师生比情况,师生比最高的是吉林省,达到0.093,最低的是广西壮族自治区,为0.057,是全国唯一一个低于0.06的省市。河南省虽然为基础教育大省,学生投入和专任教师投入都是最多的,但是其师生比为0.061,在全国排名靠后,并且同同样为基础教育大省的其他省(自治区、直辖市)比起来都是最低的,总量上粗略来看河南省的师资配备水平排在全国末尾,落后于其他各省(自治区、直辖市)。

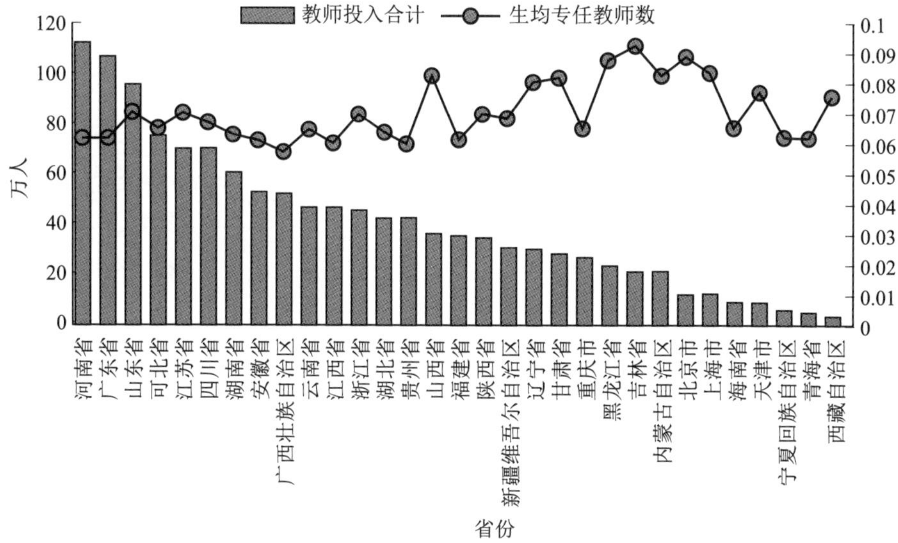

图9-5　2020年全国31省(自治区、直辖市)专任教师数

3.教育经费投入现状分析

教育经费投入的主要形式是国家财政性教育资金,它体现了国民收入在教育领域的分配使用。国家财政教育经费占GDP的比重反映了一个国家财政教育投入与经济发展的协调程度。通过表9-22,可以看到河南省国家性财政教育经费是逐年增长的,从2010年680.03亿元增长到2020年的2 189.78亿元,年均增长率为13.88%,教育经费投入占河南省GDP的比重整体呈现增长趋势,2012年及2013年两年持续达到4%以上,达到1993年《中国教育改革和发展规划纲要》所要求4%的比重目标,之后一直回落到2015年开始出现转机,比重逐渐开始回升直到2020年的3.98%,接近于4%,落后于全国平均水平。从全国教育经费比重来看,2012年首次达到4%,之后一直维持在4%以上,平均占比达到4.10,远高于河南省3.79的平均占比。河南省作为全国的教育大省,与全国平均教育经费投入水平还存在一定差距,可见河南省教育经费存在长期不足的情况。

表9-22　2010—2020年河南省教育经费投入情况

年份	河南省国家财政性教育经费(亿元)	河南省GDP(亿元)	河南省国家财政性教育经费占GDP比重(%)	全国国家财政性教育经费占GDP比重(%)
2010	680.03	22 655.02	3.00	3.56
2011	929.22	26 318.68	3.53	3.81
2012	1 206.58	28 961.92	4.17	4.30
2013	1 265.06	31 632.50	4.00	4.13
2014	1 318.18	34 574.76	3.81	4.11
2015	1 367.86	37 084.10	3.69	4.24
2016	1 492.24	40 249.34	3.71	4.21
2017	1 685.43	44 824.92	3.76	4.11
2018	1 902.19	49 935.90	3.81	4.02
2019	2 067.82	53 717.75	3.85	4.06
2020	2 189.78	54 997.07	3.98	4.23
平均值	1 464.04	38 632.00	3.79	4.10

数据来源:经查找《中国统计年鉴》及《河南省统计年鉴》计算整理所得。

(三)学生的投入方程及相关教育规模分析

学生的来源分为两部分,即教育系统的学生投入和非教育系统的学生投入。

教育系统学生投入是指对上一教学年度教育系统已经培养过的学生进行进一步的培养或重复培养。以X_{ij}表示教育系统内各部门之间学生的流量,即教育系统学生投入。如$X_{12}(t+1)$表示t年度小学的学生在t+1年度初中的人数。

非教育系统学生的投入是指从家庭的投入(比如儿童从家庭进入小学一年级的学习)、从工作岗位进入学校学习。以$H_{ij}(t+1)$表示本第$t+1$年度第i非教育系统部门对第j教育部门的学生投入数量,即非教育系统学生投入。

1.学生的投入方程分析

(1)学生投入预测分析

于是按投入产出表的纵列计算,可得到学生的投入平衡方程:

$$q_j(t+1)=\sum_{i=1}^{n}x_{ij}(t+1)+\sum_{i-1}^{d}h_{ij}(t+1)\quad(j=1,2,3,\cdots,n)$$

写成矩阵形式为

$$Q'(t+1)=\mu'X(t+1)+\mu'H(t+1)$$

其中，Q 为学生产出量列向量 $Q=(q_1,q_2,\cdots,q_n)'$，μ 表示元素均为 1 的列向量；X 和 H 分别表示教育系统学生投入矩阵和非教育系统学生投入矩阵。

通过编制的教育投入产出表由学生投入方程可以求得各年度学生投入，投入方程分为两部分，即教育系统投入和非教育系统投入。

对于教育系统投入部分，在此引入时滞算子 Λ，即 $X(t+1)=\Lambda X(t)$，假定时滞算子在短期内是不变的，由此便可以由已知的学生投入流量阵预测出下一年度的学生投入流量阵，代入循环可以动态预测。

根据编好的 2018—2020 年河南省中小学教育投入产出表，可以得到 2019 年及 2020 年的学生投入流量矩阵如表 9-23、表 9-24 所示。

表 9-23　2019 年学生投入流量阵[$X(t)$]

8 338 933	1 578 686	0	0
0	3 106 079	749 785	420 862
0	0	1 409 005	0
0	0	0	689 775

表 9-24　2020 年学生投入流量阵[$X(t+1)$]

8 555 920	1 540 534	0	0
0	3 180 887	784 377	409 613
0	0	1 464 208	0
0	0	0	740 072

又由 $X(t+1)=\Lambda X(t)$，通过计算可以求得时滞算子，如表 9-25 所示：

表 9-25　时滞算子矩阵

1.026 020 955	−0.025 508 339	0.013 573 955	0.015 563 757
0	1.024 084 384	0.011 734 444	−0.031 003 156
0	0	1.039 178 711	0
0	0	0	1.072 917 981

对于非教育系统部分，在所有的 H_{ij} 中，除了 H_{11} 外，即从家庭进入小学一年级学习的学生量，其他的变动都很小，理论上来说就是从家庭社会直接到学校读初中、高中和中等职业技术学校（简称中职）上学的学生是很少的甚至可以忽略不计，对于整个方程的投入影响不大，考虑到数据的可得性以及对方程计算的影响性，为方便计算在此忽略不计，所以非教育系统学生投入只考虑进入小学一年级学习部分，即 H_{11}。

H_{11}(进入小学一年级学习的学生),即该年小学的招生人数,是对该年适龄入学的学龄人口的纳入。而学龄人口是指在本辖区内,常住户口中达到学前、小学、初中、高中等规定入学年龄的人口数。在新颁布的《义务教育法》中第十一条明文规定:凡是年满六周岁的儿童,其父母或法定监护人应当将其送入学校接受并完成义务教育;条件不具备地区的儿童,可以推迟到七周岁。为便于研究统计口径,设定义务学龄人口的入学年龄为六周岁。达到六周岁学龄人口的人数影响着该年的学校招生规模,适龄入学儿童数量多,那么该年招生规模势必相应扩大,反之,适龄儿童减少,那么学校也会缩小招生规模。所以对2021—2026年招生人数的预测要考虑到该年份六周岁学龄人口的数量。

因为统计年鉴没有对各个年龄段人数的具体统计,所以对于 t 年的6岁学龄人口,用 $t-6$ 年的出生人口测度。即2021年的6岁人口应该用2015年的出生人口数来测度。假定小学招生规模按照出生人口的增长情况1:1进行变动调整。每次测算当年都为报告期,前一年为其对比基期,以此来进行测算。如2020年,该年入学学龄人口为136万人,该年小学招生规模为 $H_{11}^{2020}=1\ 659\ 936$人,2021年入学学龄人口数仍然为136万人,增长率为0,所以该年小学招生规模 $H_{11}^{2021}=(1+0\%)H_{11}^{2020}=1\ 659\ 936$人。2022年则以2021年为基期展开测算。从而就可以预测得到2021—2026年小学招生人数,如表9-26。

表9-26　2021—2026小学招生人数预测

年份	出生人口(万人)	年份	招生数(人)
2014	136	2020	1 659 936
2015	136	2021	1 659 936
2016	143	2022	1 745 373.882
2017	140	2023	1 708 757.647
2018	127	2024	1 550 087.294
2019	120	2025	1 459 665.535
2020	92	2026	1 119 076.91

数据来源:经《河南省统计年鉴》计算得到。

假设时滞算子在短期内不变的情况下,综上便可以通过学生投入方程计算出预测年份的学生投入量 $Q^{(k)}=(Q_1^{(k)},Q_2^{(k)},Q_3^{(k)},Q_4^{(k)})$,其中k代表年份,$Q_1^{(k)}$ 表示第k年小学生投入量。

通过计算可以得到2021—2026年的学生投入量:

$Q^{(2021)}=(10\ 438\ 489.21,4\ 756\ 977.725,2\ 341\ 890.624,1\ 191\ 640.018)$

$Q^{(2022)}=(10\ 752\ 353.43,4\ 791\ 357.124,2\ 438\ 840.774,1\ 236\ 743.303)$

$Q^{(2023)}=(10\ 950\ 107.4,4\ 824\ 477.923,2\ 539\ 574.417,1\ 285\ 255.123)$

$Q^{(2024)}=(11\ 031\ 905.8,4\ 856\ 255.513,2\ 644\ 235.782,1\ 337\ 456.208)$

$Q^{(2025)}=(11\ 188\ 210.01,4\ 886\ 601.836,2\ 752\ 974.559,1\ 393\ 649.296)$

$Q^{(2026)}=(11\ 100\ 767.4,4\ 915\ 425.263,2\ 865\ 946.101,1\ 454\ 160.794)$

对2021—2026年六年预测的学生投入量进行图表(见表9-27)分析,可以看到2026

年小学生投入数预计达到1 110.076 7万人，较 2020 年增长88.49万人。2021 年到 2025 年呈现逐年递增的趋势，直到 2026 年首次出现下降，较之 2025 年招生人数减少了近 8 万人，可能引起这一现象的原因从表 9-26 中可以看到，2020 年出生人口出现骤减，比上一年减少 28 万人，也是河南省出生人口首次出现下降到百万之下，学龄人口骤减导致招生规模出现缩减现象，预测结果与理论相符。初中学生投入量达到491.542 5万人，比 2020 年仅增长19.4万人，从图 9-6 可以看出，初中学生投入总体呈现平缓增长的趋势。高中学生投入量 2026 年达到286.594 6万人，比 2020 年增长了27.46个百分点，总体以3.58%的平均增长速度发展。中职的学生投入从 2020 年的114.968 5万人增长到 2026 年的145.416 1万人，增加了30.45万人，增幅为26.48%，平均增长速度达到3.41%，略低于高中学生投入发展趋势。

表 9-27　2021—2026 年学生预测投入量　　　　单位：万人

	小学	初中	高中	中职
2021	1 043.848 9	475.697 8	234.189 1	119.164 0
2022	1 075.235 3	479.135 7	243.884 1	123.674 3
2023	1 095.010 7	482.447 8	253.957 4	128.525 5
2024	1 103.190 6	485.625 6	264.423 6	133.745 6
2025	1 118.821 0	488.660 2	275.297 5	139.364 9
2026	1 110.076 7	491.542 5	286.594 6	145.416 1

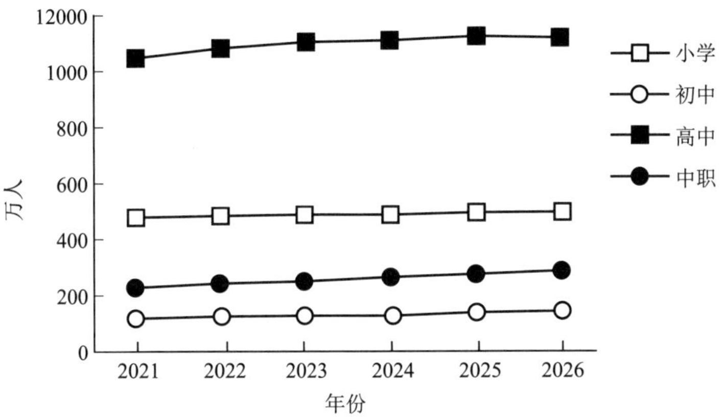

图 9-6　2021—2026 年各学段学生投入量走势图

据第七次人口普查数据资料显示总和生育率只有1.3，逼近超低生育率水平的阈值。自 1982 年第 3 次全国人口普查到 2021 年 5 月公布的第 7 次人口普查，中国人口年均增长率 5 次分别为2.09%、1.48%、1.07%、0.57%、0.53%，呈不断下滑之势。“七普”几乎与之前十年持平，从表 9-26 中 2014 年到 2015 年河南省出生人口数也可以看到 2015 年开启的“全面二孩”政策确实在一定程度上增加了出生人口数，缓解了人口增长率下滑的态势，在 2017 年之后又出现下滑趋势，甚至 2020 年跌入历史新低，数据表明“二孩”政策虽然带来生育率水平短暂上浮波动，短期内有增加人口出生率的效应，但其效应持续时间短暂，近年反而跌入更低的生育率水平，使得出生人口开始不断下跌。最终将会导致学龄人口的下降，而学龄人口是教育规模进行及时调整的风向标，因而对于学生投入量的预测具有重要参考意义。

（2）学生的投入系数分析

投入产出表从水平方向说明本年度培养的学生分配流向情况，对于 $t+1$ 年度，有学生直接投入系数，用 $a_{ij}(t+1)$ 表示。

$a_{ij}(t+1)$ 表示教育系统第 t 年度第 i 部门对第 $t+1$ 年度第 j 部门的学生直接投入系数，写成矩阵形式即：

$$A(t+1)=X(t+1)\hat{Q}(t+1)^{-1} \tag{9-7}$$

其中 A 表示直接投入系数矩阵，X 表示上一年对本年的学生投入流量矩阵，$Q\hat{}(t+1)$ 是由向量 $Q(t+1)$ 生成的对角矩阵。

根据编好的中小学教育投入产出表就可以求得 2019 年以及 2020 年的学生直接投入系数。

表 9-28　2019 年学生直接投入系数

0.823 613 126	0.336 982 965	0	0
0	0.663 017 035	0.347 317 247	0.378 937 493
0	0	0.652 682 753	0
0	0	0	0.621 062 507

表 9-29　2020 年学生直接投入系数

0.837 316 058	0.320 049 046	0	0
0	0.679 950 954	0.346 561 281	0.348 199 341
0	0	0.653 438 719	0
0	0	0	0.651 800 659

学生直接投入系数一定程度上反映了学生水平方向的分配流向情况。从表 9-28 和表 9-29 中可以看到小学学生直接投入系数从 2019 年的0.82升高到 2020 年的0.84，说明已经在教育系统内的学生占比增加，也就是说从非教育系统纳入的学生数在减少，即小学生生源在减少。从表 9-29 可以看到 $a_{12}^{2020}(t+1)$ 为0.32，比 2019 年的0.34降低了 2 个百分点，即 2020 年小学升学人数占初中总人数的比例（简称升学占比）较 2019 年的升学占比降低了 2 个百分点，结合 2019、2020 年的学生投入流量阵，可以明显看到从小学到初中学生的投入量在减少，即升学数是减少的，这导致升学占比的降低，相对地，初中本部的学生占比增大，显然初中的学生结构比例是在变化的。对于高中，比较表 9-30 和表 9-31，可以看到高中的学生直接投入系数变化细微，相差无几，高中学生的结构比例

基本没有变化。其中中职的投入系数变化是最大的，中职的升学占比浮动三个百分点，且其趋势是在降低。从编制的投入产出表也可以直观看出，在本就较小的基数上，吸收学生数也在减少，这与国家号召重视中等职业技术教育的政策也背道而驰。

为进一步进行趋势化分析，需要预测未来直接投入系数与现有系数作比较，从中发现问题。在前边预测学生投入的基础上，便可以根据预测求得学生直接投入系数。预测是基于时滞算子短期不变的前提下，也就意味着模拟2019到2020年的教育结构，即假定教育结构不便的情况，对未来进行的预测分析，所以参考价值有一定局限性。

这里仅预测2021—2023年的直接投入系数作参考比较，见表9-30、表9-31和表9-32。

表9-30　2021年学生直接投入系数

0.840 979 287	0.315 217 163	0	0
0	0.684 782 837	0.350 336 559	0.332 763 001
0	0	0.649 720 259	0
0	0	0	0.666 339 283

表9-31　2022年学生直接投入系数

0.837 675 176	0.303 756 447	0	0
0	0.696 243 553	0.351 833 037	0.308 444 233
0	0	0.648 335 512	0
0	0	0	0.688 854 426

表9-32　2023年学生直接投入系数

0.843 950 604	0.291 882 79	0	0
0	0.708 117 21	0.353 321 038	0.283 399 776
0	0	0.647 012 327	0
0	0	0	0.711 187 64

通过对比2019—2023年的学生直接投入系数可以发现，高中的直接投入系数一直保持稳定，表明高中的学生流动比较稳定，输出和投入总体是一个比较稳定的状态，学生结构保持不变。中职的直接投入系数持续降低，如果继续按现今的教育结构发展，中职教育的情况不容乐观，社会将会缺少大量职业技工，越来越多的高级技术型人才挤压就业空间从而造成结构性失业，所以教育规模有待调整。再来看初中，初中的升学占比持续降低，相对于高中输出投入的稳定，投入高中的学生基本稳定，也就意味着升学到初中的人数是呈现降低的趋势，这与学龄人口的降低有着密切联系，而义务教育是一切教育的基础，当义务教育的学生投入量不能及时补给，那么未来教育规模可能有缩减的趋势。

2.相关教育规模分析

(1)教职工投入规模分析

师生比是指学校专任教师人数与折合在校学生人数的比例,国家在一定范畴下规定相对合理的师生比,从而下达学校教师编制,体现了教师资源的配置与使用情况,是测算学校师资需求量的数量指标,也是反映学校人力资源利用效率的重要指标。根据国家最新标准中小学教育专项编制的核定,是由各学校的实际在册学生数,按照高中教职工与学生比为1∶12.5、初中为1∶13.5、小学为1∶19的比例,中等职业技术教育为1∶20的比例进行核定。

表9-33　河南省各部门2019—2020年师生比

对比项	小学	初中	高中	中职
标准	0.053	0.074	0.080	0.050
2019	0.050	0.070	0.064	0.043
2020	0.051	0.072	0.066	0.040

数据来源:经查找中央编办发〔2014〕70号文件数据及计算得。

基于编制好的投入产出表,通过计算可以得到小学、初中、高中、中职各部门2019及2020年的师生比情况,见表9-33。直观来看小学和初中的比例最为良好,小学和初中从2019到2020年的比例来看是递增的,逐渐靠近国家标准且非常接近,说明这个趋势是良好的,师资配备在合理化。对比高中的情况来看,首先师生比从2019年的0.064升高到2020年的0.066,提高了3.13个百分点,相对于小学增加的2个百分点及初中的2.86个百分点来说,增幅最大,趋势良好,但是比起国家的标准比例来说还相差0.14,相比来看这个差距是最大的,所以高中的师资配备水平还需要得到进一步关注以及提高。情况很不一样的是中职的师生比,2019年的师生比为0.043与标准比例相比差0.007,到2020年这个差距非但没有缩小,反而在增大,进一步偏离国家标准。从投入产出表来究其原因可以直观发现,中等职业技术教育学校的专任教师数是减少的,从2019年的47 710减少到2020年的46 091,足足减少了1 619人,反观学生人数,却是增加了39 048人,教师人数和学生人数的反向发展进一步减小师生比从而更加偏离国家标准。这一现象需要引起重视。

从总体来看河南省师生比近年来普遍没有达到标准,小于标准值意味着偏离国家教育标准规格,需要进一步改善推进教学合理化。较小的师生比表明,教师人数仍然存在缺口,其中更需要关注的是中职教育的情况。随着国家对中等职业教育的重视,中职教育的发展迎来新局面,从而对中职教育配备有着更进一步的要求,显然对中职教职工的需求会更为直观,而以目前的发展来看恰好背离这一需求。

(2)教职工投入方程及预测分析

用l_{ij}表示教学年度在第j个教育部门工作的第i类教职工数量。令L_{lij}表示第j个教育部门中第i类教职工与第j个教育部门的学生之比,即师生比:

$$L_{ij}=\frac{l_{ij}}{q_j}\quad (i=1,2,\cdots,m;j=1,2,\cdots,n) \tag{9-8}$$

并令 $L=(L_{ij})$ 为教职工占用系数矩阵，根据上述各部门学生的投入量，则可得出整个教育系统对各类教师的需求量为：

$$G=LQ \tag{9-9}$$

即：

$$G^{(R)}=(g_1^R,g_2^R,g_3^R,g_4^R)^T(R=1,2,\cdots)$$

假定教职工占用比例不变，即用2020年的教职工占用情况比拟未来教职工规模需求，模拟政策不变的情况下未来的教职工需求情况，以及与国家设定标准的差距。根据教职工投入方程，可以预测2021—2016年教职工投入量，如表9-34所示。

表9-34　2021—2026年教职工投入预测量及与国家标准对照情况　　单位：万人

年份	小学	国家标准	缺口	初中	国家标准	缺口	高中	国家标准	缺口	中职	国家标准
2021	53.53	54.94	1.41	34.31	35.24	0.93	15.42	18.74	3.31	4.78	5.96
2022	55.14	56.59	1.45	34.55	35.49	0.94	16.06	19.51	3.45	4.96	6.18
2023	56.15	57.63	1.48	34.79	35.74	0.94	16.73	20.32	3.59	5.15	6.43
2024	56.57	58.06	1.49	35.02	35.97	0.95	17.42	21.15	3.74	5.36	6.69
2025	57.37	58.89	1.51	35.24	36.20	0.96	18.13	22.02	3.89	5.59	6.97
2026	56.92	58.43	1.50	35.45	36.41	0.96	18.88	22.93	4.05	5.83	7.27

数据来源：查找教育部统计数据后经计算整理得。

根据表9-34可以看到，2021—2026年整体教职工数量总体呈现上升的趋势，其中小学的教职工数量在2026年首次出现减少的情况，预计小学2026年的教职工数为56.92万人，比上年减少4 483.95人，与国家标准值相差1.5万人，也就是说小学教职工仍存在1.5万人的缺口。除此之外，其他各学段的教职工都在逐年增加，但是仍与国家规定标准规格存在差距，这个差距我们称之为教职工缺口。初中的教职工数2026年预计最少达到35.45万人，比2020年增加约13 991人，其各年缺口稳定在9 500人左右。高中2026年教职工数约达到18.88万人，比2020年增长约4.07万人，增长最快，但其缺口仍是最大的。中职的教师预计2023年达到5.15万人，教师缺口约为1.27万人，到2026年时，教师缺口进一步增大，达到1.44万人。

对各学段教职工缺口数作图对比分析（见图9-7），可以看到各学段的教职工缺口数一直呈现上升趋势，其中小学和中职的缺口基本稳定，初中和高中的缺口变化率较大，高中缺口情况更为严重。高中的缺口数最大且其增幅较大，表明高中师生配比严重失衡，严重影响高中教学效率。根据预测结果来看，以2020年的教育结构继续发展，随着学生投入量的增加，教职工数量的增加远远不够，与最优师生配比差距越来越大，教职工数量存在较大缺口，且缺口有着持续加大的趋势，意味着现有的师生配比也存在一定问题，对教职工的投入远远不够，如果不正视这一问题并加以改善，未来形式将会更为严峻，从而影响教育投入产出效率。

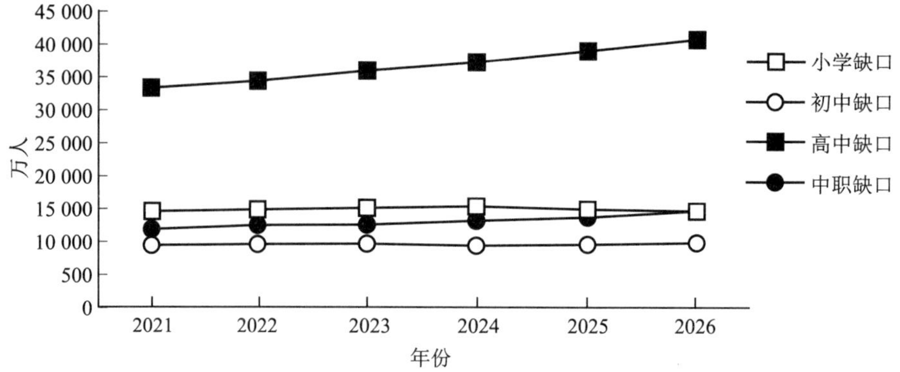

图 9-7　2021—2026 年各学段教职工缺口量

（3）固定资产规模分析

从投入产出表中可以直观地看到各学段学校的固定资产投入情况。其中固定资产选取校舍建筑面积、占地面积、图书及仪器设备等指标做主要分析研究。为便于直观比较，将固定资产情况单独摘取出来见表 9-35。

占地面积反映学校的建筑总规模，宏观来说一定程度上可以反映该地区教育规模的大小。总体来看，占地面积除了中职学校在缩减，小学初中高中占地面积均在扩张，表明河南省的教育规模总体呈现扩张趋势，教育规模的扩张有利于给学生提供充足良好的学习及活动空间，有利于改善教学条件，形势良好，但其中对中职教育的重视程度不够。

校舍建筑面积微观来说更反映学校的教学规模，根据国家建设部、国家发展计划委员会和教育部发布的《城市普通中小学校校舍建筑标准》和教育部《中等职业学校设置标准》的通知制定了校舍面积规划标准和基本标准，结合河南省各学段学校办学条件，本研究中小学生均校舍建筑面积为8.01 m^2/人，初中生均校舍建筑面积为11.3 m^2/人，高中生均校舍建筑面积为10.4 m^2/人，中职生均校舍建筑面积为 20 m^2/人。根据表 9-35，2020 年小学的校舍建筑面积为74 605 947 m^2，比 2019 年增加2 058 410.28 m^2，校舍建筑扩建了2.84%，生均校舍建筑面积为7.30 m^2，小于标准规定，小学校舍建筑仍需加强扩建。除了中职校舍建筑有所缩减，初高中校舍建筑面积均在扩张，其中初中在 2019 年基础上扩建7.01%，高中扩建8.07%，其扩建程度最大。2020 年初高中生均校舍面积分别为13.22 m^2、17.03 m^2，均达到建设标准，且远大于标准值。于标准值一定的盈余更充分保障了学生的学习生活水平，但是过多的盈余是否存在一定的资源浪费，还需进一步考量。2020 年中职的校舍建筑面积为14 172 750.15 m^2，比 2019 年缩减584 368.71 m^2，生均面积从 2019 年的13.29 m^2 降为 2020 年的12.33 m^2，远远偏离国家标准，说明河南省中职学校没有达到建设标准，中职学校的教学条件没有得到一定的保障。平衡进步的教育发展需要各学段全面协同共同优化，因而这一现象需要引起足够的重视。

表 9-35 2019—2020 年各学段教育固定资产投入表

	小学		初中		高中		中职	
	2019	2020	2019	2020	2019	2020	2019	2020
校舍建筑面积(m^2)	72 547 536.72	74 605 947	58 341 805.51	62 433 384.1	35 427 105.04	38 285 269.78	14 757 118.86	14 172 750.15
占地面积(m^2)	220 852 896.5	221 564 469.6	133 807 743.7	138 475 790.4	69 441 629.21	72 815 321.35	29 267 616.85	28 476 012.44
图书(册)	201 862 932	208 825 638	137 748 519	147 302 025	38 291 455	39 508 556	20 751 707	19 612 256
仪器设备(万元)	853 860.19	913 504.89	622 862.72	705 623.03	353 777.58	367 950.42	374 784.62	386 309.4

数据来源:经查 2019、2020 年教育部统计数据汇总整理得。

图书馆的藏书量是衡量教育资源的重要指标。根据教育部关于印发《中小学图书馆(室)规程》的通知和教育部关于印发《中等职业学校设置标准》的通知规定,小学的生均藏书量为25册/人,初中的生均藏书量为35册/人,高中的生均藏书量为45册/人,中职的生均藏书量为30册/人。2020年小学生均藏书量为20.44册/人,低于标准值。2020年初中生藏书量为31.2册/人,比2019年增加约2册,但仍低于国家标准。2020年高中生藏书量为17.57册/人,仅达到国家规定标准的39.05%,远远低于标准值。中职2020年的藏书量为17.06册/人,低于2019年的生均藏书水平,与标准值相比,平均每个中职学生少12.94本图书。各学段藏书量均未达到标准,其中高中的差距最大,中职次之。

对仪器设备的使用也是教学的重要手段,仪器设备的投入也一定程度反映学校的教学质量。2020年小学的仪器设备的投入人均894.2元,比上年增长6.03%;初中生均投入达到1 494.51元,较上年增长12.4%;高中生均投入为1 636.36元,比上年减少了0.15个百分点;中职生均投入为3 360.13元,与上年相比减少0.43个百分点。

(4)教育经费投入分析

教育经费是中央和地方财政部门的财政预算中实际用于教育的费用,是办学必不可少的财力条件。充足的经费投入有利于教育持续有效的发展。对教育经费投入的研究分析有助于对教育行业发展情况的把握以及对教育行业投入产出效率的衡量。

首先将河南省与全国31各省(自治区、直辖市)的教育经费投入做纵向对比分析,纵向把握河南省教育经费投入的情况。

表9-36反映了全国31个省(自治区、直辖市)2016—2020年这五年的教育经费总投入情况,可以看到,河南省教育经费总投入基本稳定在第四、第五名,经费投入稳居全国前列,但是针对于人口问题,教育总经费的投入并不能说明全部问题,需要进一步分析生均教育经费的投入。

表9-36 全国31个省(自治区、直辖市)2016—2020年教育经费投入及排名 单位:万元

地区	2020年	排名	2019年	排名	2018年	排名	2017年	排名	2016年	排名
北京市	14 794 780	12	13 525 400	12	12 512 746	12	11 934 724	11	11 171 250	11
天津市	6 270 839	27	6 351 712	27	5 850 624	27	5 365 129	27	5 605 736	27
河北省	19 921 191	7	17 389 625	7	15 938 479	7	14 203 834	7	12 861 641	7
山西省	9 857 999	22	9 134 205	22	8 533 662	21	7 942 196	21	8 442 363	20
内蒙古自治区	8 105 720	24	7 759 014	23	7 601 337	23	7 624 806	23	7 072 130	23
辽宁省	10 593 957	20	9 759 379	20	9 651 893	19	9 206 907	19	8 781 171	19
吉林省	6 777 422	26	6 866 495	26	6 586 685	26	6 439 837	26	5 975 239	26
黑龙江省	8 115 856	23	7 612 173	24	7 545 432	24	7 336 607	24	7 040 039	24
上海市	14 125 408	15	13 412 840	13	12 104 556	14	11 218 946	13	10 131 153	13
江苏省	31 093 313	2	28 276 374	2	25 960 645	2	24 020 855	2	22 463 773	2
浙江省	27 343 770	4	24 009 012	5	21 327 866	5	18 908 104	4	17 568 215	4
安徽省	16 375 812	9	15 011 779	9	13 751 567	10	12 357 931	10	11 578 495	9

续表 9-36

福建省	13 429 131	17	12 547 951	17	11 390 975	17	10 473 975	15	10 028 329	15
江西省	14 535 470	13	13 152 969	14	11 717 849	16	10 468 837	16	9 732 898	16
山东省	29 001 760	3	26 349 273	3	23 946 021	3	22 422 970	3	20 632 259	3
河南省	26 685 217	5	24 293 502	4	21 546 749	4	18 902 582	5	17 411 099	5
湖北省	16 067 052	10	14 578 340	10	13 821 834	9	13 009 264	9	11 435 059	10
湖南省	17 753 672	8	16 300 603	8	15 165 690	8	13 781 959	8	12 223 238	8
广东省	49 187 551	1	42 684 258	1	38 610 331	1	33 675 376	1	30 474 906	1
广西壮族自治区	14 367 736	14	12 836 618	15	11 891 781	15	10 914 241	14	10 111 559	14
海南省	4 243 935	28	3 777 479	28	3 390 271	28	3 068 767	28	2 809 962	28
重庆市	11 442 967	19	10 216 274	19	9 483 526	20	8 863 208	20	7 971 003	21
四川省	22 547 121	6	20 767 987	6	19 274 514	6	17 620 946	6	16 409 562	6
贵州省	13 622 935	16	12 732 768	16	12 488 005	13	10 335 342	17	9 277 347	18
云南省	14 833 632	11	14 543 783	11	13 292 088	11	11 886 446	12	10 455 388	12
西藏自治区	2 881 230	30	2 562 958	30	2 387 658	29	1 857 714	31	1 919 434	31
陕西省	12 490 355	18	11 375 081	18	10 545 862	18	10 049 114	18	9 674 438	17
甘肃省	7 998 741	25	7 404 892	25	7 087 547	25	6 706 137	25	6 134 547	25
青海省	2 894 894	29	2 640 309	29	2 343 469	30	2 162 973	29	2 073 501	29
宁夏回族自治区	2 532 754	31	2 346 978	31	2 288 400	31	2 072 544	30	1 963 258	30
新疆维吾尔自治区	10 214 911	21	9 522 617	21	8 462 090	22	7 823 914	22	7 132 774	22

数据来源：经《中国统计年鉴》查找整理得。

所以进一步将河南省与全国的各学段生均教育经费投入作对比，见表 9-37。可以直观地看到河南省的各学段生均教育经费投入水平普遍低于全国水平，存在不小的差距。其中除了高中的差距从 2019 年的6 355.28元减少到 2020 年的6 311.84元，其他各级差距都在进一步加大，表明河南省的教育经费投入与国家平均水平存在一定差距，且差距有拉大的趋势。

2020 年全国一般公共预算教育经费为36 310.47亿元，比上年增长4.80%；河南省教育经费总投入为2 802.23亿元，比上年的2 668.52亿元增长5.01%。其增长速度快于国家水平。2020 年，全国普通小学生均教育经费投入为12 330.58元，比上年的11 949.08元增长3.19%；河南省普通小学生均教育经费为7 665.53元，比上年的7 423.51元增长3.26%。河南省小学教育经费生均投入低于全国平均水平37.83%，但增速略快于国家水平。全国普通初中生均教育经费为17 803.60元，比上年的17 319.04元增长2.80%；河南省普通初中生均教育经费为11 575.74元，比上年的11 326.29元增长2.20%。河南省生均初中生教育经费低于国家平均水平34.98%，其增速也略低于国家水平。全国普通高中生均教育经费为18 671.83元，比上年的17 821.21元增长4.77%；河南省普通高中生均教育经费为

12 359.99元，比上年的11 465.93元增长7.80%。河南省生均高中生教育经费投入低于全国水平33.8%，但增速高于全国平均水平3.03个百分点。全国中等职业学校生均教育经费为17 446.93元，比上年的17 282.42元增长0.95%；河南省中等职业学校为9 937.74元，比上年的10 233.60元减少2.89%。河南省中职学校生均教育经费投入仅占全国生均水平的56.96%，生均经费投入远远低于全国平均水平，且从全国来看，对中职的教育经费投入是增加的趋势，但河南省中职生均投入自2019年的下降0.1%到2020年的2.89%，呈现出减少趋势，中等职业教育未得到充足的经费支持。

表 9-37　各级生均教育经费投入　　单位：元

		小学	初中	高中	中职
2019	河南省	7 423.51	11 326.29	11 465.93	10 233.6
	全国	11 949.08	17 319.04	17 821.21	17 282.42
	差值	4 525.57	5 992.75	6 355.28	7 048.82
2020	河南省	7 665.53	11 575.74	12 359.99	9 937.74
	全国	12 330.58	17 803.6	18 671.83	17 446.93
	差值	4 665.05	6 227.86	6 311.84	7 509.19

数据来源：经教育部网站查询整理得。

从表9-38可以看到，教育经费总投入排名5年间基本保持不变，各别省份上下也只是浮动1到2名，没有较大变动。在中部六省中，2020年山西省排22，安徽省排第9，湖北省排10，湖南省为8名，江西省排第13名，从排名来看，中部其他五省均落后于河南省，教育经费总投入低于河南省，但是河南省作为人口大省、教育大省，总投入的靠前并不能说明全部问题，所以选取中部六省以及同样为教育大省的山东省做生均教育经费投入的横向比较，见表9-38所示。

表 9-38　各级生均教育经费投入　　单位：元

	排名	小学	初中	高中	中职
全国		12 330.58	17 803.6	18 671.83	17 446.93
河南省	5	7 665.53	11 575.74	12 359.99	9 937.74
山东省	3	10 838.61	17 833.11	18 285.33	19 664
山西省	22	12 330.58	17 803.6	18 671.83	17 446.93
湖北省	10	11 426.27	18 547.58	19 001.05	16 199.22
湖南省	8	9 810.41	14 633.79	15 588.31	13 930.04
江西省	13	10 970.34	14 196.33	14 943.2	15 840.6

数据来源：经各省市教育厅网站查找整理得。

根据表9-38，教育经费总投入排在河南省后边的山东省，各学段生均教育经费都高于河南省，除小学生均经费投入低于全国水平1 491.97外，其余各学段经费投入均高出全国平均水平，同样为教育大省，山东省的生均教育经费投入更为合理优越。排名靠后的中部其他各省市，各学段生均教育经费投入均高于河南省，充分表明河南省的教育经费投入不充足，生均教育经费投入处于中部六省最末，更与山东省相差甚远。作为人口大省、教育大省，合理的教育经费投入是保证良好教育发展的基础，河南省的教育经费投入问题需要引起重视，得到进一步关注。

（四）结论

为便于客观清晰分析河南省初等及中等教育的投入产出效率，本专题对数据进行大量查找及计算整理，编制了2020年河南省教育投入产出表（包含小学、初中、高中、中职），基于投入产出表建立相应的投入产出模型，通过对中小学学生的投入及产出、教育资源的投入利用及教育经费的投入情况等的分别分析从而对教育效率进行逐一阐述，得到如下结论：

第一，河南省小学、初中、高中及中职的在校学生占18.44%，约占河南省人口的1/5，是名副其实的教育大省，相较于高等教育来说，河南省更是基础教育大省。从学生投入产出规模来说，河南省中职规模与高中规模的差距低于全国平均水平，是全国最大的中职教育产出省。短期来看，仍然低下的生育率，由于“二孩政策”效应的缓冲，短期内学龄人口不会发生大幅度变动，经预测未来六年内学生投入仍然呈现上升趋势，趋势平缓，对2021—2026年中小学及中职教育学生投入预测具有一定参考意义。长期来看，学龄人口是有降低趋势的，初中的升学占比持续降低，意味着升学到初中的人数是呈现降低的趋势。高中直接投入系数是比较稳定的。中职的直接投入系数持续降低，表明按已有的教育结构中职教育规模会出现缩减，社会将会缺少大量职业技工，越来越多的高级技术型人才挤压就业空间从而造成结构性失业。义务教育是一切教育的基础，当义务教育的学生投入量不能及时补给，那么未来教育规模可能有缩减的趋势。

第二，从师资情况来看，河南省作为基础教育大省，其专任教师数投入总量最大，但其师生比仍低于其他基础教育大省，且各学段师生比均低于国家要求标准，河南省师资配备不够充足。经投入产出模型预测出2021—2026年教师投入量，测算出各学段教师缺口数，为补充师资配备完善提高教学效率提供参考依据。

第三，从学校固定资产占用来看，河南省小学及中职校舍建筑尚未达到国家建设标准，尤其中职建设远偏离标准值，需要引起重视。就藏书量来说，各学段藏书均未达到标准。由此可见，中小学及中职教学条件尚未达标，需进一步关注和改善。

第四，就教育经费投入来看，河南省教育经费总投入逐年递增，排在全国前列，但其占GDP的比值低于全国平均水平，且尚未达到4%，教育经费投入与经济发展协调度略低。教育经费总投入占中部六省之最，但是生均教育经费投入却居末尾，更低于同为教育大省的山东省，反映出河南省教育经费投入不充足。合理的生均教育经费投入才是良好教育发展的基础，是提高教育效率的保证。

（本专题研究团队成员：杨凤娟、史先进、李晓慧、武丽沅、程甜甜、梁彦彦）

专题十 教育数字化转型与学习型社会建设研究

学习型社会是社会发展到较高阶段、教育与社会经济相互作用的产物，是社会经济现代化、教育现代化两维整合的一种价值取向和结构形态。在全球教育数字化转型背景的推动下，以数字技术工具与文化价值赋能教育发展、人才培养、结构重塑、教育教学全方位创新成为可能。如何加快推进教育数字化转型、建设终身学习的学习型社会，已然成为新时代教育领域关注的核心议题。

一、教育数字化转型政策导向

数字化转型是深化教育改革的关键路径，以数字化转型赋能教育高质量发展有助于开创新时代国家教育发展新格局。通过梳理教育数字化转型政策发展脉络，剖析数字化转型实际应用案例，深入解读教育数字化转型现状，以期为相关决策者在教育数字化转型中的责任践行与功能发挥提供参考。

（一）国家教育数字化转型的政策梳理

教育数字化转型是教育改革与实践的热点，也是未来教育创新变革的发展趋势。数年来，中共中央、国务院、教育部制定并颁发了系列教育数字化转型的相关政策与通知，为我国教育数字化发展提供了明确的政策导向与决策依据。

从 21 世纪初，我国就开始制定系列推动教育数字化转型的政策。例如，教育部 2010 年印发的《国家中长期教育改革和发展规划纲要（2010—2020 年）》中提到，要加快教育信息化进程，构建先进的数字化教育基础设施并加强网络教学资源体系建设。

教育部 2012 年印发的《教育信息化十年发展规划（2011—2020 年）》中强调，数字教育资源共建共享的有效机制尚未形成，要建设覆盖城乡各级各类学校的教育信息化体系，促进优质教育资源普及共享，推进信息技术与教育教学深度融合。2015—2016 年教育部办公厅制定印发的《教育信息化工作要点》，强调以“三通两平台”为重要抓手，全面深化信息技术在教学、管理等方面的应用。加快推进职业院校数字校园建设，基本实现各级各类学校互联网全覆盖（其中宽带接入 50%以上）。

2016 年教育部制定的《教育信息化“十三五”规划》提到，完善“十二五”以来明确的教育信息化目标任务，同时坚持应用驱动、机制创新的基本方针，加强顶层设计、多方协同推进。2017 年教育部制定的《2017 年教育信息化工作要点》指出，充分发挥教育信息化对教育现代化的支撑和引领作用，深化数字教育资源开发与应用，“构建网络化、数字化、个性化、终身化”的教育体系，建设“人人皆学、处处能学、时时可学”的学习型社会。

2018 年制定的《教育信息化2.0行动计划》强调，推进新时代教育信息化发展，培育创新驱动发展新引擎，结合国家“互联网+”、大数据、新一代人工智能等重大战略的任务安排推动信息技术与教育深度融合。2019 年教育部制定的《2019 年教育信息化和网络安全工作要点》强调，要实施好教育信息化“奋进之笔”，加快推动教育信息化转段升级，以教育信息化支撑和引领教育现代化。2022 年党的二十大报告进一步明确要求，推进教育数字化，建设全民终身学习的学习型社会、学习型大国。

2023 年教育部印发《学习型社会建设重点任务》，为深入贯彻党的二十大精神和习近平总书记关于继续教育与学习型社会建设的重要指示，实施好教育部“学习型社会建设和国家教育数字化战略工程”，加快推进学习型社会建设，特制定学习型社会建设重点任务。具体政策梳理如图 10-1 所示。

（二）河南省教育数字化转型的政策梳理

近年来，河南省在教育发展中深入贯彻落实党中央、国务院的相关战略部署，愈发重视数字化转型的整体性推进，具体政策引领如图 10-2 所示。自河南省教育厅于 2011 年 1 月发布《河南省中长期教育改革和发展规划纲要（2010—2020 年）》以来，河南省教育数字化转型支撑体系不断完善，数字化教育教学资源日益丰富，教学与管理的信息化应用逐步拓展，信息化建设的体制机制不断健全。

2012 年 10 月《河南省教育信息化十年发展规划（2011—2020 年）》发布，为各级各类学校教育现代化发展明确了方向。2013 年印发的《关于进一步加强基础教育信息化工作的意见》提出要着力推进基础教育信息化建设。2014 年印发的《关于加快推进中等职业教育信息化建设工作的意见》将信息化建设作为职业教育基础能力建设的重要任务，提出全省中等职业学校全部建成标准化数字校园。2015 年印发的《2015 年度教育信息化工作要点》提出要加快推进教育信息化建设，为实现教育现代化和构建学习型社会提供有力支撑。《2016 年河南省高等学校学生工作要点》提出要加快数字化校园建设，全面优化服务育人软环境。

2017 年河南省教育厅发布《河南省教育事业发展“十三五”规划》，将推进教育现代化作为战略任务，深入推进各级各类学校的信息化发展。2018 年《关于基础教育资源公共服务体系建设与应用工作的意见》指出要落实《教育信息化2.0行动计划》。2019 年《关于推进中小学人工智能教育的通知》提出要促进人工智能、大数据在全省中小学校的普及应用。2020 年为推进信息技术与教育思想和理念的深度融合，河南省教育厅举办了第二十四届教育教学信息化交流活动。《2021 年教育信息化和网络安全工作要点》对教育新型基础设施、优质数字教育资源、信息化教学模式以及师生信息素养提出了进一步要求。

2022 年《河南省“十四五”教育信息化发展规划》发布，明确了信息时代背景下学校数字化转型、数据驱动教育质量提升的关键任务。《2023 年教育信息化和网络安全工作要点》指出要构建省—市（高校）—县—校四级信息化支撑保障体系，夯实教育数字化转型根基。

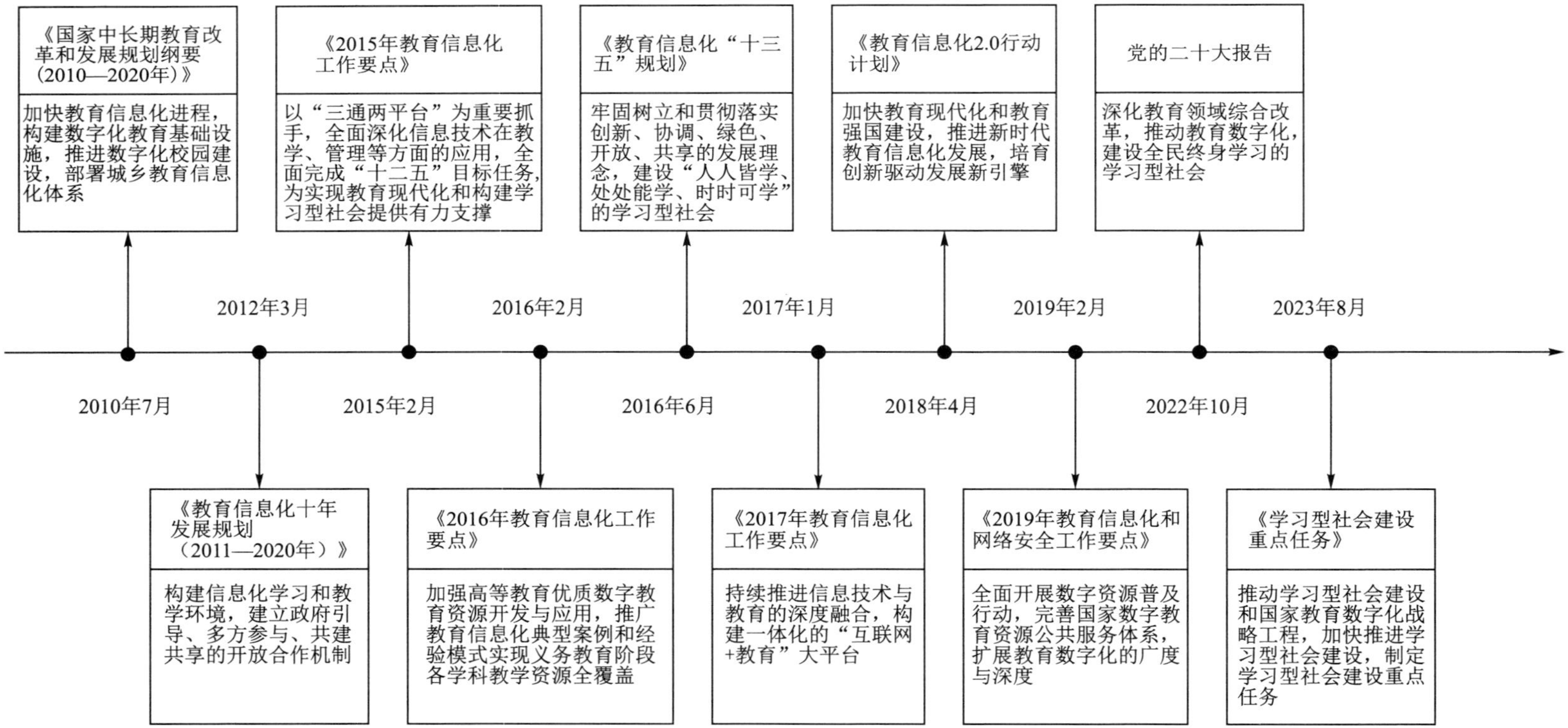

图 10-1　中国教育数字化转型政策发展脉络

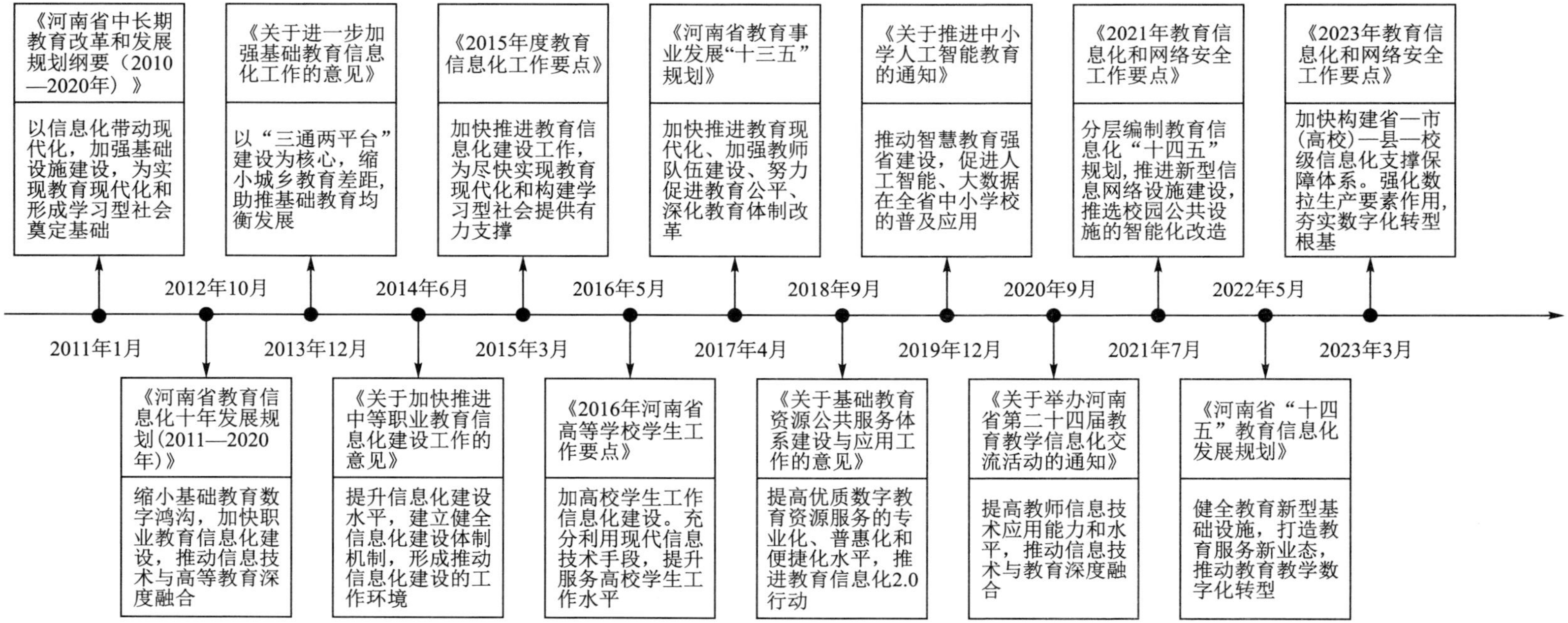

图 10-2　河南省教育数字化转型政策发展脉络

教育数字化转型是一项复杂的系统工程,在相关政策的不断统筹推进下,转型实践持续深入。政策性文件总体陈述了我国教育数字化转型的时代背景、转型目标、重点任务等,引导着我国基础教育、职业教育、高等教育等领域数字化发展,支撑全人民学习的学习型社会朝着良性、有序的方向发展。

二、数智时代教育数字化转型的旨意与挑战

数智融合时代背景下,数字化已成为人类社会生产、生活与治理的重要发展趋势。以大数据、云计算、人工智能和区块链等技术为重要推力,以现代信息网络为重要载体,数字驱动社会变革逐步发展为世界性主题。在此背景下,教育系统正朝着数字化转型方向实现全面、纵深发展。数字技术加快推进教育场景创新、教育资源更迭与教育质量升级,是实现教育创新与变革的重要力量。然而,我国教育数字化转型目前仍处于发展初期,面临着前所未有的发展契机与现实困境。厘清教育数字化转型的本质内涵,探讨其发展旨意与现实挑战,对提升国家教育数字化转型升级、加快教育高质量发展步伐有着重要意义。

(一)教育数字化转型的发展旨意

当前我国教育发展正处于从信息化迈向数字化的新阶段。教育数字化转型是教育信息化的进阶发展,更是教育领域在需求导向、应用为王、循序渐进原则引领下,以数字技术赋能实现发展的重塑①。以数字化赋能教育管理转型升级,其发展旨意在于以数字技术作为驱动教育创新与变革的关键力量,构建社会新生态、发挥技术潜能、实现教育本身高质量发展。

1.教育数字化转型:构建社会新生态的必然路径

从构建智能社会新生态角度看,智能人才培养和教育发展的需求为教育数字化转型带来了巨大的发展机遇。随着我国经济发展由高速增长阶段转向高质量发展阶段,人民对美好教育的需求不断提升。推进数字化赋能教育转型升级,要把坚持和加强党对教育治理数字化的全面领导作为根本保证,把满足人民对教育的美好向往作为出发点和落脚点,树立以数字化治理、数字化平台、数字化战略等为关键内容的数字思维,加快构建教育数字化治理生态系统,提升教育数据智能化汇聚、共享和服务能力。

中共中央、国务院围绕教育现代化、数字中国、数字化转型作出了一系列重要的战略部署。2021 年 3 月国务院印发《中华人民共和国国民经济和社会发展第十四个五年规划和二〇三五年远景目标纲要》,指出要聚焦教育等重点领域,增进数字化服务福祉。同年 5 月,国家发展和改革委员会等 3 部委发布了《"十四五"时期教育强国推进工程实施方案》,明确要提升教育体系质量和人民教育获得感。教育数字化转型已成为国家战略,是

---

① 邵艳芬.高等教育数字化的缘由、理念与发展理路[J/OL].现代教育管理,2023(8):31-39[2023-08-27].

建设智能社会新生态对教育的新要求。同年11月,《提升全民数字素养与技能行动纲要》发布,明确提出加快建设完善数字基础设施,全面推进数字校园建设。2022年11月国务院印发《"十四五"数字经济发展规划》,提出要推进文化教育等领域数字化供给服务。《教育部2022工作要点》明确提出要加快教育领域数字转型与智能升级。

作为建设数字化中国的重要推进力,教育数字化转型是我国拓宽人才培养途径、深化教育改革、抢占数字化时代发展前列的必经之路。伴随着数字素养与技能需求、发展全民数字智能的需求提出与升级,教育需求呈现多层次、多样化态势,教育数字化转型成为教育系统发展的方向之一。为了建设以人民为中心的教育强国,满足高品质、个性化学习需求,我们需要全面推进教育信息化,提供优质教育服务。

2.教育数字化转型:发挥技术潜能的战略选择

当前,全球已经进入了一个万物互联的大变革时代,数字技术和互联网正在改变着世界,也深刻地改变着教育领域。联合国教科文组织充分认识到数字技术在改变教育体系、学校形态和教育方式上的巨大潜力,将数字技术视为推动终身教育发展的重要力量。在我国,自《教育信息化十年发展规划(2011—2020年)》发布实施以来,党中央、国务院明确了教育信息化的战略地位,提出了大力发展数字技术、推动教育变革和创新的重要思路。

数字化转型背景下教育的概念、生态环境、形态和方式等各个方面都发生了根本性的变化。正如施瓦布所言,所有新进展和新技术的重要特点就是利用了数字化的力量,几乎没有一项发展不是依靠数字技术的推动而实现和发展的。教育数字化转型需要通过"技术链条"的方式将系统整体的改变整合在一起。例如,5G通信技术提供了快速稳定传输的通道,云计算为大数据对海量数据的处理提供了算力支持,人工智能可完成自动化处理和智能化分析功能。随着新技术的产生和应用的进一步深化,"技术链条"的联系将更加普遍。为了加快迈向终身教育新时代的进程,我们应充分利用数字技术,全面推动教育数字化转型,使数字技术的颠覆性影响转化为有利于将教育扩展到人生所有阶段和更广泛的时空。

3.教育数字化转型:教育高质量发展的内在需求

高质量教育体系的构建与教育数字化转型密切相关。首先,教育数字化转型能够有效推动教育公平,而教育公平是社会公平的重要基础。在2022年的政府工作报告中,多次强调了促进教育公平和实现教育资源均衡的重要性。然而,受教育管理体制限制、经济发展水平制约以及地理位置等因素的影响,中西部地区的教育发展机会和空间一直受到限制。尤其在数字时代,城乡之间的"数字鸿沟"仍然存在较大差距。在网络连接、学习环境、数字资源和高素质师资队伍等方面,城乡之间存在着不均衡的现象。为了弥补这一鸿沟,促进教育公平,教育数字化成为一个重要的推动力量。

其次,教育数字化是优化教育治理的重要抓手,教育治理现代化是国家治理现代化的重要组成部分。教育部党组书记、部长怀进鹏多次强调要提升教育治理体系和能力的现代化水平[①]。全面实施教育治理是建设教育强国必须面对和解决的重大理论和实践问

---

① 教育部举行党组理论学习中心组集体学习暨教育信息化首场辅导报告会[J].中国教育信息化,2022,28(2):3.

题，而“数字化”的出现为教育治理注入了新的活力。一方面，通过以数据为核心建立网络化、数字化、智能化的全业务、全流程教育治理体系，可以有效实现治理模式向“数治”转变，提升教育治理效能①；另一方面，通过完善一体化教育政务服务公共支撑体系，能够打破数据之间的壁垒，加速实现数据共享和办公协同，提升政务服务水平。此外，通过联结、贯通、整合各类教育数据，有助于形成丰富、准确、可信的教育基础数据，从而支撑教育的精准管理和科学决策。

再次，教育数字化是人才培养的关键支撑。加快实施国家教育数字化战略行动，积极推进教育数字化转型，是实现教育均衡发展和成为教育强国的必然选择。教育数字化转型通过技术的应用改变和创新教学模式、形态和结构，例如改变传统的教育教学模式，采用智能教育模式；改造智能人才培养的环境形式；构建人机协同的教育格局。通过数字化技术的运用，教育系统能够更好地满足智能化发展对教育的需求。教育数字化转型能够提供更灵活、个性化的学习方式和教学资源，推动学习个体的发展和创造力的释放。同时，教育数字化转型也能够加强学校与社会、产业界的合作，建立更紧密的人才培养与用人需求的对接机制。

（二）教育数字化转型的现实挑战

教育数字化转型不是单一的、线性的事件，而是反复发生、持续迭代优化的过程。基于信息化教学现状为逻辑与实践起点，探寻数字化转型的整体推进路径，开发特定的数字化解决方案进而诱发数字化创变，首先需关注其面临的现实挑战与困难。数字化技术与教育领域融合不深入、不充分导致数字化支撑条件亟待完善、数字化教学资源建设良莠不齐；同时，数智时代背景下，人类面临着前所未有的生存危机，学习型社会建设成为教育数字化转型的重要诉求。

1.数字化技术条件：高质量教学的基础保障

随着越来越多的新兴技术应用于数字化教学场景中，一线教学却出现了“技术热”导致“融合冷”的问题。这一问题表现为：教师对信息化教学过程中出现的新的技术工具与信息化教学环境表现出不熟悉、不熟练，甚至应用困难的困境。如师生对于知识管理工具、数据分析工具、5G、VA/AR、AI 和工业互联网等新兴技术，普遍处于不熟悉状态。任何新技术进入教学都是一个漫长的过程，需将接受新技术的时间成本纳入考虑范围。

数字技术与教育教学的融合存在不深入、不充分情况。一方面，教学过程中的“技术应用惯性”使然，即传统信息技术在有用性方面已形成一定的共识，且能满足各大利益相关者的要求。另一方面，新兴技术、设备和环境的感知易用性较差，给部分教师造成“畏难”心理，导致其使用意愿骤减。这既印证了技术的感知易用性可显著正向预测使用意愿的相关研究，也说明仍有可能因为技术太过复杂而不去使用，或认为掌握新兴教育技术太费时费力而不愿使用。

---

① 杨宗凯.加快教育信息化支撑终身数字教育[EB/OL].(2022-03-08)[2022-04-21].http://www.cac.gov.cn/2022-03/08/c1648363725755324.htm.

2.数字化教学资源:高质量教学的重要支撑

随着数智时代的到来,数字化的网络课程资源呈爆炸性的增长,但为了提高资源质量,取得更好的效果,需要开发新形态优质数字化课程资源。基于智能技术实现精细化资源配置与科学决策,才能为"办好人民满意的教育"提供关键支撑①。数字化技术为教学提供了新的工具和平台,满足了个性化学习、跨时空协作和资源共享,丰富了学习的方式和内容。然而,技术应用不均衡、教师数字素养有待提升、教学内容亟须更新与重构等也为数字化教学资源建设造成一定困境。

数字化资源是高质量教学开展的重要支撑,数字化教学资源发展状态对于教育高质量发展有着促进或抑制的影响。优化数字资源供给服务需搭建智能化数字资源平台、形成完整的数字资源体系,采取"教育大资源"观,最大限度地增加优质数字化课程资源,促进资源的共建共享,使其适应教育数字化转型的需要,以推进教育走向更高层次的优质和公平。

具备良好的数字素养和基于数字技术的教学研究能力是成为卓越教师的核心特征之一。然而,教师的数字素养缺乏针对性培训,对于挖掘数字化教学资源和信息化教学的关联性缺乏足够的洞察力和敏感性,导致其在数字化教学资源的整合和应用能力方面存在不足。教师在数字化教学资源的开发和整合使用方面需投入大量时间和精力,这使得他们陷入了"加速批判理论"的困境。换言之,数字技术的应用虽然在短期内能减轻教师的工作负担,但从长远来看,时间负担却会呈现出增加的趋势。这导致教师在数字化教学资源的整合、设计和开发方面表现出缺乏意愿的现象,使得现有资源的价值和赋能作用未能得到体现,甚至在一定程度上阻碍了教学发展的步伐。

3.学习型社会建设:人类生存危机的解决之策

数智时代背景下,全球问题复杂性日益增加,人类正面临前所未有的生存危机,数字化转型已不仅仅是技术议题。教育目的的公共性、正义性和超越性决定了其根本旨意在于促进人的发展和社会进步,重新回归世界成了终身教育的目的观。在当前的教育实践中,数字技术已经被广泛应用于教学和学习过程中,为学生提供了更加便捷、个性化和丰富的学习经验。然而,学习型社会的建设成为解决教育数字化转型困境的关键之一。

从生存哲学视角看,人类面临的全面危机实质是人类的生存危机,生存危机的深层本质是人类的生存方式问题,是人的生存实践所造成的人的分裂与畸形②。作为社会动物,社会是人类的生存方式,人类在参与社会活动的过程中形成了独特的社会生命。人类的危机也体现在人类的精神生命上。贝尔(Daniel Bell)在揭露资本主义文化矛盾时指出:"现代主义的真正问题是信仰问题,这是一场精神危机。"人类本质失调直接影响人的现实本质生成,造成人的现实本质异化。面临"失效危机",人类必须调动全部的生命机能去探索生存的新路。

教育数字化转型的目标之一是培养学生的创新能力。数字化技术为教学提供了新的工具和平台,可以实现个性化学习、跨时空协作和资源共享,从而促进学生创新思维和

---

① 郑永和,王一岩,郑宁等.教学数字化转型:表征样态与实践路径[J].电化教育研究,2023(8):5-11.

② 刘振天.肩负起助力学习型社会、学习型大国建设的使命[J].中国高等教育,2023(6):1.

实践能力的培养。学习型社会强调个体的自主学习和团队合作学习，为学生提供了更多实践和创新机会，从而培养他们的创新能力。教育数字化转型不仅仅是应对技术进步的需要，更是为了培养学生适应未来社会发展的能力。学习型社会强调个体持续学习的能力，帮助学生适应不断变化的社会环境，并不断完善自身的学习能力和适应能力。教育数字化转型可以通过引入新的教学方法和内容来增强学生的适应能力，让他们具备面对未来社会变化的能力。

学习型社会强调个体和社会的持续学习能力，鼓励个体不断适应和掌握新知识、新技能。在教育数字化转型中，学习型社会的建设是一个基本前提和目标。学习型社会提供了一个开放、协作和创新的环境，促进个体的自主学习和团队合作学习。学习型社会鼓励个体积极参与知识共享和资源共享，不断完善自身学习能力和适应能力。因此，教育数字化转型需要依托学习型社会的建设，为学生提供鼓励、支持和培养创新精神和学习能力的教育环境。

教育数字化转型与学习型社会存在相互促进、协同发展的辩证关系。教育数字化转型为学习型社会提供了更多学习的机会和资源，而学习型社会则为教育数字化转型提供了更好的教育环境和培养学生能力的平台。通过教育数字化转型和学习型社会的共同努力，可以促进教育质量的提升、培养学生的创新能力以及帮助他们适应未来社会发展的需求。教育数字化转型利用数字技术提供了更加便捷、个性化和丰富的学习经验。学习型社会鼓励个体和社会的持续学习能力，通过开放、协作和创新的环境提供更多的学习机会和资源共享。故而学习型社会可以帮助提高学生的学习动力和学习效果，从而提升整体教育质量。

迈向数智时代，全球政治经济体现出纷繁复杂的格局和趋势，人类正面临着前所未有的生存危机，摆脱人的生存危机和困境正呼唤着学习型社会的到来。在此背景下，教育不再是某些杰出人才的特权或某个特定年龄阶段的活动，教育不再限于那种必须吸收的固定内容，教育不能只在现有的学校环境中进行，教育在目的、内容、形式、时间、空间等各个方面应当日益向着包括整个社会和个人终身的方向发展。联合国教科文组织把迈向终身教育的进程视为人类发展的进程。人类必须告别阶段性的学校教育时代，使教育尽快步入覆盖人的整个生命历程和生活各个方面的终身教育时代①。

三、教育数字化转型过程中学习型社会建设的困境

随着科技的不断进步和数字化浪潮的袭来，教育领域也面临着巨大的变革和转型挑战。教育数字化转型成为推动教育发展的重要动力，而学习型社会建设则是教育数字化转型的主要目标和推动力。在这一过程中，学习型社会建设也面临着一系列的困境和挑战。如图 10-3 所示。

① 联合国教科文组织国际教育发展委员会.学会生存：教育世界的今天和明天[M].北京：教育科学出版社 1996：180.

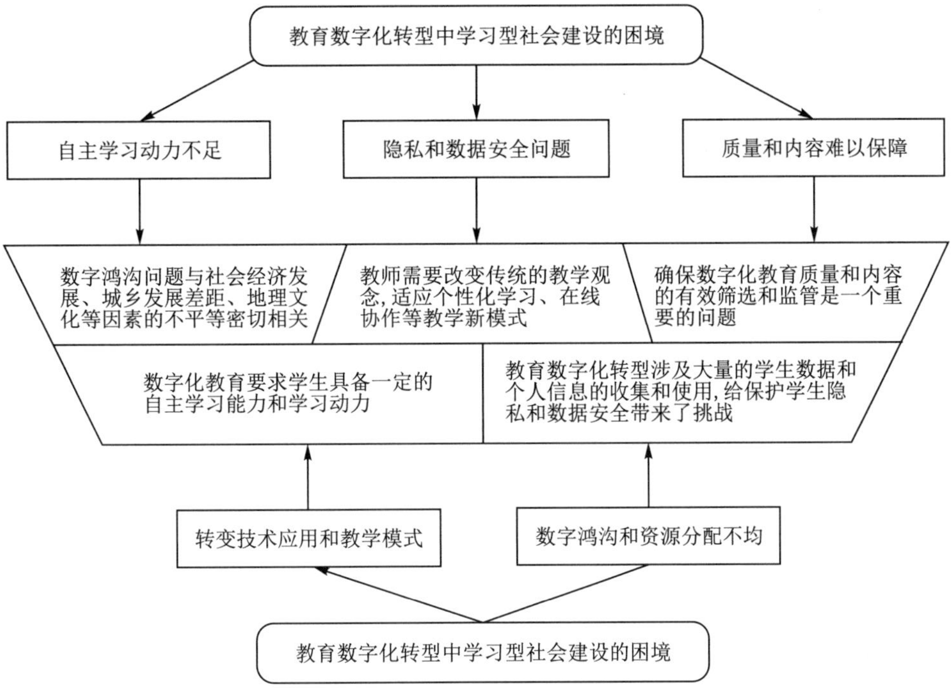

图 10-3　教育数字化转型中学习型社会建设的困境

(一)数字鸿沟和资源分配不均衡

教育数字化转型需要依赖数字技术和互联网，然而，随着互联网、大数据、云计算、人工智能等新一代信息技术在教育中的深度应用，数字鸿沟和教育资源分配不均衡、不平等的问题逐渐加剧，给教育的发展带来挑战。有学者指出，当前终身教育平台的运营现状存在着三点不足：其一，横向对比来看，学习体系、学习社区和综合管理的建设较弱；其二，从课程和活动两个核心业务内容对比来看，存在重课程资源、轻学习活动的问题；其三，学习活动的类型单一、数量少、参与度低①。这些问题和不足均与数字鸿沟和资源分配不均衡有关。一方面，由于数字化设备、高速互联网等基础设施建设的缺乏，一些地区的数字化教育资源无法顺利传播和应用，阻碍数字化教育的普及。这进一步加剧了数字鸿沟的深度，使得处于数字边缘的学生和教师无法享受到数字化教育所带来的机遇和效益。另一方面，数字鸿沟问题也与社会经济发展、城乡发展差距、地理文化等因素的不平等密切相关。由于城乡教育资源分配的不均衡，农村地区的学习者难以获得高质量的数字设备，在硬件上落后城市地区，整体上造成数字化教育转型的低效。为了解决这一困境，政府、学校和社会各界需要共同努力。首先，政府应该制定合理政策，建立健全数字基础设施的建设，将教育资源投入向农村地区和偏远地区倾斜。其次，教育机构需要采取措施，提供普惠的数字化教育资源，包括提供高质量的教育内容和平台，以满足各类学

① 袁松鹤，孙雨，谭伟.教育数字化战略行动背景下的终身教育平台架构研究[J].中国远程教育，2023，43(7)：57-66.

习者的需求。同时,为了打破数字鸿沟和不平等现象,需要加强对教师和学生的数字素养培养,提供相关培训和支持,使其能够充分利用数字化教育资源。

(二)技术应用和教育教学模式的突变

教育数字化转型要求社会、学校和教师适应新的技术和教学模式,以满足数字化时代学生的学习需求和社会发展的要求。然而,对于一些教师来说,他们可能缺乏足够的数字技能和教育技术培训,面临技术能力不足的挑战。这可能导致教师在数字化教育中感到不安和无助,无法充分利用数字化工具和资源来提升教学效果。教师应该参加数字化技术的培训,提高数字素养。教师培训项目可以针对不同层次和需求的教师,提供数字化教育的基础知识、教育技术的应用技能和教学设计的方法与策略等内容。这样的培训可以帮助教师们掌握数字化教育所需的技能,提高他们的教学效果和教学质量。值得注意的是,教师的数字素养培训并不能孤立地进行,还需要辅之以传统的教育观、人才观等教育观念的改变,建立教育变革的上位概念,形成专家性思维范式①。此外,建立专业化的数字化教育团队,为教师提供技术支持和咨询服务,可以进一步提升教师的数字素养和教育技术应用能力。除了技术能力的培养,教育政策制定者、教育管理者和教师还需要改变传统的教学观念和方式,适应个性化学习、在线协作和跨学科学习等教学新模式。教师需要充分认识传统一对多教育模式的弊端和不足,转变为促进学生自主学习和合作学习的角色;了解并运用数字化技术提供的工具和资源,为学生创造多样化、互动性强的学习环境。这要求教师们不断学习和适应新的教学理念和方法,不断提升自己的教育专业能力。

(三)质量和内容的保障困难

教育数字化转型面临着如何保证教育质量和内容的问题。在数字化教育平台上,教育资源的质量参差不齐,一部分教育资源可能缺乏准确性和权威性,一部分可能存在教学设计不合理或过时的问题,并存在着大量的信息噪声和不可靠的内容,这对学生的学习效果和学习成果评估带来了挑战。同时,数字化教育平台的内容涵盖面可能存在不足之处,无法满足学生多样化的学习需求。尽管平台上可能有大量的教育资源,但它们可能集中在特定领域或学科,无法全面覆盖各个学科和学习领域。这对于学生来说是一种局限,因为他们可能需要涉及不同学科的知识和技能。如果数字化教育平台的内容无法提供全面和多样化的学习资源,学生可能无法获得他们需要的教育内容,由此限制了他们的学习发展和知识广度。另外,学生的学习需求可能因个体差异而有所不同。每个学生都有自己的学习风格、兴趣和目标,他们需要个性化的学习资源来满足自己的需求。然而,如果数字化教育平台的内容过于统一或缺乏个性化选择,学生可能无法找到适合自己的学习资源,从而影响他们的学习体验和成果。

因此,确保数字化教育质量和内容的有效筛选和监管是一个重要的问题。为了保证

---

① 郭绍青.教育数字化赋能新课程实施与教师培训转型策略研究[J].中国电化教育,2023(7):51-60.

教育数字化的质量，政府和教育机构可以建立相应的标准和评估体系，对数字化教育资源进行质量认证和审核。这可以通过制定教育资源的评估标准，包括内容的准确性、知识的权威性、教学设计的合理性等方面，以确保数字化教育资源的质量和可信度。教育机构可以与相关领域的专家合作，对教育资源进行审核和评估，为学生和教师提供可信赖和优质的教育内容。

（四）自主学习能力和动力不足

虽然数字化教育提供了更多的自主学习机会，但同时也要求学生具备一定的自主学习能力和学习动力。对于一些学生来说，缺乏自主学习的技能和动力可能会导致学习效果下降。自主学习能力包括自我组织、自我管理和自我监控等方面的技能。学生不仅需要学会设定目标，制定学习计划，并在规定的时间内完成任务，还需要学会管理自己的学习时间，分配合理的时间用于各项学习任务和活动。此外，缺乏动力也是一个重要的因素。学生可能会面临缺乏兴趣、缺乏明确的目标或缺乏支持和激励等问题，导致他们对学习失去兴趣或动力。在没有面对面的互动和实时的教师指导时，学生可能需要更多的内在动机和自我激励来推动他们的学习。因此，数字化技术的应用，可能会使学习过程相对孤立，社交互动相对缺乏，学生之间的合作和互助机会也可能减少，影响学生的学习体验和学习效果。

（五）隐私和数据安全问题

教育数字化转型是学习型社会建设的重要方向，可以为学生提供更广泛、更灵活和更个性化的学习机会。然而，在数字化转型过程中，学习型社会建设也面临一系列的困境和挑战。联合国教科文组织 2022 年发布的《关注数据：保护学习者的隐私和安全》报告指出，每个人都享有不受他人干涉的隐私保护权利。教育数字化转型涉及大量的学生数据和个人信息的收集和使用，这给保护学生隐私和数据安全带来了重要的挑战。教育数字化转型引发隐私和数据安全问题的原因包括数据收集与存储、数据共享与传输、数据安全措施不足、社交工程和网络攻击等。

在数据收集与存储方面，学生和教师的个人信息和教育数据被广泛收集和存储。这些数据包括个人身份信息、学习成绩、行为记录、学习习惯等敏感信息。如果这些数据未经妥善保护，可能会被未授权的人员访问、盗取或滥用，导致隐私泄露和身份盗窃的风险。在数据共享与传输方面，在教育数字化过程中，数据可能需要与其他教育机构、合作伙伴或第三方服务提供商共享。在共享过程中，数据可能会面临被非法获取、篡改或泄露的风险。如果没有建立严格的数据共享和传输协议，数据可能会落入不可信任的人手中，对学生和教师的隐私和安全造成威胁。在数据安全措施不足方面，教育机构和数字化教育平台可能存在数据安全措施不足的问题。例如，密码保护不够强大，数据存储和传输未经加密，访问权限管理不严格等。这些安全漏洞可能被黑客利用，从而导致敏感数据的泄露和滥用。在社交工程和网络攻击方面，随着教育数字化的发展，网络攻击和社交工程技术也日益复杂和普遍。黑客可以利用各种手段，如网络钓鱼、恶意软件和网络入侵，获取教育平台中的个人信息和敏感数据。这可能导致学生和教师的隐私受到侵犯，数据遭到损坏或被勒索。

四、教育数字化转型与学习型社会建设的对策

教育数字化是数字中国战略的重要组成部分，习近平总书记在党的二十大报告中指出，要推进教育数字化，建设全民终身学习的学习型社会、学习型大国。当下，我国正深入实施教育数字化战略行动，推动教育变革和创新，加快建设人人皆学、处处能学、时时可学的学习型社会、学习型大国。学习型社会的建设是一项复杂而艰巨的系统工程，既需要以数字化为杠杆撬动学校教育的变革，又要辐射和带动家庭教育与社会教育系统的重构，是一种涉及全民全社会教育的数字化转型。项目以学习型社会建设作为教育数字化转型的基本方向，从我国教育改革与发展的实际状况出发，针对我国教育数字化转型过程中建设学习型社会的现实困境，从三个方面提出学习型社会建设的对策，如图 10-4 所示。

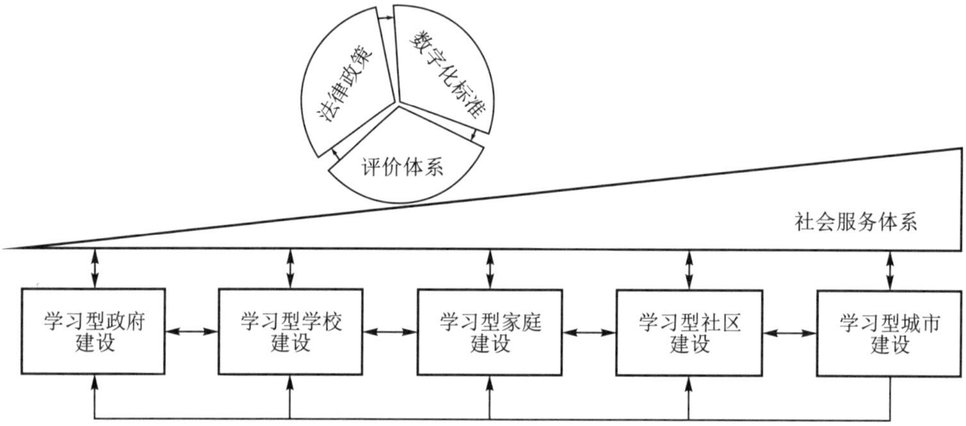

图 10-4　教育数字化转型与学习型社会建设的对策

（一）生态取向，协同共学，建设学习型社会组织体系

组织是社会的基本细胞，建设学习型组织是学习型社会建构的组织基础和必由之路。各类学习型组织是学习型社会的基础构件，是由一系列要素组成的具备一定结构和功能的整体，同时任何组织也是更大的组织中的要素或组成部分。没有一个个学习型组织的创建，也就没有学习型社会的形成。我们要以生态理念为指导，以学习型组织包括学习型政府、学习型学校、学习型家庭、学习型社区和学习型城市等建设为重点，打通家庭教育、学校教育、社会教育各环节，促进学习型社会建设。

1.学习型政府建设

学习型政府是学习型社会创建的主导力量，是学习型社会的发动机和火车头，应充

分发挥政府在创建学习型社会中的积极作用。学习型社会建设是一个庞大的系统过程,不可能由市场自发作用形成,必须有政府的治理。政府是学习型社会体制的建造者和管理者,在学习型社会的形成过程中,政府在立法、制定标准、质量保障、财政支持、宏观调控、提供基础设施等方面发挥重要作用。

(1)充分发挥政府在终身教育体系形成中的作用

终身教育系统不仅仅是正规教育,还有培训体系;不仅有线下环境,还包括线上平台,这是一个庞大的综合系统。政府在这方面的作用主要表现在4个方面:提供基础的公共教育产品,如远程教育和网络教育;规范市场标准、资历认证和证书制度;调控完善市场,保证教育的公平性;发展教育金融市场,吸引民间投资。

(2)创造灵活的管理体制

因为市场的快速变化,所以应该建立一个更加灵活的体制。政府应该创立激励制度,建立准入机制,协助各类提供者进入这个系统;提供学生表现评估,及时提供教育培训者、职业咨询及各种变化的明确信息,鼓励自制规范,向家长、学生、雇主和社会负责;建立多样化的认证和质量控制体制;建立学分银行和学分互认制度;协助并促进包括非政府主体的合作。

(3)创设畅通的沟通环境

主动联络上下级部门、协调管理组织之间、各种教育组织之间、管理组织与教育服务提供者之间的关系,形成合作伙伴关系。加强政府教育与劳动力市场和社会的纽带作用。加强劳动力市场需求预测;加强信息服务,为办学者提供市场需求和学习者需求信息,为学习者提供就业信息,为市场提供人才信息。

(4)创建学习型政府

政府也是构成区域学习型社会的要素。创建学习型社会首先要创建学习型政府。把企业中的创新机制和企业家精神导人政府。当前,我国的政府正在由管理型政府向服务型政府转变,由无限政府向有限政府转变,由决策型政府向学习型政府转变,由审批型政府向透明型政府转变。我们可以借鉴其他发达国家的经验,从根本上转变职能,减少行政审批,构筑现代公共行政和公共财政框架。在信息化基础上建立现代行政管理模式,即学习型政府,在这个过程中,政府体系可借鉴成功的经验,引进市场的竞争机制以及有效的变迁策略,促进行政组织的整体转型;借鉴新公共管理理论,重新构筑行政文化、权责归属、奖惩制度以及目标任务;大幅度提高政府部门的效率效能、创新能力、应变能力和治理能力。

2.学习型学校建设

学习型学校是指通过培养教师和学生的自主学习和团体学习,形成浓厚的学习气氛,进而充分发挥师生的创造性,教师、学生、学校共同成长的组织。“学习型学校”是适应时代发展的新型学校组织模式。从教育学层面考察,“学习型学校”意味着学校将从以“教”为主过渡到以“学”为主,从传统的“教育机构”转变为新型的“学习机构”。从管理学角度考察,学习型学校与当代先进管理理念一样,坚持以人为本,坚信人的学习本能,坚信学校活力的来源是善于学习的人。在学习型学校中,学校领导者善于将学校组织中的每个人的愿望、理想、远景目标整合为学校群体的“共同愿景”。每个教师充分理解并认同学校的发展目标，并把学习作为生存和工作的方式，作为工作和生活中不可缺少的组成部分。坚持不断地学习，创造自我，发展自我，促进人才的培养、质量的提高。形成学习型、创造型的教师团体和学生团队是建构学习型学校的关键。

在当前数字化转型的教育背景下，学习型学校的建设正积极借助教育技术和数字工具，实现教育的创新和升级。数字化转型在学习型学校建设中起到了重要作用。首先，教育技术为学校提供了更丰富、多样化的学习资源和教学工具。学生可以通过数字平台或在线学习系统获取到各种文字、图像、音频和视频资料，拓宽知识面，增强学习兴趣。同时，教师也能利用数字工具设计创新的教学活动，个性化地辅导学生的学习。其次，数字化转型提供了全新的学习方式和教学模式。通过在线学习平台或虚拟课堂，学生可以随时随地进行学习，具有时间和空间的灵活性，有利于个体差异化的教学。学生可以通过在线讨论、合作学习等方式与同学互动，培养团队合作与沟通能力。教师可以利用数据分析和智能评估工具，了解学生的学习情况，及时调整教学策略，提供个性化的学习指导。另外，数字化转型也促进了学校管理的智能化和信息化。学校管理者可以利用教育管理系统集中管理教学资源、课程安排、学生信息等，提高管理效率和数据分析能力，从而更好地支持学习型学校的发展。同时，学校也可以利用数字工具开展教育研究和评估，提升教学质量和学校的整体实力。

数字化转型为学习型学校的建设提供了广阔的机遇和挑战，利用教育技术和数字工具，学习型学校可以在建设过程中实现更好的个性化、创新化和协作化，培养具备终身学习能力和创造力的学生，为未来社会的发展作出积极贡献。

3.学习型家庭建设

学习型家庭是指整个家庭成员都以学习为核心，追求知识和个人发展的家庭。在学习型家庭中，家庭成员将学习作为一种持续的生活态度和价值取向，通过学习来提升自我、发展潜能，并促进亲密关系和家庭成员的共同成长。在学习型家庭中，成员将学习视为一种乐趣和自我实现的方式，注重知识的获取和应用。他们积极参与各种学习活动，包括阅读、讨论、参观、实践等，不断拓宽自己的视野和知识面，并将所学的知识在日常生活中应用到实践中。学习型家庭注重知识传承和教育的重要性，家长在培养孩子的过程中扮演着重要的角色。他们以身作则，成为孩子的学习榜样，并通过积极引导和支持，营造良好的学习环境和氛围。家庭成员之间保持着积极的交流和沟通，共同探索学习的乐趣，并相互支持和协助。在学习型家庭中，学习不仅仅局限于传统的学校教育，还包括了日常生活中的各种经验和情境。学习的目的不仅仅是为了获取知识，更是为了促进个人的全面发展和提高生活质量。

学习型家庭建设是学习型社区的重点建设内容。学习型家庭建设的主要目的是通过加大家庭生活的知识与科技投入，建设幸福美满的新家庭，以家庭建设来促进社区建设。在教育数字化转型的背景下建设学习型家庭的基本策略可归结为几点：①借助数字学习工具和平台。利用各种数字学习工具和在线学习平台，让孩子在家里获取丰富的学习资源。家长帮助孩子选择适合的学习应用程序、在线课程等，以提供个性化的学习体验。②数字素养培养。帮助家庭成员提高数字素养水平，包括信息检索、资源评估、在线沟通等方面的能力。家长与孩子一起学习并分享数字技能，提高他们对数字工具和互联网的正确使用和安全意识。③提倡多样化的学习方式。引导家庭成员尝试不同的学习方式,包括在线学习、远程教育、游戏化学习等。通过多样化的学习方式,激发家庭成员的学习兴趣,提高他们的自主学习能力。④建立良好的家庭学习环境。为孩子创造安静、整洁、舒适的学习空间,设立合适的学习设备和工具。鼓励孩子有规律地进行学习,制定学习计划,并与他们一起制定学习目标。⑤家长积极参与。家长在数字化学习中起到引导和支持的作用。与孩子一起探索在线资源、讨论学习内容、解决问题,并及时给予鼓励和反馈。积极参与孩子的学习过程,让学习成为家庭互动和共同成长的机会。⑥提供合适的学习评估和反馈。使用数字化工具和平台进行学习评估和反馈。家庭成员依据孩子的学习进展和弱势领域,制定针对性的学习计划和支持措施。⑦增强学习动机和兴趣。通过数字化教育资源,提供更具吸引力和互动性的学习内容,激发孩子的学习动机和兴趣。还可以通过设置学习目标、奖励机制和家庭学习挑战等方式,增强学习的积极性和乐趣。

通过以上对策,家庭成员可以更好地适应和利用数字化教育转型带来的机遇,促进学习型家庭的建设,并实现家庭成员的个人发展和共同进步。

4.学习型社区建设

学习型社区是基于学习的创新型社区,是以社区自治为基础,以人的全面发展为目标,以全体社区居民的主动学习、终身学习作为搞好社区建设各项工作的前提、基础和关键环节,从制度、体制、机制、经费和物质条件方面保证社区教育的不断发展,并通过居民个人学习和社区组织学习不断促进创建和谐发展的社区。学习型社区的创建,不仅可带动社区内的学习型家庭的创建,也为学习型社会的形成奠定了重要基础。其建设的着力点:①培育社区精神,注重挖掘和利用社区内的各种教育资源,构建开放的、网络性的知识共享平台。②对社区内的各种教育资源加以整合,以充分发挥教育资源的整体效益。这种整合不仅包括学校之间的资源整合,还更多地体现在学校教育资源与校外教育资源、教育系统内资源与社会资源之间的整合。③营造宽松和谐的氛围,激发社区的创造意识及动机。社区领导要有现代思维方式,运用系统思维来考察社区的外部环境因素及关系,分析社区存在的问题和中心任务,在此基础上建立起社区的共同远景,将创造作为创建学习型社区的核心,以此来动员社区居民共同参与到创建活动之中,激发社区的创造意识及动机。④培养和开发社区成员的创造能力,包括开发社区成员的创业能力、科技创造能力、文化创造能力等。

5.学习型城市建设

城市是人类社会高度集约的地域类型,学习型城市则是城市发展的新阶段、新高度,是学习型社会的“缩影”。学习型城市是以实现人的全面发展为目标,不断推进全民学习、终身学习、主动学习、全面学习和教育的社会化、社会的教育化,逐步实现市民工作的学习化、学习的生活化、工作的生活化和工作、学习、生活一体化的城市。学习型城市也是一种城市现代化发展的新型模式,是以教育与学习主导城市规划、城市建设、城市管理、城市经营和城市发展的现代化城市。学习型城市的创建与形成,可以有效地发挥其引领性、辐射性、服务性、基础性等功能,从而有效地推进学习型社会的建设。

学习型城市建设的着力点:①创建学习型空间。在城市规划和建设中,增设学习型空间,如公共图书馆、创新中心、教育社区等,提供一个开放、共享和互动的学习环境,鼓励居民进行学习和知识交流。②优化智慧教育基础设施。包括高速互联网接入、无线网络覆盖、数字化教室等,以支持数字化学习的需求。③加强教育机构的互联互通。依托开放大学(含广播电视大学)、职业院校、社区教育机构等,构建融通共建的教育资源共享平台,促进学校、高等教育机构、企业培训机构等教育机构之间的合作和互联互通,优化教育资源配置,让城市居民能够充分享受到教育的优质资源。④推动产学研合作。鼓励城市内的企业、高等教育机构和研究机构开展产学研合作,促进知识和技术的转移和应用,为学习者提供更多实践机会和创新项目,推动城市的创新发展。⑤强化城市学习文化。将学习元素融入城市文化,举办学习类文化活动、展览和演讲等,提供丰富多样的学习体验,激发居民的学习兴趣和参与度。

在学习型城市建设过程中,创造了鼓励学习、共享知识、促进居民学习成长的城市环境,融通了政府、学校、社区和企事业单位的交流,促进了城市的可持续发展,也促进了个人的终身学习。

(二)宣传提升,政策激励,完善学习型社会支持体系

学习型社会制度支持体系是学习型社会建设的保障。加大宣传力度,强化学习和学习型社会的观念,制定激励政策,健全学习型社会建设的法律框架和政策环境,为学习型社会的建设提供保障和支持。促进学习者的权益保护、学习资源的共享、学习技术的发展、学习型组织的建设和教育质量的提升,营造一个鼓励学习、支持学习,促进社会进步和发展的社会环境。

1.宣传学习型社会理念

转变观念是改革与发展的先导。全面数字化转型背景下的学习型社会建设是通过适应快速变化的信息时代,社会各界共同努力,不断推动和促进全民学习、持续学习和共享学习资源,以建立一个注重知识创新、适应变革、实现可持续发展的社会。通过各种网络平台、媒体、会议、书刊等积极宣传创建学习型社会对于提升学习能力、提供学习机会、加强文明建设、实现社会稳定和进步的重大意义;倡导国将兴,必重学;工作学习化、学习工作化、终身教育是知识经济的成功之本;知识创新无限,终身学习不断等现代理念;转变学历教育一次定终身、学习就是为了拿文凭等传统理念,在全社会树立并增强终身学习、人人学习、处处学习、时时学习的学习意识,以创建学习型政府、学习型学校、学习型家庭、学习型社区、学习型城市为载体,达到学习意识普遍化,学习行为终身化,学习体系社会化,学习方式科学化,把创建学习型社会的热潮不断引向新的、更高的理想境界。

2.健全学习型社会激励政策

通过制定相关法律和政策,明确推动学习型社会建设。政策制定的原则应包括推广终身学习理念、鼓励学习资源共享、提供终身学习机会与平台等。在现阶段,应确保继续教育在国家教育体系中的重要地位得到明确。同时,应该出台支持政策,增加对继续教育资源的投入,以满足广大劳动者的学习需求。在法律层面,建立一套继续教育学历认

定和职业资格考试的标准体系,确保高职高专学校、专科院校、函授电大、成人自考等继续教育机构提供的学位学历能够得到应有的重视和认可。在教育数字化转型的背景下,应加大对线上教育探索和认证的力度,确保线上线下完成的继续教育环节具有同样的法律效力。通过继续教育获得的学历将在就业市场上享有平等待遇,劳动者的就业权利得到充分保障。

同时,应推动学习资源的开放和共享,通过开展公共政策、资金支持等措施,鼓励教育机构、图书馆、博物馆等机构开放自己的学习资源,提供免费或者以较低成本的方式供学习者使用。完善学习支持体系,包括建立学习咨询中心、提供学习指导与辅导服务、设立学习奖励与激励机制等,帮助学习者获取更好的学习支持和指导,增强学习的积极性与效果。鼓励企事业单位成为学习型组织。通过政策引导与支持,促进组织建立学习文化、定期培训与学习活动、激励员工学习等措施,使得组织内全员都能够积极参与学习,不断提升自身的能力与素养。加强对学习机构及学习资源的监管,确保学习型社会的可持续发展,健全相关法律的执行和维权保障,保护学习者的权益,维护学习环境的公正与公平。

通过建立健全的法律和政策体系,为学习型社会的建设奠定坚实的基础,推动全社会形成学习的氛围与习惯,促进个体与整体的不断发展与进步。

3.完善学习数字化标准

为了有效配置资源、提高效率,并推进数字技术和教育治理体系的现代化,建设一个学习型社会必然需要完善可量化、可监督、可比较的数字化学习资源、技术、服务以及质量标准或规范。目前,我国已初步建立了与教育信息技术、数字校园环境、教育装备、师生信息素养相关的标准,这为我国的教育信息化和教育改革发展提供了有力支撑。然而,在智能化时代学习型社会建设的需求下,需要进行针对数字教育视角的标准体系的研究和建构。

全社会和全民数字化学习的标准体系主要涉及三个方面。首先是技术标准体系,这些标准具有基础性、通用性和先导性特征,包括平台架构、访问入口、信息安全、数据交换、知识图谱、产权管理等方面。其次是质量标准体系,该体系应直接衡量数字化应用的价值、效率、效益等,包括数字教材、在线课程、学习交互、学习评估、项目评价、质量管理等方面。最后是服务标准体系,该体系范围应包括学习环境、学习支持、技术服务、内容确权、知识付费、培训认证等方面。

建立和健全教育数字化标准体系不仅可以为我国教育数字化的健康发展提供支持,还可以在国际舞台上赢得话语权,从而推动我国在教育和科技领域的发展。这也是建设全民终身学习的学习型社会和学习型大国的重要抓手。通过统一的标准,我们可以有效地评估和比较不同的数字化学习资源、技术和服务,并确保它们的质量和可持续发展。这将有助于提高整个教育系统的效率和水平,为广大民众提供更优质的学习机会和支持。

4.建立学习多元评价体系

(1)依据综合素质评价

在传统的教育评价体系中,主要关注学生的学术成绩,而忽视了其他重要的综合素质和能力。在教育数字化转型的背景下,通过建立多元评价体系,可以引入更多的评价指标来全面评估学生的发展。例如,创新能力、合作能力、问题解决能力、信息素养等都可以成为评价学生的要素。通过这些评价指标,培养学生的综合素质和能力,使他们具备适应未来社会的能力。

(2)注重个性化评价与反馈

利用学习分析和数据挖掘技术,根据学生的学习特点和需求,提供个性化的评价和反馈。这能够帮助学生更好地了解自己的学习情况,找到自身的优势和不足之处。同时,个性化的反馈也能够帮助学生制定适合自己的学习策略,实现更好的学习效果。

(3)链接学习与实践

数字化转型时代,学习与实践的联系更加紧密。通过引入项目制评价,鼓励学生在实践中应用所学知识,解决真实问题,并对学生的项目成果进行评价。这种评价方式可以更好地培养学生的实践能力和创新思维。同时,建立学习档案系统,记录学生的学习历程、成绩、课外活动、实习经历等信息,可以方便学生对自己的学习过程进行反思,并与实际经验相结合,更好地理解知识的实际应用价值。

(三)技术赋能,面向未来,健全学习型社会服务体系

学习型社会服务体系是学习型社会建设的基础,包括多样化的数字学习资源供给、多元化的数字学习环境、多维度的数字化学习工具以及数字素养和技能的培育机制。目前,在国家层面,相关部门已建立了面向不同领域的教育资源数字化中心和服务平台,旨在实现教育资源的共建共享。地方各级政府也应该倡导并规划其所在辖区内的数字化学习服务体系,分层分类建设面向不同学习者群体的数字化学习平台、机制和能力。同时,还应继续推进国家和省级数字化服务平台的贯通协同,并进一步推进信息技术与教育教学的融合应用,提升教育的包容性和均衡性。可以为学生自主学习、教师改进教学、农村共享优质教育资源以及家校社协同育人等方面提供重要支撑,进一步推动全民终身学习的学习型社会和学习型大国的建设进程。

1.研发和共享数字化学习资源

建设学习型社会,资源建设是抓手。随着互联网技术的发展,尤其是在人工智能、5G技术、海量存储的支持下,各种类型的数字化资源正不断涌现,如基于虚拟仿真、全息投影、互动视频、数字孪生等新形态的数字教育资源的开发和制作已成为可能。为提高资源质量,提升资源使用率,需要突破当前已有的数字教育资源的限制,不断拓展数字资源的形态和边界,促进资源的共建共享,使其适应教育数字化转型的需要。

推动学习型社会建设并研发共享高质量数字化学习资源的方式有:①政策支持与资助,政府通过资金投入和政策支持,鼓励教育科技领域的创新与发展。这包括设立专项基金、制定相关政策和法规,以及提供技术和教育资源支持。②学术机构的合作与研究,学术界组织研究团队从事数字化学习资源的研发与评估。通过与教育从业者的合作,并基于教育研究和实践,开发出高质量的学习资源。③教育机构的创新实践,各级教育机构应鼓励教师和教育工作者参与数字化学习资源的创新与共享。学校可以提供培

训和支持，帮助教师掌握数字化教学技能，并共享其自主开发的教学资源。④共享平台的建立，建立数字化学习资源的共享平台，促进教育工作者、学生和研究者之间的资源共享与经验交流。这些平台可以是在线学习社区、教育资源库或开放教育资源平台，旨在实现资源的开放性、互通性和持续改进。⑤产业与企业参与，教育科技行业和相关企业，积极参与数字化学习资源的研发与共享，推出创新的教育科技产品和工具，与教育机构合作，向教师和学生提供高质量的数字化学习资源。⑥国际合作与知识共享，各国可展开国际合作，分享和借鉴其他国家在数字化学习资源方面的经验。通过跨国研究项目、国际交流与合作开发，推动全球范围内数字化学习资源的研发与共享。通过研发和共享数字化学习资源，促进学习者的学习体验提升与学习成果产出，进而促进学习型社会建设。

2.建设和优化数字化学习环境

利用数字技术搭建智联融通的学习环境，旨在创设虚拟现实与真实情境、学校—家庭—社会、正式教育与非正式教育有机融合的学习空间，为学习者提供跨场域的连通性和情境性学习体验。这样的学习环境将为学习者打破时空限制，拓展学习的边界，实现全方位、深层次的学习体验和发展。

加大投入，逐步建设和完善数字化基础设施，只有基础设施建设好了，数字化的学习环境构建才有前提，人人皆学、处处能学、时时可学的数字化学习环境才有可能。通过持续建设和更新智慧校园和智慧教室来提升学校的数字化学习环境。智慧校园整合各类数字技术和信息系统，为学生、教师和管理者提供便利的学习和管理工具，如电子课表、学习管理系统、在线作业提交等。智慧教室则提供先进的教学设备和交互式工具，支持场景式、体验式、沉浸式教学，激发学生的主动学习和创造力。同时，应持续改善教学服务供给与学习需求的匹配度，注重教师的专业发展和教育创新能力的培养，以适应数字化学习环境下的教学需求。组织和协同社区及相关产业支持和服务家庭数字化学习环境的建立。构建数字化家庭教育平台，提供多样化的学习资源和工具，同时加强家长和学校之间的沟通与合作。在家校共育方面，可以建立智慧、协同、常态的家庭教育服务体系与家校共育机制，让家庭和学校形成紧密的合作伙伴关系，共同促进学生的综合发展。统筹社会数字学习环境的建设。涉及公共场所、场馆、农村、社区、工作场所等跨学习空间学习资源的无缝流转与数据有序安全共享。通过推动跨机构、跨领域的合作与共建，打造开放式的数字学习平台和资源共享平台，促进学习资源的充分互联和共享，满足学习者的多元需求。同时，也应重视数据安全和隐私保护，建立健全的管理机制和法律法规，确保学习者的个人信息和学习数据得到妥善保护。

充分发挥数字技术的优势，创新学习场景和方式，实现学校、家庭和社会的有机融合，为学习者提供丰富多样的学习资源和体验，促进学习的全面发展和适应性学习服务，共同推进数字化学习环境的建设和优化，为学习者打造智慧、连通、协同的学习生态系统。

3.开发和推广数字化学习工具

在建设学习型社会的过程中，开发支持随时随地学习的数字化工具是学习型社会服务体系的有力支撑，包括移动学习工具、在线学习平台、虚拟现实和增强现实工具、社交学习工具、数据驱动的个性化学习工具等。

(1)移动学习工具

开发移动学习应用程序，可以在手机、平板电脑和其他移动设备上使用。这些应用程序可以提供丰富多样的学习内容，包括课程材料、视频讲座、练习题等。学习者可以根据自己的时间和地点进行自主学习，摆脱固定时间和地点的束缚。

(2)在线学习平台

建设一个综合的在线学习平台，提供一个集中化的学习环境。这个平台可以包括各种课程，由专业人士提供，包括大学课程、技能培训、兴趣爱好等。学习者可以通过登录平台获得学习材料、参与讨论和交流，并进行在线评估和学习证书颁发。

(3)虚拟现实和增强现实工具

利用虚拟现实和增强现实技术，为学习者提供沉浸式的学习体验。通过这些技术，学习者可以参与交互式的虚拟实验室、模拟场景和实地参观，以增强他们的学习效果和动力。

(4)社交学习工具

创建数字化的社交学习工具，鼓励学习者相互交流、分享和合作。这些工具可以包括在线讨论论坛、群组学习、协作编辑工具等。通过与其他学习者的互动，学习者可以相互学习、互相激励，并建立学习社区。

(5)数据驱动的个性化学习工具

利用学习者的数据和学习行为模式，开发个性化学习工具和推荐系统。这些工具可以根据学习者的兴趣、学习风格和水平，提供个性化的学习内容和建议，帮助学习者更高效地学习。

通过开发和推广数字化工具，为学习者提供便捷和灵活的学习方式，促进互动和合作学习，实现学习效果的评估和反馈，推动教育创新和发展，促进学习型社会服务体系的建设。

伴随着教育数字化转型的步伐，学习型社会的形成与发展将为人的全面发展提供更人性化、更丰富、更方便、更有效的多元教育；使社会的整体发展找到了最佳的发展途径和方式，也将促使社会不断走向成熟、和谐与完善，这不仅可以进一步为人的全面发展提供更优质的学习资源和学习环境，在推进人的全面发展和形成学习型社会之间建立起良性循环的发展创新的机制，还可以为最终实现人的全面发展和教育的可持续发展提供规律性的认识和能够不断开放、拓展和创新的运行模式。同时，也为中国社会的整体发展设计了一种可持续、能跨越，具有开放性、拓展性、创新性的运行模式。

当然，人的“全面发展”，应该是一个能够不断拓展和不断深化的概念，随着人类对自然、社会和自身认识的不断深入，人类对自身“全面发展”的认识与需求也会不断改善与更新。因此，与之相应的学习型社会也应该是具有可持续性和可拓展性的，而不是一种固定的学习或教育定式。此外，社会的整体发展也是一个螺旋上升的过程。学习型社会建设在“以人为本”的理念指导下，在教育数字化转型的背景下，通过建立终身教育体系和终身学习服务体系，引导全民终身、自觉地学习，培养既具有“人类智慧”又具有“人类技巧”更具有“人类和谐”的新人，促进人的全面发展，最终实现人与组织、人与社会的共同发展。

专题十一 河南省校外教育培训机构现状调查和有效治理研究

一、研究背景

近年来,全国范围内校外教育培训机构发展迅猛,逐渐成为教育生态的重要组成。根据中国教育学会2016年年底发布的《中国辅导教育行业及辅导机构教师现状调查报告》,我国中小学校外培训行业市场体量巨大,2016年参加学生规模超过1.37亿人次,辅导机构教师规模700万至850万人。2018年10月,艾媒咨询发布的《2018年中国校外培训机构发展乱象热点监测报告》显示,参与学生群体规模已达到1.69亿人次。随着市场规模急速增长,校外教育培训行业乱象频出,本应成为学校教育有效补充、满足多元化需求的校外培训机构,在政府"校内减负"举措逐渐加强的情况下,成为"校外增负"的"主战场"。培训机构普遍存在的四种培训行为"超前、超标、升学考试、竞赛",除了增加学生负担,损害中小学生身心健康,扰乱中小学正常教育教学秩序外,无办学资质、虚假宣传、收费标准混乱、饮食等安全标准不达标、师资队伍质量难以保证等违规经营现象严重。另外,有资料显示,校外培训机构还是性侵未成年人案的高发地。上述这些问题的存在,严重危害到家长和学生的利益,也对教育秩序造成了很大程度的破坏,对之进行有效治理迫在眉睫。

如何规范校外教育培训机构对政府治理能力提出了新要求。整顿并规范校外培训机构,做到有序发展,切实减轻中小学生课外负担过重的问题,是教育主管部门的责任,也是党中央、国务院作出的重大部署。2021年7月,中共中央办公厅、国务院办公厅印发《关于进一步减轻义务教育阶段学生作业负担和校外培训负担的意见》(以下简称"双减")中指出,要坚持从严治理,全面规范校外培训行为。为了推进"双减"目标任务的落实,国家多个部门联合执法、重拳治乱,形成高压态势,就是想从源头上来整治规范校外培训行为,基本消除中小学生校外培训的种种乱象,为近几年火热的校外培训热度逐步降温。社会上各种以学科类培训为主的培训机构遭遇到严厉的监管和整顿。实施"双减"的目的,宗旨是为了提高中小学校课内的教育教学质量,具体包括"扩大义务教育优质资源""降低考试压力""严肃查处教师校外有偿补课""提升课堂教学质量"等举措。从"双减"背景提出实施的理论意义上来讲,对整体提升学生素养起着基础性作用,因此,国家在普及义务教育,实现义务教育均衡、协调发展等方面狠下功夫。随着"双减"政策的出台实施,有不少社会各界人士,特别是一些教育专家认为现阶段以校外教育培训治理为代表的减负仅是维护教育公平,推动均衡发展的第一步,接下来更重要的关键一步还在于让教育回归中小学校，帮助中小学生在校内学足学好，实现基础教育学校教育教学提质增效。全国范围内的校外培训治理工作开展后，出现了所谓的校外教育培训隐形变异问题，这些隐形变异的校外教育培训大致可分为两类：一类是诸如以“一对一”“家政服务”“住家教师”等名义开展的隐形校外培训，这类培训隐藏于居民区、酒店、咖啡馆、书店、小作坊等空间，具有非规模化、灵活多变的特征。和以往整治之前的大规模、集团化的校外培训机构相比，这类隐形的培训更加独特隐蔽，并且处于灰色地带，与国家整顿校外教育培训生态的初衷相背离，似暗流一般，影响冲击着“双减”政策的有效落实；另外一类变异的表现是换汤不换药的校外培训。随着相关整治政策的出台，规模较大的培训机构如新东方、学而思、作业帮等机构已做出了积极的回应，比如以往以学科类培训为主的校外机构，把原来关于中小学生学科类的培训课程已全部转化成如美术、音乐和体育等素养类培训课程。因此，在“双减”政策的引导与监管下，如何对校外教育培训机构进行有效治理，如何在参与各方利益主体间寻得平衡点，进一步有效遏制隐形变异的种种校外培训乱象，真正实现全面规范培训行为还需要后续的观察和有效治理措施的推进。

在这样的背景下，针对校外教育培训机构展开治理对策研究具有较强的现实意义和理论价值。一方面是我省校外教育培训机构有效治理的现实需要。校外教育培训机构的治理是一个系统工程，政府部门的专项治理行动是全面有效治理的开端，短期内较为现实的行动目标定位应该是“重在治标，瞄准治本”，要实现长效治理，需要对我省的校外教育培训机构现状、问题、趋势及长效治理的目标、机制等有深入认识，需要在寻求完善制度建设和监管机制的经验借鉴，从而做到有针对性地综合施策，达到标本兼治，推动校外教育培训机构走向良性发展的目的。本研究着眼于这些现实问题的解决，具有较强的实践价值。

另一方面，目前国内对校外教育培训治理的研究尚不成熟，如何处理校外教育培训与正规学校教育之间的关系，现代教师教育系统如何观照校外机构教师的专业发展，如何确定校外教育培训机构治理主体及各自的权责边界等，很多问题亟待理论层面的讨论和澄清。基于教育学、管理学、经济学相关理论，对这些问题进行讨论，可以为构建校外教育培训治理长效机制提供理性支持，有助于这方面教育科学研究的丰富和深化。

二、河南省校外教育培训机构现状调查分析

调查采用问卷与访谈法进行，为“双减”政策实施前的调查，课题组采用在全省范围内抽样调查的方式，共向河南省中小学校外教育培训机构发放学生问卷1 550份，回收1 548份，有效问卷1 544份；家长问卷 900 份，回收 890 份，有效问卷 889 份；教师问卷 130 份，回收 121 份，有效问卷为 112 份。

(一)调查结果分析

1.参训学生及校外教育培训机构调查

(1)调查对象的基本情况

表 11-1 调查对象的基本信息

要素	相关描述	频率	百分比(%)
性别	男	836	53.8
	女	708	45.6
就读学校位置	市区	1 420	91.4
	县城	34	2.2
	乡镇	53	3.4
年级阶段	小学	528	34.0
	初中	932	60.0
	高中	81	5.2
学习情况	优秀	317	20.4
	良好	575	37.0
	中等	432	27.8
	偏下	198	12.7
父亲文化程度	小学	131	8.4
	初中	494	31.8
	高中	500	32.2
	专科	192	12.4
	本科及其以上	197	12.7
母亲文化程度	小学	173	11.1
	初中	522	33.6
	高中	465	29.9
	专科	183	11.8
	本科及其以上	179	11.5

如表 11-1 所示,调查对象中男生占比53.8%,女生占比45.6%。就读学校位于市区占91.4%,位于县城占2.2%,位于乡镇占3.4%。调查对象的年级阶段小学阶段占34.0%,初中阶段占60.0%,高中阶段占5.2%。其中,20.4%的学生成绩优秀,37.0%的学生成绩良好,27.8%的学生成绩中等,12.7%的学生成绩偏下。调查对象父亲文化程度8.4%为小学,31.8%为初中,32.2%为高中,12.4%为专科,12.7%为本科及以上。调查对象母亲文化程度11.1%为小学,36.6%为初中,29.9%为高中,11.8%为专科,11.5%为本科及以上。由此可知,参加校外辅导机构大部分学生是市区学校的初中生和小学生,高中生基本不

参加校外辅导。并且参加校外辅导机构的学生大部分成绩良好和中等,成绩优秀和成绩偏下的学生较少参加。调查对象的父母文化程度大部分为初中和高中阶段。

(2)学生参加辅导的基本情况

调查显示,有41.0%的学生参加1个校外辅导班,42.2%的学生参加2~3个校外辅导班,7.8%的学生参加4~6个校外辅导机构,3.7%的学生参加6个以上校外辅导班。由此可知,大部分学生参加1~3个校外辅导班。

从辅导班级学生数来看,15.7%的学生是一对一,33.4%的学生所在辅导班级为小班(2~10人),33.7%的学生所在辅导班级为中班(10~20人),17.2%的学生所在辅导班级为大班(20人以上)。由此可知,大部分学生所在辅导班级为小班和中班,辅导班人数在20人以内。

59.8%的学生辅导时间在周末,9.7%的学生辅导时间在周一至周五晚上,30.6%学生的辅导时间在寒暑假。寒暑假外,学生一周参加辅导时长这一问题中,34.3%的学生在2~4小时,25.4%的学生在0~2小时,20.6%的学生在4~6小时,14.9%的学生在6小时以上。由此可知,学生课外时间也被辅导占据,休闲时间短。

39.9%的学生参加辅导班是由同学或同学家长介绍,25.8%的学生通过其他途径,16.8%的学生通过校外培训机构传单宣传参加校外辅导,这些方式远大于学校老师介绍和网上查询。由此可知,家长和学生参加校外辅导最看重的还是其他同学或者同学家长的选择。

学生参加辅导班的类型大多以学校课程为主,47.0%的学生参加的为学校课程,13.3%的学生为奥赛培训,23.1%的学生为特长培训(包括音体美等),16.6%的学生为其他培训。由此可知,大部分学生参加辅导的类型是学校课程,特长培训占少部分,校外辅导还是以提高成绩为主。

(3)参加辅导原因及对辅导班的看法

访谈中,当问及"您参加校外辅导是否自愿"这一问题时,76.8%的学生表示自己自愿参加。53.8%的学生参加辅导班是觉得自己成绩不理想,想要提高自己的成绩,20.4%的学生是为了其他原因,12.7%的学生是父母强求。有49.2%的学生表示喜欢自己所在辅导班,34.3%的学生非常喜欢所在辅导班,不喜欢的只有12.4%的学生。对辅导班的满意情况调查中,42.3%的学生对辅导班非常满意,42.9%的学生对辅导班表示满意,10.1%的学生对辅导班不满意。由此可知,大多数学生参加辅导班的原因还是想通过参加辅导班提高自己的成绩,而且他们对辅导班的满意程度普遍还是比较高的。

在问到这些学生更愿意参加什么类型的辅导时,39.9%的学生愿意参加特长培训,27.7%学生愿意参加学校课程补习,16.5%的学生愿意参加其他培训,15.9%的学生愿意参加奥赛培训。由此可知,虽然少部分学生因为家庭等外在因素被迫选择辅导班,大部分学生为了提高成绩乐于参加辅导班,但在他们心里还是更愿意参加特长培训(包括音乐舞蹈等)。

在学生喜欢哪一类型的辅导调查中,57.9%的学生选择校外教育辅导。6%的学生选择就读学校收费,统一安排辅导。3.8%的学生选择就读学校教师收费自行安排,5.5%的学生选择请大学生做家教,5.1%的学生选择退休教师来辅导,9.5%的学生选择线上辅导的形式。由此可知,很多学生倾向于校外教育培训机构这一辅导形式,同时也对其他的辅导形式有所喜爱,因此,规范校外培训机构市场至关重要,同时,也要探索可能的其他的校外辅导形式,以便学生选择的多元化。

(4)辅导机构情况

在问到辅导班周边环境时,58.5%的学生所在辅导机构周边环境很好,环境优美安静,30.2%的学生所在辅导机构周边环境一般,基本能保持安静,6.3%的学生所在辅导机构周边环境嘈杂。由此可知,大部分辅导班周边环境安静,适宜辅导。

在问到参加辅导的交通安全问题时,48.0%的学生到所在辅导机构交通很安全,43.2%的学生到所在辅导机构交通安全,4.3%的学生到所在辅导机构交通不安全。由此可知,大部分辅导班地理位置设置合理,学生往返安全。

在对辅导班教室拥挤情况调查中,80.1%的学生认为教室是宽敞的,10.4%的学生认为教室拥挤,4.6%的学生认为很拥挤。《河南省校外培训机构设置标准(试行)》规定:"同一培训时段内生均面积不低于3平方米,确保不拥挤,易疏散。"可以看出很大一部分的辅导班满足了该要求,做到了教室宽敞不拥挤,小部分的辅导机构达不到规定要求。

辅导班的电脑、多媒体等教学设备,55.3%的辅导机构齐全且经常使用,25.3%的辅导机构教学设备齐全但不经常使用,14.4%的辅导机构基本没有这些教学设备。由此可知,电脑、多媒体等基础的教学设备大多数辅导机构都会配备,一半的辅导机构还会经常使用,另一半的辅导机构并不使用这些教学设备甚至没有,辅导机构的硬件标准还未达标。

(5)辅导班教学内容

在问到你所在辅导班老师上课讲什么内容这一问题时,34.6%的学生表示所在机构老师上课讲学校老师还没讲过的新课,30.5%的学生表示讲辅导班自行安排的内容,25.0%的学生表示讲学校老师讲过的内容。由此可知,辅导班存在超纲教学的情况,这不符合与素质教育的理念的。

在问到辅导班老师所讲内容的难易程度如何时,54.2%的学生表示辅导班老师所讲内容适中,可以听懂,23.1%的学生表示内容比较难,但是自己可以接受,11.4%的学生表示内容比较容易,自己全会,6.5%的学生认为辅导班所讲内容太难,自己听不懂。由此可知,校外辅导的内容还是具有一定难度的。

在问到你喜欢辅导班老师讲什么内容这一问题时,46.7%的学生表示自己喜欢辅导班老师讲学校老师还没讲过的新课,24.5%的学生喜欢辅导班自行安排的内容,21.9%的学生喜欢学校老师讲过的内容。由此可知,学生参加辅导大多数还是为了自己在学校学习更加容易。

(6)辅导班教师教学方式

在问到辅导班老师经常采用什么样的授课方式这一问题时,29.2%的学生表示辅导班老师经常采用合作学习的方式,21.0%的学生表示老师采用讨论式的授课方式,15.7%的学生表示老师采用满堂灌的授课方式,8.3%的学生表示老师采用自主探究的授课方式,16.0%的学生表示老师采用其他类型的授课方式。由此可知,校外辅导的大多数老师比较注重自主合作探究的学习方式的,但仍存在传统的满堂灌的授课方式。

在问到辅导班老师会不会教给学生一些学习方法这一问题时,63.8%的学生表示辅导班老师经常会讲一些学习方法,24.8%的学生表示老师偶尔讲一下,6.0%的学生表示辅导班老师会偶尔提醒一下学习方法。由此可知，辅导机构教师还是比较注重学生学习方法的。

“辅导老师会关注你思考问题的方式吗”这一问题的调查结果显示，67.4%的辅导老师经常引导学生思考问题的思路，总结思路，17.5%的辅导老师偶尔提醒一下，9.8%的辅导老师基本不关注学生思考问题的方式，总是强调背诵。由此可知，一半以上的辅导老师摆脱了传统教师上课的观念，不再将知识强加给学生，而是会去关注学生思考问题的方式，但是仍有不小比例的辅导老师不够重视问题思考方式对学生学习的重要性，小部分老师还仍然在强调背诵。

教师组织课堂纪律情况的调查结果显示，72.9%的学生选择了“严格管理，纪律良好”这一项，18.3%的学生选择“偶尔管一下”，4.0%的学生选择了“基本不管，谁愿意听谁听”这一项。由此可见，大多数的辅导老师会创造一个纪律良好的班级，对学生听课效率的提高会有很大帮助，也有教师对课堂纪律的管理不尽人意，偶尔管一下甚至不管，由此可知，这些教师对学生如何可以有效学习基本的课堂纪律要求都未做到。

对于辅导班老师采用的练习方式，17.2%的老师采用题海战术的方式，6.8%的老师采用大量抄写的练习方式，44.3%的老师会提出任务，引导大家思考，31.7%的老师会给出任务，让大家探索完成。由此可知，对于不同的科目以及不同的教学内容老师会相对应地采用不同的练习方式，大多数教师会指导学生进行自主、探究的学习方式，小部分教师会采用题海战术、大量抄写这种学生不喜欢的练习方式。

在对家庭作业布置情况的调查中，58.0%的教师经常布置家庭作业，29.0%的教师偶尔布置，5.3%的教师从不布置家庭作业，由此可知，一半的校外培训机构在一定程度上没有贯彻“减负”的理念，反而给学生在校外“增负”。

（7）参加辅导班对学生学习的影响

对学生是否会复习辅导班老师所讲的内容这一问题，59.3%的学生经常复习所讲内容，28.2%的学生很少复习，7.8%的学生不会复习辅导老师所讲内容。由此可知，大多数同学还是会复习辅导班老师所讲的内容的，说明辅导班对学生的复习还是有一定的影响和要求的。

对学生在辅导班的学习感觉是否轻松这一问题，26.7%的学生表示感觉很轻松，52.5%的学生表示轻松，16.3%的学生认为不轻松。由此可知，学生参加辅导并不是轻松过程，辅导班所讲的内容还是有一定的难度和水平的。

对辅导班对学生的课外学习时长的影响这一问题显示，42.6%的学生表示参加辅导班延长了课外学习时长，35.8%的学生表示对自己课外学习时长基本没有影响，15.6%的学生认为参加辅导班缩短了课外学习时长。由此可知，辅导机构对于学生的学习时长影响有好有坏。

认为校外辅导对自己的学习是否有帮助这一问题显示，49.7%的学生表示帮助很大，37.6%的学生认为有点帮助，2.6%的学生表示无帮助，5.0%的学生没有感觉校外辅导对自己的学习是否有帮助。由此可知，校外辅导还是在很大程度上帮助了学生学习的。

2.参训学生家长调查

（1）调查对象的基本情况

调查的人群中是学生父亲的占26.1%，学生母亲的占66.2%，学生爷爷的占1.1%，学生奶奶的占1.0%，学生外婆占0.7%，其他占3.7%。由此可知关注孩子学习状况的人群中，母亲占大多数。7.2%的学生家长是小学文化水平，36.6%的学生家长是初中文化水平，30.1%的学生家长是高中文化水平，12.5%的学生家长是专科文化水平，12.0%的学生家长是本科及以上文化水平。由此可知，此次调查中的学生家长的文化程度主要集中在初中和高中水平。其中62.7%的家长经常了解孩子学习情况，30.9%的家长偶尔了解，还有少数家长没有了解过。说明大多数家长都会向孩子所在辅导班的教师了解孩子的学习情况。

(2)子女参加辅导班的具体情况

表示孩子参加过辅导班的占92.5%，没参加过的占10.7%。由此可知大多数的学生是参加过辅导班的，辅导班热潮是普遍存在的。

9.2%的家长是通过老师介绍给孩子报的辅导班，29.9%的家长是通过自己联系，13.6%的家长是通过宣传广告，24.6%的家长是通过孩子同伴的介绍，17.0%的家长表示是通过其他方式。由此可知，家长给孩子报辅导班的主要方式是通过自己联系和孩子同伴介绍。

72.1%的孩子参加的是学科辅导类的辅导班，38.0%的孩子参加的是兴趣爱好培养类的辅导班，6.4%的孩子参加的是中高考特长辅导类。由此可知，大多数的学生选择参加的是学科辅导，也有一部分的学生选择兴趣爱好培养类的辅导班，学习成绩在家长和学生的认知中占更大的比重。

学生参加校外辅导的时间各有不同，周一至周五晚上的个案百分比为11.5%，寒暑假的个案百分比为42.4%，周六、周日的个案百分比为79.4%，远远大于其他选项的百分比，说明学生在周六、周日参加校外辅导的学生人数最多，家长认为休息时间相对集中的周六、周日参加校外辅导对孩子的成绩提高和特长发展的帮助远远大于其他时间。

21.8%的家长认为孩子所在辅导班的收费偏高，71.0%的家长认为基本合理，3.8%的家长认为较低。这说明大多数的家长认为辅导班收费是较为合理的。

学生每年参加辅导班的总费用各有不同，其中有31.4%的学生每年参加辅导班的总费用为 3000 元以下，有35.6%的学生总费用为 3000 到 5000 元，有15.1%的学生总费用为 5000 到 1 万元，总费用 1 万元以上的学生占少数。大多数同学参加辅导班每年总费用在 5000 元以下，这跟学生所在城市的经济发展、家庭经济收入、学生所报科目总数、科目类型有关。

有40.3%的家长表示孩子辅导班费用占家庭总支出的 10%以下，有40.9%的学生辅导费用占家庭总支出的 10%~20%，有13.5%的学生辅导费用占到家庭总支出的 20%以上。由此可知，学生参加校外辅导费用较高，增加了家庭的经济负担。

(3)家长对学生所在辅导班的态度

有40.4%的家长对孩子所在辅导班的教学非常满意，有48.6%的家长对辅导班的教学表示满意，还有极少数家长不满意辅导班的教学。由此可知，多数家长对辅导班的教学持满意态度。

其中有40.0%的家长对辅导班的教室面积非常满意，有47.1%的家长满意辅导班的教室面积，只有8.8%的家长不满意辅导班教室面积。

有41.3%的家长对辅导班的师资力量非常满意，态度为满意的家长占46.5%，有8.6%

的家长不满意辅导班的师资。家长对辅导班师资的满意度以学生成绩或者能力的提高来判定。

当问到是否满意辅导班设施的问题时,39.4%的家长表示非常满意,47.4%的家长表示满意,9.9%的家长表示不满意。说明现阶段辅导班的设施还是比较现代化,能够符合多元主体的基本需求,但不乏少数辅导班应继续完善本机构的基础设施。

当问到是否对辅导班管理制度满意的问题时,41.0%的家长表示非常满意,47.1%的家长表示满意,8.3%的家长表示不满意。由此可知,辅导班的管理制度能够获得大多数家长的认可,可以对学生实现科学管理,促进学生学习的。但仍存在一些辅导机构的管理制度不被认可,这也是部分辅导机构无法继续生存的原因之一。

(4)家长对辅导机构的认识和期望

当问到给孩子报辅导班的目的时,62.6%的家长基于提高孩子学习成绩的目的,22.8%的家长是为了培养孩子的特长。说明文化课辅导和兴趣特长辅导是孩子参与课外辅导的主要形式,而家长更重视孩子的文化课学习使得多数孩子只参加文化课辅导班,这也是当前文化课辅导市场占比较大的直接原因。

当问到报辅导班最关注什么这一问题时,19.9%的家长关注师资力量,5.0%的家长关注收费标准,64.6%的家长关注培训效果,2.6%的家长关注课程设置。说明辅导机构的自身实力是家长最为关注的问题,辅导机构的发展要多关注师资力量和辅导效果。

23.4%的家长认为辅导班热潮很好,35.5%的家长认为辅导班热潮好,36.0%的家长认为辅导班热潮不好。说明家长对辅导班热潮是存在较大分歧和意见的。

当问到倾向于什么辅导形式时,27.8%的家长倾向于一对一辅导,46.8%的家长倾向于小班教学,13.7%的家长倾向于大班教学,7.1%的家长认为无所谓。由此可知,当前辅导类型比较多元,基本能够满足家长和学生的需求,而多数家长倾向于一对一辅导和小班教学反映出家长重视辅导效果。此外,辅导机构也要适当控制收费标准。

当问到哪种辅导内容安排较好这一问题时,31.4%的家长认为提前辅导较好,55.5%的家长认为同步辅导较好,6.7%的家长认为超纲辅导较好。由此可知,家长认为同步提高和提前辅导效果较好,辅导机构应重视辅导内容的安排。

调查显示,40.6%的家长对孩子上辅导班表示大力支持,46.7%的家长表示支持,4.3%的家长认为无所谓,5.3%的家长表示不支持。说明当前教育形势下,家长是比较重视孩子的学习效果和学习成绩的,多数家长支持孩子上辅导班的态度也成为辅导班热潮的驱动力。

当问到孩子是否说过不想上辅导班时,12.2%的孩子总是在说不想上辅导班,43.0%的孩子偶尔说不想上辅导班,42.0%的孩子没说过不想上辅导班。由此可知,多数孩子能够接受课外辅导并对当前所参加的辅导班抵触性不强,辅导市场的前景仍是可观的。

28.9%的家长认为孩子成绩提高很大,54.1%的家长认为孩子成绩稍有所提高,10.8%的家长认为孩子成绩几乎没有提高,2.3%的家长认为孩子成绩反而下降了。由此可知,文化课辅导班的辅导效果显著性不强,辅导机构的教学水平和教学质量参差不齐。

学生所在辅导班教师中,有10.2%的辅导老师为在读大学生,有71.6%的辅导老师为教育机构的专职辅导老师,有7.2%的辅导老师为中小学在职教师,有5.7%的辅导老师为退休教师。由数据可知,辅导老师为专职教师所占比例较大。但同时也可以看出一些机构中存在聘用在读大学生和中小学在职教师的情况。

有9.2%的学生所在学校的教师经常提倡孩子报辅导班，有28.6%的学生老师偶尔提倡，有50.3%的学生老师没有提过。课外辅导会增加学生的学习负担，但是还是会有学校老师会提倡孩子报班。

3.培训机构教师调查

（1）基本信息

调查显示：在培训机构教师的性别上，男性教师占调查总人数的21.43%，女性教师占调查总人数的78.57%。在年龄上，20岁以下的教师占调查总人数的3.57%，20~29岁的占85.71%，30~39岁的占7.14%，40~49岁的占3.57%。在教龄上，两年以下的教师占调查总人数的67.86%，教龄在2~5年的占17.86%，教龄在6~10年的占10.71%，教龄在15年以上的占3.57%。在学历上，14.29%的教师最高学历是大专及以下，46.43%的是在读本科生，35.71%的是本科毕业，3.57%的是硕士毕业。在工作性质上，57.14%的教师在机构的工作是兼职，42.86%的是全职。在收入上，64.29%的教师的年收入在5万元及以下，25%的在5万~10万元，10.71%的在10万~15万元。

由此可以看出，教师的性别比例严重失衡。教师这一群体的年龄在20~29岁浮动，年轻人慢慢成了校外培训的主力军，40~49岁的教师多为机构的管理层或资深教师，总的来说，教师的年龄比例基本合理。教师的学历以在读本科生和本科毕业生为主，分别占总人数的46.43%和35.71%，此外教师的最高学历是硕士毕业，但只有4人，高学历的教师少之又少。培训机构教师中兼职教师占绝大多数，与全职教师比例约为3:2。教师的年收入还算可观，尽管年收入在5万元及以下的占大多数，但是校外培训机构教师的工作时间相对来说比较灵活，一般教师都是按照时长收费的。通过访谈发现大多数教师对自己的收入都是比较满意的。

在教师资格证的获得上，57.14%的校外培训机构教师已经获得了教师资格证，还有42.86%的教师未获得。由此可知，虽然已经获得教师资格证的教师占绝大多数，但是仍然有42.86%的教师没有获得，校外培训机构教师的质量参差不齐。

调查显示：校外培训机构教师教授的科目以语数英为主，其中教授语文的教师占25%，教授数学的占28.57%，教授英语的占17.86%，教授物理、历史、地理的各占3.57%，教授其他科目的占28.57%，其他科目主要以美术、体育为主。

由此可以看出，教师在校外教育机构主要教授语数英三科，由于本研究发放的问卷主要是面向中小学校外教育培训机构，所以在科目的选择上更多的是涉及语数英，通过调查，其他这一选项主要包括音乐、体育、美术，这一培训的需要不仅仅是因为学生的兴趣特长，更是因为现在的中招体育加试将体育提高到了70分的分值，与应试教育存在一定的联系。

（2）职业选择方面

调查显示：当问到最初成为一名校外培训机构教师的原因时，42.86%的教师选择这一职业是因为热爱教育事业，7.14%的是因为考编未果，17.86%的是因为这一职业的工作时间相对灵活，14.29%的是因为薪水原因，3.57%的是因为生存所需，还有14.29%的其他原因。在问到对目前的工薪和社保的满意度时，10.71%的教师对目前的工薪和社保非常不满意，28.57%的对此比较不满意，7.14%的对此无所谓，50%的对此比较满意，还有

3.57%的对此非常满意。在问到对教师这一职业的看法时，28.57%的教师认为这一职业常常受到他人、社会的歧视，46.43%的教师认为这一职业与在编教师待遇相差巨大，17.86%的认为这一职业只是以后另谋职业的跳板，39.29%的教师认为这一职业常常被排斥在政策之外，许多优惠政策无法享受，14.29%的教师认为这一职业与在编教师无太大区别，39.29%的教师认为这一职业还可以进一步优化自己的工作内容和形式，并能动地推动校外培训机构的革新，17.86%的教师认为这一职业虽然很辛苦，但从不后悔选择教师职业。

当问到校外培训机构教师在未来两年内的职业规划时，10.71%的教师表示将转向其他行业，32.14%的教师表示会努力考编，14.29%的教师表示将进入私立学校当教师，25%的教师表示将继续当培训机构教师，10.71%的教师表示将发展第二职业，7.14%的教师表示将从事其他行业。

（3）培训机构教师的培训情况

当问到是否参加岗前培训时，82.14%的校外培训机构教师表示自己在上岗前参加了岗前培训，17.86%的教师没有参加。当问到在职培训的必要性时，82.14%的教师认为在职培训有必要，3.57%的教师认为比较必要，还有14.29%的教师认为无所谓。当问到校外培训机构教师在职培训的组织情况时，78.57%的教师表示所在机构会定期定量组织，17.86%的教师表示机构有组织但是草草了事，还有3.57%的教师表示机构基本不组织。当问到所在机构提供的培训类型时，71.43%的教师表示所在机构提供课程化的培训，如讲座以及各类专题培训；46.43%的教师表示机构提供小组教研活动类的培训，如教学工作或其他教研活动；46.43%的教师表示机构提供观察与评估类的培训，如听课评课、教学方法咨询；35.71%的教师表示机构提供参与发展、完善过程类的培训，如开发评审课程、集体设计新课程、集体讨论引进新教学法；14.29%的教师表示机构提供个体学习活动的指导类培训，如根据自己的职业发展目标选择学习活动。

（4）培训机构教师的发展环境

当问到校外培训机构教师的身心健康发展受所在机构的关注情况时，39.29%的教师表示所在机构经常关心教师身心健康发展情况，42.86%的教师表示机构有时关心，17.86%的教师表示机构一般不怎么关心。在问到校外教师的工作环境时，39.29%的教师表示所在机构对教师的工作环境非常关注，50%的教师表示有点关注，7.14%的教师表示一般，3.57%的教师表示完全不关注。在问到校外培训机构教师的团队关系受所在机构的关注情况时，50%的教师表示所在机构非常关注团队文化、团队关系建设情况，39.29%的教师表示所在机构有点关注，10.71%的教师表示所在机构对此态度一般。

（5）培训机构教师的职业认同

从校外培训机构教师的职业成就感来看，50%的教师表示自己的工作有价值有意义，42.86%的教师表示自己的工作比较有价值有意义，3.57%的教师表示自己的工作没有价值没有意义，3.57%的教师表示对此无所谓。从机构对教师专业发展的支持度来看，50%的教师表示机构完全支持，42.86%的教师表示比较支持，7.14%的教师表示无所谓。从社会对校外培训机构教师这一职业的认可情况来看，14.29%的教师认为社会对于校外培训机构这一群体是完全认可的，50%的教师认为比较认可，28.57%的教师认为社会对此态度一般，7.14%的教师认为社会对这一群体比较不认可。

(6)培训机构教师的压力来源

从校外培训机构教师目前最大的压力来源看,50%的教师表示自己最大的压力来源是基本生活开支,28.57%的压力来源是住房问题,7.14%的是户籍问题,17.86%的是婚恋问题,17.86%的是受尊重问题,28.57%的是教学设计问题,21.43%的是课堂管理问题,3.57%的是同事关系问题,28.57%的是职位晋升问题。

(二)结论与讨论

1.优点

(1)满足家长及学生对教育的多元化需求

艺术特长进入家长和学生的视野,衡量一个好学生的标准不再单单是文化课成绩,体育、美术、音乐或其他特长成为家长关注的重点,校外培训机构类型多样,校内教育满足不了学生对课外活动,实践能力的要求,校外培训机构则发挥了重要作用,成为学校教育的有力补充。

(2)缓和家庭矛盾

一方面对于父母工作压力大的家庭,学生在周末及假期参加辅导班,可以缓解父母和孩子的压力,并在一定程度上缓和家长和孩子之间的矛盾。另一方面,校外培训机构有助于全面了解学生,纠正家长的认识缺陷①。部分家长受教育水平有限,学历有限,无法对孩子的学习形成整体认知和细节辅助,无法营造一个良好的家庭学习氛围,因此,在这种循环中会削弱孩子的学习兴趣,一个适合孩子的辅导机构则会弱化这种影响,正确的引导孩子,弥补家长在教育培养孩子能力不足的现实。

(3)有助于学生整体发展

拥有优秀教师资源和规范制度及良好办学传统的培训机构,能够增强学生的自主学习意识,更有助于学生的整体发展;不同于学校氛围的培训机构也利于孩子性格的全面发展。多种适合学生的教学模式,如一对一辅导,小班制课堂,兴趣班等更有针对性,便于教师对症下药,及时发现学生的问题,针对性更强,使学生成长进步更快;对于在校内课堂中跟不上老师节奏,反应迟钝的学生,校外培训机构增加了此类学生接受再教育的机会,便于这类学生重拾学习信心。

(4)总体上学生学业成绩有了提高

从目前的研究来看,参加校外培训机构的学生很大程度上学习质量有了提高。校外培训机构辅导老师摆脱了传统教师上课的观念,不再将知识强加给学生,而是会去关注学生思考问题的方式,同样会采用一些比较灵活的教学方式,比如合作教学等等。培训机构整体水平上的提高有利于学生乐于通过参加校外培训来弥补在学校学习与其他同学的差距。

2.存在的问题

(1)助长家长错误的教育观,加重学生负担

① 吴冬青,马玉花,张明亮,徐海云.浅谈中学化学校外辅导机构的构建及其在基础教育中的优势分析:以商丘市的中学化学校外辅导机构为例[J].山东化工,2020(1):3.

对孩子过高的期望以及家长之间的攀比心理,使家长偏离正确的教育轨道,一旦孩子没有达到标准,就会给孩子报各种各样的辅导班。跟风、攀比、分数为王的不良风气在家长群体中盛行且非常顽固,过分依赖课外辅导班的家长越来越多。现在国家倡导素质教育,并出台了一系列减负政策,希望减轻学生额外负担,但课外辅导训练与目前学校的教育现状一样,其目的跟国家倡导的素质教育的宗旨是相违背的①。因此,家长还是将考试成绩作为唯一标准评定学生的优劣并非整体素质。当前学生的课余时间多数被课外辅导班占据,不仅加重了学生的课业负担,更加重了学生的心理负担,甚至有的学生开始出现厌学情绪。

(2)校外培训整体办学水平较低

由于培训机构办学的准入门槛低,有着巨大的行业利润以及竞争激烈,许多校外教育培训机构参差不齐、鱼龙混杂,造成了教育培训市场的种种乱象。由于身份属性模糊,监管多头,机构由区域性经营向连锁性经营扩张速度较快,教师队伍质量跟不上,学习链不坚固,核心竞争力下降,也逐渐出现“机构众多、集中度低、产业过剩”的现象②。且近几年来,教育培训纠纷案件数量不断上升,质量投诉案件所占比例最大,部分机构的安全管理漏洞大,具有很大的安全隐患。

(3)应试导向的办学模式

总体来说,在近年来培训机构的治理方面有了很大的成功,培训机构环境在变好,教学内容超纲现象越来越少,教学方式越来越多样化,但是依然存在传统应试教育模式,一切的改变最终目的还是为了考试,教师教育理念不能转变是其中一个方面的原因,另一方面的原因是我国校外培训机构教学功能的异化,在20世纪40年代末校外教育兴起的原因是“培养兴趣活动,体验生活实践”,再后来由于经济的快速发展,以及应试教育观念逐渐深入,使得校外培训变成了应试教育的工具。教育改革理念在教学的实践中,课堂上以老师为主体,还是以学生为主体,依然呈现一个对立状态,而课堂双主体论也并没有很好地解决这一问题。另外学习方法应该是一个学生学习中非常重要的学习内容,而校外教育在出现到兴盛的不断发展中,应试教育趋势越来越明显,新一轮基础教育课程改革强调以学生为主体,注重学生从做中学、学生的个性发展,而改革在实施中,由于校外培训相比学校教育的特殊性,使得新的改革理念在校外培训机构中更难以实施。

学生除了周一到周五进行在校学习,周末休息时间还要进行学校课程的学习,除了学校的作业,培训班的老师还要布置作业,学生的生活已经被学习牢牢占据,这大大增加了学生的学习时间,加重了学生的学习负担。接近半数的学生参加校外教育培训机构选择进行学校课程的辅导,并且半数以上的学生参加校外培训的原因是为了提高成绩。

(4)部分培训机构设施不达标

《河南省校外培训机构设置标准(试行)》规定:“同一培训时段内生均面积不低于3平方米,确保不拥挤,易疏散。”在对辅导班教室拥挤情况调查中,80.1%的学生认为教室是宽敞的,10.4%的学生认为教室拥挤,4.6%的学生认为很拥挤。可以看出很大一部分的辅导班满足了该要求,做到了教室宽敞不拥挤,小部分的辅导机构达不到规定中的要求。

---

① 赵赛红.家长热衷校外辅导的问题探究[J].黑龙江教育(理论与实践),2019(Z1):117.

② 杨春芳,汪莉,杨旭.基于数据分析的校外培训机构治理研究[J].天津市教科院学报,2019(2):46.

存在安全隐患,是必须进行整改或取缔的。

校外教育培训机构的设立要向有关部门申请并取得办学许可证,有关部门通过审核检查该机构是否达到设立标准。现在,出现了这些达不到设置标准的校外教育培训机构,说明了一是这些培训机构未取得办学许可非法设立,二是政府部门监管不力,使得这些培训机构钻了空子。

(5)教师聘用不规范

目前校外教育培训机构普遍存在聘用无学历、无教师资格证、无专业职称证的在校大学生或社会人员从事教学活动;资格审查随意,甚至不考核师德或教学能力,导致教师普遍存在专业化、职业化程度不高,核心竞争能力欠缺等问题①。校外教育培训机构作为学校教育的补充与延伸,肩负着教书育人的职责,良好的师资力量是教学质量的重要保障,如果对师资队伍的建设不够重视,那么培训机构就很难得到长远的发展。

(6)过于注重经济利益

校外教育培训机构本质上是以牟利为导向的经济活动参与者,其目的通俗地讲就是"赚钱"。而目前,校外教育培训机构往往通过招取更多的学生、提高学费等方式实现其经济目的②。根据调查显示有47.4%的家长是通过宣传广告或他人介绍来给孩子选择培训机构,有些机构就会利用这些宣传来夸大培训效果,或者有的机构为了留住生源会采取提前收费的方式,从而使一些家长在没有考虑充分的情况下就给孩子报了培训班。

(7)学校教育与校外培训机构本末倒置

学生参加校外培训的初衷是提高自己的成绩,成绩提高了固然很好,但对校外培训产生依赖从而轻视了学校学习,这就本末倒置了。联合国教科文组织国际教育规划研究所所长马克·贝磊(Mark Bray)教授指出,学生之间和社会阶层之间的竞争促成了"影子教育"的扩张③。"影子教育"普遍存在于我国各类教育培训机构之内。

三、河南省校外教育培训机构有效治理建议

基于河南省校外教育培训的现状调查、分析"双减"实施背景下河南省部分地市校外教育培训治理的成功经验,从政府、学校、家庭、培训机构四个层面出发,提出河南省校外教育培训机构有效治理的建议,以此来促进校外教育培训机构的依法运行、转型与创新。实现校外教育培训机构的有效治理需要多主体功能的发挥,需要政府主导功能的发挥、学校育人质量的提升、家庭教育的自觉、培训机构的依法运行与转型、创新等。实现有效治理需要与时俱进,不断改进和解决校外培训机构出现的新问题,满足家长与学生提出的新需求等。总之,校外教育培训机构的有效治理是多主体参与的长期工程,需要依法治理、常抓不懈,与时俱进,打造具有时代特色、人民满意的校外教育培训机构治理新模式。

---

① 韩露,胡飞龙.我国中小学校外培训机构教师准入制度法律问题研究[J].市场周刊,2019(1):132.

② 嵇康,王子文,季拓.合肥市校外教育培训机构现状及思考[J].新西部,2019(20):55.

③ 马克·贝磊,廖青."影子教育"之全球扩张:教育公平、质量、发展中的利弊谈[J].比较教育研究,2012(2):13.

(一)校外教育培训治理的政府责任

在校外教育培训的治理中,政府需要做好顶层设计,统筹规划,整体推进校外教育培训的治理。借鉴国外和我国各省(自治区、直辖市)的先进经验,政府可以通过以下四个方面来整体推进校外教育培训的治理工作。

1.端正方向,协同配合

一是坚持公益性导向来规范校外教育培训行业。校外教育培训虽然属于社会举办的教育活动,但其本质上是属于育人活动,应认识到,校外教育培训是我国现行基础教育体系的有益补充。因此,政府部门应当创新监管政策,制定统一性、长效性、灵活性相结合的校外教育培训监管机制。二是推进校外教育培训与校内教育协同发展。校外教育培训需求激增的背后,其在于教育发展的不平衡不充分问题,实质是广大学生及其家长的高质量教育需求不能有效地得到满足。在推进校外教育培训健康发展的同时,关键是改革学校教育结构,理顺教育培训服务的市场供需关系,从加大和优化学校教育供给角度出发,满足人民群众对优质教育的需求。① 三是各部门联动协同配合。在校外教育培训机构治理过程中要合理划分政府各部门职能任务,明确组织分工,制定统一监管标准,积极主动作为,通过开展全面排查工作,整顿不合规范的机构。各级政府应严格按照中央下发的红头文件对中小学校外教育培训机构进行监督管理,坚持地市党委领导、教育部门牵头,其余部门共同配合,充分调动行业协会和社会组织的积极性。首先进行全面部署和重点排查,其次开展各部门统一排查,进行大规模集中整治,治理工作取得一定效果以后,再进行成果巩固,确保监督工作的常态化。

2.完善法规,依法治理

校外辅导机构的健康有序发展,需要健全的法制来保障。为此,面对校外辅导机构存在的形形色色的问题,应该用法律的手段来调控和规范正在扩展壮大的辅导市场。

(1)规范校外教育培训机构收费标准

国务院办公厅印发的《国务院办公厅关于规范校外培训机构发展的意见》中明确指出:"校外培训机构收费时段与教学安排应协调一致。按培训周期收费的,不得一次性收取或变相收取时间跨度超过 3 个月的费用;按课时收费的,每科不得一次性收取或变相收取超过 60 课时的费用。""校外培训机构应在本市范围内自主选择一家具备第三方托管条件的银行开设唯一预收费资金专用存款账户(以下简称专用存款账户),由开立专用存款账户的银行作为存管银行(以下简称存管银行)存管预收费资金,实行"一机构一许可证一专用存款账户"。② 这将会从根本上缓解校外培训机构多收费、预收费的问题,防止校外培训机构的负责人卷钱跑路的问题。针对市场上校外教育培训的收费乱象,各地也进行了积极的探索,比如辽宁省政府明确收费价格——让政府"指导价"成为校外培训"指南针",辽宁各地按照政府指导价规范运营,把教育培训拉回到公益属性,把市场思维

① 薛二勇,李健,张志萍.校外教育培训治理的形势、挑战与路径.[J].中国电化教育.2021(8):1-8

② 孙不凡,程一可."双减"背景下的校外培训及其机构治理:基于教育生态危机的视角[D].金华:浙江师范大学学,2022.

转变为教育思维，助力校内教育，加强素质教育，指导家庭教育，是培训机构回归教育初心的首位。将政府“指导价”作为“指南针”，公开透明收费标准、教师资质等信息，明码标价，童叟无欺，才能走好走实“转型之路”，才能充分释放“制度红利”，促进教育事业健康发展。①

（2）出台措施强化培训机构教师管理

在校外辅导市场乱象丛生和机构教师素质良莠不齐的情况下，教师专业水平评价标准的欠缺，使得家长很多时候不得不盲目地根据广告宣传或家长之间相互介绍来进行市场选择，校外教育培训教学质量难以保障。因此，有关部门有必要建立统一的培训机构教师专业水平评价标准，提高准入门槛。现在，教育管理部门不应只对辅导机构制度、管理做出整改，更应该注重对校外教育培训机构教师做相关资格的认定，不断完善其师资的专业培训，提高机构教师的专业水平、社会地位，增强其职业认同感和职业成就感，加强师资队伍建设，不断提升教学水平和教研水平，从而提高培训机构的专业水平和教育质量，促进行业的良性竞争和健康可持续发展。同时对于培训机构教师的福利保障问题，政府出台相关政策，对培训机构进行监督，从而保障校外教育培训机构教师的薪资、福利保障，增加培训机构教师的职业归属感。

3.统筹管理，加强监管

要完善省、市、县（区）、校一体化的校外教育培训机构监管体系，按照“源头治理、系统治理、综合治理、依法治理”的思路，及时提供政策供给和操作指导，实现全覆盖、全链条治理。实现监管的常态化，制定和完善相关政策法规，使各级部门对于校外教育培训机构的治理有法可循，有法可依，走向治理的法治化、常规化。

（1）不断健全工作机制

加强部门联动，实现上下同频，健全学校直报平台和全省校外培训监管服务平台，督促各地市成立专门机构，形成党委统一领导、部门齐抓共管的工作格局。注重示范引领，召开全省试点地区工作推进会、交流会，促进先行先试，探索深入治理。不断创新校外教育培训治理的体制机制，设立专门的管理机构，树立变堵为疏的治理理念、形成科学合理的制度设计、加强政策执行的监测评估，提升政策的连续性、稳定性和可预期性。

（2）完善区域校外培训机构治理的统筹协调和统一管理机制

我省地方各级政府是落实和保障“双减”政策的关键，在教育主管部门的统一协调下成立校外培训综合管理部门，包括教育、人保、文旅、体育、法制、市场监督、民政、物价、税务等部门参与的联合管理办公室，明确管理和执法责任人，并不定期地召开联合办公会议，讨论校外培训机构在事中事后监管中发现的突出问题和准入疑点，以提高监管和执法效力，取信于民。建立综合管理体制和协调机制，加强事中事后监管，不仅可以防止校外培训机构人前一套人后一套，还可以有效监督，强迫校外教育培训机构进行整治。但是也不难看到，即便是“双减”政策下，对违规补课加大处罚筹码的情况下，还会有一些不正规的培训机构和打着“一对一”旗号的私人家教出现在了市面上。这些私人家教收费标准较高，并且我们并不知道他们教导是否真的有效。对于家长而言，请私教的成本会

① 葛红霞.辽宁：校外培训机构预收费全额纳入监管[EB/DL].（2021－11－23）[2022－08－20].http://ln.people.com.cn/n2/2021/1 123/c 378 317-35 017 218.html

比上补习班更高,所以对于家长而言,就支出方面来说,并没有做到真正的减负。对于这一现象,也必须加大对隐形变异校外培训的监管与打击。加大对校园培训的处罚,除了金钱方面的处罚外,严重者甚至要影响个人征信,这些行为对于矫正黑心企业和一些非法家教而言,非常有效,也对校外教育培训机构市场做到了真正的有效治理。

4.提高认识,创新策略

(1)杜绝对校外教育培训机构进行“一刀切”

“一刀切”的治理方法往往会导致校外培训机构由正常营业转为“地下组织”,校外培训机构的办学地点由正常门店转为私人家中、隐蔽的拆迁房、地下室等地方;有些教师或大学生通过中间人的方式接补习学生,补习地点是中间人提前通知教师并没有固定的场所,学生家长不知道补习地点在哪里。显然,这不仅未能减轻学生的校外培训负担,还给学生增添了安全隐患。甚至,有些校外教育培训机构仍然明目张胆的开业,这些机构采用门前把风的模式,等到有关教育部门来检查时,带领学生从机构侧门离开。要使校外培训机构治理取得实效,就要杜绝“一刀切”的模式。有关教育领导部门向学校提出要求,学校要切实做好课后服务,完善丰富课后服务的内容和形式,提高教师参与课后服务的待遇,保证学生参加课后服务的安全问题。针对校外培训机构,要求它们对不同年级的学生采取不同时长的补习时间,原则上一到三年级的学生不需要参与课后学科类补习,三到六年级的学生每天补习时长不能超过60分钟。

(2)遏制过度宣传,鼓励多方协同治理

充分发挥新闻媒体、社会公众的监督作用,对社会关注的热点问题要及时作出回应,保持群众投诉举报热线畅通,形成齐抓共管、协同治理的良好局面。要始终坚持正确的舆论导向,在对待校外教育培训机构的宣传上,相关部门要仔细审核内容的真实性,同时也要积极引导培训机构承担起社会责任,要以教书育人为目标。教育行政部门、相关社会机构可设立专门的奖励政策,对合法合规办学的校外培训机构予以奖励,对举报违规的人员给予一定的物质奖励,促使校外培训机构规范办学,也使更多人民群众和社会人士能参与监督。在治理校外培训机构的工作中,必然会触及一些既得利益者的利益,尤其是“双减”政策实施后,很多学科类校外培训机构遭遇了严重的打击,一些校外培训机构面临转型甚至破产倒闭,校外培训机构的教师也面临着失业,参与校外培训的家庭短时间内也需要给孩子做出新的调整。[①] 因此,需要适度并正确的宣传,以形成校外培训机构治理的合力。针对校外培训机构的举办者,要使其认识到教育行业的特殊性,不能简单地把教育机构当作商业,要充分认识教育机构的育人价值。也就是说,不论开展哪一种教育活动,都应看到它的公益性。

(二)中小学校要发挥在校外教育培训治理中的协同作用

校外培训需求激增的背后,有着深层次的社会原因,其根本原因在于教育发展的不平衡不充分问题。所以提升校内教育质量、均衡配置教育资源、缓解家长教育焦虑、全面贯彻落实党的教育方针,才是最终目标,未来发展之路任重道远。

---

① 杨程,秦惠民.校外培训的市场失灵与依法治理[J].清华大学教育研究,2021,42(6):72-79.

1.改变评价方式，从应试教育转向素质教育

校外培训兴盛的重要原因之一，源于家长对教育的过度解读，对校外教育培训的盲目追随与攀比，会给学生带来较大的学习压力，也会给家长带来较大的经济压力。在建设教育强国的新时代背景下，教育更多的作用是促进个人全面发展，素质教育更接近教育的本质，因此，对学生来说，成绩虽然重要，但不是唯一的评价指标，要坚持“五育并举”，“双减”的目的是要促进学生的健康和全面发展，德智体美劳全面发展的教育模式优于只讲智育的一条腿走路模式。学校要鼓励教师开展素质教育，为激励教师，学校可以在教师绩效考核时，降低学生成绩在考核中的比例，增设素质教育相关的考核项目。教师要严格执行“双减”政策规定，热爱学生，关注学生身心健康，关注每一个孩子的成长，

2.提高课堂教学水平和教学质量

提高课堂教学水平应不断改变课堂教学活动形式，促进学生深度学习；提高课堂教学质量，需要不断创造条件，缩小班级规模。课堂教学的载体就是一个个具有生命力、贴近学生生活实际的教学活动。因此，创设有意义的教学情境，改变教学活动方式，让学生进入主动思考、积极研究、自我架构、合作探究的空间，在课堂改革中十分必要。高质量的教学活动，是学生成长的“脚手架”，是教师发展的“催化剂”，是学校改革的“助推器”，科学设置作业，培养学生自主学习能力。减去不必要的、重复机械性的作业，留出自主学习的时间给学生，把学习的主动权还给学生，把学习的热情保护好。一是精心设计作业内容；二是采用作业公示制，控制作业总量；三是长、短期作业结合；四是定期收集家长和学生的反馈信息，持续改进作业设计。通过这样一系列作业管理，确保不同层次的学生得到发展，培养学生自主学习能力。

3.加强教师和家长的沟通

从学生在延时课上的自律性与自主性学习缺乏方面，说明孩子身上存在一些教育问题，教师和家长应多跟学生沟通交流，并且设置一些教育活动来帮助学生养成良好的自主与自律习惯。如家长和教师要提醒学生，在平时学习中注重日积月累、查询释疑、整理提高，日积月累是在教材的基础上增加课外阅读量和习题量；查询释疑是遇到不懂的知识知道如何自己去寻找答案；整理提高是不在老师的帮助下自己总结知识点、纠正易错题。学校老师应给家长指导和普及一些科学实用、容易操作的家庭教育方法，帮助家长将更多的精力转移到培养孩子健全的人格、建立和谐的亲子关系、了解孩子的个性特点、激发孩子的潜能等方面来，帮助家长解决孩子成长和发展的难题。

4.创新延时服务新模式，提高服务水平

“双减”政策要求中小学校“提升学校课后服务水平，满足学生多样化需求”，“开展丰富多彩的科普、文体、艺术、劳动、阅读、兴趣小组及社团活动”。对于学校来说，课后服务必将成为提升学校教育质量的重要依托。在许多家长眼里，课后服务的水平已经成为衡量一所学校教育水平的重要指标。课后延时服务应围绕各学科核心素养制定学习主题，并按照课程建设的标准要求制定统一的目标体系和内容体系。课后延时服务所提供的虽然并不是像课堂教学这样的正式教学，但是课后延时服务也需要遵守教育学理论，按照课程建设的框架来进行组织，以避免随意化、零散化、重叠化和低效化的局面。

（三）校外教育培训机构自觉进行自我完善

随着“双减”政策的不断落实，不断细化，学科类校外培训机构转型刻不容缓。

1.校外教育培训机构要依法依规运行

校外培训机构要遵守法律，自觉接受政府相关部门监督，接受人民群众的监督。要坚决抵制非学科类校外培训机构恶意涨价行为，校外培训机构要尊重市场发展规律，不恶意抬价。培训机构要尽量转型为能对中小学生进行综合素质培养提升的机构，包括劳动、德育、体育、生活教育、品德教育、创新教育等，不要过分强调分数，强调中高考成绩。

2.积极寻求与学校和政府的合作

校外教育培训机构可以根据实际转向社会性的公益辅导，支持公益性教育，包括可以辅助一些学校教育，参与完成政府和学校的公益性项目，在此过程中合理定位，找到自己的生存空间。例如，沈阳市浑南区浑南第九小学在课程准入方面遴选出一批优质非学科类校外培训机构，供各学校选择使用。“学生可以选择政府采购的课外服务项目，不用花钱，也可以选择引入的几十种普惠课程，每小时大约3.8元钱。”这既有利于校外教育培训机构的转型发展，又有利于学校课程的特色创新。

3.打造稳定、高水平的教师队伍

校外教育培训机构在建立稳定的教师队伍方面可以采取的措施：第一，建立较为宽松的教师心理机制。教育培训机构可以经常举办一些活动，释放教师心理压力，缓解心理疲劳，如此有利于教师队伍的稳定。第二，健全机构教师社会保障体系。教育机构应该尽可能地给予教师医疗、养老等方面的保障。第三，建构知人善用的用人机制。俗话说“好钢用在刀刃上”，在招聘教师时要看到该教师在某方面的长处，扬长避短，并且要立足于机构当前的实际情况，全方位地选择有利于自己机构发展的教师。第四，构建教师培训机制，高质量、高水平教师团队的成长是一个非常系统的过程，办好一所教育培训机构必须拥有一个高素质的教师团队。

（四）家长积极配合校外教育培训机构的治理

1.家长应树立正确的教育观

作为孩子的父母，望子成龙、望女成凤的心情可以理解，但不可忽视孩子自身的成长规律和主观意志，更不能盲目跟风，给孩子报一大堆辅导班去加重孩子的负担，最后只能是适得其反。家长在了解孩子自身真正的需求后，根据其发展特点选择孩子真正适合和需要的辅导班，提优补差，只有这样才能帮助孩子更好地成长和进步。

家长要树立科学的人才培养理念，摈弃唯分数论，从单一分数质量走向全面素养、育人质量，除了分数以外还关注孩子心理健康、精神追求及综合素养质量。家庭是孩子的第一个“学校”，父母是孩子的第一任“老师”，也将是伴随孩子一生的“终生教师”“永久教师”。“双减”政策落地之后，家长很容易进入到一个误区，那就是家长觉得自己的责任减少了，学校要承担更多的责任，其实这是错误的，家长教育观念的改变和家庭教育需求侧的治理需要系统跟进。我国家庭教育映射的是中国几千年来对教育的重视，对家风、家规的传承,体现在对孩子的关爱,对孩子独立自主能力的培养,对孩子坚毅品格的要求,对孩子艰苦朴素、吃苦耐劳素养的培养以及对孩子学习的支持和信任上,而不仅仅是对学习知识技能的重视上①。除此之外,家长要尊重孩子的主观意愿,兴趣是最好的老师,从孩子自身兴趣出发,选择符合孩子身心发展规律的教育活动会让孩子树立正确的学习观,也能让他们理解自己参加辅导班的真正含义和作用。

2.家长应慎重选择校外培训机构

家长安排子女参加非学科类校外培训,可多与孩子沟通,听取孩子的意见,以孩子兴趣爱好、个性发展为出发点,根据家庭经济承受能力,理性选择适合孩子的培训项目和内容,数量不宜过多。无论选择哪种艺术门类,都应该首先充分尊重孩子的个人意愿,做选择时要做到客观理性。首先要选择值得信赖的、大型、专业的培训机构,让孩子在有限的成长时间得到正确的引导,在安全、艺术氛围浓厚的环境中启蒙、成长。然后多给孩子尝试不同种类的艺术课程,充分尊重孩子的个人意愿,选择 1~2 个专业坚持下去,同时,家长在尊重孩子的意愿之外,要慎重选择非学科类校外培训机构,缴费前一定要查看机构是否证照齐全,是否将办学证照、收费标准和项目、教师(从教人员)资质公示在显著位置,是否通过各区县第三方资金监管服务平台缴纳培训费用,是否签订规范合同,是否开具正式发票等,特别要坚决抵制非学科类校外培训机构恶意涨价行为。"双减"并不意味着非学科类教培机构可以无序生长,家长要提高警惕。

同时,家长要注重与培训机构沟通。在与培训机构沟通协调的过程中,不仅要看师资力量,硬件设施等条件,更应该注重后续的师生之间的相互作用,家长要实时跟踪孩子的学习动态,而不是让培训机构全权负责,家长也要树立责任意识,应明白教育是一种多边主体参与的活动。所以孩子在参加校外培训时,应经常与培训机构老师沟通交流,及时掌握孩子的动态。只有这样,才能形成良好的互动循环。家长、培训机构也才能发挥其最大的作用来促进孩子的发展。

(本专题研究团队成员:杨露、张建雷、黄思记、时斌、孙朝阳、高芳、周照鹏)

① 梁凯丽,辛涛,张琼元,等.落实"双减"与校外培训机构治理[J].中国远程教育,2022(4):27-35.

专题十二　河南省推进大中小学劳动教育课程一体化建设研究

一、河南省大中小学劳动教育课程一体化建设有益探索

近年来，河南省持续不断积极探索劳动教育开展有效路径，在推进大中小学劳动教育课程一体化建设过程中，以立德树人为根本统摄，不断强化劳动教育课程一体化建设政策引领，不断明确劳动教育课程一体化建设价值与内涵，推动劳动教育课程一体化建设实践不断推进，取得的工作成效与有益经验为河南省劳动教育高质量发展奠定了坚实基础。

（一）夯实政策基础，引领劳动教育课程一体化建设精准发力

为深入贯彻习近平总书记关于劳动教育的重要论述，全面落实《中共中央　国务院关于全面加强新时代大中小学劳动教育的意见》要求，结合河南省实际，省委、省政府发布《关于全面加强新时代大中小学劳动教育的实施意见》，对河南省大中小学劳动教育进行总体部署。该意见指出要在大中小学开设劳动教育必修课程，将劳动教育纳入中小学课程方案和职业院校、普通高等学校人才培养方案。中小学劳动教育课每周不少于1课时；普通高等学校要明确劳动教育主要依托课程，其中本科阶段不少于32学时。劳动教育课程是劳动教育实施的核心，在劳动教育中发挥主导作用。

2022年，《义务教育课程方案（2022年版）》将劳动从综合实践活动课程中独立出来，在1~9年级开设专门的劳动教育课程，并规定平均每周不少于1课时。与此同时，《义务教育劳动课程标准（2022年版）》（以下简称为“劳动课程标准”）也正式颁布。这对深入贯彻习近平总书记关于劳动教育的重要论述，加快构建德智体美劳全面培养的教育体系，形成《中共中央　国务院关于全面加强新时代大中小学劳动教育的意见》和教育部《大中小学劳动教育指导纲要（试行）》的落实机制，建设具有中国特色的劳动课程具有重要历史意义和现实意义。同时也为劳动教育课程指明了新的发展方向，提出了新的使命任务。劳动教育课程标准中蕴含着劳动课程一体化设计的内在逻辑，表现在注重课程目标的横向融通与学段衔接，强调课程内容的规范性与开放性结合，强化教学评有机统一。推进河南省大中小学劳动教育课程一体化建设，形成既有连续性又有进阶性的课程体系，促进大中小学劳动教育课程开齐、开好，是提高劳动教育课程建设质量，充分发挥劳动教育课程作用的必然举措。

(二)深挖理论内涵,统筹劳动教育课程一体化建设科学开展

劳动教育是一项系统工程,大中小学劳动教育课程一体化建设是劳动教育系统工程中的一项崭新任务。推进河南省大中小学劳动教育课程一体化建设,须对劳动教育、劳动教育课程以及劳动教育课程一体化的内涵具备科学、深入与全面的认知与了解,以清醒的理论自觉与深厚的理论积淀明确推进大中小学劳动教育课程一体化建设的有效、高效路径。

推进大中小学劳动教育课程一体化建设既是劳动教育本身的诉求,亦是国家对劳动教育提出的要求。劳动教育在新时代蕴含新价值。新时代劳动教育需要从系统化、一体化的顶层设计出发,基于文化传统、基本国情、时代要求,明确新时代劳动教育的内涵与形态,挖掘新时代劳动教育的价值与功能,建构新时代劳动教育的目标体系和内容结构,建设新时代劳动教育的政策环境和文化氛围,从而形成体现新时代中国特色社会主义教育性质,符合大中小学各学段学生的身心发展规律和教育实际,适应新时代生产力与社会关系以及生活生产方式特征的一体化劳动教育课程体系[①]。从学生个体来说,劳动认知观的树立和劳动技能的获得,直至劳动价值观的养成,需要通过劳动教育实现。劳动教育具有"根"和"魂"的作用。同时,劳动教育将学生带入劳动世界,丰富其劳动情感,满足其精神需求,促进其精神生长。从社会发展来说,教育同生产劳动相结合是新时代中国特色社会主义教育的根本方针、根本原则,也是基本教育制度。培养高素质劳动者和专门人才、拔尖创新人才,劳动教育推动着劳动者的全面发展。[②] 开展劳动教育,挖掘劳动教育蕴含的强大力量是教育事业的重要任务。劳动教育是一项基于人、培养人、发展人的系统性教育工程,是一套综合化、连续化、一体化的教育模式,具有多要素、多功能、多渠道的实施特点,劳动教育课程一体化建设的必要性也凸显出来。《国家中长期教育改革和发展规划纲要(2010—2020年)》指出:"要树立系统培养观念,推进小学、中学、大学有机衔接"。由此,实现大中小学劳动教育课程一体化既是劳动教育本身的诉求,亦是国家对劳动教育事业提出的要求。推进河南省大中小学劳动教育课程一体化建设是增强我省劳动教育协同性的现实需要,也是提高我省劳动教育实效性的必然要求。

劳动教育过程是一个多功能、多要素、多途径整合实施的过程。大中小学劳动教育课程一体化是指:把劳动教育作为一项系统工程,从整体的视角出发,对劳动教育各要素进行有效整合,打破当前大学、中学、小学劳动教育相对独立、各自为政的局面。具体来说就是要求各学段根据学生认知发展规律及教书育人规律,对大中小学的劳动教育资源进行统筹,分层设计各个学段的劳动教育课程内容,将劳动教育与其他学科融合贯通,同时开拓家庭、学校、社会育人资源,发挥协同育人作用,形成劳动育人合力。自思政课一体化在党的文件中被正式提出以后[③],教育领域一体化逐渐被普遍使用。大中小学思政

---

① 顾建军,毕文健.刍议新时代劳动教育课程的一体化设计[J].人民教育,2019(10):11-17.

② 陶凤云,沈紫晴,胡斌武.新时代一体化劳动教育体系:价值导向与实践进路[J].教育理论与实践,2022,42(25):16-20.

③ 教育部.国家中长期教育改革和发展规划纲要(2010—2020年)[EB/OL].(2010-07-29)[2023-10-25].http://www.moe.gov.cn/jyb_xwfb/s6052/moe_838/201008/t20100802_93704.html.

课一体化建设是指大中小学各学段的思政课要统筹规划、整体设计，包含纵向一体化和横向一体化，即大中小学各学段的思政课循序渐进地向纵深推进，同时与其他各类课程密切配合，形成协同育人合力。[①] 教育领域的一体化是指：综合考虑教育系统内外部的各个要素，以全面的观点看待教育发展的过程，遵循教育规律和原则，将系统的各类教育要素进行整体统筹，将数个相对独立的主体融合成为彼此包容、有效衔接、相互融合的共同体的过程。[②] 劳动教育是由大学、中学、小学劳动教育等处于不同层次的子系统有序排列而形成的有机整体。《中共中央　国务院关于全面加强新时代大中小学劳动教育的意见》指出，在新时代劳动教育的实践开展中，要坚持大中小学一体化的教育理念，以整体的、一体化的思维统筹把握各个学段的课程教学，体现教育发展的层次性与系统性需求[③]。《义务教育劳动课程标准（2022 年版）》中也强调加强"一体化设置"、进行"一体化设计"，大中小学劳动教育一体化成为当下劳动教育事业的方向与任务。大中小学劳动教育课程一体化要求劳动教育要建构纵向衔接与横向贯通相结合的整体教育体系。纵向衔接要求在劳动教育过程中，根据不同学段学生特点，所授劳动教育内容应具有循序渐进性，既符合本学段要求，又要避免与其他学段教育内容脱节；在承接上一学段内容的同时，适当为下一学段教学内容延伸，实现各教育阶段劳动教育的有机承接。横向贯通不仅要求劳动教育进行专门的劳动知识与技能教育，还要在各学科专业中进行融合渗透，将劳动知识潜移默化地融入其他学科的教学与实践中，增强教学应用性与广泛性，同时通过家庭、学校、社会的协同联动，充分发挥家庭教育的生活性、学校教育的专业性、社会教育的全面性特性，形成劳动育人的三重合力，构建家庭、学校、社会协同育人机制。

（三）加强实践行动，推进劳动教育课程一体化建设落实落细

以政策引领为基础，以理论积淀为推力，河南省大力推动大中小学劳动教育课程一体化建设实践行动，扎实推进我省劳动教育课程一体化建设不断落实落细。

首先，深化各相关方对大中小学劳动教育课程建设重大意义的认知。各级教育主管部门和各级各类学校、研究人员、劳动课教师和专业课教师，对劳动教育课程是落实立德树人根本任务的关键课程有着深刻的认识，对增强劳动课的针对性、时效性存在较为普遍一致的认识。这为进一步推进大中小学劳动教育课程一体化建设奠定了良好思想基础。对此，河南省教育厅多次组织实施相关培训活动，如"全省高等院校劳动教育教师培训""河南省学校劳动教育培训"等。其次，优化大中小学劳动教育课程建设顶层设计。自河南省劳动教育意见提出，各方围绕劳动教育课程一体化建设做了大量工作，明确了建设方向。教育主管部门出台相关文件，提出劳动教育课程建设的具体措施，明确目标、任务，为加强和推进劳动教育课程一体化建设提供制度保障；组建劳动教育研究机构——河南省劳动教育研究中心等，广泛开展研究工作，旨在为一体化建设提供理论支

---

① 倪慧.大中小学思政课一体化建设的内涵体系与思维创新[J].中学政治教学参考，2021(19)：43-46.

② 卢黎歌，耶旭妍，王世娟，等.统筹推进大中小学思政课一体化建设研究：学习习近平总书记在学校思想政治理论课教师座谈会上的重要讲话精神笔谈[J].北京工业大学学报(社会科学版)，2020，20(1)：9-25.

③ 中共中央国务院.关于全面加强新时代大中小学劳动教育的意见[EB/OL].(2020-03-26)[2023-10-25]. https://www.gov.cn/zhengce/2020-03/26/content_5495977.htm.

撑。最后,创新创造性开展劳动教育实践活动。全省各地和各级各类学校以劳动教育周等活动为契机,开展技能竞赛、深挖"项目学习"、制作赠送劳动奖章、邀请非遗传承人走进校园、形成劳动专辑典型案例等,有效推动劳动教育与语文、科学、美术、品德等学科深度融合,一批学校被评选为河南省中小学劳动教育特色学校,为推进大中小学劳动教育课程一体化建设奠定实践基础。

劳动教育课程建设的这些实践工作经验为劳动教育课程一体化建设奠定了基础。但是具体劳动教育课程实践距离理想的"一体化"目标还存在一定差距,须进一步了解现实,对准问题、解决问题,为劳动教育课程一体化建设高质量、高效率实现持续发力。

二、河南省大中小学劳动教育课程一体化建设现状检视

大中小学劳动教育课程一体化建设是一项系统工程、持久工程,河南省在探索中有所行进,亦在探索中直面困境与挑战。为更有效提升大中小学劳动教育课程一体化程度,聚焦提高劳动教育实效性,充分发挥劳动教育之立德树人作用,有必要对河南省大中小学劳动教育课程一体化现状进行把握,继而对标理想目标找差距、找对策,推动大中小学劳动教育课程一体化建设进一步落实落细、落对落准。

(一)调查目的

为了解与把握河南省大中小学劳动教育课程一体化客观、真实情况,分析河南省大中小学劳动教育课程一体化建设过程中存在的阻碍,特编制调查问卷对河南省大中小学教师展开调查。通过调查研究,明确进一步提升大中小学劳动教育课程一体化程度的方向、重点与难点,为河南省大中小学劳动教育课程一体化建设的有效路径与实践方案提供参考依据,服务于推进劳动教育一体化建设,实现劳动教育高质量发展,使劳动教育有效、高效地发挥立德树人之作用。

(二)调查对象

面向河南省大中小学教师,开展劳动教育一体化调查,共收集 336 人数据,有效数据 319 人,有效率 94.94%。下面分别从调查对象的性别、学历、教龄、任教学段、地域分布进行描述。

(1)性别

从性别看,男教师 70 人,占比 21.94%;女教师 249 人,占比 78.06%。

(2)学历

从学历看看,专科及以下学历教师 7 人,占比 2.19%;本科学历教师 162 人,占比 50.78%;硕士教师 101 人,占比 31.66%;博士学历教师 49 人,占比 15.36%。

(3)教龄

从教龄看,不足一年教师 44 人,占比 13.79%;1~5 年教师 76 人,占比 23.82%;6~10

年教师 83 人,占比 26.02%;10 年以上教师 116 人,占比 36.36%。

(4)学段

从学段看,包括小学教师 134 人,占比 42.01%;中学教师 99 人,占比 31.03%;大学教师 86 人,占比 26.96%。

(5)地域

从地域看,主要来自郑州、新乡、开封、焦作、洛阳等城市(与此相对应地,河南省各市高校数量排名分别为郑州、新乡、洛阳、开封等)。

(三)调查工具

结合专家咨询建议与先前研究基础设计大中小学劳动教育课程一体化实施现状调查问卷,包括七个方面共计 28 道题,分别是课程认知,4 道题;课程开设情况,6 道题;课程目标掌握情况,2 道题;课程内容,2 道题;教学组织情况,3 道题;教学方法,1 道题;课程评价,3 道题;课程一体化建设,7 道题。

(四)数据收集与分析

采用在线调查的形式,向河南省具有代表性的地市(高校、中学、小学)发放问卷。共收集问卷 336 份,根据作答时间、作答城市等排除无效作答,共获取有效问卷 319 份。

利用 Excel 和 SPSS 进行描述分析。

(五)调查结果

1.课程认知状况

人们对于劳动教育课程,存在不同认知状况。将从劳动教育课程开设必要性、学校重视程度、政策学习情况以及课程开设困难四个方面分析河南省大中小学教师关于劳动教育课程的认知状况。

(1)有必要开设劳动教育课程

283 人认为有必要开设劳动教育课程(比较有必要和非常有必要),占比88.71%;28 人持中间态度,占比8.78%;8 人认为没必要开设(比较没必要和非常没必要),占比2.51%,来自中学(高中)和大学。

(2)不同阶段学校对劳动教育课程重视程度不同

152 人所在学校重视劳动教育课程(比较重视和非常重视),占比47.34%;105 人所在学校重视程度一般,占比32.92%;63 人所在学校不重视(比较不重视和非常不重视),占比19.75%。

具体地,分学段来看:①小学。在小学学段,88 人所在学校重视劳动教育课程(比较重视和非常重视),占比65.67%;36 人所在学校重视程度一般,占比26.87%;10 人所在学校不重视(比较不重视和非常不重视),占比7.46%。②中学。在中学学段,30 人所在学校重视劳动教育课程(比较重视和非常重视),占比30.30%;32 人所在学校重视程度一般,占比32.32%;37 人所在学校不重视(比较不重视和非常不重视),占比37.37%。③大学。在大学学段，33 人所在学校重视劳动教育课程（比较重视和非常重视），占比37.21%；37 人所在学校重视程度一般，占比43.02%；16 人所在学校不重视（比较不重视和非常不重视），占比18.60%。

（3）大部分教师学习过有关劳动教育的文件或政策

130 人所在学校组织学习过劳动教育的文件或政策，占比40.75%；82 人自己学习过，占比25.71%；107 人没有学习过，占比33.54%。

具体地，分学段来看：①小学。83 人所在学校组织学习过劳动教育的文件或政策，占比61.94%；21 人自己学习过，占比15.67%；30 人没有学习过，占比22.39%。②中学。26 人所在学校组织学习过劳动教育的文件或政策，占比26.26%；29 人自己学习过，占比29.29%；44 人没有学习过，占比44.44%。③大学。21 人所在学校组织学习过劳动教育的文件或政策，占比24.42%；32 人自己学习过，占比37.21%；33 人没有学习过，占比38.37%。

（4）学校开设劳动教育课程存在一定困难

关于学校开设劳动教育课程存在的困难，238 人认为缺乏专业指导，占比达到74.61%；218 人认为缺乏教学资源，占比68.34%；193 人认为教师人手不足，占比60.50%；179 人认为没有校外基地，占比56.11%；134 人认为评价体系不完善，占比42.01%；116 人认为学校重视程度不高，占比36.36%；97 人认为学生负担重，占比30.41%；44 人认为家长不配合，占比13.79%；剩下的 2 人选择了其他，其中 1 人认为学校开设劳动课程不存在困难。

2.课程开设情况

劳动教育课程开设情况主要从课时安排、人员安排、选用资料教材、开设方式等层面展开调查，详细结果如下。

（1）超过半数的学校劳动教育课时有固定安排

135 人所在学校劳动教育课时安排为每周一节，占比42.32%；31 人所在学校劳动教育课时安排为每周两节，占比9.72%；6 人所在学校劳动教育课时安排为每学期一节，占比1.88%；135 人所在学校劳动教育课时安排不固定，占比23.51%；72 人对所在学校劳动教育课时安排不清楚，占比22.57%。

（2）学校劳动教育课专职教师较少

75 人所在学校劳动教育课由专职教师担任，占比23.51%；99 人所在学校劳动教育课由兼职教师担任，占比31.03%；132 人所在学校劳动教育课由班主任担任，占比41.38%；13 人所在学校劳动教育课由校外人员担任，占比4.8%。

（3）学校劳动教育课程中所采用的相关资料或教材，不固定，多由上级分配

学校劳动教育课程中所采用的相关资料或教材，160 人反映由上级分配，占比50.16%；156 人所在学校劳动教育课程中没有固定资料，占比48.90%；83 人所在学校劳动教育课程中所采用的相关资料或教材由学校自主研发，占比26.19%；47 人所在学校劳动教育课程中所采用的相关资料或教材由教师编写，占比14.73%。

（4）劳动教育课应以综合实践活动课程形式开设

79 人认为劳动教育课的开设方式为必修课程，占比24.76%；11 人认为劳动教育课的

开设方式为选修课程，占比3.45%；226 人认为劳动教育课的开设方式为综合实践活动课程，占比70.85%；3 人认为没必要开设劳动教育课，占比0.94%。

（5）学校开展劳动教育的课程类型主要包括综合实践课程和劳动教育课程

学校开展劳动教育的课程类型中，228 人选择了综合实践课程，占比71.47%；189 人选择了劳动教育课程，占比59.24%；176 人选择了社团活动课程，占比55.17%；129 人选择了主题实践课程，占比40.44%；101 人选择了校本课程，占比31.66%。

（6）学校较为重视借助其他科目开展劳动教育

184 人所在学校重视借助其他科目开展劳动教育，占比57.68%；184 人所在学校不重视借助其他科目开展劳动教育，占比42.37%。

3.课程目标掌握情况

（1）劳动教育的课程应该培养学生良好的劳动习惯和具备基本的劳动能力

设定劳动教育的课程目标时，287 人认为是培养良好的劳动习惯，占比89.97%；283 人认为是具备基本的劳动能力，占比88.71%；261 人认为是培育劳动的基本感情，占比81.82%；218 人认为是教授劳动的理论知识，占比68.34%。

（2）教师对劳动教育课程目标的掌握情况一般

29 人对劳动教育课程目标的掌握情况为非常好，占比9.09%；79 人对劳动教育课程目标的掌握情况为较好，占比24.76%；153 人对劳动教育课程目标的掌握情况为一般，占比47.96%；43 人对劳动教育课程目标的掌握情况为较差，占比13.48%；15 人对劳动教育课程目标的掌握情况为非常差，占比4.70%。

4.课程内容

（1）劳动教育课程内容设置应以课标为主，同时结合本校实际情况

47 人认为劳动教育课程内容设置应按照课程标准来执行，占比14.73%；237 人认为劳动教育课程内容设置应以课标为主，结合本校实际情况，占比74.29%；8 人认为劳动教育课程内容设置应由任课教师自己决定，占比2.51%；27 人不清楚劳动教育课程内容设置的依据。

（2）学校劳动教育课程的主要内容，主要包括家务劳动类、手工劳动类、社会服务类等

学校劳动教育课程的主要内容中，260 人认为应包括家务劳动类，占比81.50%；224 人认为应包括手工劳动类，占比70.22%；216 人认为应包括社会服务类，占比67.71%；183 人认为应包括创意劳动类，占比57.37%；153 人认为应包括职业体验类，占比47.96%；153 人认为应包括劳动技术类，占比47.96%；152 人认为应包括传统工艺类，占比47.65%；144 人认为应包括农业技术类，占比45.14%；107 人认为应包括专题活动类，占比33.54%；97 人认为应包括传统养殖类，占比30.41%；89 人认为应包括考察探究类，占比27.90%；6 人认为应包括生活常识类、生活自理能力培养等，占比1.88%。

5.教学组织情况

（1）学校劳动教育课程的教学组织形式，主要是“课堂授课，现场实践”和“现场授课，现场实践”

65 人所在学校劳动教育课程的组织形式为“课堂授课，课堂实践”，占比20.38%；84

人所在学校劳动教育课程的组织形式为“课堂授课，现场实践”，占比26.33%；75 人所在学校劳动教育课程的组织形式为“现场授课，现场实践”，占比23.51%；38 人所在学校劳动教育课程的组织形式为“集中授课，分散实践”，占比11.91%；57 人所在学校劳动教育课程的组织形式看情况而定，占比17.87%。

(2)学校劳动教育课程的教学场域，主要是上课的教室和校外劳动实践基地

142 人所在学校劳动教育课程的教学场域为上课的教室，占比44.51%；140 人所在学校劳动教育课程的教学场域为校外劳动实践基地，占比43.89%；22 人所在学校劳动教育课程的教学场域为专门的劳动教室，占比6.90%；15 人所在学校劳动教育课程的教学场域为其他，主要包括校内劳动实践基地、校内校外结合等，占比4.70%。

(3)学校组织劳动教育课程时学生的分组方式以教师安排和学生自由组合为主

119 人所在学校组织劳动教育课程时学生的分组方式为教师安排，占比37.30%；106 人所在学校组织劳动教育课程时学生的分组方式为学生自由组合，占比33.23%；51 人所在学校组织劳动教育课程时学生的分组方式为按固定小组，占比15.99%；43 人不清楚所在学校组织劳动教育课程时学生的分组方式，占比13.48%。

6.教学方法

学校劳动教育课程的教学方法主要包括讲授法、演示法和情景教学法

241 人所在学校劳动教育课程使用讲授法，占比75.55%；200 人所在学校劳动教育课程使用演示法，占比62.70%；175 人所在学校劳动教育课程使用情境教学法，占比54.86%；169 人所在学校劳动教育课程使用练习法，占比52.98%；141 人所在学校劳动教育课程使用实验法，占比44.20%；111 人所在学校劳动教育课程使用讨论法，占比3.45%；78 人所在学校劳动教育课程使用谈话法，占比24.45%；5 人所在学校劳动教育课程选择了其他教学方法，主要包括示范练习、自学等，占比1.57%。

7.课程评价

(1)学校劳动教育课程评价主要为多元评价

118 人所在学校劳动教育课程评价学生的主体是教师，占比36.99%；28 人所在学校劳动教育课程评价学生的主体是同学，占比8.78%；3 人所在学校劳动教育课程评价学生的主体是家长，占比0.94%；25 人所在学校劳动教育课程评价学生的主体是学生自己，占比7.84%；145 人所在学校劳动教育课程评价为多元评价，占比45.45%。

(2)学校劳动教育课程的评价内容主要包括劳动实践成果、实际操作过程和劳动实践态度

239 人所在学校劳动教育课程的评价内容为劳动实践成果，占比74.92%；216 人所在学校劳动教育课程的评价内容为实际操作过程，占比67.71%；212 人所在学校劳动教育课程的评价内容为劳动实践态度，占比66.46%；193 人所在学校劳动教育课程的评价内容为劳动实践次数，占比60.50%；4 人选择了其他，包括团队协作、能力提升等，占比1.25%。

(3)学校劳动教育课程的评价方式主要包括劳动作品或成果展示、实际操作测验等

255 人所在学校的劳动教育课程评价方式为劳动作品或成果展示，占比79.94%；193 人所在学校的劳动教育课程评价方式为实际操作测验，占比60.50%；116 人所在学校的

劳动教育课程评价方式为劳动档案记录，占比36.36%；111 人所在学校的劳动教育课程评价方式为颁发劳动奖状，占比34.80%；77 人所在学校的劳动教育课程评价方式为书面考试，占比24.14%；22 人所在学校的劳动教育课程不做任何评价，占比6.90%；还有 3 人选择了其他，包括家长评价等，占比0.94%。

8.课程一体化建设

(1)多数人对于整个大中小学劳动教育课程一体化的了解程度为一般及以下

14 人对于整个大中小学劳动教育课程一体化的了解程度为非常了解，占比4.39%；42 人比较了解，占比13.17%；160 人一般了解，占比50.16%；68 人不太了解，占比21.32%；35 人完全不了解，占比10.97%。

(2)多数人对其他学段劳动教育课程目标的熟悉程度为一般及以下

15 人对其他学段劳动教育课程目标的熟悉程度为非常熟悉，占比4.70%；35 人比较熟悉，占比10.97%；146 人一般熟悉，占比45.77%；82 人不太熟悉，占比25.71%；41 人完全不熟悉，占比12.85%。

(3)多数人对其他学段劳动教育课程教学内容的熟悉程度为一般及以下

14 人对其他学段劳动教育课程教学内容的熟悉程度为非常熟悉，占比4.39%；35 人比较熟悉，占比9.40%；158 人一般熟悉，占比49.53%；80 人不太熟悉，占比25.08%；37 人完全不熟悉，占比11.60%。

(4)大部分人未与其他学段教师开展过有关大中小学劳动教育课程一体化建设的交流和沟通

81 人与其他学段的劳动教育教师开展过有关大中小学劳动教育课程一体化建设的交流和沟通，占比25.39%；238 人没有开展过沟通，占比74.61%。

①小学。小学学段中，41 人与其他学段的劳动教育教师开展过有关大中小学劳动教育课程一体化建设的交流和沟通，占比30.60%；93 人没有开展过沟通，占比69.40%。②中学。中学学段中，19 人与其他学段的劳动教育教师开展过有关大中小学劳动教育课程一体化建设的交流和沟通，占比19.19%；80 人没有开展过沟通，占比80.81%。③大学。大学学段中，21 人与其他学段的劳动教育教师开展过有关大中小学劳动教育课程一体化建设的交流和沟通，占比24.42%；65 人没有开展过沟通，占比75.58%。

(5)大中小学劳动教育课程一体化建设的主体应为教育主管部门和学校

185 人认为大中小学劳动教育课程一体化建设的主体为教育主管部门，占比57.99%；111 人认为大中小学劳动教育课程一体化建设的主体为学校，占比34.80%；23 人认为大中小学劳动教育课程一体化建设的主体为教师，占比7.21%。

(6)大中小学劳动教育课程一体化建设的关键在于教学资源、课程建设、师资队伍等一体化

211 人认为大中小学劳动教育课程一体化建设的关键在于教学资源一体化，占比66.14%；198 人认为大中小学劳动教育课程一体化建设的关键在于课程建设一体化，占比62.07%；197 人认为大中小学劳动教育课程一体化建设的关键在于师资队伍一体化，占比61.76%；189 人认为大中小学劳动教育课程一体化建设的关键在于构建一体化体制机制，占比59.25%；185 人认为大中小学劳动教育课程一体化建设的关键在于课程

内容的衔接，占比57.99%；164 人认为大中小学劳动教育课程一体化建设的关键在于顶层设计，占比51.41%；88 人认为大中小学劳动教育课程一体化建设的关键在于教学研究，占比27.59%；2 人认为大中小学劳动教育课程一体化建设的关键在于亲自实践、教学评一体化，占比0.63%。

(7)大中小学劳动教育课程一体化建设待加强的方面

219 人认为大中小学劳动教育课程一体化建设待加强的方面在于师资队伍一体化，占比68.65%；216 人认为大中小学劳动教育课程一体化建设待加强的方面在于教学资源一体化，占比67.71%；206 人认为大中小学劳动教育课程一体化建设待加强的方面在于课程建设一体化，占比64.58%；200 人认为大中小学劳动教育课程一体化建设待加强的方面在于课程内容的衔接，占比62.70%；185 人认为大中小学劳动教育课程一体化建设待加强的方面在于构建一体化机制体制，占比57.99%；170 人认为大中小学劳动教育课程一体化建设待加强的方面在于顶层设计，占比53.29%；122 人认为大中小学劳动教育课程一体化建设待加强的方面在于教学研究，占比38.24%；2 人认为大中小学劳动教育课程一体化建设待加强的方面在于纳入期末评价考核、提高重视程度，占比0.63%。

三、河南省大中小学劳动教育课程一体化建设问题与不足

(一)劳动教育课程一体化建设顶层设计尚待完善

《国家中长期教育改革和发展规划纲要(2010—2020 年)》指出："要树立系统培养观念，推进小学、中学、大学有机衔接"。推进大中小学劳动教育课程一体化建设是增强劳动教育协同性的现实需要，也是提高劳动教育实效性的必然要求。大中小学劳动教育课程一体化建设是一项系统工程，其核心要义在于培养学生的劳动素养。劳动课程标准虽然为学校劳动课程建设提供了基本的目标导引、内容规范、实施建议等，同时也赋予学校较大的课程自主权。各级各类学校依据实际情况与课程标准开展了有益的课程建设实践，但由于缺乏顶层设计的引领与指导，导致教育目标、课程内容、课程实施和课程评价工作都处于相对独立又混乱的状态。各部门与各学校未全面系统地树立各学段劳动课程层层递进、各课程密切配合、必修课选修课相互协调、劳动课与其他课程协同育人的观念与意识。各学段"各自为教""各自为研""各自为学"的现象普遍存在，甚至有的学校将劳动课排除在外，不重视、不参与一体化建设。同时，由于这是一项前所未有的全新探索，没有成熟的范例可遵循。许多学校和教师对于劳动教育课程一体化的具体建设路径和实现方式，表现出"丈二和尚摸不着头脑"的茫然，直接导致劳动教育结果呈现出表面化、浅层化。各学段虽均有展示，看似一片繁荣、遍地花开，实际上多是"自说自话"、闭门造车。我们期待的一体化变成了"分别化"，无法形成对学生真实有效的教育效果。顶层设计事关方向与标准，是一项极具挑战性、专业性的工作，具有根本性、长远性意义。在劳动教育课程实践中，各省、各地教育行政部门应切实加强对劳动教育工作的组织领导、统筹规划，合理配置劳动教育实践资源、满足学校多样化劳动实践需求。对如何具体推

进一体化，牵头协调各学段的一体化步伐，引领、立标、推动大中小学劳动教育课程一体化建设。

（二）大中小学劳动教育课程目标衔接度有待提高

劳动教育课程一体化建设的核心在于劳动教育目标实现不同学段之间的纵向贯通与进阶有序。具体来说，劳动课程标准凝练出包括劳动观念、劳动能力、劳动习惯和品质、劳动精神四个方面的劳动素养，并以此为基础设计出课程的总目标和具体目标，形成横向融会贯通、纵向衔接有序的课程目标体系。在开展劳动教育课程建设实践过程当中应当注意劳动教育总目标的一以贯之和劳动教育层次化学段目标的重点推进。首先是各学段教学目标不聚焦。由于劳动教育课程涵盖大中小学四个学段，课程内容庞杂，在具体的教学过程中容易出现偏离本学段的教学中心主旨的情况，整体、根本目标一贯到底难以达成。其次，由于各学段在具体的教学过程中缺乏有效的沟通机制，导致各学段的具体教学目标是相对独立的，四个阶段的目标没有形成统一的有机整体，体现不出教学目标的进阶性，教学目标层次混乱。学段目标聚焦性与进阶性的缺失导致各个学段劳动课程教学成效碎片化，只体现阶段性特征，完成局部教学任务，无法实现劳动教育课程的连续性要求。这也导致各个学段之间开展劳动教育实践存在较大差异，有的学校将劳动教育做成特色，部分学校流于形式，甚至有学校形式也没有。

（三）大中小学劳动教育课程教材和教学内容衔接性与精准性有待加强

大中小学劳动教育内容的有效衔接是实现一体化的基础。新时代劳动教育课程内容主要涵盖日常生活劳动、生产劳动和服务性劳动中的知识、技能与价值观，各个学段在内容设置上既要考虑与下一学段的衔接又要守好各自的边界，做到既有梯度，又有区分度。在各种不同学段、相同学段劳动教育课程教材内容中始终存在着重复性与交叉性的问题，持续开展课程教材一体化整合亟待加强。同时，劳动教育教学内容还存在缺乏具有结构性、时代性的内容设计的问题，部分学校缺乏体现劳动教育要素的基本知识、基本技能、基本观念、基本品格的学段性内容要求，缺乏相应载体的有力支撑。不同阶段、不同类型的学校相互独立，课程自成体系，劳动教育课程内容被割裂开来，自然就会存在交叉重复、衔接不畅等一系列问题，无法实现一体化建设。

（四）劳动教育师资队伍建设一体化程度有待提升

部分教师对一体化建设重要性的认识还需要进一步加强，个别教师一体化素养也还有待提升。教师是劳动教育课程的实施者，是实现中华民族伟大复兴的筑梦人，其结构、素质直接影响着教学的实效。当前，劳动教育课程教师队伍还存在发展不充分、不平衡、不协同等问题。在数量层面，部分大中小学劳动教育专职教师尚未配齐配足，多是其他学科教师兼任或劳动教育专职教师沦为学校日常工作的“万金油”。在质量层面，一是劳动课教师队伍发展意识不强烈。教师队伍建设是动态的发展过程，劳动教育教师队伍理论素养的养成需要经过长期系统的学习和积累，保持发展的理念。由于人们长期对劳动教育存在一定认知偏差,导致劳动教育教师队伍的发展理念不足。二是劳动教育教师的业务水平不专业。劳动教育需要匹配专业的教师队伍与之相应。受历史、社会等因素的影响,大部分劳动教育教师没有接受过专业系统的劳动教育、劳动教育课程一体化培训,其自身的思想根基不牢固,不能深入透彻分析劳动教育的有关问题,专业化程度有待进一步加强。三是劳动教育教师队伍协同育人理念不充分。各学段的劳动教育教师在教学过程中独自教学,合作意识薄弱,尚未形成一体的教师交流、备课体系,割裂了大中小学劳动教育课程一体化建设的完整性。

(五)劳动教育课程一体化评价机制尚待健全

目前,尽管各级各类学校均逐步加强劳动教育课程建设,设置相应课程体系,但基本处于“各自为战”的境地。尤其涉及评价层面,各级各类学校在开设劳动教育课程之际,均会形成相应的评价依据,但针对不同学段如何开展一体化评价存在操作困难的现实性问题,如评价主体是谁、评价依据为何、评价内容有哪些、如何体现针对性(不同学校)、如何有效规避主观至上或形式大于内容等弊病、目标达成度如何体现、相应的持续改进机制、审查机制是否建立等。总之,评价问题是实践推进中难点问题,尤其涉及大中小学劳动教育课程的一体化,需系统设计,有序推进。

四、河南省大中小学劳动教育课程一体化建设优化策略

大中小学劳动教育课程一体化的有序推进要科学把握五点“新要求”:一是从“新”出发。在充分发挥传统劳动、传统工艺项目育人功能的同时,紧跟科技发展和产业变革,准确把握新时代劳动工具、劳动技术、劳动形态的新变化,创新劳动教育课程内容、途径、方式。二是从“劳”着手。劳动教育并不是孤立的教育形态,而是促进学生素质全面发展的有力抓手,应努力构建起“以劳树德,以劳增智,以劳强体,以劳育美,以劳创新”的新时代劳动教育课程体系。三是以“动”为键。身心动起来,入脑入心入行动。四是以“育”为核。通过劳动教育,使学生能够理解和形成马克思主义劳动观,在劳动认知、劳动本领、劳动意识上得到全面提升。五是以“人”为本。遵循教育规律、教育发展规律、人才成长规律和大中小学各级学校办学规律,以学生发展为中心。如此,新时代河南省大中小学劳动教育课程一体化建设可从以下几个方面着手。

(一)劳动价值观培育一体化

新时代劳动教育不能完全等同于让学生参加体力劳动和直接的生产劳动,而是形成正确的劳动价值观。首先,大中小学不同学段应根据育人目标科学设置劳动教育课程,设计和实施以生为本、培养学生正确劳动价值观和良好劳动品质的劳动教育方案。其次,把握劳动教育是落实立德树人根本任务重要途径的准绳,组织大中小学跨学段协同创新劳动教育教学,在劳动教育的知、情、意、行转化中螺旋式上升树立劳动价值观,夯

实青年学生热爱劳动、奋斗创造美好生活的思想基础。

1.明确指导思想

以习近平新时代中国特色社会主义思想为指导，全面贯彻党的教育方针，落实全国教育大会精神，坚持立德树人，把劳动教育与德育、智育、体育、美育相融合，探索形成契合河南省实际的劳动教育课程一体化发展模式，涵养学生勤俭、奋斗、创新和奉献的劳动精神，培养德智体美劳全面发展的社会主义建设者和接班人。

2.明确指导原则

重视劳动实践，在劳动理论教育的基础上践行社会主义劳动观；注重将劳动教育与学科专业教育相融合；大中小学要根据自身（区域特色、学科、专业等）特点，通过灵活多样的方式开展劳动教育，推进劳动文化进校园、进课堂。

3.营造良好氛围

积极开展劳动教育专题研讨、专题讲座、主题班会等系列教育活动，大力弘扬“劳动最光荣、劳动最崇高、劳动最伟大、劳动最美丽”的校园文化风尚，坚决反对一切不劳而获、追求暴富、贪图享乐的错误思想。深入挖掘和大力宣传在抗疫救灾、脱贫攻坚等重大事件中涌现出来的典型人物事迹，引导广大师生增强对劳动精神和劳动价值的认同感。

4.弘扬劳模精神

各级教育行政部门与各级工会组织要加强沟通协作，组织开展“劳模宣讲进校园”活动，大力弘扬劳模精神、劳动精神和工匠精神，培养学生正确的劳动价值观和良好劳动品质。大中小学积极开展劳模精神宣讲活动和师生代表进工厂、进农村活动，通过面对面、互动式宣讲和实地参观交流，强化劳动意识，感悟劳动价值，让劳动教育和劳模精神入脑入心。

5.兼顾动手动脑

理论学习和实践锻炼关系。坚持以实践锻炼为主，切实保证每一个学生都有必要的劳动实践经历。注重学用结合和实践取向，从劳动知识、劳动技能、劳动方法、劳动情感、劳动态度、劳动习惯、劳动精神、劳动价值等多个维度设置和设计培养目标，使学生参与劳动实践，体验劳动艰辛，热爱劳动过程，珍惜劳动成果，享受劳动欢乐，向往劳动创造。

（二）劳动教育实践教学一体化

劳动教育课程一体化建设的核心在于劳动教育目标实现不同学段之间的纵向贯通与进阶有序。具体来说，劳动课程标准凝练出包括劳动观念、劳动能力、劳动习惯和品质、劳动精神四个方面的劳动素养，并以此为基础设计出课程的总目标和具体目标，形成横向融会贯通、纵向衔接有序的课程目标体系。在开展劳动教育课程建设实践过程中应当注意劳动教育总目标的一以贯之和劳动教育层次化学段目标的重点推进。由于劳动教育与德育、智育、体育、美育之间存在互蕴互摄关系，即劳动教育里既有价值观教育，也有创造力、美感、身体素质的锻炼。可见，劳动素养是一种综合素养，是人的德智体美劳素养的综合。据此，应系统设计劳动教育课程目标，并针对不同学段、类型学生特点，对劳动教育实践进行整体规划，指导劳动教育有序开展。

1.小学劳动教育课程关注“生活性”

小学低年级要以个人生活起居为主要内容开展劳动教育，加强劳动意识和劳动安全意识的培养。指导学生完成个人物品整理、清洗，提高生活自理能力，如叠被子、洗袜子等；参与适当的班级集体劳动，主动维护教室内外环境卫生；进行简单手工制作，照顾身边的动植物。小学中高年级要以校园劳动和家庭劳动为主要内容开展劳动教育，引导学生初步养成热爱劳动、热爱生活的态度。指导学生参与家居清洁、收纳整理，制作简单的家常餐等，增强生活自理能力和勤俭节约意识；参加校园卫生保洁、垃圾分类处理、绿化美化等，适当参加社区环保、公共卫生等力所能及的公益劳动；初步体验种植、养殖、手工制作等简单的生产劳动，初步学会与他人合作劳动。学校要整合资源，为学生建立园地类、场馆类实践基地；落实班级值日生制度和清洁大扫除制度，利用运动会等各种大型活动设置学生志愿岗位。

2.初中劳动教育课程关注“广泛性”

兼顾家政学习、校内外生产劳动和服务性劳动，安排劳动教育内容，开展职业启蒙教育，培养认真负责、吃苦耐劳的劳动品质，增强公共服务意识和担当精神。指导学生进一步培养生活自理能力和习惯，承担相应的家庭日常清洁、烹饪、家居美化等劳动；定期开展校园包干区域保洁和美化，以及助残、敬老、扶弱等服务性劳动；适当体验金工、木工、电工、陶艺、布艺等生产劳动过程，尝试家用物品的简单修理，学习种植、养殖相关技术，获得初步的职业体验，形成初步的生涯规划意识。学校要积极整合资源，共建园地类、职场类、产业类等不同类型的实践基地；联合开发普职融通课程，开展生涯指导活动；积极开发主题志愿服务项目，合作开展共育活动。

3.高中劳动教育课程关注“服务性”

围绕丰富职业体验，组织开展服务性劳动和生产劳动，培养学生劳动自立意识和主动服务他人、服务社会的情怀。指导学生持续开展日常生活劳动，增强生活自理能力，固化良好劳动习惯；通过经历真实的服务性岗位工作过程，获得真切的职业体验；积极参加大型赛事、社区建设、环境保护等公益活动、志愿服务，强化社会责任意识和奉献精神；统筹劳动教育与通用技术课程相关内容，从工业、农业、现代服务业以及中华优秀传统文化特色项目中，自主选择2~3项生产劳动，经历完整的实践过程。学校要坚持多学科协同理念，统筹综合实践活动、通用技术和学科实践活动等课程，开发实施主题或项目式劳动课程；整合各方资源，合作共建园地类、场馆类、职场类、产业类等实践基地；与职业学校和社区内企业工厂合作，为学生体验生产劳动创造机会。联合开展共育活动，加强志愿服务供需对接。

4.职业院校（中职、高职、职业本科）劳动教育课程关注“技能性”

重点结合专业特点，增强学生的职业荣誉感和责任感，提高职业劳动技能水平，培育积极向上的劳动精神和认真负责的劳动态度。引导学生坚持开展日常生活劳动，自我管理生活，提高劳动自立自强的意识和能力；运用专业技能，定期开展校内外公益服务性劳动；依托实习实训，参与真实的生产劳动和服务性劳动，培育不断探索、精益求精、追求卓越的工匠精神和爱岗敬业的劳动态度，增强职业认同感和劳动自豪感。学校要强化劳模精神、劳动精神、工匠精神专题教育，加强学生实习指导，强化职业生涯规划指导；鼓励学生积极取得职业技能等级证书，鼓励学生参加各级职业技能大赛，定期评选校园工匠。明确生活中的劳动事项和时间，纳入学生日常管理工作。

5.普通高校劳动教育课程关注“创造性”

围绕创新创业，结合学科专业开展生产劳动和服务性劳动，积累职业经验，培育创造性劳动能力。引导学生加强生产劳动锻炼，积极参加实习实训、专业服务和创新创业活动，重视新科技、新工艺、新材料的运用，提高在生产实践中发现问题和创造性解决问题的能力；积极参加勤工助学活动，自觉参与教室、食堂、校园场所的卫生保洁、绿化美化和管理服务等，结合“三支一扶”“三下乡”等社会实践活动开展服务性劳动；巩固良好的日常生活劳动习惯，自觉做好宿舍卫生保洁，独立处理个人生活事务。把劳动教育融入大学生的专业课程学习与实习实训，在实习实训中强化劳动知识和技能训练，在课程建设上挖掘本专业大国工匠、劳动模范等特色资源；全面推进劳动教育与社会实践、创新创业教育、职业生涯教育、就业指导、产教融合等结合，开展形式多样的劳动实践锻炼。明确生活中的劳动事项和时间，纳入学生日常管理工作。

（三）家校社协同劳动教育一体化

列宁指出：“无论是脱离生产劳动的教学和教育，或是没有同时进行教学和教育的生产劳动，都不能达到现代技术水平和科学知识现状所要求的高度。”劳动形成人的本质，也是发生在人身上的教育，多维重构了个人与学校、社会的关系，体现了劳动教育的思想性、社会性和实践性。一方面，学校教育、家庭教育和社会教育要贯彻德智体美劳全面发展的教育方针，互相配合，形成教育合力。另一方面，学校、家庭和社会在教育活动中是有分工的且随着科技发展和产业变革，劳动形态和劳动方式由过去的以个体体力劳动为主向以合作性的复合劳动为主的方向转变，因此，学校劳动教育必须面向家庭和社会，在家庭、学校、社会配合下，新时代劳动教育观与家庭教育观、立德树人的任务观、社会主义核心价值观等具有内在一致性。

1.以家庭为基础，“生活化”夯实劳动教育根基

家庭在劳动教育中发挥的基础作用主要体现为房屋清洁、烹饪、家居美化等日常生活方面。家长通过言传身教，鼓励孩子自觉参加力所能及的劳动，帮助孩子树立正确的劳动观念，让孩子在潜移默化中培养吃苦耐劳的优秀品格、诚实合法的劳动意识、热爱劳动的良好习惯，掌握洗衣做饭等必要技能，具备较强的生活自理能力，劳动教育才会真正由理念变为现实，从空中楼阁到落地生根、开花结果。

2.以学校为主导，“课程化”提升劳动教育品质

劳动教育是学校立德树人根本任务的重要组成部分，人人都有劳动教育职责、各门课程都有劳动教育功能，需要形成全员、全过程、全方位加强劳动教育的格局。学校充分发挥劳动教育课的主渠道作用，严格落实《中共中央　国务院关于全面加强新时代大中小学劳动教育的意见》要求的大中小学的劳动教育课时，不得挤占、挪用劳动教育时间。

其他课程与劳动教育课互相支持、相得益彰，教师作为引路人充分挖掘每门课程的劳动教育资源，在思想品德、语文、历史等课程中灌输劳动价值，在物理、化学等实验中传授劳动技能，在体育、艺术等教学中呈现劳动创造美。

3.以社会为支持，“基地化”丰富劳动教育形式

社会是主战场、社会资源是最生动的教材，在劳动教育中发挥支持作用。社会相关部门积极承担育人职责，结合地方自然资源，创建农业种植、特色养殖等实践基地；挖掘人文历史的脉络，打造编织、布艺、陶艺、木刻、剪纸等教育基地；依托地方产业发展，创建烹饪、销售、加工、制造、维修等实习基地，实现学校课程与家庭指导、社会实践之间的有机结合。各行各业的大国工匠、劳动楷模、优秀创业者，积极走进校园课堂、深入实践场地，担任劳动教育课程兼职教师，引导学生学会创造、学会合作、学会生活，才能实现劳动教育效果的最大化，共同培育出更多堪当民族复兴重任的时代新人。

如此，应依托生活劳动、校内外服务性劳动、专业性劳动、河南省地域特色行劳动等教学内容，整合校外大中小学、学生家庭、企事业单位共同成为劳动教育的“大课堂”。推动大中小学携手，结合校本特色共建劳动教育实践基地，与行业专家结对，共同开发劳动教育教学资源，形成劳动教育的“大师资”。引导大学生和中小学生在劳动教育实践学习项目中深度合作，大中小学生共同接受大中小学劳动教育教师与行业专家指导，大学生向中小学生进一步转化劳动教育学习成果，中小学生助推大学生进一步提升劳动教育学习成果，共同打造劳动教育“大课程”。

(四)劳动教育课程评价一体化

充分发挥教育评价的管理监督和正向激励功能，依据课程目标，科学构建劳动教育课程评价指标体系，坚持系统观念，完善评价机制，推进评价改革。

1.构建全面评价体系

构建“横向+纵向+多元”的劳动教育课程全面评价体系。在横向上，以目标清单、内容清单、成效清单等为要素，坚持过程性评价与结果性评价相结合；在纵向上，坚持各学段全程贯通评价，注重前后衔接；充分结合学生自评与互评、教师评价、家长评价、社区评价、基地评价等，推动多元主体共同参与。

2.建立动态评价机制

借助大数据、云平台、物联网等现代技术手段，定期开展学生劳动素养监测，全面持续记录和分析家庭劳动、学校劳动、社会劳动的过程、时间和结果，发挥评价的育人导向和反馈改进功能。

3.充分运用评价结果

把劳动教育课程评价纳入学生综合素质评价体系，把学生参加劳动教育情况计入学生综合素质档案，作为学生评优评先、中招和高招录取的重要参考以及毕业依据之一。同时，把劳动教育课程开展情况及成效纳入学校目标考核和教师、班级、学校、地区等各级评优评先考核体系。

此外,要加强师资培训。这关涉劳动教育师资队伍建设,对教师培养需关注的层面有:要能够引导学生从思想上意识到劳动的目的和价值。培养学生理解和形成科学的劳动观,在生活实践中锻炼劳动能力,尊重社会上的普通劳动大众。要能够深度挖掘劳动教育课程中隐藏的育人因素,根据学生的年龄特征和课程特点,将劳动教育课程目标具体划分为不同的更精细的教育目标。同时,要切实保障劳动课教师在绩效考核、职称评聘、评先评优、专业发展等方面与其他专任教师享受同等待遇。推动大中小学建立师资交流共享机制。同时,切实夯实组织保障、场地保障、经费保障、安全保障、教研保障(围绕劳动教育校本研修主题,开展名师讲座、同伴互助、教师自学、外出学习等)、机制保障等,推动劳动教育行稳致远。

总之,劳动教育课程作为提高教育质量、深化教育改革的一项关键供给要素。打通大中小学劳动教育课程一体化通道是提高育人质量的必然举措。统筹推进大中小学劳动教育一体化是增强劳动教育协同性、提高劳动教育实效性、实现劳动教育特殊价值的重要诉求。统筹推进大中小学劳动教育课程一体化,反映了时代发展的需要,顺应了培养德智体美劳全面发展的社会主义建设者和接班人的迫切要求,也是深化劳动教育改革创新的必然要求,有利于强化劳动教育塑造学生人格、磨炼学生意志力、锤炼学生品格的育人功能。虽任重道远,但行则必至。

专题十三　新时代大学生成长评价指标体系构建与实施研究

一、问题的提出

2020 年 10 月，中共中央、国务院印发《深化新时代教育评价改革总体方案》，提出要“改进结果评价，强化过程评价，探索增值评价，健全综合评价”，改革学生评价，促进学生德智体美劳全面发展，“坚持以德为先、能力为重、全面发展，坚持面向人人、因材施教、知行合一，坚决改变用分数给学生贴标签的做法，创新德智体美劳过程性评价办法，完善综合素质评价体系，切实引导学生坚定理想信念、厚植爱国主义情怀、加强品德修养、增长知识见识、培养奋斗精神、增强综合素质”。同时，劳动教育、体育教育、美育教育是近年来党中央、国务院关心的学生评价改革的重要问题之一，也是学生评价要关注的重要内容。2020 年 3 月，《中共中央　国务院关于全面加强新时代大中小学劳动教育的意见》中提出，“劳动教育是中国特色社会主义教育制度的重要内容，直接决定社会主义建设者和接班人的劳动精神面貌、劳动价值取向和劳动技能水平”。2020 年 10 月，中共中央、国务院印发《关于全面加强和改进新时代学校体育工作的意见》和《关于全面加强和改进新时代学校美育工作的意见》，提出“学校体育是实现立德树人根本任务、提升学生综合素质的基础性工程，是加快推进教育现代化、建设教育强国和体育强国的重要工作，对于弘扬社会主义核心价值观，培养学生爱国主义、集体主义、社会主义精神和奋发向上、顽强拼搏的意志品质，实现以体育智、以体育心具有独特功能”，“以提高学生审美和人文素养为目标，弘扬中华美育精神，以美育人、以美化人、以美培元，把美育纳入各级各类学校人才培养全过程，贯穿学校教育各学段，培养德智体美劳全面发展的社会主义建设者和接班人”。

党的二十大报告将“实施科教兴国战略，强化现代化建设人才支撑”单独作为一个部分进行整体谋划，再次强调要“完善学校管理和教育评价体系，健全学校家庭社会育人机制”。教育评价事关教育发展方向，有什么样的评价指挥棒，就有什么样的办学导向。学生评价是教育评价的一个最基本领域，在整个教育评价体系中占据核心地位。

学术界关于大学生成长评价研究主要分散于人的发展、人才评价、教育评价、大学生素质教育、大学生评价等相关领域，相关文献浩如烟海，但集中论述大学生成长评价的文献并不多，而聚焦到大学生成长评价指标体系建构或实践方面的研究就更少。近期在中国知网中文数据库中通过检索主题“大学生成长评价”，仅检索出 56 篇期刊文章。当进一步聚焦大学生成长评价体系研究时，以“大学生成长评价体系”为主题，检索相关文献不足十篇。其中,唐忠宝等分析了在“以本为本,四个回归”的一流大学建设背景下,本科教育学生评价体系的价值、内容、方法,并探索了一流本科教育学生评价体系的构建路径;范纯琍将思想政治素质、专业文化素质、人文素质、身心素质、发展性素质5个指标设置为大学生综合评价体系的一级指标,并据此详细分设17个二级指标,41个三级指标,初步形成了大学生综合评价三级指标体系;陈恩伦等提出建构中国特色一流本科教育学生评价体系必须立足中国国情,必须结合一流本科教育实际,形塑评价育人和评价育才的价值取向、建构五育并举的全面发展评价指标体系和多维多样的内涵式评价形态以及符合中国本科教育实际的协商协同评价体制;肖磊提出大学生评价的科学开展需要正确处理如下几对关系:评价对象的复杂性与结果表征的简单性之间的关系、评价主体的多元性与评价结果的唯一性之间的关系、评价理念的先进性与评价技术的滞后性之间的关系、评价内容的全面性与对象发展的自由度之间的关系、评价结果的外部使用与内部发展之间的关系、评价活动的国际潮流与本土需要之间的关系。孔国庆对大学生成长评价进行了系统研究,他从主客体中心之辩、结果过程之辩分析了大学生成长评价与传统评价区别:大学生成长评价应以大学生的成长与发展为中心,恰如其分地肯定大学生的成长,从而实现主客体双方良性互动,实现大学生的健康成长与发展;大学生成长评价应以形成性评价为主,终结性评价为辅,注重对大学生学习过程的动态分析,它的功能是详细记录大学生在每个阶段上和过程中的成长特征和数据,及时分析大学生成长的正向力和负向力以及产生的原因,从而做到引导学生坚持正确的方向,修正错误的方向,促进学生健康成长。通过从传统评价到成长评价的视角转换,分析大学生成长评价的作用和功能、总结大学生评价中存在问题和反思,提出了大学生成长评价分阶段模式和大学生成长评价分层次模式,并在河南师范大学化学与环境科学等学院实施。

综上所述,关于大学生成长评价的主要内容,虽然许多学者有不同的论述,归结起来主要是思想、政治、道德、文化、专业、身体、艺术、心理等素质,以及这些素质的内化、融合、升华,并在实践活动中不断积累、锻造、思考,形成更高层次的创新精神、创新能力,产出创造性的成果。结合目前理论研究成果、对传统大学生成长评价的反思和社会发展对大学生成才的要求,梳理、归纳出国内大学生成长评价内容标准一览表(见表13-1)。

表13-1　国内大学生成长评价内容标准一览表

知识结构	专业知识	包括专业基础知识、专业扩展和提高知识、学科前沿知识等
	通识知识	大学生需要掌握一定量的人文社会科学、自然科学、艺术和体育方面的知识。这些知识不仅有助于提高大学生的综合素质,增强自身的能力,也有助于大学生了解社会、规律、现象和问题
	实践知识	大学生需要通过实践来加深和强化自己的知识,例如实验、实习、社会实践、志愿服务等
	潜在知识	大学生的潜在知识不仅来源于课堂教学,也来源于社交、阅读、媒体等多个方面,包括对一些问题的看法、观点、态度、价值观等

续表 13-1

能力结构	基本能力	包括听力、看力、说力、脑力、做力、行力、体力
	专业能力	指大学生在专业领域内的知识水平和学习能力，包括基础知识掌握、问题解决、创新思维、研究能力等
	社会能力	指大学生在与他人沟通交流、合作、建立良好人际关系等方面的能力，包括口才表达、团队协作、人际沟通等，以及运用知识解决问题、解决实际工作中遇到的挑战等方面的能力
素质结构	思想素质	包括政治素养、文化素养、科学素养、社会素养、社会责任感、国际视野等，大学生应该在这些方面不断提高自己，成为有思想、有品德、有文化、有责任感的新时代青年
	道德品质	包括高尚的道德品质，诚实守信、勤奋努力、自律自强、尊重他人、关爱社会，主动参加志愿服务、社会实践、支教支边等
	身体素质	大学生的身体素质是多方面的，是身体健康状况和身体各项指标的综合表现，包括体力、心肺功能、体重指数、骨骼健康、眼睛健康、耳朵健康和健康习惯等方面。良好的身体素质对于大学生的学习和生活都非常重要
	心理素质	包括新环境的快速适应能力、稳定乐观的情绪、较高的创造性和积极进取的精神，广泛而有中心的兴趣，坚强的意志、明确的自我意识、建立和谐人际关系的知识和技能等
	审美素养	指大学生对美的认知和欣赏能力，包括艺术审美、文学审美、自然审美、社会审美等多个方面，大学生的审美素养应该是一个全面的、多元化的认知和欣赏能力，大学生应培养能够欣赏不同领域的美，从而提高自己的审美品位和文化素养
	劳动素养	大学生的劳动素养是一个全面的、系统的、具有实践性的素养体系，具体是指他们在学习、工作和生活中所表现出来的一种态度和行为方式，包括对学习、工作的认真负责、勤奋努力、团队合作、创新能力、自我管理等方面的表现，大学生应培养具备正确的劳动态度、劳动技能和劳动习惯，能够积极参与劳动实践，具备一定的职业素养和职业道德，具备适应社会发展和职业发展的能力

因此，本专题认为，大学生成长评价是以培养德智体美劳全面发展的社会主义建设者和接班人为目标，以大学生健康成长与发展为中心，以各专业人才培养方案为标准，以反映大学生成长过程中的重要事实和数据为依据，以多元主体评价为主要方法，重点反映学生成长与发展过程中的知识、能力和素质的增值情况，并通过评价结果反馈机制，帮助大学生更好地正确认识自我、评价自我、改进自我和提升自我提供指导、参考的一种综合性评价活动。大学生成长评价兼具结果评价、过程评价、增值评价和综合评价的特征，但总体上，属于综合性评价。

然而,长期以来,学术界和高校对大学生成长评价指标体系重视不够,研究与评价不多,现有的大学生评价局限于大学生综合素质测评、大学生素质现状调研等形式,在评价主体上,主要是管理者依据客观数据对被评价对象进行评价,大学生参与度不高;评价内容上重专业素质轻其他素质,重知识轻能力,忽视大学生创造性的培养和个性化差异;在评价方式上,重定量评价轻定性评价,易造成评价的僵化和片面,评价方式不易被大学生认同;在评价功能上,重视评价的选拔鉴定作用,忽视评价的激励引导作用,不利于发挥成长评价对大学生成长成才的正向牵引作用,制约了大学生成长评价的成效。这种状况与贯彻落实中共中央、国务院印发《深化新时代教育评价改革总体方案》精神还有较大差距。因此,立足加快建设教育强国、科技强国、人才强国,坚持为党育人、为国育才,全面提高高校人才自主培养质量,研究完善现行大学生成长评价体系,促进学生德智体美劳全面发展,培养能够担当民族复兴大任的中高级专门人才,就具有特别重要的现实意义。

二、理论框架

(一)马克思主义人的本质和全面发展思想

马克思主义人的本质和全面发展思想,是社会主义教育目的价值取向的理论基础,也是新时代构建大学生成长评价体系、选择大学生成长评价主要内容的渊源和基石。马克思提出,完整的人就是"以一种全面的方式,也就是说,作为一个完整的人,占有自己的全面本质"。这里包含三层含义:首先,作为一个完整的人,既要有能动性,又要有受动性。因此,在现实世界中要根据人本身的需求和能力去创造自己,既要了解自我,也要把握外部环境。其次,现实的人不能仅仅以物质追求和精神追求来表现自身,要以一种更为全面的方式来衡量。最后,人是在占有自己全面本质的高度上认识自我和审视人性的。作为衡量和促进大学生成长和发展的大学生成长评价指标体系,也只有符合人的本性需求,发挥"人的完整性",才能巩固和促进大学生的成长成才。同时,马克思主义从有内在关系的三个层面上来揭示人的本质:第一个层面,马克思主义人学揭示了人类的本质是劳动。第二个层面,马克思主义人学揭示了人的群体本质是社会关系。第三个层面,马克思主义人学揭示了人的个体本质是人的需要。马克思主义通过对这三个层次的人的本质的揭示,认为人的本质规定了人的全面发展的特定内涵,那就是劳动能力、社会关系和个体素质各方面的自由而又充分的发展。20 世纪 70 年代,以马克思主义人的本质和发展思想为基础,在北美兴起的一种以促进人的整体发展为目的的教育理念,全人教育理念。倡导全人教育即促进人的全面发展,不仅要注重提高学生的知识和智力水平,而且还要关注学生的心智、情感、精神的发展,尊重学生的本能和兴趣,发展学生的潜能和创造性,使得学生逐步具备在现代世界中生存的能力。

马克思从历史唯物主义和辩证法高度提出,人的发展是一个社会历史过程,受社会生产力和生产关系制约。"人,不是抽象的人,而是一定社会的具体成员。人的体力、智力、知识、才能、兴趣、爱好和意识倾向、行为习惯等,都是由他们所处的生产关系和生产方式决定的。人们所生活于其中的各种社会关系,如民族的、阶级的、家庭的等,这些社会关系实际上决定一个人能够发展的程度”。从中可以看出,马克思、恩格斯所说的人的发展即人的全面发展,是“指在人的劳动能力全面发展的基础上包括人的社会关系、体力、智力、道德精神面貌、意志、情感、个性及审美意识和实践能力等各方面的和谐统一发展。人的全面发展过程是人不断走向自由和解放的过程,是人类历史追求的真正目的。”人的全面发展只有在共产主义社会里才能真正实现。

(二)马斯洛的需求层次理论

美国社会心理学家马斯洛在分析研究人的需求的基础上,在《人类动机理论》提出了人类基本需求等级论,即需求层次理论。论文中,马斯洛将人的需求分为五个层次,由低到高依次是生理需求、安全需求、爱与归属、尊重和自我实现的需求,并指出,人的需求是由低级向高级不断发展的,人类动机的发展和需求的满足有密切的关系。马斯洛的“人类动机理论”揭示了人的物质和安全的需要得到满足后,就会特别关注爱的需要、尊重的需要和自我实现的需要,因此,随着时代的发展进步,人们更多的希望获得尊重和自我实现的需要,这是一种巨大的潜能。只要条件适宜,这种潜能就会最大限度地释放出来。因此,学生的成长只要得到恰如其分的认可,他们就会加倍去实现更高的目标。这表明对于大学生的成长和发展而言,除了其自身努力外,评价的激励和引导已经成为一个极其关键的因素。在这种情况下,用评价来规划大学生的成长方向和目标,通过评价的激励和引导给他们一个外力,使他们沿着正确的成长道路顺利前进,无疑是十分必要的。马斯洛的需求层次理论,为大学生成长评价指标体系的构建提供了设计思路和方法论指导。

(三)皮亚杰的认知发展理论

皮亚杰的认知发展理论鲜明地提出内因和外因相互作用的发展观,即心理发展是主体与客体相互作用的结果,并将认知发展视为认知结构的发展过程,认为“儿童的智慧和道德结构同我们成人不一样。因而新的教育方法应尽一切努力按照儿童的心理结构和他们不同的发展阶段,将要教的材料以适合不同年龄儿童的形式进行教学”。皮亚杰认知发展理论蕴含了很多教育和教学原则,一是学生是教学活动的主体,教育教学内容应适应学生的认知发展水平;二是教师教学过程中要着重培养学生的思维能力,重视学生的个体差异,因材施教,同时要不断打破学生已有平衡状态,建立新的平衡状态;三是要增加学生们之间的合作学习,在丰富的探索活动中学习。皮亚杰的认知发展理论为我们研究和建构大学生的成长评价体系提供了有益的借鉴:重视激发大学生的主动学习意愿,外部环境的影响因素只有同化到有机体内部才能发生作用;重视对大学生个体进行长期纵向比较,衡量一个学生是否进步时,应该把他们的现状和过去的发展水平相比较,而不能拿一般标准和同龄人的平均水平来衡量;重视大学生在不同阶段的实际特点和需求,确定不同的成长目标,用目标加以激励和引导,促其成长和发展。

三、大学生成长评价指标体系的确立

(一)大学生成长评价指标体系确立的指导思想

以习近平总书记关于教育的论述为指导,以马克思主义人的本质和全面发展思想、马斯洛的需求层次理论、皮亚杰的认知发展理论等为支撑,以大学生成长评价指标内容选择为关键,以大学生成长评价指标体系及其权重分配为主要内容,构建科学、客观、公正的大学生成长评价指标体系,充分发挥大学生成长评价的正向功能,提高大学生的自我认知和自我管理能力,不断激发大学生的学习潜能,促进大学生全面发展和成长成才。

(二)大学生成长评价指标体系确立的基本原则

一是坚持全面性的原则。评价指标体系要尽可能地涵盖多个方面,涵盖思想品德、专业技能、身体素质、审美素养和劳动素养等学术和非学术领域,指标内涵具体、准确,以全面评价学生的综合能力。

二是坚持客观性的原则。评价指标体系应该基于客观、可量化的标准。这些标准必须是公平、准确、可靠的,遵循高等教育发展规律,符合大学生成长成才规律和特征,不受主观因素干扰,避免主观臆断和偏见。

三是坚持个性化原则。评价指标体系需要给予每个学生个性化的评价服务。学生的背景、环境和特长各不相同,评价标准也应该有所区别,让所有学生在评价中找到对应自己的价值定位,促进所有学生的发展。

四是坚持可操作性原则。评价指标体系应该具有可操作性和可检验性。指标应该明确、简洁,并且易于被理解和应用,避免相互交叉现象。计分规则明确及评价操作过程简单明了,评价结果统计方便。

五是坚持动态性原则。评价指标体系应该保持与时俱进,随着社会发展和教育模式的变化而不断更新和完善。这样可以确保评价指标体系符合时代需求和未来发展趋势,帮助学生更好地适应和顺应社会变化。

(三)大学生成长评价指标体系及其权重确定

1.一级指标、二级指标、三级指标的确立

对根据大学生成长结构,遵循大学生成长评价的边界原则以及《国家中长期教育改革和发展规划纲要(2010—2020年)》、中共河南省委河南省人民政府印发《深化新时代教育评价改革实施方案》(2022年)等政策文件要求,"坚持以德为先、能力为重、全面发展,创新德智体美劳过程性评价办法,完善德育评价、强化体育评价、改进美育评价、加强劳动教育评价",确立了思想品德、专业素质、身体素质、审美素养和劳动素养5个一级指标,并据此详细分设二级、三级指标,其中二级指标11个,三级指标48个,初步形成了三

级指标体系(见表 13-2)。

2.指标权重的确定

评价指标确定以后,由于各指标对评价目标的贡献程度不一样,我们必须对各个指标进行加权,即分配权重。对大学生评价指标的加权,可以直接根据各项工作指标的重要性或功能进行较粗糙的分配权重,也可以采用专家咨询法进行权重分配。权重是某一单项评价因素对大学生成长影响的程度,权重值的大小通常与影响程度大小正相关,权重取值 0~1,各评价因素的权重值总和为 1。确定权重的方法有德尔斐法、层次分析法等。德尔斐法是一种常用的技术测定方法,也是一种综合多数专家经验与主观判断的技巧。该方法是在确认评价因素科学合理的前提下,通过专家对评价因素权重作出概率估计,专家总体要求具有一定的权威和代表性。我们选取了 26 位大学生教育与管理方面的资深专家、教授和高层次管理者,通过 2 轮意见征询与信息反馈,一方面对原有的评价因素进一步修订和补充完善,另一方面可以得出意见相对集中、协调程度较高的结果,再运用数理统计方法进行均值与方差分析,检验各评价因素权重设定的合理性,最终得出大学生成长评价体系指标权重分配(见表 13-2)。

表 13-2　大学生成长评价指标体系及权重分配

一级指标	一级指标权重	二级指标	二级指标权重	三级指标数量	每项三级指标权重
思想品德	0.237 0	思想素质	0.111 0	政治素养	0.013 9
				文化素养	
				社会素养	
				语言素养	
				信息素养	
				科学素养	
				社会责任感	
				国际视野	
		道德品质	0.073 4	道德品质	0.036 7
				法纪素质	
		心理素质	0.052 6	情绪调节能力	0.007 5
				自我意识和自我认知	
				社交能力	
				适应能力	
				心理健康状态	
				自我学习能力	
				创新能力	

续表 13-2

一级指标	一级指标权重	二级指标	二级指标权重	三级指标数量	每项三级指标权重
专业素质	0.293 9	专业知识与情感	0.177 1	基础知识(成绩)	0.035 4
				学习态度	
				学习兴趣	
				学习方法	
				学习效果(成绩)	
		专业实践	0.116 8	实践性知识(实践课成绩)	0.023 4
				实践性技能	
				学术创新能力(论文发表)	
				实践应用能力(竞赛成绩)	
				专业团队合作能力	
身体素质	0.117 1	体质体能	0.056 1	体质状况(身体正常或肢体残疾)	0.018 7
				体育课程成绩	
				体质测试达标	
		卫生保健	0.061 0	饮食习惯	0.015 3
				运动状况(爱好或专长)	
				生活习惯	
				疾病史	
审美素养	0.184 7	审美意识	0.101 7	美学意识	0.033 9
				美学价值观	
				艺术创新思维	
		审美能力	0.083 0	审美知识储备	0.027 7
				艺术欣赏能力	
				艺术表现能力	
劳动素养	0.167 3	劳动意识	0.106 1	劳动意识	0.026 5
				劳动态度	
				劳动精神	
				劳动文化	
		劳动能力	0.061 2	劳动知识	0.015 3
				劳动技能	
				劳动习惯	
				劳动创造	

四、大学生成长评价的组织实施

大学生成长评价指标体系设定了大学生成长评价的主要内容,大学生成长评价能否达到预期促进大学生成长成才目的,关键在于大学生成长评价的组织实施。以下主要从组织实施必须明确的两个认识问题和实施步骤两个方面进行论述

(一)厘清两个明确

1.明确评价目的与方法

评价目的,是指评价预期要达到的目标,即评价结果的用途。评价目的制约评价方法。促进大学生全面发展和成长成才是大学生成长评价的最终目的,但对处于大学不同学习阶段的大学生成长评价而言,则有其更为具体的目的,例如,对于新入校的大学生进行评价,评价目的主要是判断其是否符合该大学的入学条件,可通过政审、成绩复查、体检等方式进行,属于诊断性评价,也是大学生成长评价的基础。而对大一学生的学期或学年成长评价,其评价目的则侧重生活与学习适应性评价,主要通过记录其在课堂内外活动情况、心理健康状况、阶段性学习成绩等事实和数据方式进行,教师、辅导员、班集体、同辈群体及其本人等发现问题,应及时采取适当方式予以反馈、调整和干预,促使其沿着正确的方向发展,则属于形成性评价。

评价方法,是指评价中使用的工具。评价方法是如何度量评价内容,实施大学生成长评价,必须掌握评价的基本方法,这些方法主要包括相对评价法、绝对评价法、个体差异评价法、分析评价法和综合评价法。相对评价法是在评价对象的集合中选取一个或若干个作为基准,然后把各个评价对象与基准比较。绝对评价法是在评价对象的集合之外确定一个标准,这种评价标准为客观标准。个体差异评价法是把被评价集合中的各个元素的过去和现在相比较,或者一个元素的若干侧面相互比较。分析评价法与综合评价法并不是对立的,往往先进行分析评价,然后进行综合评价。

在评价模式上,有分阶段评价模式、分层次评价模式、协商协同评价模式等。分阶段评价模式,是指将在校大学生的成长期科学划分为若干个阶段,通常按照年级划分,然后根据不同阶段的实际特点和需求,确定不同的成长目标,以成长目标激励和引导,促其成长和发展。分层次评价模式,是指根据大学生客观存在的素质层次差异,区别不同层次,分别确定不同层次的成长评价标准,不断激励不同层次的大学生按照所属层次的标准成长和发展。协商协同评价模式,是指通过协商共同制定公认的评价标准,并应用到评价实践中去,进而提高大家对评价结果的认同感。

2.明确评价主体与客体

大学生成长评价的主体,是指评价的实施者,客体是指被评价的对象。具体来说,大学生成长评价的主体可以是教师、辅导员等教育教学管理人员,对学生的学业表现、科研能力、综合素质等方面进行评价;也可以是学生本人,对自己考试成绩、课程表现、社会实

践活动、综合素质等方面的主观意识、价值评判、自我反思、自我管理、自我提升等内容进行评价；或者其他同学，从近距离旁观者的角度对接受评价的学生进行客观全面的评价。或者同行专家也可以参与对学生的评价，对于某些特定领域专业的学生，同行专家的意见更具权威性。大学生成长评价的客体是每个学生个人。在实践工作中，为保障评价效果，可以选择多元主体参与对大学生的成长评价，营造平等、民主、友好的评价氛围，切实唤醒学生参与评价活动的积极性和主动性。

（二）大学生成长评价的实施步骤

1.建立大学生成长评价数据系统

新时代的大学生成长评价，必须依托依靠现代信息技术和互联网交互平台，才能提高评价工作的效率和实效性。因此，在组织实施阶段，首先要考虑建立包括数据采集、评价模型设计、数据处理和存储、评价结果反馈以及信息安全保障等功能于一体的大学生成长评价数据信息化平台。数据采集主要通过与校内数据交换中心对接，采集大学生在校期间的各种数据，包括学习成绩、课程参与度、实践经验、学术成果、社交网络、心理健康等；同时，向接受评价的大学生个体一对一开放数据录入端口，通过填答相应问卷，采集评价数据信息。评价模型设计功能包括分阶段或者分学科专业对不同群体的大学生进行评价标准的调整和修正。数据处理和存储包括对评价数据的预处理、模型训练、模型评估等，同时存储各年度、各阶段的评价数据。评价结果反馈系统主要指根据评价结果，建立反馈系统，通过系统邮件、短信等方式向相关人员反馈评价结果、评价报告等。信息安全保障主要通过数据加密算法、访问控制机制、数据备份等方式进行数据安全保障。

2.分阶段实施大学生个体评价

大学阶段，尤其在高等教育普及化时代的大学阶段，大学生处于世界观、人生观和价值观逐步形成，同时又处于各种成长观念、成长目标、成长道路等进行选择的矛盾交汇期，我们希望大学生成长评价能够对每一位大学生个体的成长起到正向的激励引导作用。围绕大学生的成长成才，每个大学生个体的大学四年成长过程可以分为四个阶段：一年级，大学生活的起步与适应阶段；二年级，专业快速成长阶段；三年级，专业成才的核心阶段；四年级，走向社会的准备阶段。利用大学生成长评价指标体系，对每个大学生个体分四个阶段进行成长评价，针对每个阶段的评价结果出具评价报告。四个阶段全部评价结束，根据每个阶段的评价报告，展现该学生整个大学期间的成长过程，体现大学期间德智体美劳全面发展的增值情况。

在分阶段实施大学生个体评价过程中，必须重视反馈、调整和改进环节。一方面，将大学生评价所获得的信息和结果及时反馈给接受评价的学生本人，用以调整学生个人的学习方向和学习行为，促进大学生个体完善自我，是大学生成长评价的必经阶段和重要环节。同时将个体评价所获得的信息和结果反馈给教师，教师可以根据评价反馈因材施教，对学生个体实施针对性教育教学，帮助每一个学生发挥特长优势，在不同方面成长成才。另一方面，对一定规模的学生个体成长评价的数据进行统计分析，归纳具有同类特征的大学生成长成才的过程规律，并将总结结果反馈到学校教育管理人员或者决策人员以及教育行政管理部门，通过调整和改进教育教学过程，为更多大学生实现理想抱负创造更好的条件，实现教育者对大学生的教育培养过程与大学生自我需求、成才过程和谐一致的良好效果。

五、大学生成长评价的机制保障

本专题认为，大学生成长评价指标体系只有在健全的评价机制中才能发挥作用。因此，高校要科学开展大学生成长评价工作，建立健全大学生成长评价机制，以保障该评价指标体系得到科学使用。

（一）健全大学生成长评价的保障制度

评价制度是为保证评价活动顺利进行而由牵头部门组织制定的，要求有关人员共同遵守的规程。大学生成长评价制度建设应围绕自评中保证数据的真实性、互评中数据的客观性以及互评中评价主体的筛选制度等原则，制定大学生成长评价方案、大学生成长评价调查问卷、大学生成长评价计分规则、大学生成长评价分析报告（个人版）、大学生成长评价分析报告（统计版）等政策，与之相关的制度建设还包括大学生培养制度、创业就业制度等。高校采取哪种或哪些评价制度会因地区、学科、专业等方面的差异而有所不同。

（二）营造良好的大学生成长评价氛围

营造良好的大学生成长评价氛围，一方面对大学生成长评价进行广泛的解释和解读，让大学生能够理解评价结果的意义和价值，塑造大学生对成长评价的认同感和价值感，同时，加强评价过程的监督和管理，确保评价过程公正、公开、透明，评价结果真实、准确、可靠，加强评价机构和人员的技能提升，确保评价机构和人员具备专业能力和职业道德。另一方面，建立良好的评价教育环境，包括校园文化、教学设施、信息化建设等方面，为大学生提供良好的学习和成长环境，促进大学生的全面发展。

著名教育家苏霍姆林斯基说："重要的是在每一个孩子身上发现最强的一面，找到他作为人发展根源的'机灵点'，做到使孩子能够最充分地显示和发展他的天赋，达到他们年龄可能达到的最卓越的成绩。"审视大学生的成长和发展，我们发现大学生具有明显的个体、群体差异，每一位学生个体在智力、能力、思维品质、意志、性格、自我意识等方面都有自己的特点，因此大学生成长评价要遵循学生个性差异和明显特征，做到因人施评才能取得理想的评价效果。在评价实施的过程中，应将原则性和灵活性结合起来，根据标准随时进行评价，并随时根据大学生的实际特点和实际需求调整评价标准，通过评价信息反馈激励大学生逐步成长，促进高校人才培养水平的提高。

最后需要说明的是，本专题上述经专家咨询法确定大学生成长评价指标体系中思想品德、专业技能、身体素质、审美素养、劳动素养的权重分别为0.237 0、0.293 9、0.117 1、0.184 7、0.167 3。这表明,专业技能、思想素质和审美素养在评价指标体系中占有重要的分量,有利于引导高校相关人员更加关注学生的专业技能、思想素质和审美素养的培养。当然这个权重分配也并非固定的、不可变更的,可能会随着社会的需要、专家认识水平的提高等,这三项指标的权重可能会降低,而其他一级指标的权重会提高。因而,在使用该评价指标体系的时候,高校相关部门可根据需求适当调整各项指标的权重分配。

专题十四　农村贫困女性教育问题研究

一、引言

1.教育扶贫的迫切需要

2020年我国实现脱贫攻坚战的全面胜利，实现了全面的脱贫摘帽，中国进入“全面推进乡村振兴”时代。如何更好地巩固我国反贫困的成就，实现长效脱贫，也受到了广泛关注。习近平总书记多次强调，教育扶贫是扶贫工作的主战场。阻止贫困现象代际传递，是功在当代、利在千秋的大事。贫困与教育两者相互作用，“穷”和“愚”成为互为因果的恶性循环。贫困代际传递使贫困人口失去向上流动的物质基础和精神动力，导致社会阶层固化，从而加剧社会不公，从而影响着教育公平的发展。扶贫先扶志、扶贫必扶智，教育作为提高贫困人口知识与能力的直接手段，是防止贫困代际传递的治本之策，其在精准扶贫中起着基础性、战略性、引领性作用，更是2020年贫困全摘帽后可持续脱贫所面临的重大问题。

2.贫困女性教育扶贫的可持续性

中国存在显著的贫困代际传递的特征，且具有极大的差异性，其中农村女性具有的双重身份，使其更易陷入多重贫困：在区域方面，城市子代“继承”贫困的概率是农村子代的75.4%；在性别方面，男性贫困的可能性仅为女性的66.4%。[①] 除农村女性自身易陷入贫困的囹圄外，贫困也严重束缚教育功能的发挥，排斥人（女性）的现代化，严重限制了性别平等思想的发展。因此，女性的反贫困，其中包含了更为深刻的性别文化因素和教育扶贫的内涵，需要突破贫困文化对女性、对女性接受教育的束缚。[②] 张桂梅校长兴办华坪女子高中初衷是希望女孩子接受教育，解决低素质母亲和低素质孩子的恶性循环，以此改变三代人。相关研究显示，贫困地区农村教育的收入效应较强并具有一定的代际传递效应，因此贫困地区人口通过教育更能够极大程度上摆脱经济上的绝对贫困，且在教育扶贫的具体表现中女性所获得的教育回报远远高于男性，女性受教育水平对子女接受教育的正向影响更为显著，[③]女性受教育水平的提高更能改善家庭的贫困现状，且对后代具有较强的代际传递性。让读书增加农村女性的选择，让知识改变农村女性的命运，让教

---

① 刘湖，刘宇璇，于跃.财政教育支出阻断贫困及其代际传递的实证研究[J].统计与信息论坛，2021，36(7)：76-86.

② 牛琴琴，徐莉.突破贫困文化对教育的束缚：兼论贫困女性及其受教育状况[J].当代教育论坛，2018(2)：33-45.

③ 张永丽，李青原，郭世慧.贫困地区农村教育收益率的性别差异：基于PSM模型的计量分析[J].中国农村经济，2018(9)：110-30.

育阻断农村女性的贫困,改善农村女性的现状和地位,改变低水平素质的恶性循环。然而,在社会性别理论中,受传统性别观念和性别分工的影响,女性以及农村人口更易陷入教育机会不公的困境,且具有较强的传递性。①

本专题将关注农村贫困女性这一政策交汇的特殊群体,在教育扶贫政策效应、社会性别视角、教育扶贫理论等方面探索农村贫困女性教育扶贫的影响因素及提升策略,助力消除贫困人口、阻断贫困代际传递、实现教育民主化现代化和乡村振兴。

二、研究设计

(一)研究假设

根据文献综述和相关理论基础,研究提出假设以下:

假设1:经济状况显著正向影响农村家庭的教育投入。

假设2:农村家庭的教育期望显著正向影响子女的学习积极性。

假设3:农村家庭的教育期望显著正向影响家庭教育投入。

假设4:农村家庭的教育期望显著正向影响子女的学业成绩。

假设5:农村家庭的教育投入显著正向影响子女的学业成绩。

假设6:农村家庭的教育投入显著正向影响子女的学习积极性。

假设7:农村子女的学习积极性显著正向影响学业成绩。

假设8:农村女性较农村男性在教育期望方面处于劣势地位。

假设9:农村女性较农村男性在教育投入方面处于劣势地位。

基于以上研究假设以及理论,提出假设模型,如图14-1所示。

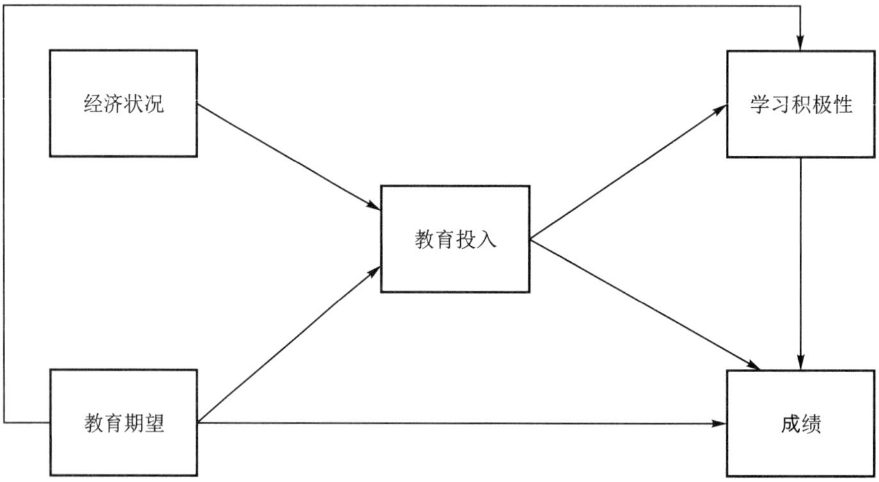

图14-1　假设模型

① 邹薇,马占利.家庭背景、代际传递与教育不平等[J].中国工业经济,2019(2):80-98.

(二)数据及变量介绍

研究利用“中国家庭追踪调查(CFPS)”所提供的2018年第4轮追踪调查数据构建截面数据进行研究。该调查为北京大学中国社会科学调查中心进行的覆盖25个省/市/自治区的随机抽样追踪调查,调查结果能够有效代表我国95%的人口。本研究使用了CFPS 2018中的农村样本数据,共计4 662个样本数据。在数据处理时,将不适用、缺失和拒绝回答设置为缺失值进行处理;利用少儿父母代答库的少儿ID对家庭经济库和少儿父母代答库进行合并。

1.被解释变量:成绩和学习积极性

本专题通过少儿父母代答问卷S1部分学校基本情况WF501题和WF502题对成绩进行综合衡量。WF501题和WF502题备选答案包括优、良、中、差四个程度,属于顺序数据,无法进行加减乘除运算,因此本专题先将其转换为标准分,然后利用二者标准分均分对孩子成绩进行衡量;本专题通过少儿父母代答问卷S1部分学校基本情况WF801-WF804题的均分衡量孩子学习积极性。

2.中介变量:教育投入

本专题使用了广义的教育投入的概念,教育投入由精力投入和经济投入两个二级指标构成,其中精力投入由父母关心孩子教育、父母主动与孩子沟通、为孩子学习放弃看电视、常与孩子谈学校里的事、要求孩子完成作业、检查孩子作业和每周辅导作业时长7个三级指标构成,经济投入由过去12个月教育总支出和过去12个月为孩子教育存钱两个二级指标构成。具体指标与权重如表14-1所示。

3.核心解释变量:家庭经济状况和教育期望

经济状况由人均家庭纯收入、居民消费性支出和家庭净资产三个指标进行衡量,教育期望由成绩期望和受教育水平期望两个指标进行衡量。

受教育水平期望通过少儿父母代答问卷D部分教育WD2题进行衡量,具体问题为:“您希望孩子念书最少念完哪一程度?”备选答案包含0~7共8个学历程度,分别为:不必念书、小学、初中、高中/中专/技校/职高、大专、大学本科、硕士、博士。学界普遍将受教育程度转化为受教育年限处理后进行分析,研究采用该方法对D2题进行处理,“不必念书”视为期望受过0年教育,“小学”视为期望受过为6年教育,“初中”视为期望受过为9年教育,“职高\高中\中专\技校”视为期望受过为12年教育,“大专”视为期望受过为15年教育,“大学本科”视为期望受过为16年教育,“研究生及以上”视为期望受过20年教育;成绩期望通过少儿父母代答问卷S1部分学校基本情况WF701题进行衡量,具体问题为“如果满分时100分,您期望孩子本学期/下学期的平均成绩时多少?”本专题通过熵值法将受教育水平期望和成绩期望合成教育期望指标,人均家庭纯收入、居民消费性支出和家庭净资产合成经济状况指标,具体权重可见表14-1。

表 14-1　解释变量和中介变量指标体系

一级指标	二级指标	权重	三级指标	权重	题号
教育投入	精力投入	0.112	父母关心孩子教育	0.073	WZ301
			父母主动与孩子沟通	0.084	WZ302
			为孩子学习放弃看电视	0.129	WF601M
			常与孩子谈学校里的事	0.102	WF602M
			要求孩子完成作业	0.111	WF603M
			检查孩子作业	0.143	WF604M
			每周辅导作业时长	0.233	WF401
	经济投入	0.612	教育总支出	0.235	WD5TOTAL
			教育存钱	0.625	WD402
教育期望	学业期望	1	成绩期望	0.363	WF701
			受教育水平期望	0.045	WD2
经济状况	经济条件	1	人均家庭纯收入	0.465	FINCOME1_PER
			居民消费性支出	0.336	PCE
			家庭净资产	0.199	TOTAL_ASSET

4.控制变量

已有研究指出年龄、因病就医次数、家庭藏书量以及人情礼支出会对成绩和学习积极性产生影响，因此本研究中将其作为控制变量纳入回归分析。年龄通过少儿父母代答问卷 A 部分基本情况 WA001B 题进行衡量；因病就医次数通过少儿父母代答问卷 C 部分健康 WC4_B_1 题进行衡量；家庭藏书量通过家庭经济问卷 A 生活条件 FS8 题进行衡量；人情礼支出通过家庭经济问卷 U 部分重要事件收支 FU201 题进行衡量，如表 14-2 所示。

表 14-2　主要变量描述性统计

变量	*N*	min	max	mean	sd
教育期望	4 662	0	0.408	0.268	0.153
经济状况	4 662	0	0.369	0.016	0.013
精力投入	4 662	0	0.704	0.280	0.170
经济投入	4 662	0	0.473	0.004	0.015
教育投入	4 662	0	0.475	0.045	0.029
学习积极性	3 055	1	5	2.943	0.534
成绩	2 421	-1.741	1.217	-0.069	0.908
年龄	4 662	0	16	7.500	4.391
性别	4 662	0	1	0.530	0.499

续表 14-2

变量	N	min	max	mean	sd
家庭藏书量	4 513	0	1 300	29.250	67.782
人情礼支出	4 549	0	80 000	3 872.620	5 277.482
因病就医次数	2 503	1	122	4.120	4.966

(三)河南省农村贫困女性访谈

1.访谈设计

为了更好地了解河南省农村贫困女性的教育扶贫效果,本研究进行了同质性抽样。同质性抽样是指选择一组内部成分比较相似,即同质性比较高的个人进行研究。由于本次目的是对河南省农村贫困女性的教育扶贫过程进行更为深入的分析,所以选择了已经取得了某种程度上的学业成就的"双一流"高校女大学生群体,探索农村贫困女性其教育成就取得的过程中的影响因素以及真正实现教育扶贫的影响机制。

2.访谈对象

本次调查的对象主要是村落的女性团体,以在读女学生、全职妈妈、外出务工的女性为主,年龄跨度大。调查地区为驻马店市泌阳县闫洼村、商丘市夏邑县附近乡村、周口市部分地区。最终确定的调查对象为:女性;户籍为农业户口(又称农村户口);生源地为河南省贫困县;家庭贫困,接受国家助学金的资助或是助学贷款;家中有哥哥或者弟弟;目前于"双一流"高校就读;2021 级至 2017 级本科生。

3.访谈样本情况

访谈样本具体为:2018 级 4 人,2019 级 5 人,2021 级 1 人,计划读研有 5 人,准备直接就业的有 5 人,访谈转录文字共计43 735字,如表 14-3 所示。

表 14-3　访谈者特征

访谈对象	受资助情况	兄弟情况	年级	未来目标	访谈时长	转录文字
小田	助学金、贷款	一位弟弟	2019 级	直接就业	25 分 23 秒	5 493字
小阳	助学金、贷款	一位哥哥	2019 级	计划读研	17 分 22 秒	3 600字
小青	助学贷款	一位哥哥	2019 级	计划读研	35 分 30 秒	8 925字
小惠	助学金、贷款	一位弟弟	2020 级	计划读研	21 分 09 秒	4 879字
小萍	助学金、贷款	一位哥哥	2019 级	直接就业	19 分 36 秒	3 740字
小萱	助学金	一位弟弟	2019 级	计划读研	23 分 55 秒	5 611字
小雨	助学金	一位弟弟	2018 级	计划读研	18 分 52 秒	3 201字
小方	助学金	一位哥哥	2018 级	直接就业	21 分 18 秒	4 430字
小贝	助学金	一位弟弟	2018 级	直接就业	25 分 17 秒	4 867字
小静	助学金	一位弟弟	2018 级	直接就业	20 分 02 秒	3 868字

4.访谈区域情况介绍

(1)驻马店市泌阳县闫洼村

闫洼村目前发展道路是特色农业传统农业相结合,总体经济比较之前有了很大的提升。

在教育方面,闫洼村和社会各界共同建设小康书香图书室,捐赠各类图书同时改善图书室硬件设施,为闫洼村的儿童创造一个良好的学习和借阅环境。不过,目前由于儿童的阅读意识不强、图书类型并未及时更新的原因,图书资源的利用率并不高。

虽然闫洼村的整体状况得到大幅度改善,但是闫洼村在教育上依旧存在许多有待改善的问题,如由于乡村教育资源分布不均,闫洼村当地教育明显短缺,闫洼小学教育仅针对幼儿园及小学一二年级的学生,其他学生纷纷进入县城或市里学习。在小学阶段,男女受教育的权利并无明显的差异。在初中阶段结束后,便有女孩选择辍学打工,据了解,女性的比例超过男性,但总体数量偏少。

闫洼村照顾孩子以老年人为主,绝大部分的年轻人都选择外出打工,村里建有小学,县里建有初级中学和高级中学。但是大多数的家庭选择从小学开始将孩子送到县城进行学习,因此住宿生偏多。

部分家庭子女较多,加之传统观念的影响,女性受教育的权利在一定程度上被剥夺。特别贫困的家庭往往对男孩有着出人头地、为家争光的期待,而对于女性则更多的是随缘的思想,消极的教育观念在女性群体中显现明显,所以他们更多的是希望外出务工,到了合适的年龄便结婚生子。

由于当地以农业为主,贫困家庭往往忙于生计,而无暇顾及子女的教育,同时由于培养一个大学生需要花费巨大的教育投入,对于女孩,他们认为最终都要结婚生子,花费的教育投入未必就能得到满意的教育回报。在这样的大环境中,一旦教育投入超出了预期,贫困家庭很容易放弃教育之路,女孩的教育更是被轻而易举放弃。部分女性表示自己不愿意上学,学校里自己学不会,父母也不重视自己的学业成绩,在这背后,我们发现更深的原因还是女孩读书无用的教育观念,拥有这种观念的家庭氛围会潜移默化地使得女性内心也开始产生这种观点,从而对学习漫不经心,最终辍学打工。

(2)商丘市夏邑县

夏邑县从前属于河南省贫困县,经过各方的努力,目前已经摆脱了贫困县的帽子,经济发展趋势向好。附近乡村所在地或多或少均建有小学,但是初中数量稀少,高中更是没有。

经过调查了解,我们发现贫困家庭中子女人数较多,由于受制于经济,接受教育的机会偏少。虽然目前实现九年义务教育,但是对于较多子女的贫困家庭而言,子女平时上学所用的生活费也是一笔大的开销。国家贫困生补贴的实现效果在这里并不明显,很多贫困家庭的孩子并不能获得这一项补贴。

但是我们发现目前贫困家庭的教育观念已经较从前有了很大的改变,面对经济的困难或者其他的阻碍,父母都要求子女至少上到高中毕业,最低的限度也要上到初中毕业,可见目前,贫困家庭对学历的重要性有了一定的认识。

据调查,尽管父母一代对教育的重要性有了认识,但是仍然有很多的女性在高中结束后选择辍学打工,产生这种现象的原因有两个。一是父母虽然认识到学历的重要性,但是也只是局限于平时对孩子的教导中,更多体现在口头上,一旦面对经济上的付出时,尤其是对女孩,就会产生退缩心理,久而久之,女孩并未看出父母一辈对教育的重视,自身的教育投入也并不多,便会产生懈怠心理,对学习不重视。据了解,有一个贫困家庭对其女儿的教育投入巨大,包括平时的辅导班、辅导资料等,我们和其交流后,发现这种经济投入会给予孩子一定的学习压力,激发她的学习动机。二是环境的影响,在与贫困生交流的过程中,有一个女生的经历留给我很深的影响。她家里有一个姐姐,学习成绩很好,可以上大学,但她的姐姐在高中毕业后就选择了辍学打工,贴补家用。除了家庭环境的影响,乡村环境也对女孩受教育有着很大的影响。不可否认的是,在贫困的地区,传统观念根深蒂固。男孩子努力上学、光耀门楣,女孩子结婚生子、专心家庭。由于乡村的封闭性,这就好比一个社区,每个人的观念相互影响,老一辈人的观念影响下一代的观念,由于贫困家庭本身对女孩的教育期望偏低,对其教育采用随缘的观念,导致女孩子在受教育过程中更易缺少坚持的信心,想着自己以后可以像邻居的某位姐姐一样外出打工。因此,面对枯燥的学习,便更容易产生懈怠心理。以我身边一个贫困家庭为例,女生在上完初中后便选择了辍学打工,问起原因,因为自己村里很多女生都是早早地辍学打工,每年还能给家里很多钱,同时自己认为学习很辛苦、无聊,自己以后也不知道能不能考上大学。实际上,女生的家庭经济状况不是很好,但是绝对没有到了需要她出去打工贴补家用的程度,她选了打工这条道路,与大环境有着一定程度的关系。

针对一些贫困家庭中女性成功上大学,甚至研究生的情况,我们也进行了一定的调查。首先,这些贫困家庭的经济情况虽然有点拮据,但是可以支撑起女性在上学方面的投入,在面对教育投入的时候,他们并无重男轻女的观点,而是平等对待。其次,这种家庭并不指望着女儿去打工赚钱、贴补家用,他们希望自己的孩子,不管男孩子还是女孩子都可以学有所成,在学习方面可以全力支持他们。这种父母看到的是长远的发展,而不是剥夺女孩的受教育机会获得短暂的收益。最后,这些学有所成的女性身边都有自己学习的榜样,在面对学习或者生活困难的时候,更具有坚持的信心。

(3)周口市商水县、淮阳县、经济开发区

周口市有较多贫困县,经济整体欠发达。作为一个拥有一千万人口的城市,周口市曾有四个国家级贫困县和两个省级贫困县,贫困人口相对较多,务农人口也相对较多。尽管经济不发达,但是周口市整体考试情况相对较好,县里高中每年都是喜报连连。然这种高分教育背后实则是应试教育的结果。据了解,周口市整体学生压力较大,甚至部分地区小学生当日作业都已经需要两三个小时完成,初高中生更是作业积压。不仅是学生学业压力较大,整体来看,周口市教育资源不均衡,教育资源垄断,较多资源需要一定经济或社会资本获得,对农村子弟发展极其不利。

和许多地区一样，在经济依旧不发达的当下，大多数人对女性教育的重视程度仍不是很高。传统的重男轻女观念，“女孩子不需要太多文化知识”的观念根深蒂固。

根据采访调查发现，周口市商水县、淮阳县农村地区对女性的教育期待不高、教育投入较低，导致农村女性对自身的能力和信心不足。在与农村地区女性交流中，倘若家中有兄弟，父母普遍会将家里更多物质资本、文化资本、关注力给自己的兄弟，而非是自己。从教育投入上来看，一个家庭在经济条件较差的情况下，更多农村家庭愿意为男性牺牲更多成本，甚至为此背负债款，参与他们的教育投入，而对女性投入较少，认为女性的教育投入不应该影响家庭的正常生活水平，更甚至剥夺她们本可以享受的上学机会，为家庭较早分担经济负担。从教育期望上来看，农村家庭普遍认为“男孩相比女孩应该多读书，有出息。”这与农村地区普遍“养儿防老”的观念有关，认为男性与家庭整体发展息息相关，女性对家庭贡献较少，从而导致教育期望的差异。除此之外，由于农村乡土社会的文化特性，观念更新转变较慢，且较为一致性，与传统男女性别观念相违的意识，也会逐渐被农村传统观念所影响。

经济基础决定上层建筑，综合因素影响了访问农村地区的教育观念，并无所谓的好坏之分，只是贫困所致形成的文化观念。基于贫困文化的积累具有传递性和长期性，期望教育可以阻断贫困代际传递。本研究主要为了解河南省农村贫困女性现状，以便更好地发现影响农村贫困女性发展的因素，更好地探究教育扶贫的因素，便于后期研究的开展。

5.访谈提纲

(1)近年来，你有感知到当地的教育资源有什么变化吗？对你的学业有什么影响吗？

(2)你与父母的关系如何？平时是什么样子的相处方式？

(3)父母对你的教育期望（父母希望子女达到哪一程度的教育水平）如何？表现在哪些方面？

(4)父母对你的教育期望会对你的学业表现（学习积极性与学业成绩）产生什么影响？具体表现在哪些方面？

(5)你未来想要接收到的教育水平？为什么？

(6)父母对你的教育投入（货币性与精力投入）如何？表现在哪些方面？

(7)父母对你的教育投入会对你的学业表现产生什么影响？具体表现在哪些方面？

(8)相比于你，对待哥哥或是弟弟在教育投入与期望方面会有差异吗？（探索性别差异性）

(9)你觉得父母对你的教育期望和教育投入都受到哪些方面的影响？具体表现在哪些方面？

(10)你觉得在你受教育过程中（家庭社会学校方面），是公平的吗？

(11)在受教育过程中，还有什么因素对你的学业表现影响较大吗？

(12)你认为教育能够改变现在的贫困处境吗？为什么？

三、实证研究结果

（一）性别差异

数据显示：农村女性和农村男性在教育期望方面并不存在显著差异，在教育投入方面存在显著差异，且农村女性教育投入均值低于农村男性，因此假设 8 不成立，假设 9 成立。详见表 14-4。在农村地区经济状况和父母的教育期望没有显著差异的情况下，农村女性的学习积极性与学业成绩的表现显著优于农村男性，然而家庭对男性的教育投入却远高于女性。农村女性在学业表现处于优势状态的情况下，家庭投入情况却处于劣势状态。研究认为因为教育领域的“女性优势”，女性在应试教育竞争中更有优势，因此农村女性的学业表现优于农村男性，但由于农村传统的重男轻女思想，他们会将更多的物质投入与精力投入倾向于男性，因此长久来看女性的教育优势仍然无法改变其整体的劣势地位。

表 14-4 农村男性和农村女性在成绩、学习积极性、教育投入、贫困程度和教育期望上的差异

变量	性别	N	均值	标准差	t 值
成绩	男	1 297	−0.151	0.902	−4.807***
	女	1 124	0.026	0.905	
学习积极性	男	1 635	2.894	0.545	−5.548***
	女	1 420	3.00	0.516	
教育投入	男	2 459	0.046	0.028	2.590**
	女	2 203	0.044	0.03	
贫困程度	男	2 459	0.016	0.014	1.163
	女	2 203	0.016	0.012	
教育期望	男	2 459	0.269	0.152	0.374
	女	2 203	0.267	0.155	

注：* $p<0.05$，** $p<0.01$，*** $p<0.001$

（二）家庭经济状况与教育期望对教育投入与教育结果的直接影响

在控制无关变量的情况下，农村家庭教育期望和经济状况与成绩、学习积极性和教育投入回归分析结果（见表 14-5）显示如下：

对于学习积极性与学业成绩而言，教育期望对孩子的学习积极性和学业成绩有非常显著的积极影响（$\beta=0.133, p<0.001; \beta=0.374, p<0.001$），父母对孩子教育期望越高，则孩子学习积极性和学业成绩也越高。可能是当父母对孩子教育期待较高时，同时会对孩子

增加正向的情感支持和整体的精力和经济投入，期望所传递出对子女的信任与重视会激励子女，从而促使子女达到较高的自我要求和强烈的学习动机与学习行为。这一发现也与现有的国内外研究发现相一致①，假设 2 和假设 4 成立。

对于教育投入而言，教育期望和经济状况显著正向影响教育投入（$\beta=0.613, p<0.001; \beta=0.035, p<0.05$），父母对孩子教育期望越高，家庭经济状况越好，则家庭教育投入越高。教育期望是家长投资的内在动力，在农村家庭资本相对有限的情况下，家庭经济状况的改善也会促使家长对子女进行更多的投资，假设 1 和假设 3 成立。

家庭经济状况对学业成绩、学习积极性并无显著影响。研究认为，由于我国脱贫攻坚效果显著，特困家庭的经济困难情况有所改善，经济收入得到了一定的保障，有能力支付子女基本的货币型教育开支，保障了农村子女基础的受教育权，且助学金的发放也在改善着农村贫困子女的教育环境，因此家庭经济状况并未对学业成绩和学习积极性造成显著影响。

表 14-5　教育期望和经济状况与成绩、学习积极性和教育投入回归结果表

模型	(1)	(2)	(3)
变量	成绩	学习积极性	教育投入
教育期望	0.374***	0.133***	0.613***
经济状况	0.031	-0.043	0.035*
人情礼支出	0.011	0.043	0.036*
家庭藏书量	0.030	-0.022	0.054***

（三）教育投入的中介作用

前文回归分析表明，教育期望和经济状况会影响教育投入并最终影响学业情况，为进行渠道检验，引入中介效应模型。研究的中介变量为教育投入，结果变量则是学业表现，分别是学习积极性和学业成绩。

总样本中在没有控制教育投入的情况下，教育期望对学习积极性的直接效应大于总效应，表明存在遮掩效应。说明在农村地区中，教育期望所导致的子女学习积极性的不同会随着家庭教育投入的不同而产生差异。家庭对子女的教育期望越高，子女学习积极性越高，但是部分家庭在难以支付足够的教育投入的情况下，高教育期望带来的高学习积极性也会有所抵消。具体看待两性差异：教育期望对农村男性学习积极性的影响受到教育投入的干扰，同时教育投入对学习积极性的影响超过教育期望对学习积极性的影响。在农村女性样本中教育期望对教育投入的影响不显著，教育投入对学习积极性的影响也不显著，并且教育期望通过教育投入对学习积极性的中介效应不显著。具体数据可见表 14-6。

总样本中教育期望通过教育投入对成绩的中介效应显著。中介效应约占总效应的

① Yamamoto Y, Holloway SD. Parental expectations and children´s academic performance in sociocultural context [J]. Educational Psychology Review, 2010, 22(3): 189-214.

1.69%，也即学习成绩提高的总效应中有1.69%可归因于教育投入的提高。教育期望对农村两性均具有显著正向影响，但教育投入仅对农村女性的成绩具有显著的正向影响。女性样本的中介效应显著，中介效应约占总效应的2.75%。因此为提高女性学业成绩，在提高家庭教育期望同时，提高家庭教育投入也是有效方法之一。因此，家庭教育投入在一定程度上揭示了家庭教育期望对于孩子学业成绩的影响机制，具体数据可见表 14-6。

总样本中经济状况通过教育投入对学习积极性和成绩中介效应显著，其中学习积极性提高和学业成绩提高的总效应中分别有10.77%和31.94%可归因为教育投入的提高。在性别分组样本结果中，对于“成绩”，男女样本均不满足中介模型前提条件；对于“学习积极性”，男性样本中介模型不满足前提条件，女性样本中介效应不显著。具体数据可见表 14-7。

表 14-6　教育投入在教育期望和学习积极性、成绩之间的中介效应分析

	全部样本		男性样本		女性样本	
	学习积极性	成绩	学习积极性	成绩	学习积极性	成绩
样本量	3 055	2 421	1 635	1 297	1 420	1 124
总效应	0.143 0＊＊＊	0.342 8＊＊＊	0.113 6＊＊＊	0.363 3＊＊＊	0.174 8＊＊＊	0.312 2＊＊＊
a(*X*−*M*)	0.060 8＊＊＊	0.090 5＊＊＊	0.078 0＊＊	0.093 3＊＊＊	0.046 2	0.093 5＊＊
b(*M*−*Y*)	−0.052 2＊＊	0.063 9＊＊＊	−0.062 1＊	0.046 0	−0.034 1	0.091 6＊＊
直接效应	0.146 2＊＊＊	0.337 0＊＊＊	0.118 4＊＊＊	0.359 0＊＊＊	0.176 4＊＊＊	0.303 6＊＊＊
间接效应	−0.003 2	0.005 8	−0.004 8	0.004 3	−0.001 6	0.008 6
	(−0.006 2，−0.000 9)	(0.001 9，0.010 7)	(−0.010 1，−0.000 9)	(−0.000 5，0.012 0)	(−0.005 1，0.000 5)	(0.002 8，0.016 3)
中介效应占比(%)	遮掩	1.69	遮掩	不显著	不显著	2.75

注：括号内为95%的置信区间；＊$p<0.05$，＊＊$p<0.01$，＊＊＊$p<0.001$

表 14-7　教育投入在经济状况和学习积极性、成绩之间的中介效应分析。

	全部样本		男性样本		女性样本	
	学习积极性	成绩	学习积极性	成绩	学习积极性	成绩
样本量	3 055	2 421	1 635	1 297	1 420	1 124
总效应	−0.045 5＊	0.036 0	−0.023 3	0.047 2	−0.080 9＊＊	0.026 0
a(*X*−*M*)	0.129 9＊＊＊	0.126 3＊＊＊	0.108 9＊＊＊	0.099 1＊＊＊	0.167 4＊＊＊	0.174 2＊＊＊
b(*M*−*Y*)	−0.038 0＊	0.091 3＊＊＊	−0.050 9＊	0.075 5＊＊	−0.012 7	0.119 0＊＊＊
直接效应	−0.040 6＊	0.024 4	−0.017 7	0.039 7	−0.078 7＊＊	0.005 2
间接效应	−0.004 9	0.011 5	−0.005 5	0.007 5	−0.002 1	0.020 7
	(−0.010 0，−0.000 5)	(0.004 7，0.022 1)		(−0.009 9，0.006 7)		
中介效应占比(%)	10.77	31.94	不满足前提	不显著	不满足前提	不满足前提

注：括号内为95%的置信区间；＊$p<0.05$，＊＊$p<0.01$，＊＊＊$p<0.001$。

教育投入的提高对农村男性学业成绩的提高并无显著影响,其中的中介效应也并不显著,但对农村女性学业成绩的提高有显著的积极意义,教育投入的中介效应显著。由此可得出,加大对农村女性教育投入的倾斜力度和针对性,可以有效提高农村女性受教育水平,从而促进农村女性摆脱贫困。

(四)中介作用路径分析

由于假设学业成绩与学习积极性同为教育扶贫效果的指标,所以两者与自变量关系理应相同,但是根据中介效应结果,发现当教育投入与学习积极性呈现负向影响,教育投入与成绩呈现正向影响,因此现有假设或存在缺陷,学习积极性与学业成绩非对等关系,学习积极性不一定是最终受益变量。中介效应无法解释经济状况、教育期望对教育扶贫效果的影响。由于影响学习积极性的变量较多且相对复杂,有学者认为影响的因素主要来自三个方面:外部动因、学生自身主观动因和影响学习的阻滞性因素,①亦有学者将影响因素分为大学生主体需要和外部激励因素两方面。② 此外,学习动力将会影响学生的学业成绩,而学习积极性最终影响又会指向学业成就。③ 所以假设学习积极性为过程变量,而成绩为最终的受益变量。因此为了研究学习积极性对学习成绩的影响,引入路径分析。

根据理论和数据,学习积极性对成绩存在一定程度影响,因此经济状况和教育期望可能通过学习积极性对成绩产生影响。根据理论假设,为进一步确定经济状况、教育期望、教育投入、学习积极性之间路径关系,本研究将经济状况和教育期望作为输入端,成绩作为输出端,建立变量之间的路径分析。由于中介效应和主实证设计中发现经济状况对学习积极性和成绩不存在直接影响,因此在建立路径分析时,经济状况对学习积极性和成绩的路径效应固定为0,路径分析图详见图14-2(a)假设模型。

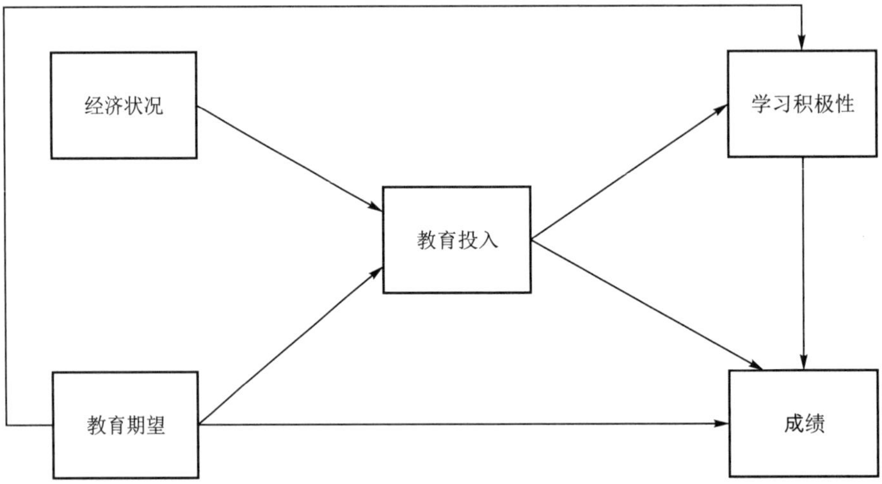

(a)假设模型

① 王中强.关于大学生学习积极性情况的调研与对策研究[J].中国成人教育,2010(2):108-110.

② 李红冠.基于激励视角的大学生学习积极性调控策略研究[J].黑龙江高教研究,2015(12):142-144.

③ 李强,卢尧选.学生学习成绩和学习能力影响因素之研究:四个维度的分析框架初探[J].西北师大学报(社会科学版),2019,56(3):5-14.

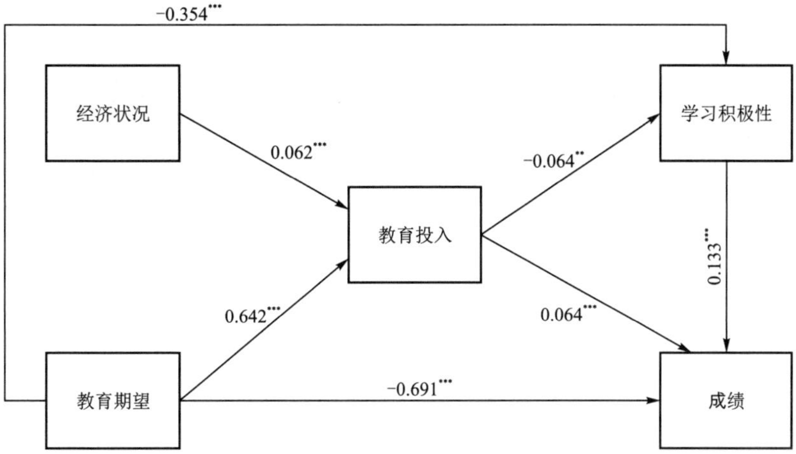

(b)全样本验证模型

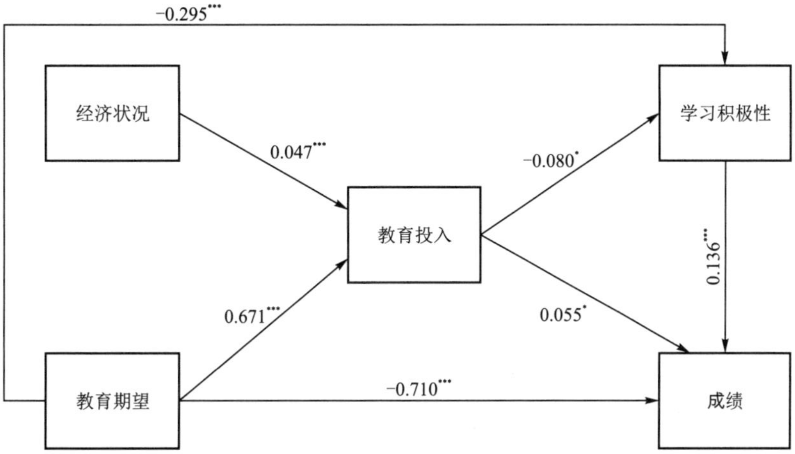

(c)男性样本验证模型

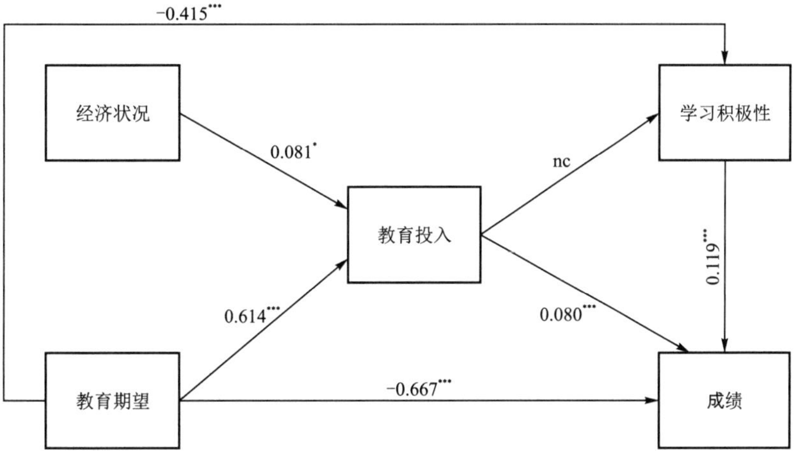

(d)女性样本验证模型

注：*表示显著水平<0.05，**表示显著水平<0.01，***表示显著水平<0.001，ns 表示不显著。

图 14-2 经济状况、教育期望、教育投入、学习积极性与成绩的路径分析图

将所有农村样本均纳入模型中，获得全样本验证模型。该模型拟合优度指数值为：χ2 = 7.556，χ2/df = 3.778，CFI = 0.998，TLI = 0.992，RMSEA = 0.024，SRMR = 0.012。从指标数值来看，该模型的拟合优度较好。该模型各条路径系数均达到显著水平，具体路径系数见图 14-2(b)。鉴于经济状况和教育期望对于成绩的影响路径在男性和女性中存在一定的区别，故本研究采用多组检验的方式同时对男性和女性两组数据进行模型的验证分析。该模型拟合优度指数值为：χ2 = 10.326，χ2/df = 2.582，CFI = 0.998，TLI = 0.990，RMSEA = 0.026，SRMR = 0.015。从指标数值来看，该模型的拟合优度较好。其中男性模型 χ2 贡献值为8.186，女性模型 χ2 贡献值为2.140，在女性样本中变量之间的关系更符合假设模型，男性样本路径系数详见图 14-2(c)，女性样本路径系数详见图 14-2(d)。

总样本中经济状况对教育投入具有显著的正向直接影响，教育投入对学习积极性具有显著的负向直接影响，教育投入和学习积极性对成绩具有显著的正向直接影响。研究认为较高的教育投入会降低农村学子通过教育改变命运的迫切性，从而降低自我要求，因此提高教育支持并不能如预期般提高农村学子的学习积极性，反而会造成负面影响。假设 5 与假设 7 成立，假设 6 不成立。

本研究通过 bootstrap 方法对经济状况和教育期望对成绩的直接和间接影响进行了检验，详细内容见表 14-8。

首先，在总样本与男性样本中，经济状况可以通过两条路径对成绩产生显著间接正向影响：一是通过教育投入间接显著正向影响成绩，二是通过教育投入对学习积极性的影响来间接显著负向影响成绩；教育期望可以直接对成绩产生显著正向影响，又可以通过三条路径对成绩产生显著间接正向影响：一是通过教育投入间接正向影响成绩，二是通过学习积极性间接正向影响成绩，三是通过教育投入对学习积极性的影响来间接显著负向影响。

其次，女性样本相比男性样本与总样本的差异性在于教育期望通过教育投入对学习积极性的影响并不显著，且教育期望、经济状况、教育投入对女性的学习积极性与成绩的影响水平更高。

表 14-8　经济状况和教育期望对成绩的直接和间接影响路径检验

影响路径	全部样本（N=4 662）		男性（N=2 459）		女性（N=2 203）	
	影响效应	总影响效应	影响效应	总影响效应	影响效应	总影响效应
经济状况—教育投入—成绩	0.004*	0.003* (0.001,0.007)	0.003	0.002 (0,0.006)	0.006*	0.006* (0.002,0.014)
	(0.002,0.008)		(0.001,0.007)		(0.002,0.015)	
经济状况—教育投入—学习积极性—成绩	-0.001*		-0.001*		0	
	(-0.001,0)		(-0.002,0)		(-0.001,0)	
			0.710***		0.667***	

续表 14-8

影响路径	全部样本(N=4 662)		男性(N=2 459)		女性(N=2 203)	
	影响效应	总影响效应	影响效应	总影响效应	影响效应	总影响效应
教育期望—成绩	0.691***		(0.630, 0.766)		(0.544, 0.755)	
	(0.627, 0.744)		0.037*		0.049***	
教育期望—教育投入—成绩	0.041***		(0.005, 0.070)		(0.026, 0.078)	
	(0.022, 0.061)	0.774*** (0.718, 0.818)	0.040***	0.779*** (0.710, 0.821)	0.049***	0.762*** (0.655, 0.835)
教育期望—学习积极性—成绩	0.047***		(0.021, 0.064)		(0.028, 0.080)	
	(0.032, 0.066)		-0.007*		-0.003	
教育期望—教育投入—学习积极性—成绩	-0.005**		(-0.015, -0.002)		(-0.008, 0.001)	
	(-0.010, -0.002)					

(五)分位数回归分析

在多数实证分析中,采用的多为均值回归,往往受到极端值的影响,在执行分组回归的时候参数估计变得不稳定,为克服此问题,本研究采取了最早由 Konenker Bassett 提出的分位数回归的方式进行异质性分析。分位数回归可以较好地捕捉分布的尖峰厚尾部分的特征,较为全面地分析差异,研究所采取的分位数回归模型如下:

$$Q_\theta(y|X)=x'\beta(\theta)$$

上式中,θ 表示分位数,y 为被解释变量,X 为解释变量,是影响因素,$Q_\theta(y|X)$ 为给定解释变量 X 的情况下被解释变量在第 θ 分位数上的值,$\beta(\theta)$ 为被解释变量在第 θ 分位数上的回归系数。文中首先对于农村男性与农村女性进行分位数回归,在极低分位数和极高分位数上回归系数估计不够准确,故分位数回归过程中选取了略大的步长,并从 $\theta=0.1$ 开始。

从表 14-9 与表 14-10 的回归结果来看,在对学习成绩的影响方法,无论是男性还是女性,除了0.9分位点外,在各个分位数上,教育期望的影响都是显著且为正。农村阶层群体的父母不具有优势的社会资本,认为教育是改变命运的途径,将希望寄托于孩子的学业表现之上,也正是这种文化资本的力量使得家庭教育期望激励着农村学生提高学业成绩。① 父母的教育期望作为父母参与子女个人发展之中,对大多数的农村子女的自身学业表现都具有积极作用。

经济状况的影响仅仅在学习成绩0.1,0.25,0.75的农村男性样本中显著,其余分位点与农村女性中都不显著。这一发现与家庭收入水平和综合成绩显著相关②的研究发现有

① 董永贵,王静宜."信"与"从":底层文化资本发挥作用的密钥[J].中国青年研究,2022(1):104-110,19.

② 李洁,欧蒙.贫困的代际传递:贫困程度与学业成绩[J].财经科学,2018(9):107-119.

一定的偏差,在这其中,性别角色扮演着一定的角色。在经济水平有限的情况下,子女的教育支出作为家庭的一部分重要开销,考验着家庭的承受度,因传统的性别角色观念的影响而造成的性别差异,使得农村女性在成绩表现方面处于劣势地位。教育投入的影响在各个分位点上均不显著。对于学习积极性,教育期望在除0.75分位点的农村男性与0.5、0.9分位点的农村女性外,都显著且为正。经济状况仅在0.1分位点处对农村女性的学习积极性有正向的影响,家庭经济较差的农村女性有着更高的学习动力。

如图 14-3,在教育期望对学习成绩的影响方面,在学习成绩0.5分位点之前,教育期望为对农村女性学习成绩的影响要略高于农村男性,意味着对于学习成绩较差的农村孩子,家长对女孩教育期望的提高能够更好地提高孩子的学习成绩;而在0.75分位点处,教育期望对于女性和男性的影响都达到了峰值,之后都明显下降,教育期望对于农村女性的影响下降得尤为明显。某种程度来看,农村阶层家长的教育期望与其子女学习成绩呈现出“倒 U 型”关系。农村家长“望子成龙,望女成凤”的心理能够极大程度地激励着农村学子的学习表现,但对于成绩相对较好的学生,教育期望的影响并没有理想预期中的好。

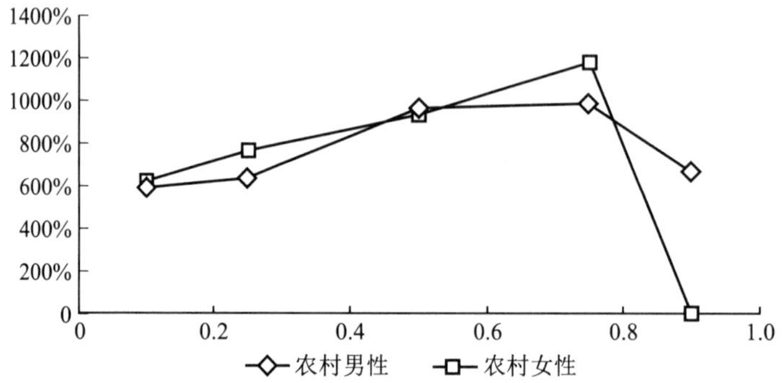

图 14-3　教育期望与学习成绩

贫困家庭在子女就读小学阶段时额外增加的校外教育支出,使其家庭教育承受度和教育期望均明显降低;整体而言,教育期望对于学习成绩的影响在孩子达到高学习成绩前,促进效果都逐渐增加且对于农村女性影响更大。

如图 14-4,在教育期望对于学习积极性的影响方面,随着学习积极性的分位点上升而下降,然后在到达谷底后上升。农村女性在低分位点处,由教育期望对于其影响程度解决,

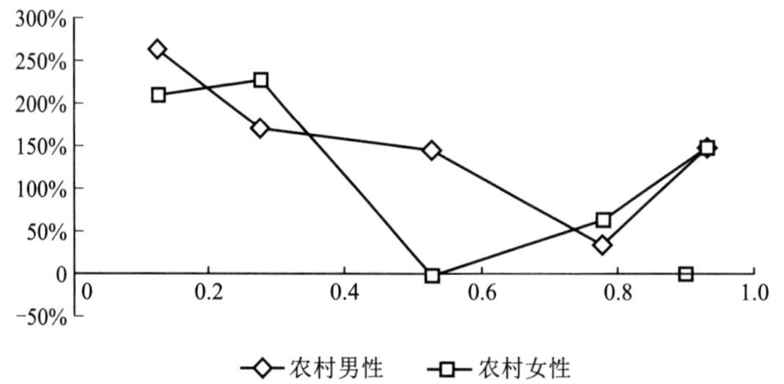

图 14-4　教育期望与学习积极性

表 14-9　女性样本分位数回归结果

样本	0.1	0.25	0.5	0.75	0.9	0.1	0.25	0.5	0.75	0.9
	成绩	成绩	成绩	成绩	成绩	积极性	积极性	积极性	积极性	积极性
教育期望	5.684***	6.264***	9.706***	9.798***	6.602**	2.560***	1.666*	1.418***	0.354	1.414*
	(−4.33)	−5.11	−9.11	−7.34	−3.2	−4.18	−2.14	−3.47	−0.79	−2.24
经济状况	6.419***	4.608*	1.992	7.025*	2.514	−2.771	−3.046	−0.007 77	−0.052 9	−2.485
	−3.43	−2.57	−0.67	−2.11	−1.63	(−1.25)	(−1.43)	(−0.00)	(−0.07)	(−1.57)
教育投入	0.468	2.441	2.471	−0.196	−0.114	0.912	0.293	−0.010 9	−0.318	−2.332
	−0.18	−1.11	−0.95	(−0.08)	(−0.11)	−0.7	−0.24	(−0.03)	(−0.39)	(−1.23)
人情礼物支出	−0.000 003 09	0.000 001 27	0.000 008 34	0.000 010 4	0.000 004 35	0.000 003 27	0.000 004 14	5.60E−08	−0.000 000 988	0.000 011 3
	(−0.28)	−0.13	−0.81	−1.44	−1.31	−0.72	−0.71	−0.04	(−0.39)	−1.04
家庭藏书量	0.000 343	0.000 207	0.000 243	0.000 486	0.000 25	0.000 102	0.000 001 36	−0.000 030 9	0.000 342	0.000 384
	−0.52	−0.41	−0.39	−1.03	−0.68	−0.23	0	(−0.12)	−1.49	−1.01
生病次数	−0.009 2	−0.012 8	−0.001 79	−0.007 83	−0.009 96	0.004	0.007 27	0.000 056 6	0.009 84	0.014 1
	(−0.73)	(−1.43)	(−0.14)	(−0.84)	(−1.82)	−0.65	−1.81	−0.03	−1.2	−1.87
常数项	−3.320***	−3.217***	−3.784***	−3.132***	−1.394	1.177***	1.868***	2.435***	2.888***	3.128***
	(−8.00)	(−7.60)	(−9.09)	(−6.38)	(−1.68)	−4.94	−6.2	−14.47	−22.05	−14.43
N	952	952	952	952	952	1 230	1 230	1 230	1 230	1 230

注:括号内为标准误; * $p<0.05$, ** $p<0.01$, *** $p<0.001$

表 14-10　男性样本分位数回归结果

样本	0.1	0.25	0.5	0.75	0.9	0.1	0.25	0.5	0.75	0.9
	成绩	成绩	成绩	成绩	成绩	积极性	积极性	积极性	积极性	积极性
教育期望	6.194***	7.656***	9.329***	11.76***	7.46E-14	2.066*	2.215**	-2.67E-13	0.626*	1.398
	-12.27	-6.48	-8.95	-9.14	0	-2.21	-2.89	(-0.00)	-2	-1.69
	4.411	4.537	2.184	3.331	1.05E-13	-7.812*	-4.804	2.54E-12	-3.265	-5.041
经济水平						(-2.45)	(-1.62)	0	(-1.73)	(-1.72)
	1.375	3.326	3.904	0.855	1.39E-14	-0.077 1	-1.072	-2.59E-13	0.076 1	-0.062 2
	-1.13	-1.57	-1.72	-0.57	0	(-0.06)	(-1.02)	(-0.00)	-0.05	(-0.05)
教育投入	-0.000 006 52	0.000 008 11	0.000 006 79	-0.000 003 08	4.73E-22	-0.000 002 32	0.000 000 877	-6.72E-19	0.000 001 59	0.000 006 99
	(-0.70)	-0.76	-0.71	(-0.38)	0	(-0.35)	-0.18	(-0.00)	-0.23	-0.96
	0.000 152	0.000 289	-0.000 114	-0.000 379	5.55E-17	-0.000 535	-0.000 659	-6.66E-17	0.000 001 92	0.000 070 4
家庭藏书量	-0.49	-0.74	(-0.29)	(-1.11)	0	(-0.98)	(-1.36)	(-0.00)	-0.01	-0.19
	0.001 1	-0.001 59	0.005 99	0.000 156	2.64E-16	0.006 43	0.002 04	4.44E-15	0.001 49	0.002 93
	-0.13	(-0.12)	-0.66	-0.03	0	-0.95	-0.58	0	-0.25	-0.27
生病次数	-3.370***	-3.681***	-3.633***	-3.565***	1.217***	1.680***	2.006***	3.000***	3.031***	3.241***
	(-13.34)	(-8.57)	(-8.64)	(-8.00)	-3.83	-5.48	-6.82	-48.6	-22.11	-10.47
	880	880	880	880	880	1 114	1 114	1 114	1 114	1 114

注：括号内为标准误；* $p<0.05$，** $p<0.01$，*** $p<0.001$

而在中间分位点处，教育期望对于其学习积极性的跌至谷底影响接近0，意味着对于学习积极性一般的农村女孩，父母对其的教育期望对其自身学习积极性提高的影响微乎其微。而在较高分位点处，农村女性学习积极性受教育期望的影响要略大于男性，不同于男性在较高学习积极性时教育期望对其的影响跌至谷底。

(六)分组回归分析

研究尝试通过分组回归以分析不同地区农村女性之间的差异。按照常用的分类方式，将样本依据西部、东部、中部三个地区，分别对其进行回归。划分依据为全国人大六届四次会议通过的“七五”计划所公布的划分方式；东部地区包括北京、天津、河北、辽宁、上海、江苏、浙江、福建、山东、广东、和海南等11个省(直辖市)，中部地区包括山西、内蒙古、吉林、黑龙江、安徽、江西、河南、湖北、湖南、广西等10个省(自治区、直辖市)，西部地区包括四川、贵州、云南、西藏、陕西、甘肃、青海、宁夏、新疆、重庆(1997年划入)等10个省(自治区、直辖市)。

表14-11 成绩分组回归

样本	东部成绩	中部成绩	西部成绩	河南成绩
教育期望	7.578***	6.782***	7.634***	5.143**
	-6.31	-5.98	-6.65	-2.95
经济状况	-5.176	9.279	8.1	12.32
	(-1.01)	-1.88	-1.54	-1.26
教育投入	6.819**	2.105	1.235	0.951
	-3.14	-0.94	-0.61	-0.28
人情礼物支出	0.000 011 8	0.000 001 2	-0.000 005 28	-0.000 011 6
	-0.85	-0.11	(-0.58)	(-0.41)
家庭藏书量	0.000 056 4	-0.000 642	0.000 109	0.000 097 2
	-0.08	(-1.05)	-0.3	-0.08
生病次数	0.024 8	-0.009 05	0.007 67	-0.030 1
	-1.73	(-0.86)	-1.04	(-1.66)
常数	-3.079***	-2.634***	-2.960***	-1.881**
	(-6.59)	(-6.32)	(-7.13)	(-2.91)
N	270	318	292	146
R-sq	0.174	0.136	0.159	0.095

注：* $p<0.05$，** $p<0.01$，*** $p<0.001$。

学业成绩的回归结果如表14-11所示，从回归结果来看，教育期望对于成绩的影响在各个地区都是显著为正，在东部地区和西部地区都要明显高于中部地区，分别为中部地区的111.7%和112.5%，意味着在中部地区，教育期望对于成绩的影响要低于东部与西部，从河南省的回归结果来看，则低于中部平均水平的24.2%，意味着河南农村女性成绩受教育期望的影响要更低一些。说明经济状况对于各地区农村女性的学业成绩的影响都不显著，可能得益于我国脱贫攻坚效果显著，目前因贫困而无法承担家庭教育经费的概率大大减小，出身农村地区的女孩子并未因家庭贫困从而影响正常的学业表现。在教育投入方面，除了东部的农村女性外，对其他的农村女性学业成绩的影响均不显著，意味着只有在东部地区教育投入才会显著影响农村女性的学业成绩。

学习积极性的分组回归结果如表 14-12。从回归结果来看，教育期望对学习积极性在东部、中部地区都存在显著为正的影响，且在东部地区具有更高的显著性水平，而在西部地区则不显著且回归系数明显小于中部、东部。教育获得与城市化、经济发展水平、地区教育投入等因素密切相关，这一发现验证了现代化理论，即随着现代化水平的提高，先赋性因素对平等的作用在减小，在经济不发达的地区，教育期望这一主观性因素更能对学习积极性产生影响。[①] 经济状况在东部与中部都存在显著为负的影响，影响程度接近，意味着家庭越贫困的农村女性具有越高的学习积极性，而随着家庭经济状况的改善，农村女性的学习积极性会下降，而此现象在西部地区并不显著。在河南农村女性中，贫困程度的增加对于农村女性学习积极性的影响要远大于中部与东部的平均水平，为中部平均水平的183.4%。教育投入在各个地区对于农村女性学习积极性的影响都不显著。人情礼支出在河南农村女性中显著为正，意味着家庭社会联系较高的河南农村女性，学习积极性略有所提高。而家庭藏书量在中部地区的农村女性中在 10%的显著性水平下显著为负，意味着家庭文化氛围的提高会略微降低中部女性的学习积极性，但此现象在其他地区都不显著。

表 14-12　学习积极性分组回归

样本	东部学习积极性	中部学习积极性	西部学习积极性	河南学习积极性
教育期望	1.522***	1.174**	0.235	0.817
	-3.61	-2.9	-0.44	-1.46
经济状况	-6.582*	-6.543*	1.16	-12.00**
	(-2.41)	(-2.59)	-0.4	(-2.65)
教育投入	1.396	-1.104	-0.82	-0.405
	-1.17	(-0.94)	(-0.72)	(-0.24)
人情礼物支出	0.000 004 92	0.000 005 04	-0.000 003 74	0.000 041 4**
	-0.77	-1.04	(-0.74)	-3.14
家庭藏书量	0.000 273	-0.000 763*	0.000 085 1	-0.000 327
	-0.7	(-2.24)	-0.4	(-0.57)

① 时昱，余鸿飞.地区发展与高等教育获得的性别差异：基于全国 12 所高校调查数据的分析发现[J].大学教育科学，2021(6)：28-40.

续表 14-12

样本	东部学习积极性	中部学习积极性	西部学习积极性	河南学习积极性
生病次数	-0.000 96	0.003 29	0.002 95	0.004 91
	(-0.12)	-0.58	-0.73	-0.52
常数	2.439***	2.683***	2.909***	2.785***
	-13.23	-16.59	-14.88	-11.86
N	358	413	343	195
R-sq	0.058	0.053	0.005	0.074

注：* $p<0.05$，** $p<0.01$，*** $p<0.001$

四、研究结论与提升策略

（一）研究结论

一是在农村地区经济状况和父母的教育期望没有显著差异的情况下，农村女性学习积极性与学业成绩的表现显著优于农村男性，然而家庭对男性的教育投入却远高于女性。农村女性在学业表现处于优势状态的情况下，家庭投入情况却处于劣势状态。

二是在我国农村地区，教育期望对孩子的学习积极性和学业成绩有非常显著的积极影响；教育期望和经济状况显著正向影响教育投入，父母对孩子教育期望越高，家庭经济状况越好，则家庭教育投入越高；家庭经济状况对学业成绩、学习积极性并无显著影响。

三是农村女性和农村男性之间的教育期望和经济状况通过教育投入对学业成绩和学习积极性之间的路径存在差异。在同等条件下，尽管农村女性的学习积极性高于农村男性，且学习积极性对学业成绩有着重要的积极影响，但在家庭的教育期望与教育投入上，农村女性仍处于劣势状态。对于农村女性而言，提高家庭教育期望与教育投入对提高学业成绩与学习积极性的需求比农村男性更为迫切，且整体表现效应更好。

家庭经济条件差对子代学业成就有显著的劣势累积效应，而当家庭教育投入成本不可逆、教育收益的实现具有不确定性时，家庭无法承受教育投入成本时，便会选择教育放弃，而在传统的性别观念下女性则会成为优先被抛弃的对象。因此，男性教育期望较女性更具有优势。[①] 因此研究认为农村女性受家庭经济水平的影响而被“放弃”的可能性会相对更大。尽管对农村女性的教育期望并未能明显影响对其的精力与资金的投入，本研究结果也对“农村女性处于教育劣势”进行了论证。

此外，研究认为由于我国农村基础教育公平的极大改善以及脱贫攻坚的有效保障，农村女性的学业表现并没有受到经济状况的显著影响，但仍在教育过程中处于劣势的内在原因是传统的性别不公平的对待。本研究未能较好地探究不同经济状况下农村

① 黄政.读书真的无用？——农村居民教育期望的形成机制研究[J].教育科学研究，2021(6)：54-59.

男性与农村女性之间在教育期望、教育投入、学习成绩和学习积极性的具体差异与表现，同时对教育投入的具体指标控制不足，不能较好地探究家庭精力投入和经济投入对子女学习整体表现的内在关系，期待未来能有更加细致全面的实证研究来对其内在影响机制进行探索，助力农村女性的教育脱贫。

（二）提升策略

基于上述研究，提出以下促进农村女性实现教育脱贫的策略。

一是农村父母在社会经济地位处于弱势群体的情况下，应尽可能多给予孩子正向的情感支持和投入，同时情感沟通的增加，也会使得农村家长的教育期望提高[①]。父母较多地参与到孩子生活和学习中，对子女心理的发展也会起到重要的干预作用，有助于增加孩子的自我效能感，从而提升他们对未来的信心和被重视感，有益于孩子的整体教育表现。

二是国家应加强对农村地区教育发展的政策照顾和经济投入。研究发现，政府教育投入的增加对低收入家庭的教育投入有较强的替代作用[②]，缓解低收入家庭的经济压力，能更好地实现教育公平。其中，我国实施的免费午餐计划会对农村家庭的教育期望具有积极意义，国家的扶持能够减轻父母教育支出的负担，增加对子女教育的信心，从而提高对子女的教育期望。

三是国家与社会应加强对农村女性的教育扶持，建立全面的保障制度，教育扶贫中女性的教育回报率远高于男性，且对后代具有较强的正向代际传递性，农村女性受教育水平的提高更能改善家庭的贫困现状，对农村家庭实现长效脱贫意义深刻。让女孩子接受教育，解决低素质母亲和低素质孩子的恶性循环，以此改变三代人。

四是加强性别平等教育，教育方面的性别平等是国家现代化的重要内容，尽管女性在教育方面处于优势地位，但这并没有改善其在家庭以及社会中的弱势地位，树立正确意识，实现两性共同平等发展，才是解决女性问题的根本所在。

（本专题研究团队成员：刘莹、王献玲、王军雷、郑育琛、孟艳、李文平、刘亮）

① 李丹.福利三角理论视角下农村家长教育期望影响因素研究：基于中国教育追踪调查数据（CEPS）2013—2014年数据的分析[J].当代教育论坛，2021(3)：115-24.

② 李军.收入不平等、教育投入与经济增长：基于多重中介效应视角分析[J].晋阳学刊，2019(5)：92-104.

参考文献

[1]郅庭瑾.将制度优势转化为治理效能[J].云南教育,2023(5):29-30.

[2]李丽.点面结合系统谋划:文山州积极推进以党组织领导的校长负责制试点改革[J].云南教育,2023(5):28.

[3]顾秀林,张新平.党组织领导的中小学校长负责制:历史沿革、时代价值与实践路径[J].中国教育学刊,2021(5):16-19.

[4]张东娇.中国与西方国家中小学校长职位权力的比较分析:兼论校长负责制与校长管理制度[J].比较教育研究,2005(7):52-57.

[5]谢红新.党组织领导的校长负责制的探索与实践[J].现代教学,2022(6):57-58.

[6]林绍惠.党组织领导的校长负责制的实践困境与福建思考:基于106位福建省高中学校领导者的集体访谈[J].福建教育学院学报,2023(4):57-61.

[8]梁美,曾令辉,谢永义.中小学校党组织领导的校长负责制研究[J].学校党建与思想教育,2022(11):46-48.

[14]李斌雄,任韶华.新时代中小学党建工作的价值、问题及其解决路径[J].北京教育学院学报,2019(5):1-7.

[15]汪文龙.党建引领中小学思政课一体化路径[J].中学政治教学参考,2021(33):43-45.

[16]管文洁,李锋.探索落实中小学校党组织领导下的校长负责制的有效路径[J].现代教学,2020(10):27-29.

[17]王迪,张秋艳,程健.中小学校党组织领导的校长负责制在燕山地区的试点实践与成效初探[J].中国教育学刊,2021(S1):9-21.

[18]李奕.中小学校党组织领导的校长负责制的理论思考与实践探索[J].中国教育学刊,2021(6):36-37.

[19]廖代良.莫让中小学校党组织领导的校长负责制“穿新鞋走老路”[J].中小学校长,2022(3):18-20.

[21]中央组织部、教育部有关部门负责人就《关于加强中小学校党的建设工作的意见》答记者问[EB/OL].(2016-09-30)[2022-02-18].http://www.moe.gov.cn/jyb_xwfb/s271/201609/t20160930_282772.html.

[23]孙绵涛.教育行政学[M].武汉:华中师范大学出版社,1998.

[24]湛卫清.以“激活主体”推进学校治理现代化[J].教学与管理,2020(34):14-17.

[25]李帆,邢星.推进高质量发展成为基础教育最紧迫最核心的任务:访教育部基础教育司司长吕玉刚[J].人民教育,2021(5):26-27.

[26]刘文萍.中小学校党组织领导的校长负责制生成逻辑:基于集体领导力理论视角

[J].北京教育学院学报,2022,36(6):31-33.
[28]肖韵竹.加强党的全面领导:中小学校高质量发展的根本遵循[J].中小学管理,2021(7):26-27.
[29]张爽.中小学治理现代化视域下落实党组织领导的校长负责制省思[J].中国教育学刊,2022(7):15-17.
[30]孙志良.中小学校党组织领导的校长负责制的“天津实践”[J].人民教育,2022(12):16-19.
[31]丁进庄.中小学校党组织领导的校长负责制的历史沿革、时代内涵和实施路径[J].中小学校长,2022(5):31-34.
[39]崔楚民,郭姗姗.以党组织领导的校长负责制引领学校高质量发展[J].中国教育学刊,2021(S1):66-67+77.
[40]蒋丹.网络环境下大学生理想信念教育研究[D].长春:长春工业大学,2022:28.
[41]邓信良,张国启.新时代构建思想政治工作大格局的实践理路[J].思想理论教育,2022(2):38.
[42]张亚光,毕悦.中国式现代化的百年探索与实践经验[J].管理世界,2023(1):41-56.
[43]毛赟美.高校运用新媒体开展思想政治工作的思考[J].中国青年社会科学,2019(9):47-52.
[44]钱婷婷,张艳萍.大学生网络社交中的道德风险与应对:基于网络心理行为的研究[J].高校辅导员,2022(4):70-75.
[45]李均.中国高等教育研究史[M].广州:广东高等教育出版社,2005.
[46]卢晓中.现代高等教育发展论纲[M].广州:广东教育出版社,2006.
[47]孟现志.新建本科院校学科建设理论与实践研究[M].北京:中国农业科学技术出版社,2009.
[48]牛雅莉.高校学科建设探索与实践[M].武汉:中国地质大学出版社,2009.
[49]蒋笃运.21世纪河南高等教育发展战略研究[M].北京:高等教育出版社,2002.
[50]郭喜.部省合建高校高质量发展的系统审思与行动框架[J].国家教育行政学院学报,2021(5):61-69.
[51]龚雪云,张磊,郑友益.河南省高校重点学科建设对策研究[J].河南理工大学学报(社会科学版),2010,11(4):493-496.
[52]金法.河南省高等教育热点问题的思考及对策研究[J].河南师范大学学报(哲学社会科学版),2008(2):226-228.
[53]李斌.智能化时代河南省高等教育层次结构的变革研究[J].教育现代化,2019,6(53):195-197+210.
[71]贺祖斌,周坚和.加强学科专业调整优化推进高等教育现代化[J].中国高等教育,2023(Z3):20-23.
[72]孙增耀,俞昊,崔彦.康奈尔大学交叉学科研究生培养模式探析及启示[J].学位与研究生教育,2023(8):29-31.
[73]严云洋.应用型本科院校专业结构优化困境与调整策略[J].江苏高教,2023(7):

60-64.

[74]梁晓露,刘俊起.新时代研究生学科专业目录调整及学科专业结构布局优化:第四届学科建设高端论坛综述[J].学位与研究生教育,2023(1):71-75.

[75]刁玉华.面向未来人才需求服务国家创新高地加快“三个调整优化”推动高等教育起高峰:在第二届中原高等教育论坛上的主旨报告[J].河南教育(高等教育),2022(12):11-19.

[77]周海涛,郑淑超.“四新”学科建设的优化路径[J].中国电化教育,2022(4):9-15.

[78]徐文华.应用型本科高校专业结构优化调整的思考与实践[J].南阳理工学院学报,2021,13(5):102-106.

[81]蔡蕾,鲁世林.“院为实体”校院两级管理体制改革的三个方向:基于中美研究型大学的比较研究[J].高教探索,2017(11):83-88.

[82]都光珍.高校校院两级管理体制改革的对策思考[J].国家教育行政学院学报,2011(12):16-20.

[83]符平,冯浩,孙天亮等.“学院办大学”:理想类型与现实境遇[J].国家教育行政学院学报,2019(12):59-66.

[84]李从浩.中国大学行政权力合法性研究[M].北京:中国社会科学出版社,2018.

[85]李福华,宋文红.治理现代化视野中高校职能部门的性质与职责[J].高等教育研究,2022,43(9):30-38.

[86]李鹏虎.“学院办大学”改革的本土探索、困境及应对[J].现代教育管理,2023,(6):78-86.

[87]刘亚荣,高建广,梅强等.我国高校实行校院两级管理体制改革的调研报告[J].国家教育行政学院学报,2008(3):68-75.

[88]王红梅.从“管制”走向“善治”:校院两级管理体制改革的实践与思考[J].国家教育行政学院学报,2022(5):31-37,71.

[89]毋磊,马银琦,张天雪.“学院办大学”何以践行:基于“放管服”改革的高校校院权力配置关系研究[J].高教探索,2023(5):18-24.

[90]徐波.大学行政化的组织分析[M].济南:山东大学出版社,2013.

[91]许为民,张国昌,沈波,李成刚.学术与行政:中外大学治理结构案例研究[M].杭州:浙江大学出版社,2013.

[92]尤莉,张晶晶.权力视域下大学组织内部冲突机理及对策[M].北京:科学出版社,2017.

[93]翟华云.高校内部治理结构及其评价体系研究[M].北京:中国社会科学出版社,2019.

[94]张乐天.对我国高校内部管理体制改革的政策回顾与反思[J].复旦教育论坛,2008(5):14-18.

[95]张庆奎,张兄武.“学院办大学”:本质、意义、路径与风险防控[J].江苏高教,2021(6):51-57.

[96]张烨.“学院办大学”:西方传统与中国实践[J].清华大学教育研究,2022,43(1):

70-77.
[97]谢一丹."双一流"背景下安徽省地方高水平大学建设发展研究[D].合肥:安徽大学,2019.
[98]马俊敏."双一流"建设高校学科发展的状态及其评价研究[D].广州:华南理工大学,2020.
[99]辞海[M].上海:上海辞书出版社,2009:1126.
[100]冯芸,马涛.加快建设"双一流"在中原大地起高峰[N].河南日报,2021-07-06(2).
[101]冯芸,马涛.坚定不移实施创新驱动科教兴省人才强省战略举全省之力打造国家创新高地和重要人才中心[N].河南日报,2022-04-30(1).
[102]国务院.关于印发统筹推进世界一流大学和一流学科建设总体方案的通知:国发〔2015〕64号[EB/OL].(2015-10-24)[2015-11-05].http://www.gov.cn/zhengce/content/2015-11/05/content_10269.htm.
[103]河南省人民政府.关于印发河南省"十四五"教育事业发展规划的通知:豫政〔2021〕40号[EB/OL].(2021-12-31)[2022-01-21].https://www.henan.gov.cn/2022/01-21/2386257.html.
[104]周光礼,武建鑫.什么是世界一流学科[J].中国高教研究,2016(1):65-73.
[105]钟秉林,李志河.试析本科院校学科建设与专业建设[J].中国高等教育,2015,(22):19-23.
[106]王建华.什么是高等教育高质量发展[J].中国高教研究,2021,(6):15-22.
[107]谢桂华.学位与研究生教育工作实践及思考[M].北京:高等教育出版社,2002.
[108]周守军.大学高水平学科建设的"中国方案"[J].中南民族大学学报(人文社会科学版),2021,41(9):140-147.
[109]潘彦坤,黄发强.锻长板补弱项扬优势攀高峰聚焦河南高校"双一流"创建第二梯队[J].河南教育(高等教育),2022(1):51-56.
[110]郑永安,孔令华,张建辉.高水平行业特色高校学科建设面临的矛盾关系与应对策略[J].高等教育研究,2021,42(5):7.
[111]韩继宁,李玲,阳姗珊.世界一流教育类实验室对一流学科建设的支撑研究[J].中国电化教育,2021(7):8.
[112]刘献君.面向未来的高校学科建设[J].中国高教研究,2022,38(10):1-7.
[113]冯倬琳,王琪,刘念才.世界一流大学建设之路与启示[J].中国高等教育,2014,(10):61-63.
[114]朱华伟.我国高水平大学交叉学科建设与发展现状研究:基于46所研究生院调查分析[J].中国高教研究,2022,38(3):15-23.
[115]CONANT J B. The Education of American Teacher[M]. New York:McGraw-Hill Book Company, INC,1963.
[116]托尼·比彻,保罗·特罗勒尔.学术部落及其领地:知识探索与学科文化[M].唐跃勤等译.北京:北京大学出版社,2008:46-47.
[117]AOWELL A G. Powell.The Uncertain Profession: Harvard and the Search for Education

Authority[M]. Cambridge:Harvard University Press,1980,108-109.
[118]黄巨臣.非均衡发展:一流学科建设的逻辑、局限及其应对[J].西南大学学报(社会科学版),2019,45(6):94-101,202-203.
[119]尤铮.美国高等教育学科评估的体系及标准研究:基于对两所大学教育学院的调研[J].世界教育信息,2018,31(19):40-47.
[120]肖朗,孙岩.20世纪美国综合性大学教育学科的发展:以哥伦比亚大学和芝加哥大学为考察中心[J].现代大学教育,2015(1):30-39,113.
[121]THOMPSON D R, MCKENNA H P. Research Quality-Lessons from the UK Research Excellence Framework (REF) 2021[J]. Nursing Reports, 2022,12(3): 510-514.
[122] GUY NASON. Editorial: Statistical flaws in the teaching excellence and student outcomes framework in UK higher education[J]. Journal of the Royal Statistical Society: Series A (Statistics in Society), 2018,181(4):923-925.
[123]孙艳.美国综合性大学教育学科的历史考察[D]. 杭州:浙江大学,2017.
[124]朱明. 现代大学学科评价的审视与审思[J].高教探索,2016(11):7
[125]闫伟涛,陈俊杰,张国成,张记升.河南省高等学校学科建设现状及路径研究:基于全国第四轮学科评估的数据分析[J].河南理工大学学报(社会科学版),2022,23(1):95-100.
[126]陶莺,吴璐燕,陈承."双一流"建设背景下地方重点高校优势学科国际化现状和发展路径[J].科教文汇(中旬刊),2021(11):2-5.
[127]尹清华.地方高水平大学一流学科建设研究[D].保定:河北大学,2021.
[128]赵坤,王振维.学科建设的内涵、动力与竞争优势积累[J].中国高教研究,2008(10):20-23.
[129]袁燕,张广明.第四轮学科评估结果分析研究[J].化工高等教育,2020,37(3):48-53.
[130]河南省教育厅河南省发展和改革委员会河南省财政厅.关于印发《河南省特色骨干大学和特色骨干学科建设方案的通知》:豫教高〔2019〕178号[EB/OL].(2019-12-25)[2020-01-02].http://jyt.henan.gov.cn/2020/01-02/1605106.html.
[131]肖楠,杨连生.学科及其"两态"互动的本质[J].中国高教研究,2010(7):45-48.
[132]叶晓芳.地方综合性大学一流学科建设调查研究[D].武汉:湖北大学,2019.
[133]袁扬.基于ESI的河南省优势学科与人才评价研究[D].郑州:郑州大学,2021.
[134]杨正伟,孙振生,周伟,等.专业院系青年教员"教学、科研"能力融合培养模式创新与实践[J].高教学刊,2021(5):52-55.
[135]李建奇,董秀娟,李兆防.强化学科平台建设加快地方高校发展[J].高教学刊,2019(11):71-73.
[136]杨旭莹.普林斯顿大学学科建设对我国高校的启示[J].大学(研究版),2019(11):75-79.
[137]陈强.河南高校重点学科建设奋起直追[N].中国教育报,2001-05-26(1).
[138]蔡三发,任士雷,王倩."双一流"建设背景下学科可持续发展度评价指标体系构建

[J].复旦教育论坛,2020,18(2):7.
[139]刘文锴.扛牢责任,锚定一流,全力创建水利工程一流学科[J].河南教育(高校版),2022(8):6-7.
[140]吴岩.历史性成就格局性变化:高等教育十年改革发展成效[J].中国高等教育,2022(11):3.
[141]武建鑫.学科生态系统:从理论到方法的可能:兼论世界一流学科的成长机理[J].中国高教研究,2020(2):16-22.
[142]冯军福.锚定"双一流"实现新跨越[N].河南日报,2022-01-08(2).
[143]朱明.我国大学学科水平评价问题研究[D].南京:南京航空航天大学,2015.
[144]李燕.世界一流学科评价及建设研究[D].合肥:中国科学技术大学,2018.
[145]邹晓东.精心打造高水平人才培养体系[N].人民日报,2018-06-21(17).
[146]翟亚军,王战军.理念与模式:关于世界一流大学学科建设的解读[J].清华大学教育研究,2009,30(1):17-21.
[147]彭万英等:我国专业学位研究生教育政策的历史演变与效果评价[J].辽宁师范大学学报(社会科学版),2022,45(4):78-82.
[148]王贺元等:专业硕士生毕业标准:基于利益相关者视角[J].宁波大学学报(教育科学版),2022(4):105-113.
[149]张聪群.专业学位研究生教育改革的探索与思考[J].宁波大学学报(教育科学版),2016(4):99-104.
[150]邓光平.我国专业学位研究生培养模式改革的历史变迁与现实思考[J].高等教育研究,2019,40(5):64-69.
[151]黄宝印,唐继卫,郝彤亮.我国专业学位研究生教育的发展历程[J].中国高等教育,2017(2):18-24.
[152]李伟,闫广芬.我国专业学位研究生教育发展的回溯与前瞻[J].高校教育管理,2021,15(3):92-103.
[153]王莉.我国专业学位研究生教育政策的演进与发展趋势[J].高等教育研究,2021,42(7):78-84.
[154]别敦荣.专业学位研究生教育的特性及其质量标准的学理探析[J].研究生教育研究,2013(3):76-81.
[155]杨茜,汪霞.改革开放40年我国专业学位研究生教育政策变迁与发展逻辑[J].高教探索,2021(3):60-65.
[156]李晨星.改革开放以来我国研究生教育的政策研究[D].长沙:湖南师范大学,2016.
[157]中华人民共和国教育部.专业学位研究生培养模式改革推进[EB/OL].(2013-11-27)[2022-02-18]http://www.moe.gov.cn/jyb_xwfb/gzdt_gzdt/s5987/201311/t20131127_160063.html.
[158]孙迪亮.加快建设教育强国[J].山东干部函授大学学报(理论学习),2022(11):22-26.
[159]庞丽娟,杨小敏.高质量教育体系建设的经费投入保障思考与建议[J].国家教育行

政学院学报,2021,284(8):3-13.
[160]陈钊,陆铭,金煜.中国人力资本和教育发展的区域差异:对于面板数据的估算[J].世界经济,2004(12):25-31,77.
[161]黄晨熹.1964~2005年我国人口受教育状况的变动:基于人口普查/抽查资料的分析[J].人口学刊,2011(4):3-13.
[162]黄维海,袁连生.1982—2010年人口受教育水平的增长与GIS空间分布特征[J].人口学刊,2014,36(5):5-17.
[163]祝洪娇.我国居民受教育状况的性别和地区差异分析[J].社会科学家,2012(10):42-45.
[164]李彦彦.新形势下中国人口受教育状况的时空发展变动分析[J].上海教育科研,2019(10):5-10.
[165]BARRO R J, LEE J W. International Measures of Schooling Years and Schooling Quality[J].The American Economic Review,1996,86(2):218-223.
[166]罗宁波,张扬.县域国民受教育程度的空间差异研究:基于五普与六普数据的分析[J].调研世界,2016(6):28-31.
[167]华淑名."年龄-时期-队列"效应模型的应用与发展[J].信息系统工程,2019,309(9):73-74.
[168]宋敏.2020年高层次人才要达45万人[N].河南日报,2017-10-26(012).
[169]杜鹏,谢立黎.中国老年人主要生活来源的队列分析[J].人口与经济,2014(6):3-11.
[170]杨舒.三孩政策来了配套支持措施从何处入手[N].光明日报,2021-06-20(6).
[171]韩亚栋.如何破解"生不起"背后民生短板[N].中国纪检监察报,2021-07-27(4).
[172]许丽英,袁桂林.我国高等教育效率的社会学考察[J].现代教育科学,2007(1):8-11.
[173]袁连生,袁强.教育投资内部效率探讨[J].教育与经济,1991(2):20-24.
[174]邬大光.高等教育:质量、质量保障与质量文化[J].中国高教研究,2022(9):18-24.
[175]王定迅.教育行政部门绩效审计指标体系构建[J].经济管理,2009,31(6):132-137.
[176]王善迈.劳动力市场与高等教育体制改革[J].上海高教研究,1997(2):10-12.
[177]李福华.高等教育资源利用效益评价指标体系[J].陕西师范大学继续教育学报,2000(3):33-36.
[178]邱均平,董克.985高校专业建设质量分析:以2012—2013年本科专业评价结果为例[J].重庆大学学报(社会科学版),2013,19(2):92-97.
[179]李倩.基于超效率DEA模型的高等教育效率评价[J].黑龙江高教研究,2015(9):153-156.
[180]CHALOSP, CHERIAN.An application of data envelopment analysis to public sector performance measurement and account ability[J]. Journal of Accounting and Public Policy,1995,14(2):143-160.
[181]闫超栋,马静.中国高等教育效率的区域差异及空间收敛性研究[J].湖北社会科

学,2017(4):163-171.

[182]雍会,韩庆丰.基于 Hicks—Moorsteen 指数的中国高等教育效率研究[J].现代教育管理,2017(8):42-46.

[183]管永刚.基于超效率 DEA 模型的高等教育资源配置效率分析[J].黑龙江高教研究,2019,37(2):84-88.

[184]徐晔,李明.中国高等教育资源配置效率分析:基于 BCC 和 Malmquist 模型[J].南昌工程学院学报,2019,38(2):88-96.

[185]迟景明,李奇峰.中国高等教育发展效率的空间差异与影响因素识别研究[J].现代教育管理,2019(2):7-12.

[186]鲍威,刘艳辉.我国高等教育资源配置差异影响因素的多层线性模型分析[J].教育发展研究,2011,31(19):1-7.

[187]易明,彭甲超,张尧.中国高等教育投入产出效率的综合评价:基于 Window-Malmquist 指数法[J].中国管理科学,2019,27(12):32-42.

[188]刘倩,王永哲.京津冀高等教育产出发展影响因素区域间相关分析[J].地域研究与开发,2021,40(6):25-30.

[189]KEMPKES G, POHL C. The Efficiency of German Universities: Some Evidence From Nonparametric and Prarmetric Methods[J].Applied Economic,2010,42(16).

[190]王永辉,邵林.科技金融资源配置效率区域差异研究:基于 BCC 模型和 CCR 模型[J].时代金融,2022(12):59-62.

[191]殷群,张娇.长三角地区科技企业孵化器运行效率研究:基于 DEA 的有效性分析[J].科学学研究,2010,28(1):86-94.

[192]宋秋韵,封思贤.中部六省科技资源配置效率研究:基于 CCR-BCC 模型的分析[J].数学的实践与认识,2019,49(14):60-67.

[193]田淑英,许文立.基于 DEA 模型的中国林业投入产出效率评价[J].资源科学,2012,34(10):1944-1950.

[194]牛建林.中国人口教育发展的特征、结构性矛盾与下一步思路:基于第七次全国人口普查公报和相关人口教育统计的发现[J].教育研究,2021,42(11):36-47.

[196]姜晓笛.多投入模式的 OECD 国家基础教育效率比较研究[J].济南大学学报(社会科学版),2022,32(2):157-166.

[197]周小刚,林睿,陈晓,陈熹.系统思维下中国高等教育投入产出效率评价研究:基于三阶段 DEA 和超效率 DEA 的实证[J].系统科学学报,2022(4):58-62.

[198]陈云.基于组合赋权 DEA 模型的高等职业教育投入产出效率测评[J].安庆师范大学学报(社会科学版),2020,39(5):78-88.

[199]杨芳,杨雯.义务教育投入与产出:回顾与反思[J].当代教育与文化,2013,5(5):32-38.

[200]崔玉平,武晓晗.我国初中教育投入与产出省际差异的量化分析[J].教育与经济,2013(1):42-47.

[201]张淑芬.佛山市基础教育绩效评价的实证研究:基于 DEA 分析法[J].佳木斯职业学

院学报,2014(8):161-162.
[202]王旭东.教育系统投入产出表的编制及其模型的应用[J].中南财经大学学报,1989(3):105-108,149.
[203]黄银忠.教育系统投入产出模型及其应用[J].系统工程理论与实践,1991(2):51-58.
[204]王延平.我国义务学龄人口预测及教育资源需求研究[D].北京:首都经济贸易大学,2017.
[205]石丽.中国高等教育与产业结构协调性研究:机理、测度与效应[D].南京:南京航空航天大学,2017.
[206]尹诗画,董春.辽宁省教育与产业结构的时空灰色关联分析[J].测绘与空间地理信息,2018,41(5):18-20,24.
[207]苏荟,刘奥运.基于VAR模型的新疆高等职业教育与产业结构优化升级的互动研究[J].和田师范专科学校学报,2019,38(1):59-66.
[208]刘欣.黑龙江省高等教育财政投入溢出效应对经济增长的影响研究[D].哈尔滨:哈尔滨商业大学,2020.
[209]李冠霖.中日两国教育业的产业关联与波及特点比较[J].外国教育研究,2004(2):29-33.
[210]李芳芝,李超.中国教育业的产业关联及中美比较分析[J].统计与信息论坛,2013,28(12):66-72.
[211]林石莲.基于投入产出法对广东教育业关联行业影响的研究[J].市场经济与价格,2016(4):50-56.
[212]冒小栋,冯梦思,温大鹏.基于投入产出技术的江西教育部门产业关联分析[J].教育观察(下半月),2017,6(5):12-15.
[213]沈勇.投入产出法的教育业关联效应研究[D].武汉:华中师范大学,2021.
[214]杨利莹.基于产业关联理论对河南省教育业的研究分析[J].区域治理,2021(11):24-25.
[215]孙凤,张浩凌,罗振男.教育部门的投入溢出效应分析:基于投入产出法的计算[J].清华大学教育研究,2018,39(5):38-47.
[216]金春鹏.我国产业关联特征的静态结构分解研究[J].生产力研究,2020(5):65-67,76.
[217]张亚军,干春晖,郑若谷.生产性服务业与制造业的内生与关联效应:基于投入产出结构分解技术的实证研究[J].产业经济研究,2014(6):81-90.
[218]闫育满,王梦宇,庞智强.基于投入产出模型的生产性服务业关联效应分析[J].兰州财经大学学报,2021,37(2):108-114.
[219]刘波,徐蔼婷.我国非正规经济投入产出表编制与应用分析[J].统计研究,2018,35(2):109-118.
[220]吴砥,李环,尉小荣.教育数字化转型:国际背景、发展需求与推进路径[J].中国远程教育,2022(7):21-27.

[221]黄明东,蔺全丽;李晓锋.高校新形态教材的特征、发展态势与建设路径[J].出版科学,2022,30(2):32-39.

[222]蒋纪平,张义兵;满其峰.终身教育立法的“政策之窗”何以开启:多源流理论视域下我国政策的走向[J].重庆高教研究,2023,11(3):93-104.

[223]2023 年全国教育工作会议召开统筹推进教育数字化和学习型社会、学习型大国建设[J].现代教育技术,2023,33(2):1.

[224]邵艳芬.高等教育数字化的缘由、理念与发展理路[J].现代教育管理,2023(8):31-39.

[225]郑永和,王一岩,郑宁,等.教学数字化转型:表征样态与实践路径[J].电化教育研究,2023,44(8):5-11.

[226]刘振天.肩负起助力学习型社会、学习型大国建设的使命[J].中国高等教育,2023(6):1.

[227]戴娅玲,孟川杰,冯健,等.职业教育数字化与学习型社会建设研究[J].中国教育信息化,2022,28(12):13-19.

[228]ELENA F. Embedding digital teaching and learning practices in the modernization of higher educat ioninstitutions [J]. International Multidisciplinary Scientific GeoConference:SGEM,2017,17:41-47.

[229]SANDHU G. The role of academic libraries in the digital transformation of the universities[C]//2018 5th International Symposium on Emerging Trends and Technologies in Libraries and Information Services(ETTLIS).IEEE,2018:292-296.

[230]邵艳芬.高等教育数字化的缘由、理念与发展理路[J].现代教育管理,2023(8):31-39.

[231]季凯,张志华.高等教育数字化转型的逻辑框架与优化策略[J].江苏高教,2023(10):39-46.

[232]刘邦奇,王雅筱.区域教育治理数字化转型:挑战、逻辑框架与实践策略[J].中国电化教育,2023(10):89-97.

[233]陈晓红,李杨扬,宋丽洁;汪阳洁.数字经济理论体系与研究展望[J].管理世界,2022,38(2):208-224,13-16.

[234]刘宝存,岑宇.世界教育数字化转型的动因、趋势及镜鉴[J].现代远程教育研究,2022,34(6):12-23.

[235]《教育部 2022 年工作要点》:实施教育数字化战略行动[J].现代教育技术,2022,32(2):1.

[236]邢西深,胡佳怡,管佳.新时代的基础教育数字化:发展动因、基本特征和实践进路[J].中国电化教育,2022(12):107-113.

[237]教育部举行党组理论学习中心组集体学习暨教育信息化首场辅导报告会[J].中国教育信息化,2022,28(2):3.

[238]郭绍青.教育数字化赋能新课程实施与教师培训转型策略研究[J].中国电化教育,2023(7):51-60.

[239]陈廷柱.何谓“学习社会”:国外专家的若干见解[J].比较教育研究,2003(10):14-18.
[240]吴岩.深入实施教育数字化战略行动以教育数字化支撑引领中国教育现代化[J].中国高等教育,2023(2):5-10.
[241]联合国教科文组织国际教育发展委员会.学会生存:教育世界的今天和明天[M].北京:教育科学出版社 1996:180.
[242]厉以贤.学习社会的理念和建设[J].高等教育研究,2000(5):21-25.
[243]朱敏,高志敏.终身教育、终身学习与学习型社会的全球发展回溯与未来思考[J].开放教育研究,2014,20(1):50-66.
[244]朱孔来,李俊杰.国内外对学习型社会研究现状评述及未来展望[J].湖南师范大学社会科学学报,2011,40(6):93-97.
[245]隋东庆.区域教育数字化转型的顶层设计与实践路径[J].中国教育信息化,2023,29(6):74-79.
[246]李海伟,王龚,陆美晨.教育数字化转型的路径探索与上海实践[J].华东师范大学学报(教育科学版),2023,41(3):110-120.
[247]顾明远,石中英.学习型社会:以学习求发展[J].北京师范大学学报(社会科学版),2006(1):5-14.
[248]贺宏志,胡晓松,田汉族.学习型社会建设的理论与策略研究[M].北京:首都师范大学出版社,2009:23.
[249]逯行,黄荣怀.教育数字化转型期的现代化风险观照及其治理研究[J].清华大学教育研究,2023,44(3):54-64.
[250]侯怀银,尚瑞茜.学习型社会研究的现实图景与中国特色[J].现代远程教育研究,2020,32(6):52-59,103.
[251]刘畅,黄巨臣.资源、场域与平台:职业教育数字化转型的多重制度逻辑[J].中国职业技术教育,2023(16):13-22.
[252]袁松鹤,孙雨,谭伟.教育数字化战略行动背景下的终身教育平台架构研究[J].中国远程教育,2023,43(7):57-66.
[253]鲍传左.政府公平与政府责任[M].北京:北京师范大学出版社,2011.
[254] 陈庆云.公共政策分析[M].北京:北京大学出版社,2011.
[255] 范先佐.教育经济学[M].北京:人民教育出版社,1999.
[256] 顾佳峰.教育机构战略性服务研究[M].北京:人民出版社,2009.
[257] 肖兴志,宋晶.政府监管理论与政策[M].大连:东北财经大学出版社,2006.
[258] 章能全,江厚平.科学构建学校质量管理体系[M].北京:中国标准出版社,2010.
[259] 陈海琳.校外教育师资队伍存在的问题及思考[J].宁波教育学院学报,2010,12(5):40.
[262]董娡.我国义务教育学校教师绩效工资政策:成效评估及其改进[D].沈阳:沈阳师范大学,2012.
[263] 方芳,钟秉林.我国民办教育培训行业发展现状与对策[J].中国教育学刊,2014

(5).

[264] 方晓东,李水山,李协京,等.日本、韩国与中国台湾家教市场的研究报告[J].教育史研究,2008(6):71.

[266] 韩露,胡飞龙.我国中小学校外培训机构教师准入制度法律问题研究[J].市场周刊,2019(1):132.

[267] 胡洁人,李柳醒."治理型监管"视角下我国校外培训机构监管问题分析[J].广西师范大学学报(哲学社会科学版),2022,58(2):83-93.

[269] 嵇康,王子文,季拓.合肥市校外教育培训机构现状及思考[J].新西部,2019(20):55.

[271] 匡丽娜.落实"双减",重庆做好"四张答卷.[N].重庆日报,2121-12-13(6).

[273] 李清刚.民办校外培训机构:定位与监管[J].教育导刊,2016(3):26.

[274] 梁凯丽,辛涛,张琼元,等.落实"双减"与校外培训机构治理[J].中国远程教育,2022(4):27-35.

[275] 刘欢.校外培训机构教师职业发展促进研究:基于马斯洛需求层次理论[D].湘潭:湖南科技大学,2017.

[276] 刘平.基于SWOT分析的中小学校外培训机构发展策略研究[D].武汉:江汉大学,2017.

[277] 龙宝新.从课业负担形成链看"双减"政策的后续走向[J].新课程评论,2021(11):12-17.

[278] 马克·贝磊.欧洲地区影子教育研究:发展态势、动因及政策启示[J].全球教育展望,2020(2).

[279] 孟凡壮,刘玥.韩国课外辅导机构法律规制探析[J].全球教育展望,2019(2).

[280] 祁占勇,李清煜,王书琴.21世纪以来我国校外培训机构治理政策的演进历程与理性选择[J].中国教育学刊,2019(6):37-43.

[281] 孙伯龙.我国校外培训机构的市场准入管制转型:理论与路径[J].教育学报,2018(8).

[282] 孙不凡,程一可."双减"背景下的校外培训及其机构治理:基于教育生态危机的视角[D].金华:浙江师范大学学报,2022.

[283] 王翠丽.公办校外教育机构的现状调查与改进策略研究[D].哈尔滨:哈尔滨师范大学,2017.

[284] 吴冬青,马玉花,张明亮,等.浅谈中学化学校外辅导机构的构建及其在基础教育中的优势分析:以商丘市的中学化学校外辅导机构为例[J].山东化工,2020(1):3.

[285] 邢西深.校外教育培训治理的形势,挑战与路径.[J].中国电化教育.2021.8.

[286] 薛二勇,李健,张志萍.校外教育培训治理的形势、挑战与路径[J].中国电化教育,2021(8):1-8.

[287] 杨博文,杨令平.校外辅导机构治理的现实困境与破解之策[J].教学与管理,2019(36):22-25.

[288] 杨程,秦惠民.校外培训的市场失灵与依法治理[J].清华大学教育研究,2021.

[289] 杨春芳,汪莉,杨旭.基于数据分析的校外培训机构治理研究[J].天津市教科院学报,2019(2):46.

[290] 杨婷,黄文贵.当前中国校外培训机构的规范与治理[J].教育学术月刊,2020(9):27-32.

[291] 杨文登,美国课后服务循证评估研究[J.比较教育研究,2021(8).

[292] 杨小微,文琰."双减"政策实施研究的现状、难点及未来之着力点[J].新疆师范大学学报(哲学社会科学版),2022(4).

[293] 章正.警惕校外培训机构中的"恋童癖"[N].中国青年报,2019-01-29.

[294] 赵赛红.家长热衷校外辅导的问题探究[J].黑龙江教育(理论与实践),2019(Z1):117.

[295] 赵艳.教育供给侧改革背景下的校外教育培训机构发展的思考[J].教育现代化,2018(12).

[296]中共河南省委河南省人民政府.关于全面加强新时代大中小学劳动教育的实施意见[EB/OL].(2021-11-14)[2023-10-23].https://www.henan.gov.cn/2021/11-14/2346830.html.

[297]教育部.关于印发义务教育课程方案和课程标准(2022 年版)的通知[EB/OL].(2022-03-25)[2023-10-23].http://www.moe.gov.cn/srcsite/A26/s8001/202204/t20220420http://www.moe.gov.cn/srcsite/A26/s8001/202204/t20220420_619921.html.

[298]顾建军,毕文健.刍议新时代劳动教育课程的一体化设计[J].人民教育,2019(10):11-17.

[299]陶凤云,沈紫晴,胡斌武.新时代一体化劳动教育体系:价值导向与实践进路[J].教育理论与实践.2022,42(25):16-20.

[300]教育部.国家中长期教育改革和发展规划纲要(2010-2020 年)[EB/OL].(2010-07-29)[2023-10-25].http://www.moe.gov.cn/jyb_xwfb/s6052/moe_838/201008/t20100802_93704.html.

[301]倪慧.大中小学思政课一体化建设的内涵体系与思维创新[J].中学政治教学参考,2021(19):43-46.

[302]卢黎歌,耶旭妍,王世娟,等.统筹推进大中小学思政课一体化建设研究:学习习近平总书记在学校思想政治理论课教师座谈会上的重要讲话精神笔谈[J].北京工业大学学报(社会科学版),2020,20(1):9-25.

[303]中共中央国务院.关于全面加强新时代大中小学劳动教育的意见[EB/OL].(2020-03-26)[2023-10-25].https://www.gov.cn/zhengce/2020-03/26/content_5495977.htm.

[304]中共中央国务院.深化新时代教育评价改革总体方案[EB/OL].(2020-10-13)[2023-06-29]http://www.gov.cn/gongbao/content/2020/content_5554488.htm.

[305]中共中央国务院.关于全面加强新时代大中小学劳动教育的意见[EB/OL].(2020-03-26)[2023-06-29] https://www.gov.cn/zhengce/2020-03/26/content_

5495977.htm.

[306]中共中央国务院关于全面加强和改进新时代学校体育工作的意见.[EB/OL].(2020-10-15)[2023-06-29]https://www.gov.cn/gongbao/content/2020/content_5554511.htm.

[308]中华人民共和国中央人民政府.习近平:高举中国特色社会主义伟大旗帜为全面建设社会主义现代化国家而团结奋斗:在中国共产党第二十次全国代表大会上的报告[EB/OL].(2022-10-25)[2023-06-28]https://www.gov.cn/xinwen/2022-10/25/content_5721685.htm.

[309]刘素惠,骆晓曦.国内外高校发展性学生评价研究综述[J].农业教育研究,2019(4):18-20.

[310]唐忠宝,陈逊.价值·内容·方法:中国特色一流本科教育学生评价体系构建[J].北京科技大学学报(社会科学版),2023,39(2):133-140.

[311]范纯琍.大学生综合评价体系构建[J].高教发展与评估,2010,26(5):18-24.

[312]陈恩伦,张乐乐.建构中国特色的一流本科教育学生评价体系[J].吉首大学学报(社会科学版),2020,41(2):61-64.

[313]肖磊.学生评价应处理好的几对关系[J].教育发展研究,2019,39(24):33-38.

[314]孔国庆.大学生成长评价与传统评价要义之辩[J].郑州大学学报(哲学社会科学版),2012,45(4):86-88.

[315]孔国庆.对我国大学生评价中存在问题的反思[J].河南师范大学学报(哲学社会科学版),2009,36(6):245-247.

[316]孔国庆.大学生评价的视角转换[J].教育学术月刊,2010(10):50-52.

[317]孔国庆.大学生成长评价分层模式构建[J].思想教育研究,2011(3):38-40.

[318]孔国庆.大学生成长评价阶段模式构建[J].国家教育行政学院学报,2011(6):69-73.

[319]孔国庆.对我国大学生评价中存在问题的反思[J].河南师范大学学报(哲学社会科学版),2009,36(6):245-247.

[320]复旦大学哲学系.西方学者论《1844 年经济学哲学手稿》[M].上海:复旦大学出版社,1983:196-201.

[321]马克思、恩格斯.马克思恩格斯全集·德意志意识形态(第 3 卷)[M].北京:人民出版社,1957:295-296.

[322]王道俊.教育学[M].北京:人民教育出版社,2016:90.

[323]周卫勇等.走向发展性评价:谈新课程的评价改革[M].北京:北京大学出版社,2005:113-114.

[324]卢睿译.皮亚杰教育论著选[M].人民教育出版社,1990:101.

[325]中共河南省委河南省人民政府.深化新时代教育评价改革实施方案[EB/OL].(2022-05-27)[2023-06-29]https://www.henan.gov.cn/2022/05-25/2455234.html.

[326]苏霍姆林斯基.关于全面发展的教育问题[M].王家驹,张渭城,杜殿中,等译.湖南

教育出版社,1984:87.
[327]刘湖,刘宇璇,于跃.财政教育支出阻断贫困及其代际传递的实证研究[J].统计与信息论坛,2021,36(7):76-86.
[328]牛琴琴,徐莉.突破贫困文化对教育的束缚:兼论贫困女性及其受教育状况[J].当代教育论坛,2018(2):33-45.
[329]张永丽,李青原,郭世慧.贫困地区农村教育收益率的性别差异:基于PSM模型的计量分析[J].中国农村经济,2018(9):110-30.
[330]邹薇,马占利.家庭背景、代际传递与教育不平等[J].中国工业经济,2019(2):80-98.
[331]梁树广,黄继忠.基于贫困含义及测定的演进视角看我国的贫困[J].云南财经大学学报,2011,27(1):55-61.
[332]蔡荣鑫.国外贫困理论发展述评[J].经济学家,2000(2):85-90.
[333]王小林,AlkireS.中国多维贫困测量:估计和政策含义[J].中国农村经济,2009(12):4-10,23.
[334]国家统计局《中国城镇居民贫困问题研究》课题组.中国城镇居民贫困问题研究[J].统计研究,1991(6):12-18.
[335]童星,林闽钢.我国农村贫困标准线研究[J].中国社会科学,1994(3):86-98.
[336]闫菊娥,高建民,杨晓玮,etal.贫困线测算方法与实证[J].统计与决策,2018,34(22):25-30.
[337]林万龙,陈蔡春子.从满足基本生活需求视角看新时期我国农村扶贫标准[J].西北师大学报(社会科学版),2020,57(2):122-9.
[338]李涛,陈斌开.家庭固定资产、财富效应与居民消费:来自中国城镇家庭的经验证据[J].经济研究,2014,49(3):62-75.
[339]齐小玉.社会保障制度:女性就业权和发展权的基本前提[J].妇女研究论丛,2001(4):42-46.
[340]李春玲.教育地位获得的性别差异:家庭背景对男性和女性教育地位获得的影响[J].妇女研究论丛,2009(1):14-8.
[341]李兴洲.公平正义:教育扶贫的价值追求[J].教育研究,2017,38(3):31-37.
[342]周怡.贫困研究:结构解释与文化解释的对垒[J].社会学研究,2002(3):49-63.
[343]张屹山,杨春辉.贫困代际传递的演化博弈与政策制度探析[J].社会科学战线,2019(9):67-77,282-283.
[344]李晓明.我国山区少数民族农民贫困代际传递的基本特征[J].内蒙古社会科学(汉文版),2005(6):155-157.
[345]丁四保.我国城市贫困问题的分析与对策研究[J].开放导报,2006(2):48-51.
[346]田野.对我国城市贫困人群问题的思考[J].理论导刊,2007(2):24-26.
[347]陈文江,杨延娜.西部农村地区贫困代际传递的社会学研究:以甘肃M县四个村为例[J].甘肃社会科学,2010(4):18-23.
[348]甘露.西部欠发达地区农村贫困的影响因素[J].重庆社会科学,2010(1):41-43.

[349]谢婷婷,司登奎.收入流动性、代际传递与农村反贫困:异质性视角下新疆 30 个贫困县的实证分析[J].上海财经大学学报,2014,16(1):62-68.

[350]张积良.扭转"新生代农民工"贫困代际传递趋势的思路与对策[J].新疆社会科学,2016(1):142-148,66.

[351]程玲.艾滋病人群贫困的生产、传递与遏制:基于脆弱性视角的分析[J].江汉论坛,2012(6):140-144.

[352]张强,李明元.先赋性还是自致性:城市流动人口贫困代际传递:基于中国家庭追踪调查数据(2010—2014)的实证分析[J].华南师范大学学报(社会科学版),2021(2):45-57,205-206.

[353]李晓嘉.教育能促进脱贫吗:基于 CFPS 农户数据的实证研究[J].北京大学教育评论,2015,13(4):110-122,87.

[354]雷云,赵喻杰.以教育看待贫困:中国教育扶贫理论建构及未来路向[J].教育研究,2021,42(12):120-130.

[355]林乘东.教育扶贫论[J].民族研究,1997(3):43-52.

[356]刘海峰,韦骅峰.招生考试改革的鉴古知今:"唯分数"与"唯升学"问题的历史探究[J].教育研究,2021,42(5):86-100.

[357]洪志超,张森.家庭资本对教育质量的影响及作用机制:基于 CEPS 调查数据的实证研究[J].金融与经济,2021(9):90-96.

[358]李颖晖,王奕轩.父母教育期望的户籍分层:农村父母的教育期望劣势及其影响因素分析[J].兰州学刊,2019(10):194-208.

[359]LIU A, XIE Y. Influences of monetary and non-monetary family resources on children´s development in verbal ability in China [J]. Research in Social Stratification and Mobility, 2015(40):59-70.

[360]林欣,谢静雨,林素絮.家庭资本对农村儿童学业成绩的影响:基于 2018 年 CFPS 数据的实证研究[J].教育理论与实践,2021,41(1):24-30.

[361]李佳丽,张平平,武玮.家庭教育投入对学生发展的异质性影响效应研究[J].国家教育行政学院学报,2021(8):35-45.

[362]张庆华,杨航,刘方琛,等.父母教育期望与留守儿童的学习投入:父母教育卷入和自我教育期望的中介作用[J].中国特殊教育,2020(3):76-82.

[363]魏勇,马欣.家长教育期望的影响因素研究:基于 CEPS 的实证分析[J].教育学术月刊,2018(7):55-62.

[364]李若璇,朱文龙,刘红瑞,等.家长教育期望对学业倦怠的影响:家长投入的中介及家庭功能的调节[J].心理发展与教育,2018,34(4):489-96.

[365]周钦,袁燕.家庭基础教育投入决策"男孩偏好"的理论与实证研究[J].人口学刊,2014,36(3):14-24.

[366]刘雯,於嘉,谢宇.家庭教育投资的性别差异:基于多子女家庭的分析[J].青年研究,2021(5):51-63,95-96.

[367]韩春,陈元福.关注贫困女性破解贫困代际传递陷阱[J].前沿,2011(12):13-15.

[368]马文武,杨少垒,韩文龙.中国贫困代际传递及动态趋势实证研究[J].中国经济问题,2018(2):13-23.
[369]YAMAMOTO Y, HOLLOWAY S D. Parental expectations and children´s academic performance in sociocultural context [J]. Educational Psychology Review, 2010, 22(3): 189-214.
[370]王中强.关于大学生学习积极性情况的调研与对策研究[J].中国成人教育,2010(2):108-110.
[371]李红冠.基于激励视角的大学生学习积极性调控策略研究[J].黑龙江高教研究,2015(12):142-144.
[372]李强,卢尧选.学生学习成绩和学习能力影响因素之研究:四个维度的分析框架初探[J].西北师大学报(社会科学版),2019,56(3):5-14.
[373]董永贵,王静宜."信"与"从":底层文化资本发挥作用的密钥[J].中国青年研究,2022(1):104-110,19.
[374]李洁,欧蒙.贫困的代际传递:贫困程度与学业成绩[J].财经科学,2018(9):107-19.
[375]时昱,余鸿飞.地区发展与高等教育获得的性别差异:基于全国12所高校调查数据的分析发现[J].大学教育科学,2021(6):28-40.
[376]黄政.读书真的无用:农村居民教育期望的形成机制研究[J].教育科学研究,2021(6):54-9.
[377]李丹.福利三角理论视角下农村家长教育期望影响因素研究:基于中国教育追踪调查数据(CEPS)2013—2014年数据的分析[J].当代教育论坛,2021(3):115-124.
[378]李军.收入不平等、教育投入与经济增长:基于多重中介效应视角分析[J].晋阳学刊,2019(5):92-104.
[379]韩克庆.转型期中国社会福利研究[M].北京:中国人民大学出版社.
[380]赵群.社会性别与妇女反贫困[M].北京:社会科学文献出版社,2011
[381](美)约翰·罗尔斯.正义论[M].北京:中国社会科学出版社,1998:290.
[382]科尔曼.科尔曼报告[M].上海:华东师范大学出版社,2018.
[383]陈奎喜.教育社会学研究[M].台北:台湾师大书苑有限公司,1980:68.
[384]米德.三个原始部落的性别与气质[M].宋践,等译.杭州:浙江人民出版社,1988.
[385]西蒙·波伏娃.第二性[M].李强选,译.北京:西苑出版社,2004.
[386]陈向明.质的研究方法与社会科学研究[M].北京:教育科学出版社,2000
[387]中共中央马克思、恩格斯、列宁、斯大林著作编译局.马克思恩格斯全集.第十八卷[M].北京:人民出版社,1964.